HISTOIRE GÉNÉRALE

DE LA GUERRE

FRANCO-ALLEMANDE

Tous droits de traduction et de reproduction réservés pour tous pays, y compris la Suède et la Norvège.

Légion des Amis de la France.

OUVRAGE COURONNÉ PAR L'ACADÉMIE FRANÇAISE

HISTOIRE GÉNÉRALE
DE
LA GUERRE
FRANCO-ALLEMANDE
(1870-71)

PAR

Le Lt-Colonel ROUSSET
DE L'ÉCOLE SUPÉRIEURE DE GUERRE

TOME SIXIÈME
LES ARMÉES DE PROVINCE
★★★

Nouvelle édition, revue et corrigée

PARIS
MONTGREDIEN ET Cie, LIBRAIRIE ILLUSTRÉE
8, RUE SAINT-JOSEPH, 8

1900

Tous droits réservés

A SECONDE CAMPAGNE DE FRANCE

HISTOIRE GÉNÉRALE
DE LA GUERRE
FRANCO-ALLEMANDE
(1870-1871)

LES ARMÉES DE PROVINCE ***

LIVRE CINQUIÈME

SECONDE CAMPAGNE DE L'EST

CHAPITRE PREMIER

L'ARMÉE DE L'EST

I. — Le plan de campagne.

Le 19 décembre 1870, le général Bourbaki, cédant, quoique d'assez mauvaise grâce, aux pressantes invitations de Gambetta, qui voulait tenter, avec la 1re armée de la Loire, un mouvement offensif contre Montargis et Fontainebleau[1], avait, comme il a été dit en son temps, poussé ses troupes de Bourges sur Nevers, et amené son quartier général à Baugy. Le but de la manœuvre imaginée par le ministre lui-même, durant son séjour à Bourges, était d'opérer sur la rive droite de la Loire

1. Voir tome IV, page 301.

une diversion sérieuse qui détournât de l'armée de Chanzy la masse des forces allemandes, et permît même au besoin (ceci, Gambetta sans l'avouer, l'espérait peut-être vaguement) de pousser jusqu'aux lignes du blocus de Paris. Quelles chances d'aboutir présentait cette combinaison, soit dans l'une, soit dans l'autre hypothèse, il est fort difficile de le dire, un des facteurs les plus importants du succès devant résider, toutes choses égales d'ailleurs, dans le plus ou moins d'énergie et de vigueur apportées à son exécution. Tout ce qu'il est permis d'affirmer, c'est qu'elle procédait de la ferme volonté de ne point rester dans l'inaction et aussi de la pensée généreuse de venir en aide à une armée qui, depuis quinze jours, défiait avec une admirable ténacité, autour de Beaugency et de Vendôme, les efforts acharnés de 90,000 Allemands.

Or, tandis qu'à Bourges, Gambetta formait ainsi ce projet d'offensive très simple, dont le défaut le plus grave était de venir trop tard[1], M. de Freycinet, resté, lui, à Bordeaux, en élaborait un autre, beaucoup plus vaste, beaucoup plus compliqué et soumis à des chances singulièrement incertaines. Voici en quoi il consistait. « Transporter dans l'Est, par les voies ferrées, l'armée du général Bourbaki et *la déposer aussi près que possible de l'ennemi*. De là, après l'avoir renforcée de toutes les forces disponibles dans les régions de l'Est, on la ferait remonter, ayant à sa gauche le corps commandé par le général Garibaldi, dans la vallée de la Saône; *on débloquerait Belfort au passage*, et, en appuyant la partie droite de l'armée sur les Vosges, on menacerait la base des communications de l'ennemi pour attirer dans l'Est les forces de l'Ouest et de Paris qui alors obligeaient le général Chanzy à la retraite sur Laval et la Bretagne[2]. » On le voit, les difficultés

---

1. On se rappelle que, depuis la prise d'Orléans jusqu'au 16 décembre, la ligne Gien-Orléans n'avait été tenue que par des forces allemandes très insuffisantes et certainement incapables de s'opposer à un mouvement vigoureux de la 1ʳᵉ armée de la Loire, dont l'effectif atteignait une centaine de mille hommes, en chiffres ronds.

2. *Enquête parlementaire*, déposition de M. de Serres, t. III. — Dans son ouvrage, M. de Freycinet a exposé ce plan avec quelques

de l'entreprise étaient envisagées avec autant de confiance que de sérénité.

Aussitôt informé des dispositions prises par Gambetta, et des mouvements qui en étaient la conséquence, M. de Freycinet avait envoyé à Bourges un personnage de confiance, M. de Serres, lequel était chargé d'agir auprès du ministre, avec ménagements, mais aussi avec une suffisante insistance, pour obtenir la substitution de son propre plan à celui de Gambetta. M. de Serres était, comme le délégué à la guerre, un ingénieur des chemins de fer que les événements venaient de brusquement transformer en stratège et qui remplissait à la Délégation des fonctions assez vagues, sans jouir pour cela de moins d'influence. « Actif et intelligent, il avait sur les opérations militaires des vues qui ne justifiaient pas sans doute un excès de présomption, mais qui ne manquaient pas de justesse et de prévoyance[1]. » Il était à proprement parler, le sous-délégué à la guerre, et jouait auprès des commandants d'armée, non pas certainement *in extenso*, mais avec les tempéraments résul-

---

variantes : «On renoncerait, dit-il, à marcher directement sur Paris. On séparerait les 18ᵉ et 20ᵉ corps du 15ᵉ ; et on les porterait rapidement, en chemin de fer, jusqu'à Beaune. Ces deux corps, conjointement avec Garibaldi et Crémer, seraient destinés à s'emparer de Dijon, ce qui semblait très réalisable, puisqu'on ferait agir 70,000 hommes environ contre 35,000 à 40,000 ennemis. Pendant ce temps, Bressolles et son armée se porteraient par chemin de fer à Besançon, où ils ramasseraient de 15,000 à 20,000 hommes de garnison. Cette force totale de 45,000 à 50,000 hommes, opérant avec les 70,000 victorieux de Dijon, *n'auraient pas de peine à faire lever, même sans coup férir, le siège de Belfort*, et offrirait une masse compacte de 110,000 hommes, capables de couper les communications dans l'Est, *malgré tous les efforts de l'ennemi*. La seule présence de cette armée *ferait lever le siège de toutes les places fortes du Nord* et permettrait, au besoin, de combiner plus tard une action avec Faidherbe. En tous cas, on aurait la certitude de rompre définitivement la base de ravitaillement de l'adversaire... *Le projet ne marquait, bien entendu, que les traits généraux et laissait les mesures d'exécution aux chefs d'armée...* » (*La Guerre en province*, page 222.)

1. Général Thoumas, *Paris, Tours, Bordeaux*, page 132. — Voici, d'autre part, le jugement porté sur M. de Serres par un autre auteur, que nous aurons fréquemment à citer : « M. de Serres était très ardent aussi et très énergique, mais son imagination prenait trop facilement ses désirs pour des réalités. (*L'Armée de l'Est*, par le colonel Secrétan, commandant de la IVᵉ brigade d'infanterie de l'armée suisse, Paris, 1894, Fischbacher, page 11.)

tant de la dissemblance des époques, un rôle renouvelé des anciens commissaires du Comité de salut public. Arrivé à Bourges dans la matinée du 19, il vit immédiatement le ministre, lui expliqua le projet de M. de Freycinet, dont l'exposition générale était contenue dans une lettre qu'il avait apportée, et mit tout en œuvre pour obtenir que la marche sur Montargis fût contremandée. Le dictateur hésitait. Il lui semblait difficile d'interrompre ainsi une opération de guerre déjà entamée, et encore plus périlleux d'en commencer brusquement une autre aussi compliquée et aussi aléatoire que celle qu'on lui proposait. Il consentit néanmoins à ce que M. de Serres vît le général Bourbaki, affirmant que si ce dernier pouvait être converti, lui, ministre, ne ferait plus aucune objection [1].

M. de Serres partit pour Baugy. A peine avait-il quitté Gambetta que celui-ci recevait coup sur coup deux dépêches de Bordeaux, dans lesquelles M. de Freycinet cherchait, par des arguments topiques, à faire tomber l'obstacle provenant de la mise à exécution préalable du mouvement sur Montargis. « Si mon plan vous paraît réellement bon, disait-il dans la première, ne vous arrêtez pas, je vous en conjure, à ce que l'autre a été entamé ce matin. Qu'est-ce qu'un jour perdu en regard du résultat lui-même? *Croyez-moi, votre propre jugement vaut mieux que celui de vos généraux; suivez donc votre impulsion et laissez-les dire.* » Et dans la seconde : « La gravité du sujet vous fera excuser, j'espère, l'insistance que j'y apporte... Je vous demande instamment, si votre décision est favorable au fond du projet, à ne pas hésiter à faire revenir vos généraux sur leurs pas. C'est là le détail fâcheux, je le reconnais, mais il n'a pas dépendu de moi de l'éviter, puisque le plan que je combats ne m'est parvenu qu'hier matin. *Je vous en conjure donc, pour la place que vous occuperez dans l'histoire*, ne laissez pas exécuter le plan, dangereux selon moi, qui a commencé ce matin [2]. » Sur ces entrefaites, M. de

---

1. *Enquête parlementaire*, déposition de M. de Serres.
2. *Ibid.*, tome II, pages 505 et 506.

Serres avait rejoint le général en chef; il lui signala le danger résultant, pour sa marche, de l'approche du VII⁰ corps allemand, arrivé déjà à Auxerre, et lui présenta les choses sous un tel aspect qu'il le convainquit beaucoup plus facilement que le ministre [1]. Dans la nuit même, Bourbaki écrivit à ce dernier une lettre où il se déclarait entièrement prêt à exécuter l'opération dans l'Est; aussitôt M. de Serres rapportait cette lettre à Bourges, et, instantanément, les propositions de M. de Freycinet étaient substituées aux projets que Gambetta avait formés lui-même. A une dépêche de son agent lui annonçant ce triomphe, qui devait être suivi de tant d'amertumes, le délégué à la guerre répondit sans tarder, par un télégramme où éclatait toute sa satisfaction : « Mon cher de Serres, je suis fort content de vous [2]. »

Le plan d'opérations qui passait ainsi, sans transition, du domaine d'une conception nuageuse et spéculative à celui d'une exécution immédiate, n'était, à la vérité, pas nouveau. Depuis près de deux mois, l'idée de tenter quelque chose contre les communications ennemies hantait le cerveau de Gambetta et de ses collaborateurs, et nous avons déjà signalé certains indices non équivoques de ces tendances; mais la préparation de la manœuvre s'était bornée jusqu'ici à l'échange de correspondances assez vagues et à la demande de quelques renseignements [3]. D'ailleurs, au moment même où le ministre de la guerre s'était rendu à Bourges auprès du général Bourbaki, il n'était plus question de rien de semblable, et la marche directe sur Montargis devenait l'objet unique des préoccupations. Toutefois, le général en chef semblait assez peu soucieux de l'entreprendre; quant à M. de Freycinet, il persistait à la juger impraticable et donnait de sa répugnance des raisons assuré-

---

1. *Enquête parlementaire*, déposition de M. de Serres.
2. *Ibid*., tome II, page 509.
3. « Je tiendrais beaucoup à nous porter dans l'Est, sur les derrières de l'ennemi, en ramassant tout sur notre passage... » (*Dépêche de Gambetta à M. de Freycinet*, de Bourges, 14 décembre 1870.) — Dépêche de Gambetta au général Roland, à Besançon, demandant, le 13 décembre, combien la place de Besançon pourrait fournir d'hommes, le 20, pour participer à une action commune dans l'Est.

ment très valables. « Depuis l'époque, a-t-il écrit, où la tentative sur Fontainebleau et de là sur Paris avait été conçue, les circonstances avaient bien changé. Au lieu de 200,000 hommes pour l'exécuter, on disposait seulement de 100,000. On ne possédait plus Orléans comme base d'opérations. On n'avait plus la perspective de rejoindre l'armée victorieuse du général Ducrot. Et puis, que ferait la 1re armée toute seule contre les forces réunies du prince Frédéric-Charles? On venait de voir la 2e armée aux prises avec elles, et malgré des prodiges de valeur et de constance, malgré les ressources d'esprit du général Chanzy, cette armée, après tout, avait été obligée de battre en retraite. Quelle ne serait pas la situation de la 1re armée, lancée en avant dans le territoire ennemi? Elle serait inévitablement défaite sous Montargis. Et même, si elle échappait à son redoutable adversaire, qu'obtiendrait-elle sous les murs de Paris? Elle n'y réussirait certainement pas mieux que le général Ducrot, et tournerait autour des lignes jusqu'à ce qu'elle fût entourée et écrasée, ou au moins repoussée[1]. » Il y avait dans tout ceci beaucoup de vrai, d'autant que juste à ce moment le prince Frédéric-Charles, flairant le danger, venait de ramener sur Orléans une partie de ses forces, et se tenait prêt à toute éventualité[2]. Envisagée donc en elle-même et hors de toute considération afférente à son exécution même, l'idée de porter la 1re armée de la Loire sur les communications de l'adversaire était heureuse, parce qu'elle retardait l'échéance de la lutte, et permettait de tenter par une manœuvre ce qu'on ne pouvait raisonnablement attendre d'une action immédiate et directe. C'est évidemment une pensée de ce genre qui avait triomphé des dernières hésitations de Bourbaki, lequel redoutait avant toute chose d'être contraint d'aborder l'ennemi sans délai, et comptait sur le répit qui allait lui être donné pour augmenter un peu la cohésion de ses troupes. C'est le désir de mieux utiliser son dévoue-

---

1. CH. DE FREYCINET, *loc. cit.*, page 220
2. Voir tome IV, page 308.

ment qui avait vaincu sa résistance[1]. Il ne se doutait pas des conditions déplorables d'improvisation et de désordre au milieu desquelles il allait être condamné à agir !

Mais, si le principe même de l'opération pouvait se justifier, il n'en était pas de même des proportions qu'on voulait lui donner. Nous avons vu quelles objections pleines de bon sens et de sagesse le général Chanzy opposait aux conceptions aventureuses de M. de Freycinet[2], et à quelles limites plus raisonnables il avait essayé de les réduire. De son côté, l'intendant général Friant, chargé de constituer dans la région les approvisionnements nécessaires à l'expédition, avait, avec beaucoup de justesse, fait ressortir l'importance prépondérante du point de Chaumont, et l'intérêt qu'il y aurait à ne pas dépasser cette ville, d'où l'on pouvait « se porter par chemin de fer sur Paris et retomber sur l'ennemi dans les vallées de la Seine, de l'Yonne et même du Loing, et d'où, en cas de défaite, l'armée avait la faculté de se réfugier sous la protection de Langres et de Besançon, et de manœuvrer entre ces deux points, Belfort et Auxonne[3] ». Aucun de ces conseils ne fut entendu. D'ailleurs le gouvernement n'était pas absolument fixé lui-même sur la portée exacte du mouvement qu'il voulait entreprendre. Il s'agissait pour lui, à la fois, de faire lever le siège de Belfort et d'intercepter les lignes de communications allemandes. Évidemment le premier objectif ne présentait qu'une importance très inférieure au second ; c'était celui-là cependant qui semblait absorber l'opération tout entière, celui-là sur lequel elle allait être dirigée tout d'abord, sans souci des conséquences redoutables d'un échec qui pouvait obliger l'armée à une longue marche de flanc le long de la frontière suisse. Mais de direction ferme,

---

1. « En définitive, pensait le général Bourbaki, si l'armée périt dans cette entreprise, elle périra utilement. » (*Enquête parlementaire*, déposition du général Bourbaki, tome III.)
2. Voir tome IV, pages 323 et suivantes.
3. *Dépêche au ministre de la Guerre*, de Chalon-sur-Saône, le 29 décembre.

il n'en existait aucune. La marche, au delà de Dijon et de Besançon, restait « subordonnée aux événements de la guerre, aux difficultés que la saison ferait naître, à mille causes enfin qu'on ne pouvait alors prévoir et que les généraux apprécieraient mieux plus tard et sur les lieux [1] ». Quant au général Bourbaki, il ignorait encore, le 3 janvier, c'est-à-dire à une époque où déjà il était à Dôle, si, après le déblocus de Belfort, il devrait se porter sur Epinal ou sur Langres [2]. Le déploiement de l'armée était presque achevé qu'on se demandait sérieusement quelle direction elle prendrait. « On était parti sans savoir si on irait à Langres, à Epinal ou en Alsace [3] ! » Tel était le degré de maturité du projet que M. de Freycinet ne craignait pas de faire exécuter sur-le-champ. Telle était sa préparation *théorique*.

Composition de l'armée de l'Est. — Quant à la préparation matérielle, elle était, si c'est possible, plus embryonnaire encore. Mais, avant de voir tout ce qui lui manquait, il est nécessaire de se rendre compte de la valeur effective et morale des troupes qui allaient être mises en mouvement.

L'armée confiée au général Bourbaki se composait de trois corps : le 18ᵉ (général Billot), le 20ᵉ (général Clinchant)[4], le 24ᵉ (général Bressolles). Le 15ᵉ corps (général Martineau des Chenez) était, dans le principe, conservé à Bourges ; il rejoignit les autres à la fin de décembre, dans les conditions que l'on verra ci-après, et ne fournit, au départ, c'est-à-dire le 20 décembre, que la réserve générale de l'armée, 10,000 hommes environ, avec 8 escadrons et 16 pièces. C'était, en comptant la division Crémer, mise à la disposition du général en chef, une force totale de 140,000 soldats, avec 368 bouches à feu [5]. Nous avons déjà vu à l'œuvre

---

1. CH. DE FREYCINET, *loc. cit.*, page 223.
2. *Enquête parlementaire*, tome II, pages 624 et 539.
3. Colonel SECRÉTAN, *loc. cit.*, page 45.
4. Le général Crouzat, ancien commandant du 20ᵉ corps, avait été remplacé assez brutalement, le 16 décembre, par le général Clinchant, évadé des prisons d'Allemagne.
5. Il est absolument impossible d'établir un état d'effectif même approximatif des forces de l'armée de l'Est, et le rapporteur de la

la plupart de ces unités, soit dans les combats de la Loire, soit dans la première partie de la campagne de l'Est. Le 24ᵉ corps seul nous est encore inconnu ; examinons donc sa composition et sa constitution [1].

Formé à Lyon par le général Bressolles, le 24ᵉ corps se composait primitivement de trois divisions, d'un régiment de marche de hussards, et de deux escadrons de dragons [2]. Mais, par suite de la constitution de la division Crémer et de certains autres détachements, il se trouvait, vers le milieu de décembre, assez fortement réduit [3]. Il comptait, à ce moment, trois brigades seulement, dont les deux premières formaient la division Comagny [4], la troisième étant sous les ordres du général Carré de Busserolles et ne se composant que de mobiles. Quelques jours après son arrivée à Besançon, il fut renforcé par une brigade, formée du 63ᵉ de marche, d'un bataillon de mobiles de la Haute-Garonne

Commission d'enquête a dû y renoncer. Tout ce que l'on peut dire d'après les témoignages des généraux, c'est que les effectifs, assez considérables au départ, ne cessèrent de fondre pendant toute la durée de la campagne. Le général Bourbaki a même dit, ce qui semble fort au-dessous de la vérité, qu'à la Lisaine, il n'avait pu disposer que de 35,000 hommes (*Enquête parlementaire*, tome III, page 352). — Le seul élément certain sur lequel il soit permis de baser des évaluations consiste dans l'état d'internement dressé par le gouvernement suisse à la fin de janvier, et cet état porte le chiffre de 90,314 hommes. Si l'on y ajoute la valeur de deux divisions (Rébillard et de Polignac) laissées à Besançon, de la division Crémer, de la division d'Ariès et de quelques escadrons qui échappèrent au désastre, on voit que l'effectif total de l'armée devait, à cette époque, atteindre 120,000 à 130,000 hommes. — Quant à l'artillerie, l'état d'internement accuse le dépôt de 285 pièces ; 19 ont été capturées par l'ennemi au cours de la campagne ; en y ajoutant les pièces qui constituaient les batteries des troupes sus-indiquées, on peut admettre que l'armée disposait d'environ 368 bouches à feu des différents modèles en service dans les armées de province. Le nombre de fusils déposés a été de 72,573, dont les trois quarts du modèle 1866. Il est entré en Suisse 1,158 voitures et 11,787 chevaux de selle et de trait. (*Les Troupes françaises internées en Suisse*, rapport dressé sur les documents officiels par le major E. Davall, de l'armée fédérale.)

1. Voir, pour la composition de l'armée de l'Est, la pièce n° 1.
2. Dont les cavaliers savaient à peine se tenir à cheval. (*Enquête parlementaire*, déposition du général Bressolles.)
3. Par ordre de M. de Serres, venu de Lyon, les deux seuls régiments de marche que possédât le 24ᵉ corps avaient été affectés à la division Crémer, ainsi que le bataillon de la Gironde. (*Ibid.*)
4. Le général Thibaudin, évadé d'Allemagne malgré l'engagement pris par lui, servait sous le nom de Comagny.

et d'un bataillon du Haut-Rhin ; enfin, à la fin de la campagne et pendant la retraite même, il reçut la 3ᵉ légion du Rhône. Ces dernières troupes étaient placées sous les ordres du général d'Ariès, arrivé la veille des combats de la Lisaine à la suite d'un déplacement peu justifié[1].

« J'entrai donc en campagne, a dit le général Bressolles, avec des troupes bien faibles, sans cohésion, tout à fait inexpérimentées et auxquelles il manquait bien des choses que le temps n'avait pas permis au gouvernement de leur donner[2]. » Quant à la discipline, elle laissait, surtout chez les mobilisés, singulièrement à désirer, s'il faut en croire le rapport que voici : « Les soldats abandonnent en grand nombre leurs rangs sans se préoccuper un instant des ordres de leurs officiers, et se répandent dans les villages où ils maraudent ou mendient. *Jamais les chefs de corps n'ont sévi contre ces hommes. Les officiers, d'ailleurs d'une incapacité notoire, paraissent redouter de provoquer des mesures rigoureuses.* Plus de 1,000 hommes dans chaque légion ont disparu sans que les chefs de corps sachent ce qu'ils sont devenus... Mes efforts se sont heurtés contre l'incapacité, la mauvaise volonté ou la pusillanimité des cadres. *Tous les moyens d'action m'échappent, même ceux que donne la loi martiale, puisque la cour martiale de la division vient de prononcer des condamnations dérisoires pour des crimes que le code de justice militaire, plus clément que la loi martiale, punit de mort*[3]. » Ce n'est pas avec de pareils éléments qu'on pouvait espérer mener à bien une opération aussi délicate que celle de la marche vers l'Est, laquelle commandait avant toutes choses l'énergie, la rapidité, la vigueur et l'élan. Malheureusement, à ce moment, le gouvernement, poussant jusqu'à l'outrance son activité fiévreuse, s'imaginait qu'en levant

---

1. Le général d'Ariès venait du 15ᵉ corps, où il avait jusque-là commandé, comme on l'a vu précédemment, la 1ʳᵉ brigade de la 2ᵉ division.
2. *Enquête parlementaire*, déposition du général Bressolles.
3. Dépêche du général Bressolles au général Bourbaki, en date du 24 janvier.

des hommes, il faisait des soldats, tandis qu'en réalité la hâte désordonnée de ses derniers efforts ne produisait plus que des troupeaux sans cohésion et sans ardeur. Certes, personne plus que nous ne rend justice à l'œuvre de Gambetta et n'admire les prodigieux résultats qu'elle a donnés ; mais tout a une limite, même la fécondité d'un pays. A l'époque où nous sommes arrivés, celle de la France était bien réellement tarie. Le découragement gagnait la nation presque tout entière, et les appels de l'ardent patriote ne secouaient plus du grand frisson du début les fibres intimes du peuple, épuisé par tant de saignées douloureuses. Les braves gens, les soldats de cœur et d'âme voulaient encore se battre ; les autres avaient assez de cette lutte sans espoir où s'amoncelaient les deuils et les ruines. Le pays était à bout. « Lorsque des gens fuyaient le champ de bataille, a dit le général Chanzy, au lieu de les flétrir et de nous les ramener, on les cachait. Lorsqu'il s'agissait de faire de nouvelles levées, au lieu d'encourager ceux qui partaient, on les plaignait et on leur répétait : — On vous mène à la boucherie ! On vous trahit ! — Enfin, les autorités elles-mêmes dissimulaient les fuyards qui retournaient dans leurs communes[1] !... » Peut-on véritablement faire la guerre, et tenter des manœuvres dans de semblables conditions ?

Le commandement et l'état-major. — Ainsi, d'une part, le 24ᵉ corps n'offrait qu'une consistance fort médiocre et une cohésion tout à fait insuffisante. Les autres, bien que mieux composés et plus aguerris, se ressentaient cruellement des épreuves subies sur la Loire, au point de présenter les plus graves symptômes de désagrégation. Si encore le commandement avait été ferme, indépendant, s'il s'était inspiré d'un véritable esprit de décision et de suite, peut-être que le mal eût pu se réparer, au moins en partie. Il n'en était rien malheureusement, car, jamais, dans aucune circons-

---

1. *Enquête parlementaire*, déposition du général Chanzy, tome III, page 216.

tance, la conduite d'opérations militaires ne fut soumise à plus de fluctuations et d'incertitudes. Jamais, à aucune action de guerre, l'unité et l'accord ne firent autant défaut.

Et d'abord, le général auquel était confiée la lourde tâche de diriger celle-ci manquait absolument de foi dans le succès; il n'avait accepté le commandement que par esprit de devoir, et aussi pour répondre à la loyauté de Gambetta, en qui la sienne propre avait trouvé un généreux écho, quand, abreuvé d'outrages et de calomnies, il s'était sincèrement ouvert au ministre, pour protester contre la méfiance sournoise à laquelle il se sentait en butte [1]. Il voulait servir son pays jusqu'au bout, en brave et honnête soldat qu'il était; mais il ne croyait pas à l'efficacité de la résistance [2]. Il ne s'était rallié au projet de M. de Freycinet que pour gagner du temps, et échapper à l'obligation d'agir tout de suite, avec des troupes dont il suspectait la valeur. « Il avait à choisir entre deux plans : ou marcher de Gien ou Cosne sur Pithiviers, ou au contraire incliner fortement sur la droite, s'en aller, par Bourges, Chalon-sur-Saône et Besançon, faire une pointe sur Belfort; évidemment, de ces deux opérations, celle qui correspondait le mieux à l'état de son esprit, de son âme, à la médiocre confiance qu'il avait dans ces troupes, c'était le plan le plus éloigné, c'était la marche dans l'Est et c'est pour cela qu'il l'a préféré [3]. » A l'espèce d'apathie résultant pour le général Bourbaki de ce manque absolu d'espérance se joignait en outre un malaise qui avait pour origine les sentiments professés par M. de Freycinet à son égard. Le délégué à la guerre n'avait pas, avec la même franchise et la même décision que son chef, fait litière des défiances que lui inspiraient les antécédents du géné-

---

1. *Enquête parlementaire,* déposition du général Bourbaki, tome III, pages 361 et 362. — « Vous savez, avait répondu Gambetta, que j'ai toujours manifesté à votre égard la plus entière confiance, convaincu de la loyauté, de la sincérité du concours que vous apportiez au gouvernement de la Défense nationale. »
2. *Ibid.,* déposition du colonel Leperche, tome III, page 383.
3. *Ibid.,* déposition de M. Gambetta, tome Ier, page 559.

ral, et ne cachait nullement l'antipathie qu'il ressentait pour sa personne. A plusieurs reprises, il avait insisté auprès de Gambetta pour que tout commandement lui fût retiré [1], mais comme il avait eu soin, dans sa correspondance avec l'ancien commandant de la Garde impériale, de voiler sous des paroles flatteuses la véritable nature de ses sentiments, ceux-ci pouvaient peut-être encore être un mystère pour le principal intéressé [2]. Cependant, Bourbaki en doutât-il encore, que l'arrivée de M. de Serres à son quartier général aurait pu suffire à lui dessiller les yeux.

M. de Serres était, tous ceux qui l'ont approché se plaisent à le reconnaître, un très aimable et galant homme, qui joignait à ses qualités personnelles une intelligence très vive, grâce à laquelle il rendit souvent, particulièrement dans les questions administratives ou d'organisation, des services incontestables [3]. Gagné par l'affabilité de ses manières, le général Bourbaki, avec son tempérament franc et ouvert, l'avait cordialement accueilli, sans se douter le moins du monde, du moins il n'y parut rien, du rôle qu'il venait jouer à ses côtés. Même encore le 11 janvier, il se félicitait, dans une dépêche adressée au ministre, d'entretenir avec son agent des « relations aussi sûres qu'agréables ». Mais, malgré tout, la seule présence de M. de Serres à l'armée, sans situation définie, sans mission avouée, sans qualification qui justifiât sa constante ingérence dans toutes les affaires, constituait

---

1. « Comment pouvez-vous encore, *écrivait-il le 14 décembre*, après tout ce qui s'est passé dans cette campagne, et antérieurement dans le Nord, compter sur Bourbaki? *Le fétichisme des grandeurs militaires est celui qui nous a précipités dans la ruine.* Je sais bien que, si j'étais le maître, il y a longtemps que j'aurais rompu avec ce préjugé. »

2. M. de Freycinet écrivait à Bourbaki, au moment où celui-ci, sur l'appel du général Chanzy, annonçait, le 10 décembre, qu'il allait marcher vers Blois : « Le Gouvernement sait que personne plus que vous n'est en état de conduire à bonne fin une entreprise qui exige en même temps de son chef une grande énergie et beaucoup de prestige. » (*Le général Bourbaki*, par un de ses anciens officiers d'ordonnance, page 161.)

3. *Enquête parlementaire*; déposition du général Borel, tome III page 497.

un motif suffisant de suspicion. On le savait délégué de M. de Freycinet, non seulement pour surveiller l'exécution des ordres émanés de Bordeaux, mais pour en donner lui-même au besoin. On le voyait partout à la fois « à Chalon, à Dôle, à Besançon, à Lyon, à Autun, donnant des directions aux généraux, stimulant leur ardeur, entrant avec eux dans les détails du service, surveillant hommes, chevaux et matériel, discutant les plans d'opérations, corrigeant ceux qu'on lui soumettait, leur substituant les siens propres [1] ».

C'est au point que M. de Freycinet lui-même était obligé parfois de tempérer son activité, et de modérer sa tendance abusive au commandement direct [2]. Il n'en est pas moins vrai qu'à son départ pour l'armée de l'Est, on lui avait confié, avec la date en blanc, le décret révoquant le général Bourbaki [3], et que ce décret, il ne paraît point avoir été fort éloigné d'en faire usage [4]. Il n'en est pas moins vrai aussi que le délégué à la guerre entendait donner à son agent une part active et un rôle prépondérant dans l'exécution des opérations, qu'il le considérait comme faisant partie intégrante de l'état-major de l'armée [5], et qu'il comptait sur sa vigilance pour remédier à « la radicale insuffisance » qu'il attribuait au commandant en chef [6]. Dans ces conditions, quels qu'aient pu être l'aménité et le charme personnel de M. de Serres, la surveillance occulte qu'il exerçait devait constituer pour le général Bourbaki une gêne, sa présence une contrainte, et son autorité une atteinte formelle à l'indépendance du chef.

---

1. Colonel SECRÉTAN, *loc. cit.*, page 61.
2. *Enquête parlementaire*, tome II, pages 574 et 617. — Les dépêches de M. de Serres à M. de Freycinet montrent qu'en s'immisçant ainsi dans l'exercice du commandement, il agissait en toute sincérité et avec le désir de bien faire. On comprend que, muni de pouvoirs presque illimités, il ait été porté, malgré lui et de bonne foi, à en faire un usage excessif. Le dualisme créé dans le commandement n'en a pas été pour cela moins regrettable ni moins funeste.
3. *Ibid.*, tome II, page 579.
4. *Ibid.*, tome II, page 440.
5. « Il est bien entendu que je ne sépare pas, dans ma pensée, Bourbaki de son état-major, représenté par Borel, *et actuellement renforcé par de Serres.* » (*Ibid.*, tome 2, page 517.)
6. *Ibid.*, tome II, page 617.

Réduit aux limites que lui imposaient et les prétentions de M. de Freycinet à tout diriger lui-même[1] et l'action latérale de M. de Serres, le commandement devenait impossible à exercer. En l'acceptant, le général Bourbaki a témoigné d'une abnégation dont il faut lui savoir d'autant plus de gré qu'elle lui a été plus douloureuse ; mais il s'est condamné lui-même à un rôle insoutenable, qui exigeait l'abdication complète de toute initiative, de toute indépendance et de toute liberté.

D'ailleurs, l'organisation proprement dite de ce commandement laissait elle-même beaucoup à désirer. Outre que la plupart des officiers, en général improvisés, étaient assez inexpérimentés, on voyait, « dans nombre de corps, des commandements considérables confiés à des généraux de récente promotion qui, sans préparation suffisante, allaient se trouver aux prises avec les problèmes les plus redoutables de la guerre[2] ». A l'état-major général, un dualisme regrettable avait été créé par l'influence prépondérante du colonel Leperche, aide de camp et ami personnel du général en chef, en sorte que le chef d'état-major, général Borel, était délibérément tenu à l'écart des questions que seul il aurait eu qualité pour décider[3]. La transmission des ordres, la préparation et l'expédition des affaires se faisaient de la façon la plus incomplète et la plus irrégulière, sans prendre l'avis des chefs de service compétents. Quant aux services administratifs, ils fonctionnaient à peu

---

1. « Hormis le cas d'urgence commandé par les nécessités militaires, je tiens à être tenu, jour par jour, au courant des projets du quartier général, *pour envoyer les instructions en conséquence.* » (*Enquête parlementaire*, tome II, page 570.)

2. Colonel SECRÉTAN, *loc. cit.*, page 82.

3. Interrogé par le président de la commission d'enquête parlementaire sur les événements de la campagne, survenus après la décision prise de se porter dans l'Est, le général Borel a répondu : « J'ai été beaucoup moins mêlé à ces opérations. Jusque-là, j'avais assisté à tous les conseils de guerre ; à partir de ce moment, je n'ai plus vu le ministre, je n'ai plus fait partie des conseils de guerre ; *les ordres de mouvements m'arrivaient tous rédigés* et je n'avais qu'à les transmettre. Je ne suis donc pas à même de vous donner des détails. » Puis, revenant après quelques instants sur la question, il ajoute : « Les ordres de mouvements étaient conçus en dehors de moi ; *je les recevais par l'aide de camp du général.* » (*Enquête parlementaire*, déposition du général Borel, tome III, page 497.)

près au hasard des circonstances, ce qui était d'autant plus grave que la région où on allait opérer était depuis plus de trois mois occupée par l'ennemi, et par suite épuisée. Comprenant l'impossibilité de faire vivre le soldat sur le pays, le général Bourbaki avait demandé que Besançon, dont il entendait faire sa base d'opérations, fût abondamment pourvu du nécessaire en vivres et en munitions. Mais le désordre qui présida, comme nous allons le voir, au transport des troupes, l'encombrement sur les voies ferrées, la perturbation apportée au service de la voie, tout cela imposa aux trains de vivres des retards tels et des arrêts à ce point prolongés que beaucoup d'entre eux furent complètement immobilisés, et que pas un des centres d'approvisionnements nécessaires ne put être constitué en temps utile. Si encore l'armée eût été dotée de convois et de voitures en quantité suffisante pour transporter à sa suite un certain nombre de jours de vivres, elle aurait pu conserver une mobilité relative ; mais la pénurie sous ce rapport dépassait tout ce qui se peut imaginer. Le 24ᵉ corps avait quitté Lyon manquant de la plus grande partie de ses équipages ; le 18ᵉ et le 20ᵉ corps égarèrent presque tous les leurs pendant le transport en chemin de fer. Quant à ceux du 15ᵉ, ils furent dirigés par voie de terre sur Dijon, et ne rejoignirent que lorsque la campagne était presque terminée. On peut, au surplus, se rendre compte de tout ce qui manquait à la bonne exécution du service en lisant le rapport très détaillé de M. l'intendant général Friant ; on y trouve entre autres choses cette extraordinaire constatation : « L'intendant de l'armée n'a connu l'adjonction du 24ᵉ corps que le 5 janvier au matin, et n'a été prévenu que fortuitement de l'arrivée du 15ᵉ... Expliquera qui pourra un pareil oubli [1]. »

Ainsi une préparation très incomplète, pour ne pas dire nulle ; un commandement hésitant, tiraillé à la fois par des influences extérieures et des conflits intestins

---

1. *Rôle de l'intendance à l'armée de l'Est*, par l'intendant général Friant, travail inédit cité dans l'ouvrage du colonel POULLET, **La Campagne de l'Est**, Paris, 1879, Germer-Baillière, **page 470.**

d'attributions ; un chef indécis, timoré, sans espoir dans le succès, sans confiance dans ses soldats; des cadres insuffisants, des services fonctionnant à la diable et n'ayant que des moyens imparfaits, voilà le viatique avec lequel la malheureuse armée de l'Est abordait l'expédition périlleuse qui lui était imposée. Si l'on y ajoute les souffrances cruelles résultant d'un hiver exceptionnellement froid, les difficultés de se mouvoir dans une région accidentée, à travers la neige et sur le verglas[1], le peu de mobilité de troupes jeunes, déjà en partie désorganisées, qui se mouvaient par colonnes énormes, rigides, sans élasticité ni articulation suffisantes, on prévoit le sort réservé à cette tentative mal venue[2]. Même en comptant sans la fatalité, qui s'est acharnée sur nous avec une rigueur singulière, tout esprit réfractaire à la fureur de l'improvisation ne pouvait raisonnablement en attendre que mécomptes et déceptions.

Le transport des troupes. — A Bordeaux cependant, on ne songeait qu'à une chose : agir. Les ordres succédaient aux ordres, sans qu'on se préoccupât le moins du monde de la façon dont ils pourraient être exécutés, sans qu'on se demandât même s'ils étaient exécutables. Dans une hâte fébrile, avec une précipitation exclusive de toute méthode, on actionnait les lignes de chemin de fer, dont on n'avait étudié ni la puissance de rendement, ni les facultés de transport, et l'on faisait embarquer les troupes les unes après les autres avant de calculer le temps nécessaire à leur écoulement successif. Le projet de marche vers l'Est avait été définitivement arrêté

---

1. « Les routes étaient couvertes de neige et de verglas, et pour se porter des vallées sur les hauteurs, on mettait vingt-quatre heures. Les voitures n'étaient chargées qu'à moitié, on doublait les attelages et on arrivait à peine à faire deux ou trois lieues. Le personnel était toujours debout... (Intendant général Friant, dans POULLET, *loc. cit.* page 70.)

2. « Cette armée de formation récente, avec des généraux souvent sans expérience, avec des états-majors improvisés, et où l'élément militaire était beaucoup trop rare, avec des secours administratifs insuffisants, avec des officiers et soldats sans instruction ni habitudes militaires, avait toujours été dans des conditions de faiblesse extrême. » (*Enquête parlementaire*, déposition du général Borel, tome III.)

le 19 décembre; dès le lendemain, on demandait à la Compagnie Paris-Lyon-Méditerranée de transporter *immédiatement* les 18ᵉ et 20ᵉ corps de Bourges et Nevers dans la vallée de la Saône, et le 24ᵉ corps de Lyon à Besançon[1]. Elle n'avait pas assez de wagons; on décida alors que la Compagnie d'Orléans lui en prêterait.

Mais, pour réunir tout ce matériel, épars sur un grand nombre de points, il fallait du temps, chose à laquelle on n'avait pas songé. C'est seulement le 23 au soir que les wagons de l'Orléans arrivèrent. Quant à ceux de l'autre Compagnie, ils attendaient à Lyon que le 24ᵉ corps s'embarquât; ils attendirent huit jours, sans que la Compagnie fût prévenue des causes du retard[2]. Pendant ce temps, le 20ᵉ corps se morfondait dans la plaine de Saincaize, où on l'avait concentré et campé par un froid de 14 degrés. Déjà fort éprouvé, comme le 18ᵉ d'ailleurs, par la série non interrompue de marches et de contre-marches qu'il avait exécutées entre Gien et la Loire, depuis la prise d'Orléans, ce corps achevait là de se désorganiser. « Toujours tenus en éveil, toujours prêts à s'embarquer, les hommes ne s'embarquaient point et enduraient de cruelles souffrances. Pour les sortir de la situation périlleuse où ils étaient, on a dû diriger le 20ᵉ corps sur la petite ville de Decize, où enfin il a fini par monter en wagons. *A son arrivée à Chalon, il était éprouvé comme s'il avait été battu*[3]. » C'était là une conséquence forcée de la précipitation avec laquelle on avait entrepris l'opération; M. de Freycinet n'y voyait que la mauvaise volonté des Compagnies, et pensait qu'en menaçant leurs agents de peines sévères, il rendrait possible ce qui ne l'était pas. « Vous qui êtes sur les lieux, télégraphiait-il à Gambetta, *veuillez donc le terrifier* (le chef de l'exploitation de Paris-Lyon) *pour le faire marcher...* La seule menace suffira peut-être pour le faire aller.

---

1. Le chef de l'exploitation du Paris-Lyon et l'inspecteur général de l'Orléans, prévenus par M. de Freycinet, s'étaient rendus, le 19 à Bourges, auprès de Gambetta.
2. *Enquête parlementaire*, tome II, page 324.
3. Intendant général Friant, dans POULLET, *loc. cit.*, page 465.

Au besoin ne peut-on pas faire usage de la cour martiale, sauf à grâcier après [1] *?* » M. de Serres agissait de même à Chalon, et augmentait le désordre en supprimant de sa propre autorité l'exploitation publique de certaines sections [2]. Les Compagnies, affolées, prises au dépourvu, mécontentes d'être ainsi malmenées, se renvoyaient réciproquement la responsabilité des retards, et Gambetta, alors à Lyon, était obligé d'intervenir lui-même, sans plus de succès. Quant au général Bourbaki, il constatait simplement, dans une dépêche datée de Nevers, le 22 décembre, qu'en allant de ce train-là, « la concentration, *qui devait être effectuée en quarante-huit heures,* ne pourrait être achevée avant six jours ». Ses télégrammes des jours suivants n'ayant point signalé d'amélioration sensible et insistant au contraire sur les lenteurs de l'embarquement, M. de Freycinet finit par s'emporter. « Si dans les vingt-quatre heures, écrivit-il, 20,000 hommes ne sont pas embarqués et conduits à Chagny en sus de ceux qui y sont déjà, les deux agents des Compagnies seront l'un et l'autre incarcérés le soir même. » Tels étaient les moyens, aussi radicaux qu'inefficaces, par lesquels le délégué à la guerre prétendait remédier à une impuissance manifeste, dont la seule cause cependant résidait dans son impatience irraisonnée.

Cependant les transports continuaient, avec un débit toujours aussi lent. Les trains se croisaient dans les gares, parce qu'aucun graphique de marche n'avait pu être au préalable établi; ils étaient retardés par la présence, aux stations principales, d'immenses convois de munitions et de vivres, qui attendaient, eux aussi, une destination, et qui pour le moment occupaient les voies de garage. Le débarquement des hommes, des chevaux et du matériel étant rendu très difficile par cet encombrement formidable, les trains s'arrêtaient les uns derrière les autres et contribuaient ainsi à entraver toute circulation [2]. Pour comble de malheur, la Compagnie

---

1. *Enquête parlementaire,* tome II, page 522.
2. *Ibid.*
3. Pendant ces arrêts, qui durèrent quelquefois deux jours entiers,

de Lyon, prise de court, n'avait pas eu le temps de dégager la ligne Saincaize-Nevers-Decize-Chagny, sur laquelle elle avait compté faire marcher les trains chargés, tandis que celle de Chagny-Moulins-Nevers aurait servi à ramener les wagons vides et les machines. Ne disposant donc que d'un matériel insuffisant puisqu'une partie était immobilisée, et d'un nombre restreint de voies, elle était bien forcée de réduire son trafic. Mais ce n'était pas tout. Aucune entente n'existant entre elle et l'autorité militaire, l'embarquement des troupes se faisait à peu près au hasard ; les effectifs amenés au départ des trains ne correspondaient pas aux chiffres annoncés ; les corps ne se présentaient pas à l'heure dite. Enfin la discipline, si indispensable dans ces sortes de manœuvres, et qui doit provenir non seulement de l'éducation militaire, mais aussi d'une instruction spéciale, faisait presque absolument défaut.

C'est dans ces conditions déplorables, encore aggravées par l'intensité du froid qui gelait les conduites d'eau et couvrait les rails d'une épaisse couche de neige, que s'effectua le transport des 18° et 20° corps. Il ne fut terminé que le 30, et encore pas complètement ; ce jour-là, cependant, le 18° corps à peu près tout entier fut réuni à Chagny, et le 20°, avec la réserve générale, à Chalon-sur-Saône. Mais M. de Serres, chargé de diriger l'opération, crut bien faire en rembarquant une partie de ces troupes pour les transporter à Dôle et Besançon, en utilisant le détour Mâcon-Bourg-Lons-le-Saunier, et la ligne, alors inachevée, de Chalon à Dôle. En ce qui concerne ce dernier tronçon, dont la voie était à peine posée et où les appareils manquaient partout, la Compagnie fit des représentations inutiles. Le transport eut lieu, bien qu'il eût pu être avantageusement remplacé, pour un aussi court trajet, par une marche ordinaire[1], et M. de Serres put se vanter

---

les hommes restaient dans leurs wagons ou dans la neige, sans nourriture, et exposés à 14 degrés de froid. Que, dans ces conditions, la faim et la souffrance aient eu pour conséquence le désordre et l'indiscipline, il n'y a pas à s'en étonner.

1. C'était du reste l'avis de M. de Freycinet, qui dans son ouvrage

d'avoir ainsi inauguré une ligne nouvelle dans des circonstances, il est vrai, peu ordinaires, mais au prix d'un nouveau désordre, d'un surcroît d'encombrement et de retard, et d'une prolongation bien inutile des souffrances auxquelles, pendant toute la route, avaient été soumis nos malheureux soldats.

Pendant ce temps, le 15ᵉ corps, moins les troupes formant la réserve générale, avait été laissé à Vierzon. On s'était rendu compte que le départ simultané de toutes les forces de la 1ʳᵉ armée de la Loire ne pourrait manquer d'éveiller l'attention de l'ennemi, et l'on avait maintenu tout d'abord des troupes en position pour tâcher de lui donner le change, pour tenir en échec le VIIᵉ corps allemand, alors à Auxerre, et pour établir la liaison entre les armées de Chanzy et de Bourbaki. Mais ce dernier, que l'insuffisance de ses troupes ne cessait de tourmenter, demanda, dès le 23 décembre, que le 15ᵉ corps lui fût rendu, et cela immédiatement, avant le début des opérations. M. de Freycinet ne l'entendait pas ainsi ; son intention était bien d'envoyer le 15ᵉ corps rejoindre l'armée, mais seulement quand il aurait pu le faire relever par le 25ᵉ, alors en voie d'organisation[1]. Il jugeait dangereux, en quoi il voyait absolument juste, de laisser le champ libre au général de Zastrow, et de se priver des moyens d'entraver, le cas échéant, la marche éventuelle de troupes allemandes contre le flanc de l'armée de l'Est. L'événement devait, moins de trois semaines plus tard, lui donner raison, et prouver qu'une force disponible, pouvant déboucher de la Loire moyenne sur Dijon, n'eût pas été inutile. Il accueillit donc fort mal la demande du commandant de l'armée de l'Est, s'en plaignit amèrement à Gambetta, et mit *ab irato* le général Bour-

---

(page 225), blâme ce dernier transport, dont il fait, au surplus, remonter la responsabilité, non pas à son véritable auteur, mais au général Bourbaki. La déposition de M. de Serres devant la commission d'enquête ne laisse aucun doute sur la part prépondérante prise par lui à cette regrettable opération.

1. *Enquête parlementaire*, déposition de M. de Freycinet, tome III, page 18.

baki en demeure ou d'exécuter son plan tel quel, ou de céder la place à un autre [1]. Mais sa résistance ne dura pas ; quand le 31, il dut se convaincre que la lenteur de nos mouvements avait définitivement fait échouer la combinaison première, que l'ennemi se concentrait vers Vesoul et prenait ses dispositions pour faire tête, il céda. On peut le regretter, car ce renfort ainsi donné à l'armée de l'Est fut d'une utilité contestable, et l'on n'eut plus personne à opposer au VII° corps. Quant au transport des troupes du général Martineau de Chenez, il s'effectua, malheureusement, d'une façon plus déplorable encore que ceux qui l'avaient précédé.

C'était, cette fois, M. de Freycinet qui en avait personnellement et exclusivement pris la charge : « Je désire que personne ne s'occupe de ce transport, écrivait-il à M. de Serres. J'en fais mon affaire. Bornez-vous, de concert avec Bourbaki et Borel, à me faire connaître le point exact où vous voulez que je vous livre le 15° corps [2]. » Mais rien ne s'improvise à la guerre, surtout un mouvement de cette importance, et M. de Freycinet s'illusionnait beaucoup en croyant son intervention suffisante pour compenser le défaut de préparation. L'embarquement s'effectua, il est vrai, assez rapidement et avec beaucoup plus d'ordre que ceux du 18° et du 20° corps ; mais le débarquement dans les gares, toujours encombrées, souffrit des mêmes difficultés, et subit les mêmes retards. Les trains de troupes, se croisant avec les trains de vivres, s'entassèrent sur les voies et durent s'arrêter les uns derrière les autres, pour attendre que ceux qui les précédaient fussent déchargés. En vain le délégué à la guerre recommença-t-il ses menaces ; la Compagnie se retrancha derrière la force majeure et se déclara incapable de faire mieux. Puis, deux incidents fâcheux vinrent à leur tour augmenter la confusion et le désordre. D'une part, Garibaldi, toujours indépendant, s'imagina, vers le 7 janvier, de faire transporter son

---

1. *Enquête parlementaire*, tome II, page 538.
2. *Ibid.*, tome II, page 604.

armée en chemin de fer d'Autun à Dijon[1], et réquisitionna de ce fait dix-huit trains, malgré les observations de la Compagnie, que le gouvernement n'osa pas énergiquement soutenir[2]. En second lieu, l'ordre fut donné, on ignore par qui, de pousser le 15º corps jusqu'à Clerval, au lieu de Besançon, point primitivement fixé[3].

Or, la station de Clerval ne se prêtait en aucune façon au débarquement des troupes, pas plus qu'aux manœuvres des trains. Elle ne possédait ni quais ni voies de garage. Il se produisit par suite « des retards immenses et un encombrement dont rien ne peut donner l'idée... Les trains, ne pouvant se décharger, restèrent échelonnés, pendant plus de dix jours, depuis Saincaize et même depuis Nevers jusqu'à Clerval. *On cite des détachements de troupes qui stationnèrent à la même place pendant trois et quatre jours, et cela par un froid de 12 à 15 degrés.* Les chefs n'osaient point donner aux soldats l'ordre de descendre et de se cantonner dans les villages, ignorant à quel moment la circulation pourrait reprendre. Des souffrances terribles furent endurées. Un grand nombre de chevaux périrent. Mais ce qui fut peut-être plus désastreux encore, par les conséquences qui devaient se faire sentir

---

1. Les Allemands avaient, comme on le verra ci-après, évacué Dijon à la nouvelle de l'arrivée de l'armée de l'Est.
2. *Enquête parlementaire*, tome II, page 335. — « Le ministre n'a pas le droit d'empêcher le transport commandé par Garibaldi », disait à l'inspecteur du chemin de fer le colonel garibaldien Lobbia. Et M. de Freycinet se bornait à témoigner à Garibaldi son étonnement qu'on eût besoin du chemin de fer pour accomplir un aussi court trajet. (*Ibid.*, tome II, pages 315 à 317.)
3. M. de Freycinet (*La Guerre en province*, page 225) dit que « la destination du 15º corps fut changée *à l'insu de l'administration de la Guerre* ». Il existe en effet, un télégramme adressé, le 6, au général des Chenez par Bourbaki, et demandant que le 15º corps allât, *si c'était possible*, jusqu'à Clerval. Mais était-ce là un ordre ferme et suffisant pour annuler les dispositions prises par M. de Freycinet, lequel, on l'a vu, s'était réservé la direction exclusive de l'opération ? Le colonel Leperche a, dans sa déposition, prétendu le contraire. Quoi qu'il en soit, le fait est une preuve nouvelle des dangers que créent le défaut d'unité dans le commandement et le dualisme de la direction supérieure. Il est impossible de rien faire, quand les pouvoirs et les attributions de chacun sont aussi mal départagés.

plus tard, c'est que les approvisionnements de l'intendance furent, par suite de cet encombrement, arrêtés sur des points éloignés du théâtre des opérations[1] ». Le 15ᵉ corps fut mis en chemin de fer le 4 janvier ; son débarquement, commencé le 8 janvier, ne fut complètement terminé que le 16 ; il fournit des troupes exténuées et déjà fort réduites. Tels étaient les résultats, qu'on aurait pu prévoir, de cette entreprise inuffisamment mûrie, à laquelle avait, au surplus, manqué une direction compétente, unique et ferme. Ils étaient bien éloignés de ceux que, dans son ardeur trop irréfléchie, la Délégation avait tenus d'avance pour assurés.

Il ne semble pas, au surplus, que la communauté de vues entre celle-ci et le commandement ait été bien complète, et les dépêches échangées sont significatives à cet égard. La première divergence sérieuse surgit à propos de la protection à donner à l'opération. Il était en effet indispensable, et en cela tout le monde était d'accord, que la sûreté des flancs et des communications de l'armée de l'Est fût assurée le plus efficacement possible pendant sa marche sur la frontière. Le général Bourbaki l'avait instamment réclamé, le gouvernement l'avait compris ; c'étaient le corps de Garibaldi et les mobilisés du général Pélissier qui devaient être chargés de cette mission[2]. Mais restait à fixer l'emploi de la division Crémer. Or, dès les premiers débarquements de troupes, le jeune général qui la commandait avait insisté pour agir en dehors du gros de l'armée. Il voulait, par une offensive immédiate, combinée avec le 24ᵉ corps, tromper Werder sur la véritable direction de l'opération générale, le retenir en Bourgogne, le maintenir dans l'illusion qu'il n'avait pas à redouter d'autres troupes, et profiter de sa dispersion actuelle pour le battre en détail. Pendant ce temps, disait-il, et à l'abri du rideau ainsi formé, Bourbaki *accablerait les troupes réunies autour de Belfort, envahirait l'Alsace, l'Allemagne et irait déli-*

---

1. Ch. de Freycinet, *loc. cit.*, page 225.
2. *Rapport adressé au ministre par le général Bourbaki, le 3 mars 1871.*

vrer nos cadres prisonniers[1]. Il y avait certainement dans cette conception extraordinaire une part de sens pratique. Le général Bourbaki, éloigné par l'inquiétude et la crainte des responsabilités de toute idée d'aventures, préféra cependant disposer de l'ensemble de ses forces, et répondit par une fin de non-recevoir aux projets de Crémer. Tout ce qu'il voulut bien admettre, c'est que tandis que Dijon serait occupé par Garibaldi, qui protégerait ainsi les routes venant de Gray, la division Crémer irait en avant surveiller la direction de Langres. C'est dans ce but que, dès les derniers jours de décembre, c'est-à-dire aussitôt après le recul de Werder, dont il sera parlé ci-après, cette division fut portée à Dijon, puis à Champlitte. Mais quand le général en chef s'aperçut que Garibaldi ne bougeait pas d'Autun, quand les mouvements exécutés par le VII° corps allemand, entre Auxerre et Montbard, lui semblèrent constituer pour Dijon une menace, qui, bien qu'en réalité non fondée, pouvait paraître d'autant plus sérieuse que le but réel de ces mouvements, consécutifs à la constitution de l'armée de Manteuffel, lui échappait encore complètement, il rappela Crémer à Dijon, et fit même envoyer en outre, dans cette ville, une brigade appartenant au 15° corps.

Jusqu'ici, le gouvernement paraissait consentant; il n'en fut plus de même lorsque, quelques jours plus tard, Garibaldi ayant enfin jugé à propos de se rendre au poste qui lui était assigné, le général Bourbaki crut devoir rappeler à lui et la brigade du 15° corps et la division du général Crémer. Celui-ci aurait bien voulu reprendre sa marche interrompue sur Langres; avide d'indépendance, il avait demandé à pousser sur Chaumont, pour détruire la voie ferrée. M. de Freycinet l'appuyait et venait même de donner des ordres pour que le général Mayère, gouverneur de Langres, le renforçât de 5 à 6,000 hommes et de 3 batteries. Il fut donc assez mécontent de la décision prise le 11 janvier par le général Bourbaki, et dont Crémer reçut télégra-

---

1. Colonel POULLET, *La Campagne de l'Est*, préface, pages xv et xvi.

phiquement communication à Gray, où il était arrivé. Mais les opérations étaient déjà trop engagées pour qu'il fût possible de donner contre-ordre[1]. Le point de Gray fut par suite laissé à la seule garde des francs-tireurs Bombonnel et de quelques mobilisés ; quant à la mission si grave de garder le flanc gauche de l'armée de l'Est, elle incomba tout entière au général Garibaldi, que devait bientôt renforcer une partie des mobilisés du général Pellissier. Nous verrons, par la suite, comment il s'en acquitta.

M. de Freycinet a reproché au général Bourbaki d'avoir ainsi dégarni une partie des avenues qui étaient dangereuses pour lui. « Nous lui avions dit qu'il ferait mieux d'employer la division Crémer, avec ses 15,000 hommes, du côté de Langres... il crut préférable de faire coopérer Crémer avec lui, de sorte que la gauche ne fut plus gardée que par l'armée du général Garibaldi, *qui manœuvrait d'une manière insuffisante*[2]. » Il faut convenir cependant que le commandant de l'armée de l'Est ne pouvait pas prévoir une inertie aussi complète que celle dont a fait preuve le général italien ; il ne pouvait pas prévoir que 40,000 hommes, affectés à une mission définie, ne serviraient absolument à rien, et que leur chef se bornerait jusqu'à la fin à rester immobile. Il voulait éparpiller son monde le moins possible, et n'aborder l'ennemi qu'avec toutes ses forces. On ne saurait véritablement s'en étonner ; ce qui doit surprendre bien davantage, c'est l'étrange confiance qu'a inspirée à quelques-uns l'ancien chef des *Mille*, et l'indépendance qui lui a toujours été laissée, sans que rien, dans ses antécédents militaires, ait pu les justifier.

II. — Premières opérations.

Cependant le général Bourbaki, resté à Dôle pendant le débarquement de ses troupes, avait, le 4 janvier,

---

1. Le combat de Villersexel avait été livré deux jours avant.
2. *Enquête parlementaire,* déposition de M. de Freycinet, tome III, page 22.

gagné de sa personne Besançon. Il semblait avoir pris tout d'abord Vesoul pour objectif, et avait déjà poussé les 18° et 20° corps sur la rive droite de l'Ognon, entre Pesmes et Marnay[1]. Mais, le 5, il changeait brusquement ses projets primitifs, et prenait la résolution de se porter plus à l'est, du côté de Villersexel, pour se placer entre le XIV° corps allemand et Belfort. Dès le lendemain, il transportait son quartier général à Montbozon, et assignait à son armée, pour le 8, les positions suivantes ; 18° corps, Montbozon ; 20° corps, Rougemont ; 24° corps, Cuze, à quelques kilomètres, sur la droite. La réserve générale (général Pallu de la Barrière) devait se placer en arrière du centre ; quant au 15° corps, il commençait à débarquer à Clerval.

Les mouvements exécutés entre le 28 décembre et le 5 janvier avaient complètement échappé à l'attention de l'ennemi, dont l'ignorance à l'égard de nos intentions était encore complète. Ils avaient toutefois soulevé de grosses difficultés, et souffert surtout de la pénurie des convois. D'après le rapport de l'intendant général Friant, les vivres étaient abondants dans les magasins de Lyon, de Clerval et de Baume-les-Dames, et le gaspillage auquel on se livrait ne parvenait même point à les épuiser[2] ; mais on ne savait, faute de voitures, comment assurer le ravitaillement des troupes. Grâce au concours des préfets des départements voisins, on finit cependant par réquisitionner un nombre suffisant de charrettes, mais la plupart dépourvues des accessoires indispensables à leur utilisation. Si l'on ajoute à cela l'état des routes et le manque de clous à glace

---

1. « L'infanterie du 18° corps dut franchir l'Ognon, dont les ponts étaient détruits, sur la glace recouverte de paille et de planches. La cavalerie utilisa le pont de Forges, dont les piles avaient été respectées, et auquel on fit un tablier provisoire. Quand à l'artillerie, elle put jeter un pont de bateaux dont on avait trouvé les éléments dans la place d'Auxonne, ancienne garnison d'artillerie. (*Ibid.*, déposition du général Billot.)

2. « Les hommes, au lieu de garder les vivres de réserve, mangeaient en un jour les rations de deux ou trois et même plus, ou jetaient les biscuits, dont ils ne voulaient pas, quoiqu'il fût de qualité supérieure. Un régiment en a même laissé trente-cinq caisses dans la neige. » (Travail cité de l'intendant général Friant, page 468 de l'ouvrage du colonel Poullet.)

pour les chevaux, on peut juger de la lenteur inévitable des mouvements, et des retards qui en résultaient pour la distribution aux troupes. L'armée était contrainte d'attendre ses convois et n'avançait qu'à pas de tortue, au grand déplaisir de M. de Freycinet qui, ne se rendant pas compte du désarroi dans lequel elle se débattait, reprochait au général Bourbaki son peu d'activité. Tous ces tiraillements étaient déjà d'un mauvais présage.

De leur côté, les Allemands prenaient, depuis quelque temps déjà, les dispositions nécessaires pour parer à une offensive qu'ils prévoyaient, sans en connaître la puissance ni la direction. Dès le retour du général de Werder à Dijon, après le combat de Nuits, des bruits de provenances diverses avaient commencé à circuler au sujet d'un mouvement entrepris par des forces françaises importantes dans le but de débloquer Belfort[1]. Le 25, un télégramme envoyé par le général de Rœder, ministre de la Confédération du Nord auprès de la République helvétique, annonça au général de Tresckow, commandant le corps du siège de Belfort, que 25,000 hommes avaient déjà quitté Lyon. Le 26, Werder fut avisé par le commandant de la 1ʳᵉ division de réserve que des troupes françaises étaient apparues autour de Clerval et que 60,000 hommes étaient attendus à Besançon[2]. Enfin, une communication du général de Moltke fit connaître que, selon toute probabilité, l'armée du général Bourbaki avait quitté Nevers, en chemin de fer, pour Chalon-sur-Saône[3], et qu'en conséquence, le VIIᵉ corps avait reçu l'ordre de se porter d'Auxerre vers l'est par Châtillon-sur-Seine, afin de tenir tête à l'adversaire, de concert avec le général de Werder[4]. En présence d'une situation pareille, ce dernier jugea prudent de se concentrer, non pas à Dijon, dont la position pouvait

---

1. *La Guerre franco-allemande*, 2ᵉ partie, page 699.
2. *Ibid.*
3. Il est à remarquer que, le 26 décembre, date où fut faite cette communication, le 24ᵉ corps n'avait pas encore quitté Lyon, et que le transport des 18ᵉ et 20ᵉ corps commençait à peine.
4. Quelques jours plus tard, le 2 janvier, le IIᵉ corps, devant Paris, recevait également l'ordre de se tenir prêt à marcher vers le sud-est.

paraître trop en pointe, mais à Vesoul, et il rappela sur ce point tous ses détachements, y compris celui qui observait Langres ; le 27, Dijon fut évacué, et occupé, trois jours après, par la division Crémer. Le 1er janvier, le groupement du XIVe corps autour de Vesoul était chose faite, et la 4e division de réserve venait le rejoindre[1]. Cette dernière s'étendit jusqu'à Villersexel et Rougemont, et un détachement prussien, fort d'un régiment d'infanterie, un régiment de cavalerie et deux batteries, fut chargé de garder Lure en arrière ; c'est-à-dire qu'avec la plus grande partie de ses forces, Werder avait choisi une position centrale qui lui permettait d'attendre les événements, de quelque côté qu'ils se produisissent[2]. Il disposait de 33,000 hommes environ, avec 27 escadrons et 17 batteries ; sur son aile gauche, deux bataillons envoyés par le corps de siège de Belfort surveillaient à Arcey la direction de Besançon, et d'autres détachements, de ce même corps de siège, occupaient Montbéliard, dont le château était armé. Enfin, une forte colonne (8 bataillons de landwehr, 2 escadrons et 2 batteries de réserve), sous les ordres du général de Debschitz, avait été envoyée de Strasbourg entre le Doubs et la frontière suisse, pour couvrir de ce côté les opérations du siège de Belfort.

Mais, en dépit de ces précautions et des reconnaissances journalières, l'incertitude était toujours grande, tant à Versailles qu'à Vesoul. Si, d'une part, des renseignements tenus pour exacts signalaient l'arrivée à Besançon de forces imposantes et l'affectation exclusive de la ligne Lyon-Besançon aux transports militaires[3], d'autre part, l'inaction des forces ainsi concentrées, la

---

1. Moins les fractions détachées au siège de Belfort.
2. Il avait dû laisser à Dijon 433 malades ou blessés, dont 10 officiers, avec les médecins et infirmiers nécessaires.
3. « Un facteur postal, arrêté près de Mornay, avait été trouvé porteur d'une lettre écrite par une jeune fille de quatorze ans, laquelle informait ses parents, à Lons-le-Saunier, qu'elle ne pourrait pas venir passer les fêtes de Noël dans le logis paternel, attendu que la circulation des voyageurs civils était interdite sur toutes les voies ferrées de la contrée. La même lettre disait que Besançon était bondé de troupes et que les écoles avaient dû être évacuées pour être transformées en lazarets. » (Colonel SECRÉTAN, loc. cit., page 112.)

présence continue d'un corps d'armée à Vierzon, l'attitude prise sur le Loir par le général Chanzy pouvaient faire supposer que les mouvements constatés dans la vallée de la Saône n'étaient qu'une simple diversion. C'est à ce point que, dès le 30, le général de Moltke, revenu de son idée première, et convaincu que la masse des forces de Bourbaki n'avait pas quitté Bourges et Nevers, arrêta auprès de Montbard la marche du VII° corps[1]. Il prescrivit même au général de Werder, dès le 1ᵉʳ janvier, de reprendre l'offensive, de réoccuper Dijon si possible, et de renvoyer autour de Langres des troupes d'observation, « attendu, disait-il, que l'ennemi ne paraissait pas avoir l'intention de percer entre Besançon et Belfort[2] ». Mais divers incidents n'allaient pas tarder à éclairer plus complètement l'état-major allemand.

Tout d'abord, le 2, les uhlans du détachement Debschitz signalèrent la présence des troupes françaises à Abévilliers[3]. Ces troupes, postées sur le plateau de Blamont par le commandant de place de Besançon, consistaient en un corps franc, les Vengeurs de la Mort, et quelques compagnies de mobilisés[4]. Elles étaient si peu redoutables qu'elles ne purent tenir devant un bataillon de landwehr, envoyé contre elles

---

1. *La Guerre franco-allemande*, 2ᵉ partie, page 700.
2. *Ibid.*
3. Au nord-est de Blamont, tout près de la frontière suisse.
4. « Les Vengeurs formaient un corps de 1,000 à 1,200 hommes commandé par un aventurier nommé Malicki; c'était un groupement de soldats de toutes nationalités; ils avaient des chassepots, de la cavalerie, et deux mitrailleuses. Malicki, qui prétendait avoir des franchises spéciales lui laissant toute liberté d'action, résolut, ce jour-là, de mener une attaque à fond contre les Prussiens. Sortant du village d'Abévilliers, il s'avança, sans aucun ordre tactique, jusqu'à 600 mètres du village de Croix, où les hommes du bataillon de Liegnitz l'accueillirent aussitôt d'un feu nourri et bien ajusté. La fusillade dura environ deux heures; après quoi les Vengeurs, se croyant cernés, se retirèrent précipitamment et en désordre. Une moitié des hommes se dirigèrent, sans y être forcés, vers la frontière et passèrent en Suisse; les autres rentrèrent à Besançon, où ils furent très sévèrement punis par le général Rolland, commandant de la division militaire. Leur chef, Malicki, partit pour Clerval. On apprit plus tard, qu'il avait aussi passé en Suisse sous un déguisement. » (Colonel SECRÉTAN, *loc. cit.*, page 115. d'après CH. BEAUQUIER, *Les Dernières campagnes dans l'Est.*)

de Croix. Néanmoins, Werder crut voir là le symptôme avant-coureur d'une marche générale sur Belfort, et jugea nécessaire de porter plus à l'est, pour couvrir le siège, une partie de ses forces, qui allèrent s'établir entre Villersexel et Héricourt, passant aux ordres directs du général de Tresckow. Et même, ayant appris le lendemain que des partis d'infanterie française se montraient en avant de Baume-les-Dames, auprès d'Avilley et de Clerval, il concentra toutes ses troupes sur la ligne de Vallerois-le-Bois-Villersexel-Saint-Ferjeux, laissant le soin de garder Vesoul à deux compagnies d'étapes, qui venaient d'y arriver.

Combats du 5 janvier. — Le 4, aucun incident nouveau ne se produisit qui pût éclaircir la situation ; mais, le 5, il n'en alla pas de même. Ce jour-là eurent lieu, sur tout le front des positions allemandes, des escarmouches plus ou moins importantes, qui mirent fin à l'incertitude de Werder. A son aile droite, une compagnie badoise, en reconnaissance au sud d'Echenoz-le-Sec, s'aperçut que la lisière du bois de la Bouloy était tenue par de l'infanterie française ; ce bois paraissait être le poste avancé d'une forte ligne établie en arrière, dont on évaluait, sur la foi des prisonniers, l'effectif à 40,000 hommes. La compagnie badoise se replia sur Vellefaux, où le général de Werder s'empressa de diriger trois des brigades badoises ; la brigade prussienne et la 4ᵉ brigade badoise furent portées sur Dampierre-les-Montbozon, la 4ᵉ division de réserve sur Vallerois-le-Bois. Les Français cependant restaient immobiles ; c'est seulement à une heure de l'après-midi qu'un bataillon de mobiles de la Saône ayant poussé jusqu'à Echenoz, le combat commença. Mais il était assez mou de notre part, et n'aboutit qu'à des escarmouches sans importance où nous perdîmes cependant quelques prisonniers. Un peu plus tard, un bataillon du 42ᵉ de marche ayant occupé Levrecey, huit compagnies badoises vinrent concentriquement l'attaquer, et vers quatre heures et demie, après un combat meurtrier, réussirent à le refouler, en lui enlevant une centaine d'hommes. Pendant ce temps, d'autres rencontres avaient lieu à l'aile gauche allemande. A Avilley, à Filain, les reconnaissances ennemies rencontraient des partis d'infanterie et de cavalerie; des escadrons de lanciers français se montraient sur la voie ferrée de Gray à Vesoul, et, le soir même, les contingents badois cantonnés à Velle-le-Châtel en étaient délogés par des colonnes françaises qui prenaient leur place[1]. Tout cela indiquait évidemment la présence rapprochée de forces considérables, et il n'y avait plus de doute possible sur les intentions offensives de celles-ci. D'ailleurs, si, dans cette journée du 5, les Allemands avaient perdu près d'une centaine d'hommes, ils avaient, par contre, fait environ 500 prisonniers, dont les déclarations unanimes faisaient connaître que trois corps d'armée français se dirigeaient sur Vesoul.

Le général de Werder se hâta de faire part de ces renseignements à M. de Moltke; puis, le 6 au matin, il concentra toutes ses forces sur une position reconnue d'avance au nord de Vesoul, en arrière du Durgeon. Seule, la brigade von der Goltz fut laissée en observation au sud de la ville; en même temps, cinq bataillons, deux escadrons et quart et deux batteries étaient appelés du corps de siège de Belfort à Arcey, pour renforcer le XIVe corps dans la bataille défensive qu'il s'attendait à livrer. De pareilles dispositions étaient assurément judicieuses. Werder, exposé à une attaque imminente et réduit jusqu'à nouvel ordre à ses seules forces, prenait le parti de s'établir sur une position de flanc par laquelle il ne cessait pas de couvrir le siège de Belfort, qu'il était spécialement chargé de protéger. En effet, ou bien le général Bourbaki, ne voulant pas laisser ainsi sur ses derrières une masse imposante, viendrait l'attaquer, et, dans ce cas, la force de la position jointe aux qualités militaires des troupes allemandes permettrait à celles-ci de lutter avec avantage même contre des forces supérieures; la marche des Français en serait retardée d'autant, et peut-être que le

---

1. Ces contingents avaient, en arrivant, fait prisonniers deux officiers français occupés juste à ce moment, à faire le cantonnement pour deux bataillons de zouaves et une batterie.

renfort des II⁰ et VII⁰ corps, précédemment annoncé, puis arrêté en cours de route, aurait, cette fois, le temps d'arriver définitivement. Que si, au contraire, l'armée de l'Est essayait de marcher quand même contre Belfort, elle se trouverait réduite aux seules routes situées au sud de l'Ognon, dont le nombre était fort restreint, et dont le parcours accidenté devait être rendu très difficile par le verglas. Ses mouvements seraient donc forcément très lents, et le général de Werder ne doutait pas qu'avec ses troupes rompues à la marche il ne pût la gagner de vitesse, et venir l'attaquer en flanc, sinon lui barrer le chemin. En attendant, il la faisait surveiller de près par des reconnaissances continuelles, lancées au sud de Vesoul et de Villersexel, tandis que, de sa position d'Arcey, le détachement Bredow observait de même la direction de l'ouest.

Constitution de l'armée allemande du Sud. — De son côté, M. de Moltke, maintenant en possession de renseignements certains, prenait, sans perdre un instant, les mesures les plus détaillées en vue de parer à l'imminence du danger [1]. Depuis le 30 décembre, le général de Zastrow se trouvait à Montbard avec la 13⁰ division [2]; il avait fait occuper Flavigny et Semur, et poussé en avant, vers Saint-Seine, Sombernon et Saulieu, des colonnes mixtes, de façon à attirer sur lui l'attention des Français et venir ainsi en aide, au moins indirectement, au XIV⁰ corps [3]. Il attendait là sa 14⁰ division qui devait le rejoindre après la chute de Mézières, quand, le 2 janvier, il reçut l'ordre de se porter sur Auxerre. C'était le moment où le prince Frédéric-Charles entamait sa marche contre le Mans, et l'on se rappelle que, pour parer à une offensive possible contre Gien, de Bourbaki (que l'état-major allemand ne savait pas

---

1. *La Guerre franco-allemande*, 2⁰ partie, page 989.
2. La 14⁰, occupée au siège de Mézières, n'avait pas encore rejoint. Elle fut embarquée en chemin de fer le 5, et dirigée sur Mitry.
3. La colonne dirigée sur Saint-Seine atteignit Chanceaux, après avoir délogé de Courceau une bande de francs-tireurs qui avait tenté de lui barrer le chemin. Mais, à l'approche d'une troupe garibaldienne sortie de Dijon pour marcher à sa rencontre, elle crut devoir éviter une nouvelle affaire, et se replia sur Frolois.

encore en route vers l'est), M. de Moltke avait envoyé les VII⁰ et II⁰ corps tenir la ligne Auxerre-Montargis[1]. Le lendemain donc, 3 janvier, le VII⁰ corps se mit en route, ne laissant derrière lui qu'un détachement chargé de garder la ligne Chaumont-Nuits-Tonnerre, et il arriva à Auxerre le 6, en même temps que le II⁰ corps arrivait à Montargis. Mais ni l'un ni l'autre ne devaient s'arrêter longtemps, car le même jour, 6 janvier, un télégramme de M. de Moltke leur prescrivait à tous deux d'aller immédiatement se rassembler dans la région comprise entre Nuits-sur-Armançon et Châtillon-sur-Seine. Ils passaient à une nouvelle armée, dénommée *Armée du Sud*, à laquelle était également rattaché le XIV⁰ corps avec tous les contingents allemands présents dans les départements français de la Côte-d'Or, de la Haute-Saône, du Doubs et du Haut-Rhin. Le commandement en chef de cette armée était confié au général de Manteuffel, qui quittait, pour le prendre, celui des forces déployées en ce moment entre Bapaume et Rouen. Ainsi la malheureuse armée de l'Est allait voir surgir bientôt contre elle un nouvel et redoutable adversaire; elle était cependant si rapprochée déjà des troupes du général de Werder, qu'une collision inévitable semblait prochaine avant toute intervention du renfort envoyé aux Badois. Cette collision se produisit en effet. Elle n'amena pas de résultats décisifs; elle fournit même l'un des épisodes les plus honorables de cette funeste guerre, et n'aurait dû laisser que le souvenir sans amertume d'un effort inutile, échouant, comme tant d'autres, devant la redoutable organisation des armées de l'envahisseur. Il était malheureusement réservé à l'armée du Sud, puissamment aidée, il est vrai, par la regrettable obstination du gouvernement de la Défense nationale, de transformer en une douloureuse catastrophe cette manifestation suprême de l'opiniâtreté du patriotisme français.

---

1. Voir tome IV, page 337.

CHAPITRE II

VILLERSEXEL

Grâce aux combats du 5 janvier, Werder savait maintenant qu'une armée française était en marche dans la région au nord de Besançon ; mais il ignorait absolument si elle allait prendre la direction de Vesoul ou celle de Belfort. La journée du 6 ne lui fournit aucun renseignement nouveau, les troupes du général Bourbaki étant restées stationnaires. Mais, le 7, un avis venu de Bâle, et émanant, dit la *Relation allemande*, d'une source digne de foi [1], annonça que c'était bien sur Belfort que les Français se disposaient à marcher, et d'autre part, le 8, une reconnaissance envoyée au sud de Vesoul par la brigade prussienne, aperçut distinctement une troupe de 15,000 hommes environ qui se dirigeait d'Authoison vers l'est, dans la direction de Montbozon. Le général de Werder n'eut pas besoin d'en savoir davantage ; prenant immédiatement ses mesures pour reporter vers la haute Alsace sa ligne d'opérations, il se disposa à « suivre les Français dans le mouvement où il devait les croire engagés, en même temps qu'il les arrêterait en prenant l'offensive dans la direction de Villersexel [2] » ; ce qui ne l'empêcha pas de faire continuer toute la nuit les reconnaissances, que

---

1. *La Guerre franco-allemande*, 2ᵉ partie, page 993. — Il s'agit d'un agent de l'ambassade allemande à Berne.
2. *Ibid.*, page 994.

favorisait un magnifique clair de lune[1]. Leurs résultats concordèrent en tout avec ceux qu'on avait obtenus déjà; et le relevé des lieux où s'étaient produites des escarmouches démontra que l'armée française avait tout entière appuyé vers le nord-est. A trois heures du matin, Werder, suffisamment fixé, donnait donc les ordres que voici pour la journée du lendemain 9 :

« La 4ᵉ division de réserve, chargée de l'offensive, devait immédiatement marcher de Noroy-le-Bourg, où elle avait été appelée dans la journée, sur Aillevans, en jetant son avant-garde sur Villersexel, qu'on croyait fortement occupé par nous. Elle était remplacée à Noroy-le-Bourg par la brigade prussienne von der Goltz, chargée de former réserve. Quant à la division badoise, elle devait rompre sans délai et se porter par Vy-lès-Lure sur Athesans, afin d'intercepter la direction de Belfort. La garde de Vesoul et de Port-sur-Saône était confiée à un détachement mixte de troupes badoises, laissé pour renforcer celles d'étapes; il avait ordre de se garder avec soin dans la direction de Combeaufontaine, et de ne se replier que devant des forces supérieures, auquel cas il gagnerait Luxeuil[2]. »

Quant aux mouvements des Français pour le 9, ils étaient réglés d'après un ordre donné à Montbozon par le général Bourbaki. Les 20ᵉ et 24ᵉ corps devaient se porter aux environs de Villargent et de Vellechevreux, sur la route de Villersexel à Arcey, tandis que le 18ᵉ corps gagnerait Villersexel et Esprels, et que la réserve générale suivrait en arrière, sur Cubry, Abbenans et Fallon. Les fractions disponibles du 15ᵉ corps étaient envoyées de Clerval sur Onans; le grand quartier général se transportait au château de Bournel. Ces mouvements étaient évidemment bien tardifs; la lenteur des marches et la difficulté des ravitaillements

---

1. *La Guerre franco-allemande*, 2ᵉ partie, page 994.
2. Les renseignements arrivés pendant la nuit étaient tellement concluants sur la direction prise par l'armée française, que Werder jugea urgent de faire au plus vite soutenir le corps de siège, et ordonna à la 1ʳᵉ brigade badoise, à six heures du matin, de se diriger, avec deux batteries et un escadron, sur Couthenans, en passant par Lure, Lyoffans et Béverne.

avaient fait perdre les journées du 7 et du 8, pendant lesquels, à proprement parler, on n'avait exécuté que des mouvements intérieurs.

Attaque et prise de Villersexel. — Les troupes allemandes s'étaient mises en route avant le jour, par un froid très vif et une neige abondante. Vers huit heures du matin, la 4ᵉ division de réserve atteignit Aillevans, où elle commença à jeter un pont sur l'Ognon. Quant à son avant-garde [1], elle avait poussé à droite sur Villersexel, et elle arrivait à huit heures trois quarts au débouché sud du Grand-Fougeret, quand elle fut brusquement arrêtée par une fusillade violente, partie des abords nord de la ville. Elle mit aussitôt ses douze pièces en batterie, le long de la lisière du bois.

Villersexel, bâti sur le flanc d'une hauteur qui domine la rive gauche de l'Ognon et borde la rivière, est composé de deux parties, la ville basse et la ville haute, que relient des rues en pente, généralement raides et parfois même en escalier. C'est un nœud très important de routes, mais d'une valeur défensive assez médiocre, du moins du côté du nord. Là en effet existe, à une distance moyenne de deux kilomètres, une ceinture de bois et de villages qui facilitent les approches et fournissent à une attaque des points d'appui avantageux. La ville était, depuis la veille au soir, occupée par deux bataillons de mobiles de la Corse et des Vosges, et par un escadron du 6ᵉ cuirassiers de marche, appartenant tous trois au 20ᵉ corps; ces troupes avaient barricadé le pont et occupé les maisons avoisinantes. C'est elles qui venaient d'accueillir à coups de fusil l'avant-garde de la division Schmeling.

Sous la protection de l'artillerie qui couvrait d'obus le pont et ses abords, le régiment prussien se déploya pour attaquer la barricade; deux de ses compagnies essayèrent d'aborder de front la position, tandis qu'une troisième allait, pour couvrir le flanc droit, occuper Moimay, où nous n'avions personne, et que le reste

---

1. Le 25ᵉ régiment d'infanterie, un régiment de cavalerie et deux batteries.

suivait en arrière, en formation massée. Mais, en présence de l'acharnement de la défense, le général de Tresckow dut se convaincre qu'il ne réussirait pas, et que le seul moyen d'aboutir était de tourner l'obstacle[1]. Il dirigea donc deux autres compagnies vers la forge située à l'ouest de la ville, sur l'Ognon, et reliée au château par une étroite passerelle où ne pouvait passer qu'un homme de front. Cette passerelle n'avait malheureusement pas été détruite, et pour la garder on s'était contenté de poster à son débouché oriental une soixantaine de mobiles que les Prussiens débusquèrent aisément à coups de fusil. Maîtresses du passage, les deux compagnies ennemies pénétrèrent lentement dans le parc, s'y reformèrent, et abordèrent le château, aussi faiblement défendu qu'il était faiblement occupé[2]. Dès lors, les défenseurs du pont étaient pris à revers; en face d'eux, quatre compagnies, en arrière les deux du château, bientôt renforcées de quatre autres[3], les couvraient d'une grêle de balles; la barricade, balayée elle-même par les obus, devenait intenable. Nos mobiles durent se replier à travers les rues de la ville, poursuivis par les Prussiens, qui avaient franchi le pont à leur suite; bientôt, ils se débandèrent. Quatre-vingts prisonniers environ tombèrent entre les mains de l'ennemi; quelques hommes réussirent à se cacher dans les caves et les maisons : le reste fut refoulé sur Villers-la-Ville et Magny par le régiment de uhlans d'avant-garde, qui captura encore 2 officiers et 60 hommes[4]. A une heure, les Allemands étaient maîtres de Villersexel, et en occupaient la lisière sud. « 17 offi-

---

1. Il ne faut pas confondre le général de Tresckow II, commandant la 1re brigade de la 4e division de réserve, avec le général de Tresckow Ier, qui dirigeait le siège de Belfort. Un troisième général de Tresckow était, sur la Loire, à la tête de la 17e division d'infanterie.

2. *Historique du 1er régiment d'infanterie rhénan n° 25*, par le général-major DE LOOS. — 3 officiers et 94 mobiles furent, d'après cet ouvrage, capturés dans le château.

3. Des deux dernières compagnies du régiment n° 25, l'une occupait la forge, l'autre Moimay.

4. Deux batteries du 18e corps avaient apparu un instant sur les hauteurs d'Autrey, mais elles ne tirèrent que quelques coups de canon et se retirèrent.

ciers, dont un d'état-major, et près de 300 hommes étaient tombés aux mains du vainqueur. Le lieutenant-colonel Parent, des mobiles de la Corse, avait été tué[1]. »

C'était pour nous un fâcheux début; personne ne disputait plus aux Prussiens leur conquête, et des hauteurs d'Aillevans, où il s'était porté, le général de Werder pouvait constater avec satisfaction qu'aucun renfort ennemi n'apparaissait dans la plaine, éclairée maintenant par un pâle soleil d'hiver. Une heure se passa ainsi; puis tout à coup, on signala de l'ouest qu'une forte colonne française semblait se diriger de Cognières sur Esprels. C'était la tête du 18ᵉ corps, qui, conformément aux ordres de Bourbaki, s'avançait pour occuper Villersexel. Comme son mouvement constituait une sérieuse menace pour le flanc droit des troupes allemandes, le général de Werder se hâta d'envoyer au général von der Goltz, alors à Noroy-le-Bourg, l'ordre d'avancer jusqu'à la Grange d'Ancin; la brigade prussienne devait couvrir la droite vers Marat et Moimay, et secourir au besoin les troupes qui occupaient Villersexel. En même temps, le général de Schmeling était invité à porter sa division d'Aillevans sur Saint-Sulpice, et la division badoise était rappelée d'Athesans sur Aillevans[2].

Combat de Moimay. — La brigade von der Goltz se mit en mouvement sans tarder; comme déjà une batterie française venait d'ouvrir le feu au nord-est d'Autrey-le-Vey, l'artillerie de son avant-garde (deux batteries) déboîta aussitôt que possible de la route de Noroy à Villersexel, et, sous la protection de deux compagnies, vint se déployer entre Moimay et la lisière sud du Grand-Fougeret. Le reste de l'avant-garde prit sa formation de combat entre Moimay et Villersexel. Quant au gros, il fut dirigé sur le premier de ces villages, où se trouvaient déjà deux compagnies de l'avant-garde, et une compagnie appartenant à la division Schmeling. L'importance de Moimay était considérable

---

1. Colonel SECRÉTAN, *loc. cit.*, page 150.
2. La 1ʳᵉ brigade elle-même, en route pour Couthenans, recevait l'ordre de s'arrêter à Lure.

en effet, en ce sens que ce village fermait le défilé entre le bois du Grand-Fougeret et l'Ognon, et que sa possession garantissait contre un mouvement débordant les troupes engagées dans Villersexel. Von der Goltz voulait le tenir à tout prix; il voulut aussi faire occuper le village de Marat, où déjà s'étaient glissés des partis français, et dirigea sur lui deux compagnies, auxquelles se joignit une compagnie de landwehr de la division Schmeling. Mais à ce moment débouchait d'Esprels le gros de la division Feillet-Pilatrie, dont deux batteries avaient pris position à l'ouest de Marat. Elle se lança contre le village, où les trois compagnies prussiennes avaient réussi à prendre pied, et les en chassa. D'autre part, la ligne des hauteurs à l'ouest de Villersexel commençait à se garnir de troupes françaises; deux batteries, probablement du 20° corps[1], étaient venues se déployer au nord-est d'Autrey-le-Vey, et avaient obligé les deux batteries de l'avant-garde de von der Goltz à se rapprocher d'elles pour les combattre; ces deux dernières étaient maintenant en position sur la hauteur à l'ouest de Moimay, où vint bientôt les rejoindre la batterie du gros. La lutte était fort vive, surtout dans le bois des Brosses où cinq compagnies prussiennes venant de Moimay s'étaient glissées. Néanmoins le général von der Goltz, en possession maintenant de tout son monde, et comptant sur la force de point d'appui de Moimay, n'hésita pas à porter dans Villersexel neuf compagnies de son régiment du gros[2], de façon à permettre à la 4° division de réserve d'aller se joindre aux troupes qui couvraient directement Belfort[3].

Cependant, de son observatoire, le général de Werder commençait à apercevoir des colonnes nombreuses qui débouchaient au sud; c'était, sur la route d'Esprels, le reste de la division Feillet-Pilatrie; vers Autrey-le-Vey,

---

1. Aucune relation française ne parle de ces batteries; au contraire, les relations allemandes sont unanimes à les signaler. L'ouvrage du grand état-major pense qu'elles appartenaient au 20° corps. Nous admettrons cette version, faute d'autre mieux prouvée.
2. Le 30°, commandé par le colonel Nachtigal.
3. *La Guerre franco-allemande,* 2° partie, page 1001.

la division Penhoat, qui avait franchi l'Ognon à Pont-sur-l'Ognon, et menaçait Villersexel. Plus à l'est, c'était la division Ségard, du 20° corps, qui débouchait sur les Magny; enfin, tout à fait à l'horizon, du même côté, c'était le 24° corps qui marchait sur Saint-Ferjeux. Werder se rendait compte qu'une offensive de sa part, loin de prendre l'adversaire en flanc, comme il l'aurait voulu, allait l'amener tout au contraire droit sur le front de forces très supérieures; au lieu donc d'essayer de jeter ses propres troupes sur la rive gauche de l'Ognon, comme il en avait maintenant la faculté[1], il considéra au contraire comme beaucoup plus urgent d'interdire à l'armée française l'accès de la rive droite, car si elle réussissait à y prendre pied, c'en était fait de la jonction du XIV° corps avec le corps de siège de Belfort. En conséquence, il hâta la marche sur Villersexel du gros de la division Schmeling; puis, s'étant aperçu, en se portant dans la ville, que les troupes qui occupaient celle-ci avaient déjà poussé de l'avant, il leur ordonna de se replier et de ramener les batteries sur la rive droite de l'Ognon. Même il mit à la disposition du général von der Goltz, pour la défense de Moimay, la plus grande partie de ces troupes; le général ayant répondu qu'il n'avait pas besoin de renforts, elles allèrent se masser à la lisière sud du Grand-Fougeret. Seul, comme nous le verrons tout à l'heure, le 25° prussien resta dans Villersexel, avec une batterie.

Le combat engagé sur les hauteurs de Marat se poursuivait cependant avec un acharnement extrême. Une nouvelle attaque, dirigée par l'ennemi contre le village lui-même, avait échoué devant la ferme attitude des soldats du 42° de marche qui l'occupaient. Quelques instants après, une des batteries postées à l'ouest de Moimay, que nos pièces d'Autrey-le-Vey prenaient en rouage, ayant voulu gagner du terrain en avant pour occuper une position moins désavantageuse, fut brusquement assaillie par une fusillade intense

---

1. Le pont construit à Aillevans par la 4° division de réserve était terminé, et protégé par un détachement jeté, grâce à un gué et une digue, entre Longevelle et Saint-Sulpice.

partie de la lisière sud-est du bois des Brosses, où s'étaient embusqués une centaine de mobiles du Cher et de chasseurs du 19ᵉ bataillon[1]. En un instant deux de ses pièces furent désemparées et il fallut, pour les sauver, qu'une compagnie prussienne accourue de Moimay vint permettre aux servants de les remettre sur roues. Après une lutte courte, mais extrêmement violente, l'ennemi dut reculer et se replier sur Moimay ; la brigade Leclaire resta maîtresse incontestée de tout le bois, et l'artillerie allemande, durement éprouvée, dut aller reprendre sa position primitive au nord du village. Malheureusement tous nos efforts pour conquérir Moimay restèrent vains. Le général von der Goltz se cramponnait dans le village, regrettant très vraisemblablement d'avoir fait fi des renforts offerts par Werder, et fort heureux de voir arriver bientôt celui de la division badoise, qui débouchait d'Aillevans.

En effet, le général de Glümer, voyant la mauvaise tournure des affaires, s'était hâté de porter tout d'abord ses trois batteries en face de Marat ; un peu après cinq heures, il lança contre le village un de ses bataillons qui put, sans trop de difficultés, l'enlever à nos hommes exténués par une lutte sanglante et prolongée. La nuit était venue sur ces entrefaites et, à six heures du soir, le combat cessait de ce côté.

Combat de nuit dans Villersexel. — Il allait reprendre avec une intensité plus terrible dans les rues mêmes de Villersexel, à la suite d'incidents divers sur lesquels il est nécessaire de revenir un instant.

Nous avons laissé l'avant-garde du général de Schmeling au moment où, victorieuse des deux bataillons du 20ᵉ corps français, elle s'emparait du bourg tout entier et poussait jusqu'à la lisière sud. Après l'arrivée sur le champ de bataille de la brigade von der Goltz, cette avant-garde avait été renforcée, comme il a été dit plus haut, par neuf compagnies du 30ᵉ régiment prussien, et ses deux batteries s'étaient portées au débouché méridional de la ville. La situation de ce

---

[1]. De la brigade Leclaire (1ʳᵉ de la division Feillet-Pilatrie).

côté semblait fort calme lorsque, vers deux heures, les têtes de colonne du 20° corps français débouchèrent des Magny, se dirigeant sur Villers-la-Ville[1]. La 3° division marchait à droite, la brigade Vivenot, de la 2° division, à gauche. Deux batteries, en position à l'est du Petit-Magny, avaient ouvert le feu contre l'artillerie de la division Schmeling[2]. Les troupes allemandes de Villersexel, 25° et 30° régiments, se voyant ainsi menacées, avaient alors marché de l'avant, pour essayer de s'opposer à nos progrès, et un combat très vif s'était engagé dans la plaine au sud de Villersexel, combat traversé de péripéties diverses, mais en résumé peu décisif. C'est ce combat que le général de Werder, nous l'avons vu, était venu interrompre, pour reporter au nord de l'Ognon toutes les troupes qui y étaient engagées.

Mais seul, le 30° exécuta la retraite; quant au 25°, il n'avait pas encore quitté complètement l'intérieur de la ville, et n'était même pas prévenu, paraît-il, du départ des troupes voisines, quand tout à coup, vers quatre heures et demie, une brigade du 18° corps français[3], profitant du crépuscule, se glissa le long de la rive gauche de l'Ognon, en avant d'Autrey-le-Vey, troua d'une brèche le mur du parc du château, et s'empara de celui-ci sans coup férir. La situation du 25° devenait d'autant plus critique qu'il était vivement pressé de front par le 20° corps, lequel s'était aperçu du mouvement rétrograde exécuté par l'ennemi; en outre, sa seule ligne de retraite, celle du pont, était directement menacée par les occupants du château. Le général de Tresckow II considéra comme prudent de le replier au plus vite, et, après avoir renvoyé la batterie

---

1. Les deux bataillons de mobiles qui avaient occupé Villersexel n'étaient autre chose que des troupes avancées du 20° corps. La distance où on les avait jetés, et surtout la lenteur extraordinaire des mouvements du gros, les avaient condamnés à la déroute, sans espoir d'être secourus à temps.
2. Une troisième batterie vint les rejoindre vers trois heures. Mais, plus particulièrement éprouvée par les obus allemands, elle dut se retirer au bout de très peu de temps.
3. Composée du 92° de marche et de deux bataillons d'infanterie légère d'Afrique (2° brigade de la 2° division, général Perreaux).

sur la rive droite, il fit procéder à l'évacuation de Villersexel. Un bataillon se retira par le cimetière, un autre suivit par la place du Marché. Quant au dernier (2ᵉ bataillon), il fut chargé de protéger le mouvement contre les attaques du 20ᵉ corps, qui déjà pénétrait dans la ville et serrait de fort près les Prussiens[1].

Le recul s'opérait avec difficultés, quoique en assez bon ordre, grâce à l'énergique attitude de ce 2ᵉ bataillon qui s'arrêtait à chaque instant pour faire des feux de salve ou dessiner une contre-attaque, quand l'ordre arriva du général de Werder de se maintenir à tout prix dans la ville. Cet ordre était réellement bien tardif, et le 25ᵉ régiment se trouvait certainement hors d'état de l'exécuter à lui tout seul. Heureusement pour lui, il restait au nord de Villersexel trois bataillons et demi de landwehr[2], qui furent aussitôt envoyés à son secours, et atteignirent le pont juste au moment où lui-même s'y engageait. L'encombrement était inexprimable, tout le train de la division étant venu, par suite d'ordres mal donnés, s'entasser au débouché nord de Villersexel[3], et l'obscurité, devenue presque complète, s'augmentait encore de l'opacité d'un brouillard épais. Ce fut donc dans un complet désordre que toutes ces troupes se reportèrent en avant. Le 2ᵉ bataillon du 25ᵉ, qui n'avait pas cessé de combattre, fut lancé à nouveau vers la partie sud du village, avec mission de la reprendre ; un autre bataillon du 25ᵉ chercha à se porter vers le secteur *est;* quant aux bataillons de landwehr, on les dirigea sur le secteur *ouest*, celui où se trouvaient le château et le parc. Le dernier bataillon du 25ᵉ était maintenu en réserve à l'entrée nord de Villersexel, pour garder le pont.

Les compagnies du 2ᵉ bataillon se reportèrent résolument en avant, et réussirent, bien qu'au prix de pertes considérables, à atteindre le carrefour où abou-

---

1. *La Guerre franco-allemande*, 2ᵉ partie, page 1003.
2. Appartenant à la 4ᵉ division de réserve. Le reste de cette division était, ou détaché à la garde des ponts d'Aillevans et des convois, ou occupé du côté de Moimay.
3. Colonel SECRÉTAN, *loc. cit.*, page 158.

tissent les deux routes de Magny et de Cubrial; mais là elles furent arrêtées net par la vigoureuse résis-

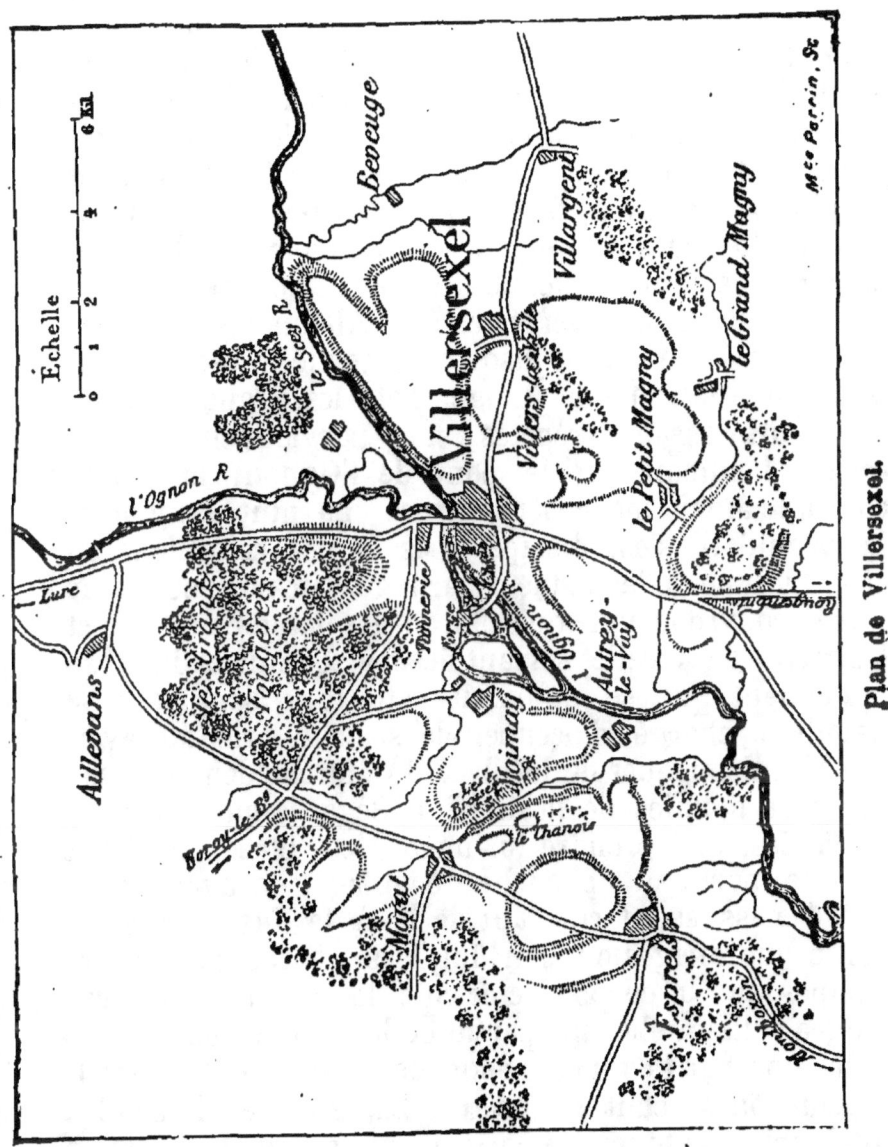

Plan de Villersexel.

tance des troupes des généraux Penhoat et Ségard. Une lutte acharnée s'engagea entre les fractions à rangs serrés qui occupaient les rues et les groupes d'hommes installés dans les maisons, qui tiraient par les fenêtres. Chaque tentative faite pour gagner du terrain était repoussée de part et d'autre par des feux de salve dirigés sur les masses en mouvement, dont l'approche était annoncée par les cris de *hurrah!* et de *en avant!* poussés de chaque côté. « Vainement l'infanterie prussienne fait le siège des maisons, vainement elle cherche à pénétrer dans les ruelles étroites et à pentes abruptes du centre de la ville. L'infanterie française fait pleuvoir les balles par les fenêtres et les soupiraux des caves, tandis que d'autres détachements occupent les rues et pressent sur l'ennemi. Malgré les plus grands efforts, aucune des deux troupes n'arrive à repousser son adversaire. Les Allemands ne réussissent pas à avancer jusqu'à la sortie sud-ouest qui commande la route de Rougemont; les Français, malgré leurs assauts répétés, ne parviennent pas à rejeter l'ennemi sur le pont de l'Ognon. La mêlée continue ainsi, meurtrière, atroce. La nuit est glacée. Le brouillard s'est dissipé. Les étoiles scintillent au ciel. La lune se lève sur ce carnage. Un noir nuage de fumée couvre la ville qu'éclairent les flammes rouges et les gerbes d'étincelles sortant des maisons incendiées[1]. »

Pendant que se déroulait cette lutte sanglante, le bataillon chargé d'occuper le secteur oriental avait réussi à débusquer de la place du Marché deux compagnies de mobiles de la division Ségard, qui y étaient installées, et à prendre lui-même leur place. Il s'était ensuite porté au débouché du village, en avait barricadé les issues, et ripostait de là à la fusillade assez molle que dirigeaient sur lui, des abords sud-est, les troupes du 20ᵉ corps. De ce côté la situation se prolongea telle quelle une partie de la nuit, et ne fut modifiée que par la répercussion des événements dont le secteur ouest était le théâtre. Là, en effet, le combat avait pris une tournure particulièrement violente, et se poursuivait, en pleine nuit, avec une ardeur sauvage que rien ne pouvait arrêter.

Les bataillons de landwehr envoyés des abords du Grand-Fougeret étaient ceux de Wehlau, d'Osterode, d'Or-

---

[1]. Colonel SECRÉTAN, *loc. cit.*, page 158.

telsburg et deux compagnies de Thorn. Engagés brusquement, à travers une épaisse obscurité, dans une partie du village qui leur était complètement inconnue, ils eurent d'abord quelque peine à s'orienter. Le bataillon de Wehlau réussit cependant, après pas mal de tâtonnements, à atteindre le parc ; là, il se fractionna en deux groupes, dont l'un essaya d'attaquer le château directement par la façade nord, tandis que l'autre gravissait une ruelle en pente pour venir aborder l'obstacle par sa façade orientale, donnant sur l'entrée principale, qui était située sur la place de l'Eglise. Ni l'un ni l'autre ne réussirent : le premier, accueilli par une fusillade intense, se trouva bientôt dans l'impossibilité d'avancer ; le second, engagé sur un terrain extrêmement glissant et pris d'enfilade par les fenêtres du bâtiment, dut battre en retraite, bousculant dans son recul le bataillon d'Osterode qui, à sa suite, s'était aventuré dans la ruelle[1]. La confusion devint extrême ; les landwehriens s'enfuirent en désordre, et seule une fraction minime, 50 à 60 hommes, suivit le commandant du bataillon d'Osterode, major de Wussow, dans sa marche en avant. Cette poignée de soldats, très énergiquement menée, pénétra dans le parc, par la grille d'honneur, chassa les postes français qui occupaient les pavillons de gardes placés à l'entrée, et parvint, malgré des pertes sensibles, à s'enfiler dans le rez-de-chaussée du château. Nos soldats alors se réfugièrent partie dans les caves, partie dans les étages supérieurs ; quelques hommes allèrent réoccuper la grille d'entrée[2].

Cependant, la première moitié du bataillon de Wehlau avait fini par atteindre la terrasse nord du château, et les landwehriens, enjambant les fenêtres ouvertes, rejoignaient peu à peu le major de Wussow. Celui-ci gravit l'escalier avec quelques hommes, et réussit à prendre pied dans une des pièces du premier étage[3],

1. Colonel SECRÉTAN, *loc. cit.*, page 161.
2. Un officier, envoyé par le major de Wussow à la recherche du bataillon d'Osterode, fut fait prisonnier à la grille.
3. D'après la *Relation allemande*, page 1004, nous aurions perdu là 120 prisonniers.

tandis que successivement arrivait dans le salon du rez-de-chaussée le reste des deux bataillons d'Osterode et de Wehlau. En même temps, le bataillon d'Ortelsburg, resté au débouché nord-est de la ville, envoyait deux compagnies contre le château, que les landwehriens de Thorn essayaient vainement d'aborder du côté de la rivière. Mais, malgré cet afflux de renforts, les Français tenaient bon dans les caves et les étages; toutes les tentatives faites pour les en déloger échouaient devant la résistance acharnée de la brigade Perreaux, et une lutte sanglante se poursuivait, sans résultat appréciable, dans les escaliers et les pièces supérieures. Désespérant de venir à bout de tant d'opiniâtreté, le général de Schmeling donna, à dix heures du soir, l'ordre de mettre le feu au château, ce qui fut fait immédiatement. Après quoi, sur la nouvelle erronée que le pont de l'Ognon était tombé au pouvoir des Français, le colonel de Krane, qui commandait là, se hâta de prescrire l'évacuation. Quelques fractions laissées dans les bâtiments déjà aux trois quarts embrasés durent protéger la retraite, qui s'opéra dans un désordre manifeste. Plusieurs hommes ayant, malgré le froid, essayé de franchir la rivière à gué, s'y noyèrent[1]. Le reste atteignit la rive droite dans un état complet de désagrégation.

Tout à coup, le colonel de Krane, resté dans le château avec le major de Wussow et les contingents d'arrière-garde, s'aperçut qu'il était bloqué; des soldats de la brigade Ségard, qui s'étaient portés en avant, étaient venus en effet donner la main aux défenseurs du château, et entouraient complètement celui-ci. La situation était terrible; la flamme, léchant les murailles, gagnait avec une effrayante rapidité, et la petite troupe allemande se voyait déjà acculée à une tentative désespérée, si elle ne voulait périr dans l'incendie. Heureusement pour elle, les deux compagnies de Thorn, après avoir erré quelque temps dans les ténèbres, purent arriver à son secours et attaquer brus-

---

1. Colonel SECRÉTAN, *loc. cit.*, page 168.

quement par le nord notre ligne, que le colonel de Krane essayait de percer par le sud. La manœuvre réussit, et les Prussiens parvinrent à se dégager.

Sur ces entrefaites, le bataillon du 25° laissé à la garde du pont avait, lui aussi, envoyé deux compagnies contre le château. Elles furent arrêtées dans le trajet par la fusillade qui partait des maisons, des fenêtres et des caves, où quantité de nos hommes étaient embusqués, et il s'ensuivit un long combat de rues, qui se poursuivit fort avant dans la soirée, à la lueur des bâtiments en flammes. Le fracas en était tel qu'il couvrait jusqu'aux détonations de l'artillerie du 20° corps, toujours en position au nord-est d'Autrey-le-Vey, et que l'intervention de celle-ci n'était plus indiquée que par l'explosion de ses projectiles [1]. La situation des deux compagnies du 25° n'en était pas moins fort aventurée, car elles risquaient à chaque instant d'être prises à revers, et même cernées. Pour les dégager, toutes les troupes de landwehr ramenées au pont de l'Ognon furent, une fois encore, lancées contre le parc; mais elles étaient épuisées. Les deux compagnies de Thorn arrivèrent jusqu'à la terrasse du château et ce fut tout. Personne, dans les rangs ennemis, n'était en état de dessiner une offensive plus accusée.

Le général de Werder cependant ne paraissait s'intéresser que très médiocrement à la lutte acharnée que soutenait dans Villersexel la 4° division de réserve. Vers sept heures, c'est-à-dire à la tombée de la nuit et après que se fut éteint le combat du côté de Moimay, il avait simplement prescrit à ses troupes de passer la nuit sur les emplacements qu'elles occupaient [2], puis il était allé prendre à Aillevans ses quartiers pour la nuit [3]. Il se reposait fort tranquillement tandis qu'à Villersexel la lutte faisait rage, et ne se préoccupait nullement d'envoyer des secours aux landwehriens de la division Schmeling [4], quand, à neuf heures et demie du soir,

---

1. *La Guerre franco-allemande*, 2° partie, page 1005.
2. *Ibid.*
3. Colonel SECRÉTAN, *loc. cit.*, page 160.
4. « Le 30° régiment d'infanterie et le bataillon de Graudenz, dit la

on vint le prévenir que le combat, de plus en plus acharné, ne se décidait point en faveur des Prussiens ; il ordonna alors purement et simplement de le rompre [1], sans dire comment, sans dire surtout pourquoi, deux heures auparavant, il avait prescrit de tenir Villersexel *à tout prix*. Semblable détachement est surprenant, et peu conforme, il faut bien le dire, aux traditions de l'armée allemande. Quoi qu'il en soit, le général de Schmeling replia, comme il put, pour la troisième fois, ses bataillons fort éprouvés. A une heure du matin seulement, il recevait l'ordre d'évacuer la ville ; le bataillon du 25°, qui luttait sans relâche devant le pont depuis les premières heures de la journée, se replia le dernier, tout en tiraillant. Il put barricader le passage, et disparaître définitivement du théâtre du combat ; il était deux heures trois quarts. La 4° division de réserve franchit ensuite l'Ognon sur les ponts d'Aillevans [2], et vint, vers six heures du matin, se rassembler entre Villafans et Saint-Sulpice. Elle avait combattu ou marché pendant vingt-quatre heures sans désemparer.

De son côté, le XIV° corps, évacuant pendant la nuit Moimay et Marat, était allé se masser plus au nord, entre Aillevans et Arpenans. Quant à l'armée française, elle bivouaqua dans ses positions mêmes, sur la ligne Esprels-Magny-Villers-la-Ville, ayant la brigade Perreaux dans Villersexel, conservé au prix de tant d'énergiques efforts. La nuit fut glaciale, et les hommes, qui n'avaient point reçu de distributions, endurèrent de cruelles souffrances. Ce n'était, hélas ! ni les premières ni les dernières de celles qu'ils devaient supporter.

Ce combat de Villersexel, où les Allemands ont engagé 15,000 hommes et 54 pièces, fut particulièrement meurtrier. L'ennemi comptait 26 officiers et

---

Relation allemande, se tenaient prêts, au nord de Villersexel, à aller soutenir les troupes engagées ; *mais ils n'étaient point appelés à entrer en ligne.* »

1. *La Guerre franco-allemande*, 2° partie, page 1006.
2. Un second pont avait été jeté là pendant la journée.

553 hommes hors de combat[1]; nous avions perdu 27 officiers et 627 hommes tués ou blessés, plus environ 700 prisonniers. Par leur ardeur dans l'attaque, par leur acharnement dans la défense, nos jeunes troupes s'étaient grandement honorées, et leur attitude devait donner à réfléchir à l'adversaire. A ce point de vue donc, la journée du 9 était un brillant et glorieux début de campagne. Mais il faut bien convenir que, pas plus du côté allemand que du côté français, la lutte n'avait été dirigée ni le combat méthodiquement conduit. Nous avons vu l'extraordinaire indifférence du général de Werder à l'égard de la division Schmeling; celle-ci aurait dû être écrasée et, sinon totalement, au moins partiellement capturée, si les Français avaient su profiter de leur supériorité numérique. Malheureusement, s'il est vrai que le général Bourbaki, retrouvant sous les balles sa vieille ardeur et son entrain d'autrefois, a déployé ce jour-là une activité dont les tristesses passées n'avaient point comprimé l'élan, il n'est que trop vrai aussi qu'à cela s'est bornée son action, et qu'en lui le soldat a étouffé le général. Disposant de plus de 100,000 hommes, il pouvait manœuvrer, soutenir ses troupes de première ligne, utiliser ses réserves, menacer les flancs de l'adversaire. Rien de tout cela n'a été fait. Seules, les têtes de colonne ont été engagées; et le combat s'est présenté comme un simple incident de la marche, auquel se sont trouvées mêlées uniquement celles des troupes françaises que la direction et le degré d'avancement de leur mouvement amenaient dans la zone d'action de l'ennemi. Quant aux autres, ou bien elles sont restées en arrière, ou bien elles ont continué leur étape comme si de rien n'était. Il y avait mieux à faire, ce semble, car une intervention calculée du 24° corps et de la réserve générale pouvait mettre les Allemands en très fâcheuse posture, et leur infliger un échec beaucoup plus sérieux, beaucoup plus décisif que la perte, nullement irréparable, du village de Villersexel.

---

1. Dont 1 officier et 138 hommes prisonniers.

Malgré tout, comme en définitive l'armée française était restée maîtresse des positions, le gouvernement et l'opinion, facilement enthousiastes, saluèrent ce léger avantage à l'égal d'un grand succès. M. de Freycinet envoya à Bourbaki ses félicitations chaleureuses, et l'on put croire un instant que l'entente allait devenir cordiale entre lui et le général auquel était confiée l'éxécution de sa pensée[1]. Le ton assez grave de la dépêche officielle, adressée dans la nuit à Bordeaux par le commandant en chef, suffisait cependant à montrer qu'au quartier général on n'envisageait pas la situation avec autant d'optimisme qu'au ministère, et qu'on s'attendait au contraire à une attaque nouvelle, dont on n'envisageait pas même sans quelque crainte la prochaine éventualité[2].

Dans cette même journée du 9, d'autres rencontres s'étaient produites, dont il est nécessaire de dire un mot. On sait que le 24ᵉ corps, auquel aucun ordre n'avait été donné, s'était borné à poursuivre sa marche conformément à ses instructions de la veille[3]. En débouchant devant Corcelles, la 3ᵉ division rencontra un détachement fort de sept bataillons, deux escadrons et deux batteries, que le général de Tresckow Iᵉʳ, commandant du siège de Belfort, avait envoyé vers le sud-ouest pour se couvrir. Elle se replia sur Crévans,

---

1. « La brillante victoire que vous avez remportée à Villersexel est le couronnement bien mérité des sages manœuvres que, depuis quatre jours, vous avez exécutées avec autant de hardiesse que de prudence, entre les deux groupes des forces ennemies... » (*Dépêche de M. de Freycinet au général Bourbaki*, 10 janvier.)

2. « ... Tous les ordres sont donnés pour répondre convenablement à une attaque de l'ennemi si elle venait à se produire, ou pour prendre telle autre disposition que les circonstances pourraient rendre nécessaire. » (*Télégramme du général Bourbaki*, le 9 janvier, à minuit et demi.) — D'autre part, M. de Serres télégraphiait le 10, à une heure de l'après-midi : « J'ai étudié cette nuit avec le général Bourbaki toutes les mesures nécessaires pour préparer la bataille d'aujourd'hui, *bataille que l'ennemi doit absolument livrer, quelles que soient les conditions*, s'il a conscience de sa situation par rapport à la nôtre. »

3. De tout le 24ᵉ corps, seules quatre compagnies des mobiles du Rhône, qui étaient à l'arrière-garde de la 3ᵉ division, furent retenues au passage par le général de Polignac et concoururent, avec le 20ᵉ corps, à l'attaque de Villers-la-Ville.

ce que voyant, le colonel de Bredow, chef du détachement ennemi, marcha à son tour sur Corcelles. Il ne restait là qu'un bataillon français, qui évacua le village sans coup férir; toutefois le colonel de Bredow, ayant aperçu sur sa droite le camp du 24° corps, ne jugea pas à propos de pousser plus loin son offensive, et se replia sur Arcey, après avoir tenté sans succès d'établir ses communications avec le général de Werder. Pendant ce temps, les cantonnements du détachement Debschitz, postés en avant de l'Allaine, avaient été inquiétés, mais sans qu'il s'ensuivît de combat, par les fractions avancées du 15° corps

De Villersexel a la Lisaine.

Retraite du XIV° corps. — « Dans la matinée du 10 janvier, dit la *Relation allemande*, trois corps français se trouvaient aussi rapprochés de Belfort que les troupes allemandes chargées de couvrir le siège de la place, située entièrement sur leur flanc. » La situation du XIV° corps était donc fâcheuse jusqu'à un certain point; il s'en fallait cependant qu'elle fût désespérée, ainsi que semblait le croire M. de Serres, lequel considérait comme inéluctable pour les Allemands la nécessité de se rouvrir par une bataille la route de Belfort. Cette route, ils ne l'avaient point perdue, puisqu'ils pouvaient encore, en se pressant, atteindre la place en même temps que nous, et peut-être même avant nous, par Lure et Frahier. Werder n'avait jamais eu d'autre projet, ses ordres du 8 en font foi; ce jour-là, on vient de le voir, il avait dirigé directement vers la place la division badoise, tout en essayant, avec la division Schmeling, de nous prendre en flanc; ce dernier mouvement n'ayant pas réussi et l'armée française s'étant au contraire présentée de front, la division Schmeling avait dû reculer. Mais la complète absence de manœuvre de notre part avait laissé à l'ennemi pleine et entière liberté d'action, et aucune menace n'avait été faite contre ses communications avec Belfort. Pour que cette menace existât, il eût fallu une intervention beaucoup plus accusée du 18ᵉ et surtout du 24ᵉ corps ainsi qu'une accentuation bien déterminée de l'offensive sur nos ailes. Rien de pareil ne s'était produit. A la vérité, le mouvement projeté par les Allemands subissait un arrêt; la division badoise avait même dû être rappelée en arrière. Mais, l'affaire terminée, ils n'avaient qu'à reprendre leur marche et à la mener rapidement. Les qualités d'entraînement de ses troupes, jointes à notre lenteur forcée, permettaient encore au général de Werder de nous devancer devant Belfort. La seule condition nécessaire au succès était que nous n'attaquions pas, car, dans ce cas, le XIVᵉ corps aurait pu être maintenu sur place par une partie de l'armée française, tandis que l'autre filerait vers le nord-est. C'est ce que craignait le général allemand qui, bien éloigné de songer à reprendre l'offensive, avait au contraire massé ses forces entre Aillevans et Longueville, prêt à soutenir une attaque qu'il ne souhaitait certainement pas, prêt surtout à se dérober si on lui en laissait le loisir. Il se rendait parfaitement compte du péril auquel venait d'échapper le XIVᵉ corps et ne désirait en aucune façon en affronter le retour. D'ailleurs, son attitude dans la journée du 9 montre bien que son intention persistante a toujours été de gagner Belfort, et que l'offensive prise par lui n'a eu pour but que de nous retarder. Aussitôt qu'il s'aperçoit que la manœuvre projetée sur le flanc de l'armée française a échoué, il ne se préoccupe plus que d'une chose, nous empêcher de franchir l'Ognon et de venir nous interposer entre lui et le général de Tresckow. Il fait rétrograder la division badoise; il arrête l'offensive du général de Schmeling; il groupe son monde sur la rive droite et abandonne à eux-mêmes les défenseurs de Villersexel, auxquels il prescrit de tenir jusqu'au bout, sans cependant diminuer sa masse de manœuvre d'un seul homme pour leur envoyer du secours. Enfin, quand il est bien assuré que notre offensive est limitée à la conquête des positions et ne procède d'aucun plan d'opérations général, il arrête la lutte et prend en arrière une position défensive. Peu lui importe que les points d'appui de la rive gauche soient perdus, si la rive droite est toujours libre, si la route de Belfort n'est point interceptée. Le lendemain, il verra quelles sont nos intentions et, si nous ne bougeons pas, il reprendra sans tarder son mouvement interrompu. L'erreur de M. de Serres était donc complète, quand il croyait l'ennemi obligé de livrer une nouvelle bataille, « quelles qu'en soient les conditions ».

En réalité, les deux adversaires attendaient chacun de leur côté une attaque que ni l'un ni l'autre ne voulait entamer. Un instant cependant, les Allemands purent croire qu'elle allait se produire, car, vers sept heures du matin, des tirailleurs du 92º, sortis de Villersexel, bousculèrent du côté de Saint-Sulpice les avant-postes de la 4º division de réserve, tandis que, sur la gauche, la division Feillet-Pilatrie occupait Moimay et Marat. Mais ce fut là tout. Voyant partout le calme renaître, Werder ordonna, sans plus tarder, de reprendre la marche sur Belfort. Afin de la couvrir, il laissait provisoirement à Athesans la 4º division de réserve ; le reste remonta vers le nord-est en deux colonnes, afin d'utiliser les routes de Lure à Frahier et de Beverne à Couthenans, au nord de la forêt de Grange. Dès neuf heures du matin, toutes les forces allemandes avaient disparu, et le soir elles occupaient : la division badoise, Ronchamp ; la brigade von der Goltz, Beverne, et la division Schmeling, Moffans. Le lendemain soir, c'est-à-dire deux jours après le combat de Villersexel, elles étaient rassemblées sur la rive gauche de la Lisaine et s'y installaient face à l'ouest. Les détachements laissés jusque-là à Vesoul et à Port-sur-Saône avaient rejoint ; mais, afin de continuer à observer les directions de l'ouest et du nord, le général de Werder avait envoyé à Lure un détachement de huit compagnies, treize escadrons et deux batteries, aux ordres du colonel de Willissen. Les détachements de Bredow et de Debschitz étaient toujours sur leurs positions respectives. Werder se trouvait donc installé entre l'armée française et l'objectif de celle-ci, Belfort, et il était couvert en avant de son front, à Lure et à Arcey, par des troupes qui pouvaient le renseigner à l'avance et le prévenir de tout danger.

Inaction de l'armée de l'Est. — Pendant que l'ennemi, nullement inquiété d'ailleurs, se dérobait ainsi avec une rapidité qui faisait honneur assurément à ses qualités manœuvrières, l'armée française, clouée sur place par les difficultés des ravitaillements, demeurait dans la plus complète et la plus fâcheuse inaction. Son chef se désespérait d'être ainsi réduit à l'impuissance, mais la situation était bien réellement sans remède, et les plaintes du commandement ne servaient à rien, sinon à augmenter l'irritation de ceux qui, de Bordeaux, avaient cru pouvoir, sans préparation suffisante, entreprendre une aussi vaste opération. « Les chemins sont couverts de verglas, écrivait Bourbaki ; les charrois de l'artillerie et de l'administration présentent, pour être exécutés, les plus grandes difficultés. Si l'état des chemins et le mode de ravitaillement des troupes le permettent, j'essaierai, *après-demain 12*, d'enlever la position d'Arcey[1]... »

Le 11, le général en chef accusait des impossibilités plus complètes encore. « Mes opérations se trouvent contrariées à chaque instant, disait-il, par la difficulté d'assurer la subsistance des troupes, en raison de l'éloignement des voies ferrées, du verglas, de la raideur des pentes à gravir et à descendre, de l'insuffisance numérique de nos moyens de transport. Il est impossible de se trouver dans de plus mauvaises conditions que celles qui nous sont faites d'une façon si continue par la rigueur de la saison. *L'intendant en chef du 24ᵉ corps a fait connaître au général Bressolles qu'il n'était pas en mesure d'assurer les distributions, si les troupes faisaient mouvement demain. Le 15ᵉ corps est dans le même cas.* Aujourd'hui, je fais appuyer à droite la majeure partie de mes forces, afin de préparer l'attaque d'après-demain[2]... »

---

1. *Dépêche du 10 janvier, soir.*
2. Cette attaque était celle d'Arcey, point dont Bourbaki voulait

Quant à la situation générale, le commandant en chef paraissait l'ignorer à peu près complètement. Il croyait Vesoul encore occupé par l'ennemi et donnait à la division Crémer, enfin rendue disponible par l'arrivée à Dijon du corps Garibaldi, l'ordre de se porter sur cette ville. Il ne se doutait en aucune façon de la constitution de l'armée de Manteuffel et supposait que c'était la majeure partie de celle du prince Frédéric-Charles qui allait se porter contre lui, dégageant ainsi le général Chanzy[1]. Sa cavalerie, soit par inexpérience, soit par impossibilité matérielle, probablement pour ces deux raisons, ne le renseignait nullement ; il marchait pour ainsi dire à l'aveugle, sans rien connaître des dispositions prises par son adversaire. C'est ainsi que, croyant la position d'Arcey très fortement tenue, alors qu'il n'y avait là que le seul détachement Bredow, il ne se souciait guère de l'aborder avant d'avoir été rejoint par la presque totalité du 15ᵉ corps et par la division Crémer[2]. D'autre part, les indications venues de Bordeaux étaient nuageuses. M. de Freycinet persistait en effet, sur la foi de M. de Serres, à attribuer une importance capitale à l'affaire de Villersexel, et le 12, quand déjà Werder était établi sur la Lisaine, il écrivait au général : « Vous paraissez abandonner, au moins quant à présent, la marche sur Lure. Ne craignez-vous pas, en inclinant ainsi tout entier sur la droite, de permettre aux deux groupes d'ennemis de Belfort et de Vesoul de se rejoindre par la route de Lure ? Je crains que vous ne perdiez le bénéfice de *cette séparation en deux tronçons que vous avez si bien entamée...* » De quelle séparation pouvait-il être question, puisque, de l'aveu même de M. de Freycinet, l'ennemi avait encore la faculté d'opérer sa jonction par la route de Lure ? Tout cela manquait assurément de précision et de

---

s'emparer pour pouvoir, pendant ses mouvements ultérieurs, garder ses communications avec Clerval.
1. *Dépêche du 11 janvier.*
2. Le 15ᵉ corps, et encore pas tout entier, ne pouvait arriver avant le 13. De même le général Crémer devait seulement atteindre Vesoul ce jour-là.

netteté. Et cependant, le délégué à la guerre voyait juste quand il contestait le peu d'intérêt de l'opération sur Arcey. « La prise d'Arcey, disait-il, ne me paraît pas ajouter beaucoup à l'interception des communications de l'ennemi... Le temps exigé pour cette opération est-il bien en rapport avec le résultat que vous en retirerez ? » Il voyait juste surtout quand il insistait sur la nécessité d'agir vite et de chercher une action décisive avant que les renforts, dont il signalait l'approche, sans cependant préciser en rien ni leur force ni leur position, fussent arrivés à l'ennemi.

Mais l'armée française ne pouvait malheureusement agir vite. Condamnée à l'inaction, elle demeura à peu près immobile pendant les trois journées des 10, 11 et 12 janvier ; ce qui ne l'empêcha pas de livrer sur son front une série de petits combats, fort étrangers d'ailleurs à l'accomplissement de sa mission générale.

Le 10, la 3ᵉ division du 24ᵉ corps, qui, la veille, s'était déjà heurtée devant Corcelles au détachement Bredow, fit canonner les positions occupées par celui-ci à Arcey et exquissa une démonstration qui ne fut pas poussée au delà d'un simple déploiement. Le surlendemain, comme elle avait été rejointe, sur sa droite, par la division Peytavin (du 15ᵉ corps), elle recommença à canonner le colonel de Bredow, de si loin que celui-ci ne répondit même pas et n'interrompit nullement les mouvements qu'il avait à faire, comme on va le voir. A l'extrême gauche, les avant-postes du 18ᵉ corps, toujours postés autour de Villersexel, soutinrent quelques escarmouches insignifiantes contre les patrouilles du colonel de Willissen. Enfin, une lutte un peu plus sérieuse se déroula le 10, au sud de l'Allaine, entre les troupes du général de Debschitz et trois compagnies du corps franc des Vosges, envoyées de Besançon par le général Rolland[1]. Ces trois compagnies, conduites par le colonel Bourras, étaient venues dans la matinée occuper Abbévillers ; une petite colonne prus-

---

1. Le général Bourbaki avait demandé au général Rolland de faire prendre l'offensive par ses troupes, partout où cela leur serait possible.

sienne, fortes de trois compagnies de landwehr, un peloton de uhlans et deux pièces, se porta à leur rencontre et, après un court engagement, réussit, grâce à ses obus, à les chasser du village, en leur mettant sept hommes hors de combat[1].

Pendant ce temps, les Allemands prenaient, derrière la Lisaine, des emplacements dont le détail sera donné plus loin. Le 12, après la canonnade insignifiante de la division Peytavin, le détachement Bredow relevé, à Arcey, par le 25° régiment, qu'accompagnaient deux escadrons et deux batteries, rentra au corps de siège, ne laissant en position qu'un bataillon (du 67°). Le colonel de Loos, commandant du 25°, envoya un bataillon à Sainte-Marie, fit occuper Gonvillars par deux compagnies et garda le reste de ses forces disponibles auprès d'Arcey[2]. De son côté, le général von der Goltz, placé avec sa brigade à Couthenans, envoyait à Chavanne, « pour plus de sûreté[3] », deux bataillons du 30°, avec un escadron et une batterie. C'est à ces différentes troupes que l'aile droite française allait avoir affaire tout d'abord.

Combats du 13 janvier. — Le 12 au soir, en effet, le général Bourbaki, ayant à peu près ravitaillé son monde, donnait ses ordres pour l'attaque de cette position d'Arcey, qu'il tenait tant à conquérir. A droite, le 15° corps[4] était envoyé d'Onans sur Sainte-Marie et Arcey ; au centre, le 24° devait se diriger entre ce dernier village et Gonvillars, ayant derrière lui, à Onans, la réserve générale ; à gauche, le 20° corps marchait sur Crevans et Saulnot. Quant au 18° corps, il était laissé à Villersexel ; le général en chef supposait en effet l'ennemi toujours à Vesoul, et il voulait avoir sur son flanc gauche quelqu'un qui lui fît face. L'erreur était regrettable, car, une fois pris le parti de marcher définitive-

---

1. Le détachement allemand comptait 5 hommes tués, 1 officier et 39 hommes blessés.
2. *La Guerre franco-allemande*, 2° partie, page 1016.
3. *Ibid.*, page 1013.
4. Ce corps ne comptait encore de disponible que la division Peytavin (3°) et la brigade Questel (2° de la division Dastugue).

ment sur Belfort, l'armée, placée jusque-là face au au nord, devait, avant toute chose, opérer un changement de front vers le nord-est; dans ce mouvement, le 18ᵉ corps, posté à l'aile marchante, était celui qui avait le plus long chemin à parcourir. Or, c'était lui qui justement ce jour-là n'avançait pas, apportant ainsi, par son immobilité, un retard nouveau à l'exécution de cette manœuvre que seule la rapidité aurait pu faire réussir. Ici encore, le défaut de renseignements précis entraînait ses résultats habituels. Quoi qu'il en soit, les troupes avaient ordre de prendre les armes à neuf heures du matin, après avoir mangé la soupe. L'attaque devait être concentrique, c'est-à-dire que l'offensive se dessinerait d'abord simultanément par les ailes, sur Sainte-Marie d'une part, sur Gonvillars de l'autre, et que la division Peytavin, chargée de s'emparer d'Arcey, ne se mettrait en mouvement qu'après que les deux villages susnommés auraient été pris.

Vers dix heures du matin, les colonnes françaises, dont l'approche était depuis longtemps signalée par les avant-postes du colonel de Loos, commençaient l'attaque, par la droite. La brigade Martinez se déployait face à Sainte-Marie, la division de Busserolles face à Gonvillars, tandis qu'en arrière, l'artillerie des 24ᵉ et 15ᵉ corps ouvrait le feu sur les positions allemandes[1]. Les troupes du colonel de Loos avaient ordre de tenir juste assez pour nous forcer à nous déployer, mais sans compromettre leur ligne de retraite[2]; elles étaient d'ailleurs assaillies par des forces trop supérieures pour résister longtemps. Les deux compagnies de Gonvillars se replièrent donc presque aussitôt sur le bois d'Arcey. Le bataillon de Sainte-Marie, menacé d'être enveloppé, jeta vivement une compagnie dans le bois de la Côte pour protéger sa retraite sur Saint-Julien, et rompit par échelons, vigoureusement pressé par le

---

1. Le feu de certaines de ces batteries, ouvert à 4,000 mètres, était peu efficace; cependant les pièces de la division Peytavin atteignirent bientôt le village d'Arcey et firent subir des pertes assez sensibles aux troupes qui l'occupaient.
2. *La Guerre franco-allemande*, 2ᵉ partie, page 1015.

72ᵉ de marche. Pendant ce temps, l'artillerie du détachement était entrée en action ; une batterie, postée auprès d'Arcey, puis bientôt une seconde, arrivée au sud-ouest de Desandans, répondaient maintenant au feu de nos pièces. De son côté, le colonel de Loos avait envoyé, à hauteur de ce dernier village, un bataillon du 25ᵉ, qui, par un retour offensif énergique, put contenir un instant les soldats de la brigade Martinez. A la faveur de cette diversion, le bataillon du 67ᵉ put achever sa retraite et se réfugier à Raynans.

Débordée ainsi sur ses deux ailes, la position d'Arcey, que menaçaient de front la division d'Ariès et la première brigade de la division Peytavin, n'était plus tenable. A midi et demi, le colonel de Loos la fit évacuer et replia ses troupes d'abord sur Desandans, ensuite derrière le Rupt, où il prit position entre Aibre et Raynans, son artillerie déployée autour du premier de ces villages. Les divisions d'Ariès et Peytavin, dépassant Arcey vers trois heures, se portèrent de nouveau à l'attaque, ce que voyant, le colonel de Loos, que son infériorité numérique exposait à un complet enveloppement, se retira sur Tavey. Mais la nuit était venue, et les Français s'arrêtaient. Le détachement de Loos, qui avait perdu dans cette journée 139 hommes dont 35 tués, put s'établir en cantonnements d'alarme, sans être davantage inquiété.

Au nord d'Arcey, du côté de Chavanne, les troupes avancées de la brigade von der Goltz avaient été attaquées également, un peu après neuf heures du matin, par la division Thornton, du 20ᵉ corps. Au premier indice de notre offensive, le colonel Nachtigal, qui commandait à Chavanne, avait fait ouvrir le feu par sa batterie et envoyé trois compagnies à Villers-sur-Saulnot; une compagnie couvrait son aile droite, un bataillon et un escadron occupaient Chavanne, en réserve. Quand, vers midi, Gonvillars eut été pris par les troupes du général de Busserolles, le colonel Nachtigal, craignant d'être débordé par sa gauche, concentra tout son monde sur les hauteurs à l'est de Chavanne ; mais le feu de trois batteries françaises et les progrès de notre ligne dans le bois du Mont le contraignirent bientôt à se replier sur Champey. Après une retraite lente, que protégeaient ses six pièces, il atteignit, vers cinq heures, Couthenans, ayant perdu 7 tués et 90 blessés (dont 4 officiers)[1]. Les pertes des Français, dans cette journée, se montaient à 200 hommes environ.

Enfin, au sud de l'Allaine, le détachement de Debschitz avait eu, lui aussi, à lutter contre des troupes de sortie de la garnison de Besançon. Vers une heure de l'après-midi, au moment même où un bataillon de landwehr allait relever celui qui finissait, à Dasle, son service d'avant-postes, trois bataillons de mobilisés du Doubs, débouchant de Seloncourt, s'étaient montrés sur la route de Vaudoncourt. Tandis que les deux bataillons allemands prenaient position auprès de ce village, deux de leurs compagnies se portaient à l'attaque des mobilisés. Elles furent repoussées avec des pertes sensibles[2], et se replièrent assez en désordre. Mais une batterie étant accourue à l'aide, la ligne allemande put se reporter tout entière en avant et il s'ensuivit un combat assez vif qui se prolongea jusqu'à la nuit. A cinq heures et demie du soir, les Prussiens se renforcèrent de deux nouvelles compagnies, mais trop tard pour déterminer un acte décisif. Les mobilisés se replièrent, à travers l'obscurité, sur Bondeval. Dans le même temps qu'avait lieu cette escarmouche, le corps franc Bourras, renforcé d'un bataillon de mobiles du Doubs et de trois obusiers de montagne, s'était, à l'extrême droite française, porté d'Abbévillers sur Croix, et avait engagé le combat avec le bataillon de landwehr qui gardait ce village. La lutte s'était d'ailleurs bornée à une longue tiraillerie, n'ayant donné lieu à aucune tentative offensive. Cependant, le détachement Debschitz avait perdu 57 hommes, dont 8 tués et 10 disparus.

Telle fut cette journée du 13, qui, malgré de petits succès remportés sur les avant-lignes de l'ennemi,

---

1. « Une partie des blessés avaient dû être laissés à Chavanne, faute de moyens de transport. » (Colonel SECRÉTAN, *loc. cit.*, page 192.)
2. Elles comptaient 5 officiers hors de combat, dont le commandant de l'un des bataillons.

n'avançait pas beaucoup les affaires de l'armée de l'Est. En résumé, celle-ci avait été amenée, par suite de son ignorance de la véritable situation, à se déployer presque tout entière contre six bataillons seulement et trois batteries, lesquelles troupes avaient parfaitement rempli leur rôle de postes avancés, qui est de contenir l'adversaire, de le retarder et de le forcer à montrer ses intentions et ses moyens. Elle avait donc fourni au général de Werder des indications précieuses, sans gagner elle-même une zone de terrain appréciable. Le 13 au soir, elle avait à peine entamé le mouvement de conversion qui devait l'amener face à l'ennemi, puisque ses corps de gauche (20e et 18e) ne dépassaient pas sensiblement la route de Montbéliard à Villersexel. C'était vraiment beaucoup de temps perdu sans profit, et les résultats obtenus ne justifiaient guère les espérances que fondait sur eux le général en chef, non plus que l'enthousiasme de M. de Freycinet à les qualifier [1]. Il y avait lieu néanmoins de se féliciter de la bonne attitude et de l'entrain des troupes ; certains corps, tels que la 1re légion du Rhône, sur la solidité desquels on avait pu concevoir quelque inquiétude, s'étaient fort bien montrés [2], et c'est très justement que le général Bourbaki rendait à ses soldats un hommage mérité, quand il écrivait au ministre : « Les journées de Villersexel et d'Arcey font franchement honneur à la 1re armée, qui n'a cessé d'opérer depuis six semaines par un temps des plus rudes, en marchant constamment malgré la neige, le froid et le verglas... » Mais cette ardeur ne pouvait être profitable que si elle était utilisée sans

---

1. « Je gagne encore du terrain, je ne perdrai pas de temps et tâcherai de profiter, dès demain ou après-demain, de mon succès pour enlever Héricourt et faire lever le siège de Belfort. » (*Dépêche de Bourbaki à Guerre*, 13 janvier, trois heures et demie du soir.) — « Je vous félicite du fond de mon cœur, répondait M. de Freycinet, de votre beau succès d'Arcey qui, avec celui de Villersexel, doivent faire réjouir la France de vous avoir placé à la tête de la 1re armée. Quant à moi, je ne saurais vous dire la joie et la confiance que m'a apportées votre dépêche... »

2. La 1re légion du Rhône avait eu 3 officiers (dont le colonel Valentin) et 76 hommes hors de combat à l'attaque de Gonvillars et de Chavanne.

délai ni répit; et c'est là, précisément, ce qui était impossible.

Journée du 14. — Ainsi qu'il l'avait télégraphié à Bordeaux, le général Bourbaki aurait désiré se porter dès le lendemain 14 à l'attaque des positions d'Héricourt; et l'affaire n'était pas encore terminée le 13, que déjà il donnait ses ordres pour l'achèvement du mouvement de conversion qui devait amener l'armée parallèlement au cours de la Lisaine. Mais les difficultés de réapprovisionnement en vivres et en munitions allaient sans cesse grandissant, et l'on pouvait craindre à cet égard de nouveaux déboires. D'autre part, si le 13 au soir, les 15°, 24° et 20° corps étaient déjà concentrés sur la ligne de Dung-Aibre-Le Vernois, à moins de 8 kilomètres des positions ennemies, le 18° corps, qui devait former l'aile gauche, n'était pas encore arrivé. Laissé un jour de trop à Villersexel, retardé dans sa marche par le défaut de viabilité et l'état des routes, il atteignit à peine Moffans et Courmont, le 15 au soir. De même, la division Crémer venait seulement de quitter Vesoul. Or, le général en chef comptait précisément sur le 18° corps et la division Crémer pour déborder la droite de l'armée allemande, que les autres fixeraient sur son front. Ne pouvant encore disposer de ces deux groupes de forces indispensables, il était obligé de reculer son offensive jusqu'à leur arrivée. Par suite, la journée du 14 fut perdue, c'est-à-dire qu'elle resta consacrée uniquement à l'achèvement de la concentration.

La situation des deux adversaires était, par le fait, assez singulière. Au contact presque immédiat, à peine séparés l'un de l'autre par une rivière à laquelle la rigueur du froid avait ôté toute importance comme obstacle tactique, ils étaient constamment sur le qui-vive, surtout l'armée allemande qui s'attendait à toute heure à une attaque générale des Français[1]. Elle restait en partie sous les armes[2], tant pour protéger les travaux défensifs que Werder faisait achever avec une activité

---

1. *La Guerre franco-allemande*, 2° partie, page 1020.
2. *Ibid.*, page 1019.

fiévreuse, que pour se tenir prête à soutenir les avant-postes, s'ils étaient trop rigoureusement pressés. Sur la ligne avancée c'étaient, en effet, des escarmouches continuelles. A Dung, des essaims de tirailleurs, lancés par le 15ᵉ corps, essayaient de bousculer les grand'gardes prussiennes de la garnison de Montbéliard, et les réserves de ces avant-postes étaient obligées d'intervenir pour repousser une pointe offensive dirigée sur le bois de Berceau. A Lure, l'arrière-garde du colonel de Willissen était aux prises avec les troupes du général Crémer, arrivé dans la ville à la tombée de la nuit. Werder avait en effet, dès le matin, rappelé à Frahier le détachement de Willissen ; mais les treize escadrons formant arrière-garde étaient restés à la garde du pont de l'Ognon. Quand, le soir, le colonel apprit l'occupation de la ville par une avant-garde française, il lança contre elle cinquante dragons à pied, armés de chassepots. C'était, à proprement parler, une fanfaronnade, dont l'infanterie de Crémer eut bien vite raison. A la tombée du jour, le calme était revenu partout. Malheureusement tandis que, sur la rive gauche de la Lisaine, les Allemands, utilisant fermes et villages, cantonnaient tout leur monde, ne laissant au bivouac que la quantité d'hommes strictement nécessaire au service de sûreté, de l'autre côté les malheureux soldats français, à peine garantis par une mauvaise petite tente dont ils dédaignaient même l'insuffisant abri[1], passaient au bivouac une nuit glaciale, sur un sol couvert de près d'un mètre de neige, et, mal protégés, mal vêtus, plus mal nourris, restaient exposés à toutes les rigueurs d'une température descendue à 19 degrés au-dessous de zéro ! Le 15 au matin, nombre d'hommes devaient être évacués par suite de congélation ; la masse elle-même, si

---

1. Les hommes, transis de froid, ne voulaient plus se coucher sous leurs tentes; ils les dressaient avec des bâtons, pour s'en faire un abri contre le vent, et s'accroupissaient derrière, auprès de maigres feux que la neige leur permettait d'allumer. Ici, comme sur la Loire, notre mode de stationnement désastreux a contribué certainement, et dans une large mesure, à faciliter la tâche des Allemands.

dévouée qu'elle fût, se ressentait cruellement de ces épouvantables souffrances, et l'armée tout entière subissait une dépression à la fois physique et morale, peu faite pour la préparer aux épreuves qu'il lui restait encore à affronter.

CHAPITRE III

LA LISAINE

Après avoir, le 10 au matin, mis ses troupes en marche dans la direction de l'est, le général de Werder s'était porté de sa personne sur la Lisaine, pour étudier le terrain. Comme il traversait Ronchamp, il fut rejoint par une estafette d'état-major qui lui remit des dépêches importantes arrivées depuis deux jours à Héricourt; c'étaient des instructions détaillées sur le rôle que, momentanément et jusqu'à l'intervention de l'*Armée du Sud*, M. de Moltke destinait au XIV° corps. Il ne s'agissait plus, en effet, étant donnée la marche offensive de notre armée, de couvrir, comme auparavant, le pays à l'ouest des Vosges. L'important était maintenant de protéger le siège de Belfort, directement menacé, et le chef d'état-major ne jugeait pas que ce fût trop d'affecter à cette mission toutes les troupes qui ne seraient pas indispensables au maintien du blocus. Il demandait en outre que les routes traversant la partie méridionale des Vosges fussent détruites, et que le XIV° corps se maintînt constamment en contact avec les forces françaises, afin d'empêcher celles-ci de se jeter au-devant de l'armée de Manteuffel. Pour compléter les mesures de sûreté ainsi prises, il invitait le général de Bonin, gouverneur général de Lorraine, à exercer une active surveillance à l'ouest des Vosges, et le ministre de la Guerre badois à masser dans le Brisgau ses troupes de dépôt, afin de s'opposer à toute incursion française sur la rive droite du Rhin[1].

Comme les dispositions déjà arrêtées par le général de Werder répondaient assez exactement à l'esprit de ces instructions, elles furent maintenues sans modification aucune, et le commandant du XIV⁰ corps s'occupa surtout, de concert avec le général de Tresckow I⁰ʳ, mandé par lui à Argiésans[2], de doter de la plus grande force de résistance possible la position défensive sur laquelle il voulait, le cas échéant, accepter la bataille. Cette position était constituée par les hauteurs qui bordent à l'est le cours de la Lisaine, entre Montbéliard et Frahier, sur une longueur de 19 kilomètres.

> Trois massifs principaux, d'une altitude de 350 mètres à 500 mètres, s'élèvent sur cette rive : 1° celui de Chalonvillars, qui commande les environs de Chenebier, de Frahier, et se termine près de la rivière par des pentes inaccessibles ; 2° celui du mont Vaudois, couvert de hauteurs rocheuses, qui dominent les environs d'Héricourt ; 3° enfin, celui des Grands-Bois et la hauteur de la ferme de Grange-Dame, qui tient sous ses vues toute la vallée autour de Montbéliard.
> Sur le front, la Lisaine forme, à partir de Chenebier, un obstacle sérieux. Sa largeur est de 6 à 8 mètres, et sa profondeur de 50 centimètres à 1 mètre. Mais, à cette époque, elle était gelée et il fallait casser la glace aux abords des points d'attaque, pour conserver au cours d'eau sa valeur défensive. Huit villages et deux petites villes couvrent les différents points de passage. Trois grandes routes venant de l'ouest conduisent à Belfort, par Montbéliard, Héricourt et Frahier.
> Le pays, difficile et boisé, offrait peu d'emplacements favorables aux déploiements d'artillerie et permettait, à une troupe qui s'avançait de l'ouest, de s'approcher de la position à couvert. Celle-ci pouvait être facilement tournée au nord par la route de Lure à Ronchamp, et au sud par la vallée de la Savoureuse. Son étendue et l'absence de communications transversales pour l'arrivée des réserves étaient ses principaux défauts[3].

Mais, et malgré ces défectuosités, la position n'en offrait pas moins par elle-même une force considérable de résistance contre les attaques de front. Il s'agissait

---

1. *La Guerre franco-allemande*, 2⁰ partie, page 1009, et supplément CXXXVII.
2. Sur la route de Belfort à Héricourt.
3. Général Derrécagaix, *La Guerre moderne*, tome II, page 332.

seulement de l'organiser solidement, afin d'en tirer le meilleur parti possible, et c'est ce qu'avait commencé à faire le général de Tresckow, dès la nouvelle du combat de Villersexel. Des batteries, armées de pièces de siège, étaient disposées sur les massifs dont il a été question ci-dessus et se répartissaient ainsi : sur le mont Vaudois, sept pièces ; sur la hauteur de Grange-Dame, cinq pièces ; sur le terre-plein du château de Montbéliard, six pièces. En outre, seize pièces étaient installées le long de la rive droite de l'Allaine, face au sud, entre Charmont et Delle[1]. Ces diverses batteries étaient reliées par des tranchées-abris, qui elles-mêmes protégeaient des épaulements construits d'avance pour les pièces de campagne. Aussitôt confirmé d'ailleurs dans son intention d'attendre l'attaque sur la Lisaine, Werder avait mis à profit le répit que lui laissait l'inaction de son adversaire pour compléter ce dispositif et accroître la puissance défensive de sa position[2]. Tous les villages, depuis Frahier jusqu'au château de Montbéliard (sauf le village de Bussurel et la ville même de Montbéliard), furent organisés et protégés. A l'ouest d'Héricourt, sur la rive droite de la rivière, le bois du Mougnot fut englobé dans la première ligne de défense, et aménagé d'abatis. Sur la rive gauche, une seconde ligne fut constituée. « Des ponts de la Lisaine, les uns furent détruits, les autres préparés pour l'être au premier ordre ; on recouvrit, autant que faire se pouvait, les chemins glissants de sable et de cendre. Des mesures furent prises pour assurer le ravitaillement en munitions et en vivres, rendu assez difficile par le grand détour qu'avaient dû faire les convois[3]. » Enfin, on établit partout des postes de correspondance, et un poste télégraphique, installé sur le mont Vaudois, mit le quartier général en relation directe et immédiate, non seulement avec les différents points de la position, mais aussi avec le corps de siège et même avec Versailles.

---

1. *La Guerre franco-allemande*, 2ᵉ partie, page 1011.
2. *Ibid.*, page 1012.
3. Ces convois, après Villersexel, avaient rétrogradé sur Épinal et marchaient par Strasbourg et Dannemarie.

On voit que les Allemands savaient ne rien négliger.

Tant de sages précautions n'empêchaient pas le général de Werder d'éprouver d'assez graves inquiétudes. Il se voyait forcé d'occuper une position très étendue, et évidemment disproportionnée à son effectif. Il connaissait l'énorme supériorité numérique de son adversaire, dont l'effectif total, y compris la division Crémer, atteignait en réalité le chiffre de 140,000 hommes environ, 61 escadrons et 336 pièces. Il ignorait, au surplus, sur laquelle de ses ailes se dessinerait l'attaque décisive. Considérant la dépendance dans laquelle se trouvaient les Français par rapport aux voies ferrées, et la nécessité où ils étaient de ne pas découvrir leurs communications par Besançon, les seules qu'ils possédassent depuis la mise hors de service du chemin de fer de Vesoul, le général allemand pensait que leur effort se porterait principalement contre l'aile gauche et le centre de sa propre ligne. Mais rien, en dehors de cette donnée, qui n'était qu'une appréciation, ne pouvait lui fournir à cet égard d'indication certaine. Il risquait donc, en massant ses réserves derrière le cours inférieur de la Lisaine, d'opérer une fausse manœuvre et c'est, en effet, ce qui arriva. Même en dehors de cette éventualité, il se demandait si la force de ses positions serait suffisante pour arrêter un ennemi nombreux, décidé à l'offensive, « et dont, depuis la journée de Villersexel, il connaissait l'ardeur[1] ». Ses hésitations se traduisaient par les modifications nombreuses qu'il apportait à ses dispositions premières. La crainte de sa responsabilité allait jusqu'au désir de l'abdication, et, le 14 au soir, il envoyait à Versailles un télégramme singulièrement alarmiste pour demander à être relevé de sa mission : « De nouvelles forces ennemies marchent du sud et de l'ouest contre Lure et Belfort, disait-il. On a signalé des troupes nombreuses à Port-sur-Saône. Aujourd'hui, sur notre front, l'ennemi a attaqué vainement nos avant-postes à Bart et à Dung. *En présence de ces mouvements convergents de forces supérieures, je vous prie*

---

1. Colonel SECRÉTAN, *loc. cit.*, page 201.

instamment d'examiner s'il y a lieu de continuer à tenir devant Belfort, à moins de risquer l'existence même du corps d'armée. L'obligation de tenir devant Belfort m'enlève toute liberté de mouvement. La gelée permet de franchir les cours d'eau. » Mais M. de Moltke, comprenant toute la gravité du danger que pouvaient courir les communications allemandes si l'armée de l'Est était laissée libre de les atteindre, n'entendait pas qu'elles fussent ainsi découvertes, même passagèrement. Il savait que l'intervention de l'armée de Manteuffel était imminente et il voulait qu'en résistant sur place le XIV° corps gagnât au moins le temps nécessaire à la marche de celle-ci. Il répondit donc par un ordre formel d'accepter la bataille et de s'assurer quand même la possession de la route Lure-Belfort. « Un nouveau mouvement rétrograde du XIV° corps, dit à ce sujet la *Relation allemande*, eût-il été volontaire, aurait eu les mêmes conséquences, pour ainsi dire, qu'une bataille perdue : l'inutilité de tous les efforts dirigés jusqu'alors contre Belfort, la perte totale du matériel de siège, le découragement jeté dans les troupes, une vigueur nouvelle imprimée à la résistance, à Paris comme à Bordeaux[1]. »

I. — Journée du 15 janvier.

Situation des forces allemandes. — Le 15 janvier au matin, les troupes du général de Werder, bien préparées[2], se tenaient prêtes à recevoir l'attaque. Elles étaient, derrière la Lisaine et l'Allaine, disposées comme suit :

A l'extrême droite, entre Ronchamp et Champagney, le colonel de Willissen observait et gardait la route de Lure avec 3 régiments de cavalerie, 2 compagnies d'infanterie et une batterie.

Plus à gauche, à Chénédier, le général Degenfeld

---

1. *La Guerre franco-allemande*, 2° partie, page 1021.
2. *Ibid.*, page 1022.

avait 2 bataillons, 1 escadron et une batterie, tirés de la division badoise[1]. Un bataillon de landwehr avec une batterie formait repli à Frahier.

La brigade du général von der Goltz, renforcée d'un bataillon et de 2 batteries (de la division badoise), occupait Chagey, Luze et le pied du versant occidental du mont Vaudois. Il y avait là en tout 7 bataillons, 4 escadrons et 5 batteries.

Le centre de la position (Héricourt, mont Dannin, bois du Mougnot) était tenu par la 4ᵉ division de réserve, qui y avait 7 bataillons, 2 escadrons et 4 batteries, avec des avant-postes à Tavey. Ces forces étaient aux ordres du colonel de Knappstœdt. Le reste de la division, sous le colonel Zimmermann, tenait Bussurel, Bethoncourt et les abords de Montbéliard, avec des avant-postes à la ferme du Mont-Chevis et à Sainte-Suzanne. Il comptait 8 bataillons, 2 escadrons, 2 batteries.

Enfin, au sud de l'Allaine, le détachement Debschitz, fort de 8 bataillons, 2 escadrons et 3 batteries, gardait l'espace compris entre Exincourt et Croix.

Derrière l'aile gauche de la position principale, où commandait le général de Glümer, une réserve constituée par la 1ʳᵉ brigade badoise (6 bataillons, 1 escadron et 2 batteries) se tenait prête à intervenir soit sur l'Allaine, soit sur la Lisaine. Une deuxième réserve, celle-ci à la disposition du commandant en chef, occupait Brévilliers ; elle était formée de 8 bataillons 1/4, 6 escadrons, 5 batteries, également de la division badoise.

C'était donc en tout 47 bataillons, 28 escadrons et 22 batteries de campagne, soit environ 52,000 hommes et 132 pièces (sans compter les 34 pièces de position), dont disposait Werder. La longueur totale de la ligne à défendre étant de 19 kilomètres entre Frahier et Montbéliard, de plus de 40 kilomètres entre Ronchamp et Croix, on voit que la densité de ces troupes devait

---

1. Une partie de ces troupes, qui primitivement tenait Étobon, se replia aussitôt que l'ennemi eut été signalé, et vint rejoindre le général de Degenfeld.

forcément se réduire à fort peu de chose partout. Mais il n'y avait pas à choisir ; d'ailleurs, la force même de la position et la nature du pays parsemé d'obstacles atténuaient en partie un inconvénient résultant de la nécessité absolue de couvrir effectivement toutes les routes menant à Belfort. Ce qui était plus grave pour les Allemands, c'est que Werder, convaincu, pour les raisons données plus haut, que l'attaque principale viendrait de la direction du sud-ouest, avait concentré la plus grosse part de ses moyens de résistance sur la ligne Montbéliard-Chagey (34 bataillons, 94 pièces de campagne et 18 pièces de siège). Son aile droite, traversée cependant par l'avenue la plus directe et la meilleure qui conduisît à Belfort, était au contraire relativement faible. Les villages de Frahier et de Chenebier, occupés par de simples détachements, ne présentaient que peu de force de résistance et se trouvaient en outre éloignés de près de 8 kilomètres de la réserve générale qui, pour s'y porter de Brévilliers, était obligée de traverser un massif boisé, presque impraticable. Il y avait là, évidemment, une situation à exploiter pour nous ; on n'en profita malheureusement pas.

Bien que décidé maintenant à affronter la lutte [1], Werder n'avait pas déposé toute crainte et ne croyait pas inutile de multiplier les précautions. La glace de la Lisaine avait été soulevée sur divers points au moyen de barrages, et les pionniers, répartis de façon à pouvoir compléter les dispositifs de défense, même pendant le cours de la bataille, se tenaient prêts à rompre de nouveau la banquise, au fur et à mesure qu'elle pourrait se reformer [2]. La gelée était, en effet, intense ; le thermomètre marquait — 12°, et la clarté du ciel indiquait la fixité du froid. Le commandant du XIVe corps redoutait que si la Lisaine cessait quelque part de former un obstacle, sa longue ligne ne risquât d'être crevée

---

1. « Le 15 janvier, quand arrivait du grand quartier général l'ordre formel d'accepter la bataille sur la Lisaine, le général Werder, s'y était déjà décidé, de sa propre inspiration, » *la Guerre franco-allemande*, 2e partie, page 1021.)

2. *Ibid.*, page 1024.

sur ce point. Dès l'aube, après une rapide inspection des positions, il s'était porté à son observatoire du mont Vaudois, fouillant l'horizon pour surprendre la direction des premiers mouvements des Français; derrière lui, dans Belfort, le canon des remparts retentissait à longs intervalles, comme un appel des assiégés à l'armée amie qui venait à leur secours... Sans doute, il espérait sortir à son honneur de sa situation périlleuse; il avait cru devoir cependant prévoir l'éventualité de la retraite et fixé comme position de repli à ses troupes la ligne de la Savoureuse, à 7 kilomètres en arrière. Les trains et convois étaient déjà massés sur la route de Mulhouse, à quelques kilomètres à l'est de Massevaux.

Mouvements de l'armée française. — Pendant ce temps, l'armée de l'Est se mettait en branle. Le 14 au soir, elle avait reçu de son chef l'ordre de prendre les armes dès six heures et demie le lendemain matin, et d'aborder les positions allemandes dans les conditions que voici:

L'action devait commencer par la droite. Le 15ᵉ corps, placé à cette aile, était chargé d'occuper le bois Bourgeois, la ferme du Mont-Chevis et d'attaquer Montbéliard, mais *sans brusquer le mouvement, de façon à réduire les chances de pertes et à bénéficier du mouvement de notre extrême gauche destinée à rendre plus aisées les opérations du reste de l'armée.* Le 15ᵉ corps ne devait pas perdre de vue qu'il servait de pivot au mouvement de conversion opéré par les autres.

Le 24ᵉ corps, *se laissant un peu devancer par le 15ᵉ*, était dirigé sur le bois de Montevillars, le Grand-Bois, les bois de Tavey et du Chanois. Il avait ordre de s'emparer des points de passage de la Lisaine, mais de *ne pas trop hâter sa marche en avant.*

Le 20ᵉ corps devait marcher par Tavey sur Héricourt, canonner longuement ce dernier village et chercher à s'en emparer, mais seulement quand *le 18ᵉ corps et la division Crémer auraient produit l'effet voulu.*

C'était en effet à ces deux unités qu'était réservée l'intervention décisive. Pour cela, le 18ᵉ corps devait occuper Couthenans, Luze, Chagey; il commencerait son mouvement aussitôt que retentirait à droite le canon du 15ᵉ corps. Quant à la division Crémer, il lui était prescrit d'arriver sur la Lisaine à six heures du matin, et *d'exécuter un mouvement tournant sur la droite ennemie, en franchissant la rivière, si c'était possible, à 2 kilomètres en amont de Chagey.* De là, elle devait marcher sur Mandrevillars et Échenans, en observant les chemins au nord et sur la gauche.

La réserve était portée à Aibre et à Trémoins après le mouvement en avant du 24ᵉ corps. La garnison de Besançon était invitée à diriger 4 bataillons sur Exincourt et Lochaux, près de la frontière suisse, pour aider le 15ᵉ corps dans sa mission, et menacer la retraite des défenseurs de Montbéliard.

Ainsi le plan d'attaque du général Bourbaki se résumait en une manœuvre ayant pour but : 1° d'attaquer de front l'ennemi pour le fixer sur la ligne Montbéliard-Héricourt ; 2° de menacer sa gauche par une démonstration ; 3° de déborder son flanc droit avec tout le 18ᵉ corps et la division Crémer, c'est-à-dire avec 45,000 hommes environ et 128 bouches à feu. En ce qui concerne le premier point, on remarquera que l'effectif employé à l'attaque de front était énorme : 3 corps d'armée et la réserve générale, soit ensemble 95,000 hommes et 240 bouches à feu. La ligne sur laquelle ces forces étaient appelées à agir, beaucoup trop étroite pour leur déploiement, puisqu'elle ne comptait que 8 kilomètres à peine, était au surplus protégée en avant par des mouvements de terrain accentués et une ligne continue de fourrés épais, dont l'impraticabilité opposait à leur mouvement des obstacles presque insurmontables. On pouvait donc redouter là la confusion, le désordre et un mélange très fâcheux des unités.

En second lieu, on devait considérer comme illusoire la démonstration tentée sur l'aile gauche allemande par les quatre bataillons de la garnison de Besançon ; car ce n'était pas ce maigre contingent qui pouvait sérieusement inquiéter le détachement Debschitz. Enfin, le mouvement décisif, le mouvement débordant du 18ᵉ corps et de la division Crémer, en étant dirigé sur Chagey, ne débordait absolument rien. C'était à Chenebier que véritablement se trouvait la droite allemande ; c'est un peu au nord de ce point que passait la grande route de Belfort. C'est donc sur lui que devait être menée, sous peine de ne servir à rien, l'attaque enveloppante qui, ainsi orientée, aurait eu en outre l'avantage de dégager le terrain nécessaire au déploiement des corps du centre. Mais, pour opérer ainsi à coup sûr, il eût fallu être renseigné et on ne l'était pas ; nos malheureux cavaliers, dont les chevaux manquaient de clous à glace, étaient obligés de les traîner par la bride sur le verglas, et restaient collés aux colonnes, qu'ils escortaient péniblement. D'ailleurs, comment s'étonner de l'ignorance de Bourbaki au sujet de la véritable position de son adversaire, quand on se rappelle qu'à la journée de Saint-Privat, journée avec laquelle on retrouve ici une analogie frappante une fois les rôles renversés, le prince Frédéric-Charles, qui disposait de quatre divisions de cavalerie au complet, est resté jusqu'à une heure avancée de l'après-midi sans connaître le point exact où s'arrêtait la droite du 6° corps français? Ici cependant, une idée primordiale aurait dû servir de guide : s'emparer au plus tôt de la route de Lure à Belfort. En poursuivant ce but naturel, on se fût évité tout tâtonnement, toute erreur, et il n'eût plus été besoin de régler, comme le faisait l'ordre de mouvement, les corps d'armée les uns sur les autres, au risque de compromettre, à la plus simple avarie, des manœuvres aussi rigoureusement et minutieusement machinées.

Combats contre l'aile gauche allemande. — Quoi qu'il en soit, dans la matinée, l'action s'engagea, comme l'avait prescrit le général en chef, devant Montbéliard. La division Peytavin, partie de Montenois et de Sainte-Marie, s'était avancée sous bois, et, à dix heures, elle apparaissait devant le Mont-Chevis et Sainte-Suzanne où se trouvaient les avant-postes du colonel Zimmermann [1]; ceux-ci, d'abord refoulés, furent bientôt renforcés par leurs réserves, et parvinrent, après un combat traîné en longueur, à rejeter sur le Rupt nos têtes de colonnes. Un bataillon prussien, posté à Bart, avait également réussi, grâce à l'abri de la digue du canal, à tenir tête aux attaques des mobiles du Puy-de-Dôme, et dirigeait de là des feux de flanc fort efficaces sur les troupes engagées devant Sainte-Suzanne. La lutte se prolongea ainsi jusque vers deux heures, sans résultat marqué. Mais à ce moment, l'avant-garde

---

1. Les troupes du colonel Zimmermann, comprenant 8 bataillons déployés entre Bussurel et Montbéliard, formaient la brigade de landwehr de la Prusse orientale.

de la division Dastugue, appuyée par une batterie, venait de déboucher devant le Mont-Chevis. Le 1ᵉʳ zouaves de marche se porta à l'attaque de la ferme, l'enleva, et les avant-postes prussiens, ainsi débordés par leur droite, durent se replier sur Montbéliard, vivement pressés par les mobiles de la Nièvre, de la Charente et de la Savoie, et très fortement éprouvés [1].

Sur ces entrefaites, l'artillerie de la division Dastugue s'était mise en batterie et tenait tête aux pièces allemandes. L'infanterie, poussant vigoureusement de l'avant, achève alors de bousculer les landwehriens, et marche sur Montbéliard. Voyant qu'il ne pourrait plus tenir devant des forces aussi supérieures, le colonel Zimmermann avait donné l'ordre d'évacuer la rive droite de la Lisaine, et de gagner une position en arrière de la ville. La retraite s'effectua sous la protection de la grosse artillerie du château [2]. A trois heures, les tirailleurs algériens du général d'Astugue donnaient la main aux 33ᵉ et 34ᵉ de marche de la division Peytavin, et pénétraient dans la ville, où ne se trouvait plus que la garnison du château, forte de deux compagnies de landwehr et de six pièces de siège [3].

Voyant la situation difficile de son aile gauche, le général de Glümer avait entre temps fait approcher la 1ʳᵉ brigade badoise et placé les quatre batteries dont il disposait [4] à côté des pièces de siège sur le plateau de Grange-Dame. Ses troupes et celles du colonel Zimmermann étaient donc maintenant massées sur l'éperon qui domine Montbéliard au nord-est. Elles empêchèrent les têtes de colonnes françaises, embusquées dans les maisons, à la lisière orientale de la ville, de déboucher au dehors. Les pièces du château enfilaient d'ailleurs toute la vallée de la Lisaine et en rendaient le franchis-

---

1. *La Guerre franco-allemande*, 2ᵉ partie, page 1026.
2. Elle fut assez difficile en raison de la rupture des ponts, et les bataillons les plus avancés, du côté de Courcelles, durent aller passer par Exincourt et Lochaux.
3. On remarquera qu'ici, comme à Villersexel, comme à Arcey, les têtes de colonnes seules furent engagées. La division Rébilliard resta en réserve et ne donna ni ce jour-là, ni les suivants.
4. Deux du colonel Zimmermann et deux de la 1ʳᵉ brigade badoise.

sement impossible ; il aurait fallu procéder à l'attaque de cet ouvrage et on n'en avait pas les moyens[1]. Le combat d'infanterie se réduisit dès lors à une fusillade stérile, où s'immobilisèrent les deux partis, et fut accompagné d'une lutte violente d'artillerie, à laquelle prirent part, de notre côté, les batteries des deux premières divisions et de la réserve du 15ᵉ corps (40 pièces). L'éloignement des deux adversaires fit que cette lutte n'eut que de médiocres résultats ; d'ailleurs, pour épargner leurs munitions, les pièces de campagne allemande ne ripostèrent que faiblement, et laissèrent les canons de gros calibre répondre à peu près seuls. A la nuit, le feu cessa ; les deux adversaires couchèrent sur leurs positions, les Français dans Montbéliard, les Allemands dans les villages à l'est, jusqu'à la Savoureuse. Toutefois, ces derniers purent conserver leurs communications avec le château, que ne cessèrent pas d'atteindre leurs patrouilles rampantes, et préserver le magasin des subsistances, dont l'artillerie du fort avait interdit les abords[2].

Le centre de la ligne affectée au colonel Zimmermann était constitué par la position de Bethoncourt et du Petit-Bethoncourt, que tenait un bataillon de landwehr (de Goldap). Il était sérieusement fortifié, protégé par un barrage qui remplaçait, pour les communications à travers la Lisaine, le pont détruit, et par le talus du chemin de fer ; le poste du Mont-Chevis, détaché par ce bataillon, avait été, comme on l'a vu, refoulé, vers deux heures, par le 1ᵉʳ zouaves. Quelques instants plus tard, les batteries du 15ᵉ corps, appuyées par plusieurs pièces du 24ᵉ en position auprès de Vyans, commencèrent à tirer sur le village ; puis, une heure après, une forte ligne d'infanterie fut aperçue se dirigeant sur les fourrés du bois Bourgeois. C'était la brigade Minot qui se préparait à l'attaque. A la faveur du couvert

---

1. On ignorait même, à l'état-major du 15ᵉ corps, que ce château, administrativement déclassé, existât encore en tant qu'ouvrage et l'on ne connaissait rien de sa topographie exacte. (Général DE BLOIS, *L'Artillerie du 15ᵉ corps.*
2. *La Guerre franco-allemande*, 2ᵉ partie, page 1025.

dont la lisière arrive à très peu de distance de la rivière, elle put déployer deux bataillons de zouaves, qui gagnèrent rapidement un petit bouquet de bois situé un peu plus loin. Mais quand ces bataillons voulurent déboucher en terrain découvert, ils furent accueillis à la fois par la fusillade meurtrière des Prussiens embusqués derrière leurs tranchées, par la mitraille d'une batterie badoise que le général de Glümer venait d'envoyer derrière Bethoncourt, et par le feu des grosses pièces de position. Nos soldats, dont la silhouette se profilait sur la blancheur éclatante de la neige, offraient un but trop visible à leurs adversaires; ils furent décimés et durent reculer en désordre sous les couverts. Une poignée de zouaves cependant se jeta dans le petit cimetière de Bethoncourt, et à l'abri des murs prolongea héroïquement sa résistance jusqu'au moment où, forcée par une compagnie ennemie, elle dut mettre bas les armes : 10 officiers et 60 hommes furent ainsi capturés. L'offensive de la brigade Minot se trouva brisée, et un bataillon badois, envoyé par le général de Glümer au secours des landwehriens de Goldap, n'eut même pas à intervenir. La nuit survint d'ailleurs peu après, et les deux adversaires, ici comme à Montbéliard, restèrent en présence, les pionniers prussiens s'occupant à casser la glace qui se reformait sans cesse et à consolider les défenses accessoires installées devant les positions.

Deux kilomètres plus au nord, devant Bussurel, le 24ᵉ corps avait débouché vers deux heures du soir. Arrêté par les difficultés de terrain, retenu d'ailleurs par la lettre d'instructions qui lui prescrivaient de se laisser devancer par le 15ᵉ, il avait marché très lentement, et éprouvait en outre de grandes difficultés pour évoluer au milieu des fourrés, des ravines et des pentes glacées. Sa 3ᵉ division, déployée cependant au débouché des Grands-Bois, ouvrit de très loin le feu sur les positions ennemies, qu'occupait un des bataillons de landwehr du colonel Zimmermann (de Dantzig). Elle entra ensuite dans Bussurel, évacué par l'ennemi, et fit pleuvoir de là une grêle de balles sur le talus de la voie ferrée, derrière lequel étaient embusqués les Prussiens ; trois batteries, postées à Vyans, tiraient sur le même objectif et sur Bethonçourt. Quatre bataillons de mobiles, s'élançant ensuite en avant, essayèrent d'aborder l'aile gauche du bataillon prussien ; ils furent repoussés avec de grandes pertes par de vigoureux feux de salve [1]. Une seconde attaque, tentée contre le centre ennemi par la 2ᵉ légion du Rhône, eut le même sort. Enfin, à quatre heures du soir, une troisième tentative, dirigée celle-ci contre le moulin de Bussurel, situé en face de la sortie nord du village, et occupé par une compagnie, échoua également ; il est vrai qu'à ce moment les Prussiens avaient reçu d'importants renforts, deux bataillons et deux batteries [2]. Le combat, qui de ce côté avait été assez sérieux et très meurtrier pour les deux partis, cessa à la suite du dernier échec de la division de Busserolles, qui s'établit au bivouac dans les Grands-Bois, ayant à sa droite, dans le bois de Montevillars, la division d'Ariès, qui n'avait tiré que quelques coups de fusil, et à Vyans la division Comagny-Thibaudin, qui n'en avait pas tiré du tout.

Combat contre le centre allemand. — Tandis que les événements que l'on vient de voir se déroulaient devant le front des 15ᵉ et 24ᵉ corps, et témoignaient déjà, par l'insuffisance des résultats, de tout ce qui nous manquait en fermeté dans la direction, en vigueur et en cohésion dans l'attaque, au centre, le 20ᵉ corps s'était avancé dans la direction d'Héricourt et de Chagey. On sait quelles réticences l'ordre général de mouvement contenait au sujet de son entrée en ligne et quelles recommandations lui étaient faites pour que son inter-

---

1. C'était le bataillon de la Loire et le 89ᵉ mobiles.
2. Ces troupes étaient tirées de la réserve générale du général de Werder. Les deux batteries, de concert avec celle qui avait été envoyée à Bethoncourt par le général de Glümer et était maintenant rendue disponible par la cessation de la lutte de ce côté, commencèrent par attirer sur elles le feu de notre artillerie, puis bientôt prirent à la fois de front et de flanc, non seulement les troupes françaises engagées, mais encore leurs réserves qui débouchaient des bois. Quant aux bataillons de renfort, augmentés encore de deux compagnies badoises venues de Bethoncourt, ils n'eurent pas à intervenir.

vention restât consécutive à celle de l'aile gauche. Ni les unes, ni les autres ne semblaient nécessaires, car l'objectif assigné au général Clinchant était précisément le point le plus formidable de la position allemande, celui où Werder, pour les motifs que nous connaissons, avait accumulé ses plus puissants moyens de défense, et concentré plus de la moitié des forces dont il disposait. Il est vrai que le général Bourbaki l'ignorait absolument. De fait, le général de Werder avait rassemblé là, sur le front de 3 kilomètres compris entre le Salamou et Luze, deux brigades d'infanterie et neuf batteries, sans compter sept grosses pièces de position. Il avait derrière lui sa réserve générale et occupait un terrain dont les travaux exécutés depuis trois jours augmentaient la puissance défensive, déjà par elle-même très considérable. Le 20ᵉ corps n'avait donc aucune chance de franchir la Lisaine prématurément.

Le village d'Héricourt est situé à moins de huit kilomètres de Belfort, sur la grande route d'Arcey, que Werder considérait comme l'axe de notre manœuvre. En raison de sa position en contre-bas au fond de la vallée, « le colonel Knappstœdt, qui en avait la garde, avait transporté la défense sur les hauteurs de la rive gauche et transformé la colline du Mougnot en une sorte de tête de pont. Depuis le 12 janvier, les troupes travaillaient jour et nuit à la déboiser. L'opération n'était pas terminée le 15 au matin, surtout au nord de la route, mais on avait pratiqué sur toute la lisière, ouest et sud, des abatis considérables et creusé des fossés de chasseurs. La route était barricadée. La ferme Marion, au midi de la colline, avait été transformée en un réduit, protégé par des abatis profonds. Le flanc droit de la colline était couvert à une certaine distance au nord par le cimetière et par les bâtiments de Saint-Valbert. Le flanc gauche avait été prolongé, dans la direction de Bussurel, par des fossés de tirailleurs. En bas, dans le vallon, les murs de la lisière ouest d'Héricourt étaient munis de banquettes et crénelés, et le pont de la Lisaine était miné[1]. » Quant aux troupes de défense, elles étaient

---

1. Colonel SECRÉTAN, *loc. cit.*, page 216.

disposées comme suit : dans Tavey, 2 bataillons du 25°
avec un escadron et 2 batteries ; au Mougnot, 3 compagnies de landwehr, avec une réserve d'une compagnie
à la ferme Marion. Le pont d'Héricourt était gardé par
un bataillon de landwehr ; dans la ville, organisée puissamment, se tenait un autre bataillon, de landwehr également, détachant une compagnie à la chapelle Saint-Valbert. Enfin un quatrième bataillon de landwehr occupait
le cimetière au nord de la ville, tandis que 4 compagnies
du 25° étaient réparties tant dans la gare, qui est située
au pied du Salamou, que sur la lisière sud d'Héricourt
et dans le moulin de Bourangle, placé sur la rivière
d'aval. Il y avait sur le Salamou 2 batteries ; sur la route
de Luze, au pied du Vaudois, 2 autres batteries. Plus
au nord, la brigade prussienne von der Goltz avait, au
pied du mont Vaudois, le 34° régiment, dont une compagnie et demie avait été jetée dans la filature Chevrot
et le petit bois adjacent. Le 30° avait un bataillon dans
Luze, et les 2 autres disponibles en arrière ; dans Chagey se trouvait un bataillon badois, mis aux ordres du
général von der Goltz ; 3 batteries se tenaient au pied
du Vaudois[1].

Dès six heures du matin, les avant-postes allemands
de Tavey avaient signalé des sonneries de clairon dans
tous les cantonnements français[2]. Un peu plus tard, vers
huit heures, des patrouilles de cavalerie envoyées du
côté de Champey rencontrèrent les têtes d'avant-garde
du 20° corps et coururent donner l'alarme à Couthenans ;
ce point, qui n'était tenu que par une seule compagnie
détachée du 30° régiment prussien, fut évacué, et un
combat de mousqueterie s'engagea alors, à très grande
distance, entre nos tirailleurs et le 34° allemand. Le 20°
corps avait déployé trois brigades, qui cheminaient péniblement à travers bois. A droite, la brigade de Seigneurens (division Thornton) s'avançait sur Tavey, des
deux côtés de la route ; elle était suivie par la brigade
Vivenot, de la même division, restée en colonne. Au

1. *La Guerre franco-allemande*, 2° partie, page 1032.
2. Colonel SECRÉTAN, *loc. cit.*, page 217.

centre, la brigade Godefroy marchait sur Byans, et, à gauche, la brigade Brisac débouchait en face de Saint-Valbert. La 3ᵉ division (Ségard) était en réserve. L'artillerie, qui n'entrait en ligne que batterie par batterie, commençait, des environs d'Aibre, à canonner Tavey.

Le colonel de Loos, qui commandait là, riposta d'abord à coups de canon; mais, bientôt pressé par nos tirailleurs, et exposé au feu d'une artillerie devenue très-supérieure, il replia ses forces sur Héricourt; les deux bataillons occupèrent, en réserve, le débouché oriental de la ville; une batterie alla se poster au cimetière, sur un emplacement qui lui était préparé; l'autre gagna les abords septentrionaux du bois Mougnot[1]. Il était onze heures. Le 20ᵉ corps occupait Byans, Tavey, et avait maintenant la majeure partie de ses pièces en position à hauteur de Trémoins et de Laire. Il était donc, ce semble, en bonne posture pour pousser de l'avant, et engager la lutte avec le gros des forces ennemies. Mais il avait l'ordre de ne s'emparer d'Héricourt qu'après que l'action du 18ᵉ corps et de la division Crémer se serait fait sentir; or, rien n'apparaissait encore du côté où ces troupes étaient attendues. Elles avaient subi des retards considérables, dont nous allons tout à l'heure voir les causes, et se trouvaient encore, à ce moment de la journée, très loin en arrière des points que, dans la pensée du général en chef, elles auraient dû occuper depuis le matin. Bourbaki, fort inquiet de voir sa gauche découverte, fit aussitôt diriger sur Coisevaux la réserve générale, tandis que, de son côté, le général Clinchant prenait des dispositions défensives du côté du nord. Mais on attendit toujours, sans passer à l'attaque; de sorte que le rôle du 20ᵉ corps, à partir de ce moment, se réduisit à peu près à rien. Quelques tentatives, à peine esquissées, furent faites contre le Mougnot; une canonnade violente s'engagea, et se prolongea jusqu'à une heure fort avancée de la journée, entre les batteries du

---

1. « Un signal allumé au Mougnot avisa la batterie de position du mont Vaudois que Tavey était évacué et qu'elle eût à prendre la route et le plateau sous son feu. » (Colonel SECRÉTAN, *loc. cit.*, page 218.)

20° corps, appuyées par 18 pièces de la réserve générale, et l'artillerie allemande, tant de campagne que de position. L'obscurité vint arrêter ces manifestations plus bruyantes qu'efficaces, et les deux adversaires demeurèrent face à face, sans chercher davantage à s'inquiéter.

Combats contre l'aile gauche allemande. — Arrivons maintenant à l'opération qui aurait dû être décisive, et qu'une série de circonstances déplorables fit si complètement avorter. Il est nécessaire, pour s'expliquer les causes de son échec, de remonter un peu en arrière et d'examiner dans quelles conditions de désarroi s'étaient accomplis les mouvements du 18° corps et de la division Crémer.

Le 13 janvier, le général Billot, laissé, comme on l'a vu, à Villersexel, recevait du quartier général l'ordre de se mettre en marche le lendemain et d'aller « concourir à l'occupation des bois de Saulnot, en se reliant au 20° corps, et en s'étendant, par sa gauche, jusqu'à la route de Lure à Héricourt, du côté de Beverne ». Ce dernier point ne lui était donc pas rigoureusement assigné comme devant être son quartier général ; d'ailleurs, les difficultés de la marche furent telles qu'il ne put dépasser la ligne Courmont-Lomont et Moffans, avec le quartier général à Faymont[1]. C'est à Beverne cependant que, le 14 au soir, fut adressé l'ordre du mouvement pour la journée du 15, et, par suite, le le général Billot n'en eut connaissance qu'à minuit. Comme il était chargé au surplus de le communiquer à la division Crémer, momentanément placée sous son commandement, celle-ci ne le reçut qu'à une heure beaucoup plus tardive encore, trois heures du matin. Or, l'ordre portait qu'elle devait être rendue sur la Lisaine à six heures du matin, et elle avait pour cela à parcourir plus de 22 kilomètres sur des chemins couverts de verglas. C'était de toute impossibilité[2].

---

1. 1re division (Courmont), 2e (Moffans), 3e (Lomont), cavalerie en réserve (Athesans).
2. On retrouve encore dans cette affaire une manifestation de la fatalité qui ne cessait de nous poursuivre. Voulant prévenir à temps

La division Crémer avait atteint Lure, après de grandes fatigues, à une heure assez avancée de la nuit ; elle était harassée et hors d'état de se remettre immédiatement en route. Son chef répondit au général Billot qu'avec la meilleure volonté du monde, il ne pourrait pas être rendu avant huit ou neuf heures à hauteur de Beverne. Sa ferme résolution de marcher à tout prix ne pouvait faire de doute, les termes de sa dépêche suffisaient à le prouver[1] ; le général Billot ne put donc que transmettre celle-ci, en ajoutant que, de ce fait, son propre mouvement se trouverait forcément retardé. « Les troupes ont été fatiguées par la journée d'hier et les convois rejoignent mal par l'état des routes, ajoutait-il. Nous ferons de notre mieux. » Mais d'autres incidents allaient surgir, qui devaient produire des résultats plus fâcheux encore.

La route la plus directe et la plus praticable pour la division Crémer passait par Beverne. Or ce point se trouvait également sur les itinéraires assignés aux différentes colonnes du 18ᵉ corps. Celui-ci s'étant mis en marche à sept heures du matin, le 15, ses 1ʳᵉ et 3ᵉ divisions, qui marchaient en tête, purent exécuter leur mouvement sans encombre. Mais quand la tête de la 2ᵉ division arriva à Lyoffans, à sept heures trois quarts, elle se trouva arrêtée par la division Crémer qui, engagée sur la route de Lure à Beverne, mit deux heures à s'écouler. Elle dut attendre d'autant plus longtemps, qu'après avoir dépassé Beverne, la division Crémer rétrograda pour prendre le chemin d'Étobon. Elle allait se remettre en route, à onze heures et demie,

---

le général Crémer, Bourbaki lui avait adressé dès le 13, à Vesoul, un télégramme le priant de marcher le 15, si c'était possible, *de Lure* sur Belfort. Le 14, il lui en adressait, à Lure, un second plus explicite, et constituant, en réalité, un double de l'ordre du mouvement concernant sa division. Ce télégramme n'arriva point à destination, soit qu'il ait été capturé à Lure par le détachement Willissen qui occupait la ville (cependant les relations allemandes n'en disent mot), soit que le télégraphe, dont le fonctionnement était fort précaire, ne l'ait pas transmis.

1. « Je suis arrivé à Lure à la nuit seulement, écrivait Crémer, nos troupes et nos chevaux d'artillerie très fatigués. *Mais n'importe, on ira quand même.* »

quand elle fut tout à coup traversée par de longues colonnes d'artillerie ; c'étaient toutes les batteries de la réserve et les siennes propres, à qui le général Billot avait donné l'ordre de doubler l'infanterie pour venir répondre aux pièces allemandes de Luze et du mont Vaudois, lesquelles canonnaient les têtes de colonnes du 18ᵉ corps arrivées à ce moment au débouché des bois devant Luze et Chagey. Le désordre se mit dans les colonnes, et il en résulta que le 18ᵉ corps ne put pas commencer son déploiement avant midi. A ce moment, cinq batteries se mirent en action sur la hauteur à l'ouest de Luze, mais sans pouvoir tenir ; après une courte lutte, elles durent se retirer, très maltraitées, et s'abstenir de toute intervention nouvelle jusqu'à ce qu'elles eussent été rejointes, vers trois heures, par la réserve d'artillerie. Pendant ce temps, entre midi et deux heures, la division Feillet-Pilatrie était arrivée en face de Couthenans, après une marche extrêmement pénible à travers les hauteurs boisées et couvertes de neige, où les chemins ne livraient passage qu'à un homme de front[1]. Elle avait fait occuper par un bataillon du 44ᵉ de marche le village évacué. Accueillie par le feu d'artillerie dont il a été parlé ci-dessus, elle chercha plus à se mettre à couvert sous bois qu'à dessiner une attaque, et bien que les obus ennemis lui aient infligé quelques pertes, son rôle fut absolument nul.

Dans le même temps, la division Bonnet s'était avancée contre Chagey par les bois de la Boulaye et de la Thure. Elle aussi avait fait une marche très pénible ; cependant, vers deux heures, le colonel Goury porta résolument sa brigade à l'attaque de Chagey. Débouchant hardiment des pentes boisées qui descendent presque à pic jusqu'au village, 2 bataillons du 4ᵉ zouaves débouchent sur le chemin de Beverne, et refoulent les postes avancés du bataillon badois ; puis, avec le concours du 3ᵉ bataillon du 81ᵉ mobiles, ils pénètrent dans Chagey, où s'engage une lutte violente. Quatre batteries du 18ᵉ corps, placées à la lisière nord-est du bois de la

---

1. Colonel SECRÉTAN, *loc. cit.*, page 225.

Boulaye, canonnent le village ; ce que voyant, l'ennemi fait immédiatement renforcer les pièces qu'il a en arrière de Luze, par deux batteries appelées du pied du Vaudois ; un bataillon du 73ᵉ mobiles, de la brigade Robert, qui, de Couthenans, essaye de se porter vers Chagey, est cloué sur place par les obus qui balayent la vallée A ce moment aussi arrive un bataillon badois de renfort qui, de concert avec le premier, réussit à rejeter la brigade Goury dans les bois. Cependant le général Bonnet ne se tient pas pour battu. Désireux de s'emparer au plus vite de ce point de Chagey à la possession duquel l'ordre général attribuait tant d'importance, il lance contre lui, à quatre heures et demie du soir, toute sa division. Mais l'ennemi, de son côté, y avait fait affluer de nouveaux renforts, 9 compagnies et 8 pièces, tirées de la réserve générale ; l'artillerie allemande balaye les crêtes et enfile le bas-fond. Après un combat de près de trois heures, il faut renoncer définitivement à débusquer l'adversaire, et la division Bonnet est obligée d'aller chercher un bivouac en arrière, dans les bois. Quant à la division Penhoat, elle avait pendant ce temps, appuyé vers la gauche sans concourir à l'action.

En résumé, le résultat que le général en chef attendait de l'intervention du 18ᵉ corps était complètement manqué, ce qui s'explique autant par les retards subis en cours de route que par la grave erreur commise dans la désignation des objectifs. Les directions indiquées par l'ordre général, Couthenans, Luze, Chagey, ne conduisaient nullement le 18ᵉ corps sur une aile de l'ennemi, mais bien sur son centre ; par suite, le mouvement débordant qu'on voulait faire se transformait nécessairement en une attaque de front. Or la partie du champ de bataille où celle-ci était amenée à s'exécuter réunissait les plus redoutables conditions défensives. Elle était dominée par le mont Vaudois, dont le canon maîtrisait à la fois la vallée et les hauteurs ; bordée par le cours de la Lisaine qui, en cet endroit, est encaissée entre des rives escarpées et rocheuses ; défendue par des troupes que la proximité de la réserve générale permettait de renforcer suivant les besoins. Sur ce point donc, on ne pouvait espérer frapper le coup décisif ; c'était plus haut qu'il eût fallu agir pour tourner réellement la position ennemie. L'erreur du général Bourbaki sur la véritable étendue de celle-ci entraînait donc un premier échec et faisait manquer sa combinaison. Elle était aussi la cause indirecte de l'inaction persistante du 20° corps. On a vu, en effet, que ce dernier, n'entendant rien sur sa gauche, avait non seulement abandonné toute idée d'offensive, mais pris même des précautions pour pourvoir à sa propre sécurité. Or, le 18° corps s'étant engagé dès deux heures de l'après-midi, il peut paraître surprenant que le 20°, qui avait ordre d'attaquer Héricourt aussitôt que l'action du 18° se serait fait sentir, n'ait pas essayé alors de sortir de son inaction. La vérité est que le général Clinchant ignora jusqu'à une heure très avancée de l'après-midi que le général Billot fût aux prises avec l'ennemi ; et ceci, bien qu'au premier abord extraordinaire, peut jusqu'à un certain point se comprendre. Entre la position prise par l'artillerie du 18° corps, sur la lisière orientale du bois de la Vacherie, et le point de Byans, où s'étendait la gauche du 20° corps, se trouve un ravin profond bordé de bois épais. Le peu de durée de la première lutte d'artillerie et l'éloignement de la fusillade du côté de Chagey expliquent donc, au moins dans une certaine mesure, et étant données surtout les conditions atmosphériques, qu'on n'ait eu, à Byans, aucune perception du combat engagé par le 18° corps en amont d'Héricourt[1]. Ce qui doit surprendre toutefois, c'est qu'on n'ait point cherché à établir, au moyen d'officiers d'état-major, de cavaliers ou de patrouilles, une liaison qu'il importait tant d'obtenir[2].

Venons maintenant à la division Crémer, dont l'action, dans la pensée du général en chef, aurait dû

---

1. Le point intermédiaire de Luze, où se trouvait le 30° prussien, ne fut point attaqué. Seules les batteries du 18° corps le prirent, au début et pendant peu de temps, pour objectif.
2. Le général Bourbaki avait cru ne pas devoir s'éloigner de son centre, et était resté pendant la journée aux environs de Trémoins, à côté de la réserve générale.

être concordante avec celle du 18ᵉ corps, et qui, par le fait, ne prit ce jour-là qu'une part insignifiante à la bataille. Partie de Lure à six heures du matin, elle avait marché sur Beverne et atteint ce village au moment où la queue de la 3ᵉ division du 18ᵉ corps y était encore. Elle se trouvait donc menacée là d'un nouveau retard que son chef était impatient de subir. Après entente avec le général Bonnet, il intercala dans la colonne de celui-ci sa première brigade, qui put ainsi gagner sans trop perdre de temps la route d'Étobon; presque en même temps le général de Degenfeld, prévenu, faisait évacuer ce dernier village par ses troupes avancées, et se concentrait à Chenebier et Courchamp. La brigade Millot occupa alors Etobon et posta sur la pente orientale du mamelon de l'ancien château, deux batteries qui ouvrirent immédiatement le feu sur Chenebier. Puis quelques fractions d'infanterie essayèrent de pousser de l'avant, mais elles furent arrêtées par le feu des défenseurs installés sur les lisières méridionale et occidentale du village, ainsi que par la batterie qui avait pris position sur une hauteur en arrière. Pendant ce temps, la 2ᵉ brigade avait rejoint; le général Crémer lui fit relever la 1ʳᵉ à Etobon, et dirigea celle-ci vers le bois de la Thure pour se rapprocher de la Lisaine qu'il avait, on s'en souvient, ordre de franchir en amont de Chagey.

En entamant un mouvement pareil, Crémer suivait à la vérité la lettre de ses instructions écrites; il n'essayait assurément pas d'en pratiquer l'esprit. Il savait que son rôle était de déborder l'ennemi; par suite, la présence de forces allemandes à Chenebier devait immédiatement lui montrer l'erreur commise par le général en chef et lui indiquer l'inopportunité du mouvement prescrit sur Chagey. Dans ces conditions, le mieux était évidemment de faire prévenir le plus tôt possible le commandement de la situation, et sinon de prendre sur soi l'initiative d'une offensive vigoureuse, du moins de contenir l'adversaire et de le fixer en attendant de nouveaux ordres. Le général Crémer ne crut pas devoir endosser semblable responsabilité et préféra se remettre purement et simplement sur la direction qui lui était assignée, manifestement à faux. Mal lui en prit, et les conséquences de sa décision furent exceptionnellement fâcheuses. Tout d'abord, la brigade Millot qui, pour gagner le bois de la Thure, avait à parcourir de très mauvais chemins [1], marcha très lentement et arriva si tard qu'elle ne put pousser plus loin. Peu après, le général Crémer avait rappelé à lui sa 2ᵉ brigade, en lui donnant l'ordre de ne laisser à Etobon qu'un bataillon avec une batterie. A la nuit, toute la division s'installa au bivouac dans les fourrés ; quant aux deux unités laissées devant Chenebier [2], elles continuèrent toute la journée à canonner l'ennemi sans grand succès [3], et ne se mirent en route qu'à dix heures du soir, pour rejoindre la division. Mais, au milieu de leur marche, elles furent inquiétées par les avant-postes allemands, et le bataillon se mit à tirailler avec furie, au point de faire croire au général Crémer que son flanc, à lui, était sérieusement menacé. Dans son inquiétude, il crut devoir prescrire la mesure radicale d'éteindre tous les feux de bivouac, mesure certainement excessive et, en tout cas, trop tardive pour donner le change à l'ennemi ; de sorte que ses malheureuses troupes furent privées, pendant toute la nuit, de l'unique protection qu'elles eussent contre les rigueurs d'une température glaciale. Elles en souffrirent cruellement. Le général Crémer envoya entre temps à Courchamp trois bataillons qui essayèrent, à la faveur de l'obscurité, de surprendre les avant-postes du général Degenfeld, mais échouèrent devant les feux de salve exécutés par les grand'gardes, formées sur quatre rangs.

Ce fut là le dernier épisode de la journée du 15 janvier, car il n'y a pas lieu de relater les engagements sans importance aucune soutenus sur l'Allaine par le

---

1. En certains endroits, les sapeurs du génie durent les rendre praticables.
2. Un bataillon du 83ᵉ mobiles et une batterie Armstrong.
4. Si l'on en croit un écrivain allemand (Von der WENGER, *La Bataille devant Belfort*), deux obus seulement atteignirent les batteries allemandes.

détachement Debschitz contre les quatre bataillons envoyés de Besançon. Le résultat obtenu par l'armée de l'Est était pour ainsi dire négatif. Nulle part nous n'avions pu prendre pied sur la rive gauche de la Lisaine, sauf à Montbéliard où nous étions encore arrêtés devant le château et la position de Grange-Dame. Partout notre infanterie s'était heurtée à des obstacles sérieux, solidement organisés, intelligemment occupés, et dont l'approche était bien battue par l'artillerie ennemie. Ses attaques décousues, manquant à la fois d'entente et de simultanéité, n'avaient été qu'insuffisamment protégés par nos batteries auxquelles le terrain ne fournissait pas de positions favorables, et elles avaient échoué devant une résistance que favorisait puissamment la judicieuse utilisation de réserves suffisantes. Enfin, par suite d'une organisation vicieuse des mouvements, l'intervention capitale de certains corps s'était produite beaucoup trop tard et surtout dans des conditions très fâcheuses d'isolement. L'ennemi n'était, en somme, ni débordé, ni même entamé. « Le mouvement tournant est devenu un mouvement tourné », écrivait Crémer au général Billot, en lui demandant d'envoyer une de ses divisions de son côté pour couvrir la gauche de l'armée. Et le général Billot, qui ne pouvait engager ses forces que sur un terrain trop étroit pour les déployer toutes, s'empressait d'ordonner à la division Penhoat de rompre le lendemain matin sur Etobon. Il n'y eut pas, au surplus, d'autre modification apportée à notre ordre de bataille, malgré la constatation que l'ennemi s'étendait jusqu'à Chenebier. Il semble cependant que si l'on voulait reprendre la manœuvre avortée, avec chances de succès cette fois, ce n'était pas trop de masser sur notre aile gauche des forces imposantes, la réserve générale en particulier. Mais le général Bourbaki, toujours aussi imparfaitement renseigné, jugeait suffisantes ses dispositions. « Demain nous recommencerons au point du jour, télégraphiait-il à Bordeaux, et quoique nous ayons devant nous plus de forces qu'on ne s'y attendait, en hommes et surtout en puissante artillerie, *j'espère demain pouvoir occuper*

Héricourt, Brévilliers, enfin la route d'Héricourt à Belfort.. » De son côté, M. de Freycinet escomptait déjà la victoire et envoyait, le 15 au soir, le programme des opérations à exécuter après le déblocus de Belfort, pour marcher sur Chaumont et Neufchâteau ! Il annonçait l'envoi à Troyes d'un nouveau corps d'armée et terminait en ces termes : « Je calcule que ce corps sera entre Troyes et Chaumont *à peu près à la même époque que vous serez vous-même sur le point de remporter la victoire de Chaumont ou de Neufchâteau.* » Quelles illusions de part et d'autre !

Cependant nos malheureux soldats, sans autre nourriture qu'un peu de biscuit gelé, bivouaquaient sur la neige autour de maigres feux insuffisants pour réchauffer leurs membres engourdis. Le froid était terrible, de 14 à 16 degrés ; nombre de soldats tombaient frappés de congélation ; la plupart étaient dans un état physique lamentable et moralement très déprimés. Quant aux Allemands, dont l'ordre de bataille n'avait subi que quelques modifications sans importance, ils profitaient des localités pour s'abriter, ne laissant en plein air que les avant-postes indispensables[1]. Des officiers d'état-major, dispersés sur la ligne de défense, tenaient le général de Werder au courant de tous les incidents de la journée et de la soirée[2] ; on savait que les pertes n'avaient pas été excessives, 650 hommes environ, que les positions tenaient bon et que l'armée française se

---

1. La réserve de Grand-Charmont avait ordre de se rapprocher de Bussurel et de céder à celle de Brévilliers une partie de ses forces. Dans la nuit, le corps de siège de Belfort lui envoya un bataillon et quatre pièces. Celle de Brévilliers comptait, le 16, cinq bataillons, cinq escadrons et trois batteries. — Il ne semble pas que, du côté allemand, on ait pris la moindre mesure pour parer au danger qui menaçait le flanc droit. Werder paraît s'être surtout préoccupé d'éviter à ses soldats l'influence déprimante de la température et le manque possible de munitions. Il avait demandé cependant qu'on lui fournît tous les renseignements acquis par les patrouilles sur les divers points où elles rencontreraient l'ennemi pendant la nuit. Celui-ci devait être tenu constamment en éveil.

2. Werder avait suivi les péripéties de la lutte de son observatoire du Vaudois. Constamment instruit de ce qui se passait, il avait pu faire renforcer à temps par des fractions de la réserve les divers points de sa ligne les plus particulièrement menacés.

désagrégeait peu à peu, tant par le froid que par les privations. On attendait donc avec confiance la reprise de la lutte, et seule la question du ravitaillement en munitions, rendu très difficile par les retards du transit des voies ferrées, pouvait inspirer quelques inquiétudes[1]. Il fut donc recommandé aux batteries d'être plus que jamais avares de leur tir. A dix heures du soir, Werder adressait au général de Manteuffel une dépêche annonçant les résultats de la journée et donnait à ses troupes l'ordre suivant : « Demain, 16 janvier, conformément aux ordres que j'ai reçus, nous continuerons à défendre nos lignes avec toute notre énergie. »

II. — Journée du 16 janvier.

Combats des 15e et 24e corps. — Au point du jour, les Allemands reprirent leurs emplacements de la veille. Le froid était toujours très vif et la vallée de la Lisaine plongée dans un épais brouillard ; néanmoins les patrouilles signalèrent que les Français, demeurés à petite distance, continuaient à occuper les bois de la rive droite. A sept heures et demie, la lutte recommença à l'aile droite française, devant Montbéliard.

Là, l'infanterie de la division Peytavin, embusquée dans les maisons avoisinant le château, mises en état de défense, avait engagé le feu avec la garnison, qui, bien que subissant des pertes sensibles, répondait par un refus à la sommation qui lui était faite. Une batterie française de 4 vint alors se mettre en position sur les hauteurs de l'ancienne citadelle et ouvrit le feu contre le château ; mais, écrasée après deux heures de lutte par les obus des grosses pièces de la terrasse et du plateau de Grange-Dame, elle n'eut plus que deux

---

[1]. Les seules ressources dont on pouvait immédiatement disposer étaient fournies par les colonnes de munitions postées à Errevet derrière la droite, à Vourvenans derrière la gauche. L'artillerie de siège était, par suite, obligée d'aider de ses ressources les batteries lourdes de campagne.

canons en état de tirer. Alors vinrent se placer sur le Mont-Chevis quatre batteries de la division d'Astugue (dont une de mitrailleuses), une batterie de la division Rébilliard et quatre batteries de 8 de la réserve[1], qui engagèrent le duel avec l'artillerie allemande et, grâce à leurs épaulements, purent le soutenir toute la journée sans trop souffrir. La fusillade et la canonnade continuèrent ainsi jusqu'à la nuit, mais aucun autre effort ne fut tenté pour rompre la ligne allemande ou franchir la Lisaine. Du côté de Béthoncourt cependant, l'attaque était menée plus vigoureusement. Les batteries du 15° corps, aussitôt le brouillard dissipé, avaient dirigé sur ce point une partie de leurs coups, auxquels se joignaient ceux d'une batterie du 24° corps, établie à Vyans. Les deux bataillons prussiens postés dans le village[2] souffraient beaucoup de cette canonnade, bien qu'ils fussent tapis dans leurs tranchées; comme on voyait, d'autre part, des masses importantes d'infanterie française se rassembler auprès du bois Bourgeois, le général de Glümer envoya encore, de Grand-Charmont dans Béthoncourt, un bataillon badois avec deux batteries. L'une d'elles, arrivée vers une heure, fut presque aussitôt désemparée par les feux croisés de l'artillerie française, et dut se retirer pour refaire ses attelages; elle ne revint qu'une heure plus tard auprès de l'autre batterie, établie au sud des Grands-Bois. Cependant, aucune attaque ne se dessinait encore. A trois heures seulement, trois bataillons des brigades Questel et Minot débouchèrent des bois; deux d'entre eux se déployèrent en tirailleurs devant Petit-Béthoncourt; le troisième resta massé et dirigea sur la position allemande une fusillade intense. Bien qu'à ce moment nos pièces, qui avaient épuisé leurs munitions, aient été obligées d'interrompre leur feu, bien que l'artillerie allemande fît rage, nos soldats, par une vigoureuse offensive, poussèrent jusque dans Petit-Bethoncourt. Mais ce ne fut pas pour longtemps; sous le feu rapide des Prussiens, on

---

1. Général DE BLOIS, *L'Artillerie du 15° corps*.
2. Le bataillon de landwehr de Goldap et le bataillon badois envoyé la veille en renfort par le général de Glümer.

les vit bientôt regagner les bois, laissant sur le terrain un grand nombre des leurs. Une demi-heure plus tard, trois autres bataillons, qui avaient marché contre la lisière nord de Bethoncourt, étaient refoulés dans des conditions semblables. Enfin, vers quatre heures, la brigade Minot tout entière essayait d'aborder par le nord la position de Bethoncourt; écrasée par les obus, elle ne put même pas se déployer, et rétrograda, elle aussi, à travers ce fatal champ de neige où s'entassaient les morts et les mourants. La nuit tombait déjà; la division d'Astugue ne chercha plus à renouveler ses désastreuses tentatives, et se borna à saluer d'une salve prolongée les avant-postes ennemis qui prenaient position après le combat. Tout rentra ensuite dans le silence, l'ennemi ayant regagné ses abris et nos soldats les bivouacs glacés où ils allaient passer leur deuxième nuit de tortures.

A Bussurel, le 24ᵉ corps avait repris les armes dès huit heures du matin; cinq de ses batteries, en position auprès de Vyans, ouvrirent le feu à travers le brouillard et tinrent en respect l'artillerie allemande. Pendant ce temps, l'infanterie se massait sur le plateau et dans le bois du Chanois. Redoutant une attaque sérieuse, le général de Werder envoya de Brévilliers à Bussurel deux bataillons et une batterie. Mais nous ne paraissions pas prêts à passer à l'offensive. Dès onze heures et demie, le feu des batteries françaises commença à baisser; à midi, il cessa, et bientôt après les colonnes d'infanterie disparurent. Seules, les quelques compagnies qui, depuis la veille, occupaient Bussurel, entretinrent la fusillade avec le bataillon de landwehr de Dantzig posté le long de la voie ferrée; ce que voyant, les canonniers badois mirent le feu au village et nous forcèrent à l'évacuer[1].

Combat des 20ᵉ et 18ᵉ corps. — Devant Héricourt, l'artillerie du 20ᵉ corps, postée sur les hauteurs de Tavey, avait commencé à tirer dès huit heures et demie

---

1. « Le feu incessant des tirailleurs français et du bataillon de Dantzig avait mis le village en flammes », dit la *Relation allemande*, page 1045. On ne se douterait guère que l'incendie d'un village puisse être allumé par des balles de fusil.

du matin. Il régnait dans la vallée un brouillard presque impénétrable, qui ne se dissipa qu'entre onze heures et midi ; les batteries allemandes, qui ne voulaient pas user mal à propos leurs munitions, ripostèrent très mollement. Vers neuf heures, quelques bataillons de la division de Polignac débouchèrent de Vyans sur Saint-Valbert, mais leur attaque, d'ailleurs assez molle, vint se heurter de front à deux compagnies prussiennes, qui avaient occupé, sans que nous le sachions, le mamelon à l'ouest de ce dernier village, et fut aussi inquiétée en flanc par les feux partis du Mougnot. Elle échoua donc complètement. Une demi-heure plus tard, quatre bataillons de la division Thornton essayaient de sortir des bois de Tavey et d'aborder les faces sud et ouest de la position du Mougnot ; ils ne tardèrent pas, eux aussi, à être arrêtés par les feux que, de leurs tranchées, faisaient pleuvoir avec une terrible intensité les landwehriens d'Ortelsburg et de Graudenz, appuyés par une compagnie qui était accourue de la ferme Marion. En vain quelques compagnies essayèrent-elles de revenir à la charge par le sud ; elles subirent le même sort. Nos malheureux soldats, épuisés de souffrances et de misère, n'avaient plus la vigueur nécessaire pour attaquer sérieusement.

Cependant, l'artillerie du 20ᵉ corps tirait toujours ; celle des Allemands attendait au contraire que le brouillard se dissipât pour entrer énergiquement en action. A onze heures, quand elles commencèrent à y voir clair, les batteries du Salamou ouvrirent le feu contre le bois de Tavey, où l'on supposait que le gros du 20ᵉ corps était massé, et causèrent dans nos rangs des pertes assez sensibles. Néanmoins une nouvelle offensive fut dirigée du bois du Chanois contre la sortie sud d'Héricourt ; le 3ᵉ bataillon du 3ᵉ zouaves atteignit même, à la faveur du brouillard, les abords du moulin de Bourangle. Mais l'ennemi, que Werder venait de renforcer, était sur ses gardes ; au moment où les zouaves, qui s'étaient couchés dans un pli de terrain, se relevaient pour marcher de l'avant, ils furent écrasés par un feu rapide à petite distance, et obligés de se

1. Commandant Taillant.
2. Colonel Denfert.
3. Sergent-major Boeltz.
4. Général Uhrich.

replier en hâte, poursuivis par les obus que les batteries du Salamou dirigeaient maintenant à coup sûr au milieu de leurs rangs décimés.

Cet échec fut suivi d'un long temps d'arrêt dans la lutte. Nos batteries avaient besoin de se réapprovisionner, et nos fantassins de se ressaisir. Vers deux heures seulement, l'artillerie recommença à tirer ; deux heures plus tard, l'infanterie de la division Thornton faisait mine de préparer une nouvelle attaque. Les batteries du Salamou ne lui permirent pas de l'exécuter, et, depuis ce moment jusqu'à la nuit, le combat devant Héricourt se borna à une canonnade sans résultats.

Devant Luze, le 18e corps était resté à peu près immobile ; son artillerie, bien qu'abritée dans des batteries enterrées construites sur la lisière des bois de la Vacherie et au nord des bois communaux, avait attendu jusqu'à deux heures et demie pour entamer le feu. Quant à l'infanterie, elle s'était bornée à quelques démonstrations vaines auxquelles les batteries allemandes avaient rapidement mis fin. De même, devant Chagey, la lutte s'était bornée à des escarmouches de tirailleurs et à un échange modéré de coups de canon [1]. Là on avait vu arriver à l'ennemi pas mal de renforts, venus de la réserve générale, et l'on ne s'était pas soucié de renouveler une attaque qui, déjà la veille, alors que l'adversaire disposait de moins de monde, avait échoué. Voici d'ailleurs les raisons que, dans un billet au crayon adressé au général en chef, le commandant du 18e corps donnait de l'inaction volontaire de ses deux premières divisions : « *Il me paraît indispensable de tourner fortement par la gauche les positions de l'ennemi avant de songer à les attaquer de front...* Je juge inutile de déployer mon artillerie, qui a souffert beaucoup hier, jusqu'au moment définitif. Du reste, le terrain est très mauvais et la seule route par laquelle je puisse faire déboucher mon artillerie est complètement enfilée par le Vaudois [2]. »

[1]. A certains moments cependant, le tir de nos batteries fut assez efficace pour obliger les pièces allemandes à changer de position.
[2]. *Enquête parlementaire*, déposition du colonel Leperche.

Escarmouches à l'extrême droite. — Sur l'Allaine, devant le détachement Debschitz, il ne se produisit, dans la journée du 16, que des escarmouches sans importance. Les mobilisés du Doubs et le corps franc Bourras s'étaient établis avec quelques pièces sur les collines boisées qui s'étendent entre Vaudoncourt et Hermoncourt. Vers quatre heures et demie, ils ouvrirent le feu contre les avant-postes allemands, mais sans même esquisser le prélude d'une attaque. En même temps, un détachement du corps Bourras, venu d'Abbévillers, menaçait Croix, et chassait d'une ferme le petit poste ennemi qui l'occupait. Tout cela ne constituait rien de bien sérieux, et l'ennemi ne pouvait considérer comme des menaces ces tentatives insignifiantes. Il était tellement peu inquiet pour son extrême gauche que nous allons le voir bientôt se découvrir de ce côté, pour renforcer le général de Degenfeld, exposé pour le moment à des dangers bien autrement graves.

Ainsi, en résumé, il ne s'était produit sur tout le front de la ligne de bataille, de Dasle à Chagey, que des attaques insuffisamment dessinées, et soutenues par une minime partie des forces d'infanterie; la lutte, à proprement parler, n'avait été qu'une longue canonnade. Partout même mollesse que la veille, même manque de simultanéité et de cohésion, même absence de direction supérieure; ce n'est pas quand il procède avec autant d'hésitation que le combat de front peut donner des résultats. Comme la veille aussi, notre infanterie s'était heurtée à une résistance tenace, énergique, complétée par un habile emploi des réserves; ajoutons qu'elle ne s'est pas portée assez résolument en avant. La rupture de l'équilibre ne peut s'obtenir que par une offensive délibérée, et cette offensive, c'est le mouvement seul qui la caractérise; or, nous voyons à Béthoncourt, par exemple, un bataillon s'arrêter pour tirer pendant que deux autres s'avancent contre l'ennemi. Ce bataillon voulait vraisemblablement compenser l'abstention de l'artillerie qui, manquant de munitions après une canonnade abusive, était obligée de se taire au moment décisif; il ne le pouvait pas. Son action eût été certainement plus efficace si elle avait effectivement appuyé celle des autres, surtout si les troupes en arrière n'étaient pas restées dans l'inaction. Le terrain était mauvais et se prêtait mal au déploiement des grandes unités ; soit. Il est extraordinaire cependant qu'avec une supériorité numérique comparable à la nôtre, on ne soit arrivé nulle part à enfoncer l'ennemi, ni même à le fixer sur ses positions, puisqu'il lui a toujours été loisible de porter ses réserves de droite à gauche, par des mouvements de navette auxquels le combat de front a précisément pour but de s'opposer. Le fait serait inexplicable si l'on ne connaissait l'état de désorganisation et de faiblesse auquel était réduite cette malheureuse armée, composée d'éléments trop jeunes, et incapable de résister longtemps aux douloureuses épreuves qu'un peu plus de prévoyance aurait probablement pu lui éviter.

Combats de Chénebier et de Frahier. — Il n'en avait pas été de même, hâtons-nous de le dire, à l'aile gauche française. Là, au contraire, devant Chénebier, s'était déroulée, à travers d'intéressantes péripéties, l'action la plus marquante de la journée, action qui aurait pu être décisive, si l'ardeur du général Crémer avait été accompagnée chez lui de plus d'expérience et d'une connaissance plus approfondie des nécessités de la guerre.

La division Crémer, bivouaquée dans le bois de la Thure, où elle venait de passer une nuit terrible, avait, dès huit heures du matin, déployé une brigade devant la lisière nord de ce bois et fait canonner Chénebier, mais sans passer à l'offensive. Elle attendait la division Penhoat, du 18ᵉ corps, qui lui était annoncée et qui, en effet, déboucha sur Étobon à onze heures du matin. Dès son arrivée, le général Crémer s'aboucha avec l'amiral, et tous deux arrêtèrent leurs dispositions pour déloger les forces allemandes qui se trouvaient à Chénebier. Ces forces, on s'en souvient, se bornaient à trois bataillons, un escadron et trois batteries[1], dont

---

[1]. Dans l'après-midi du 15, le colonel de Willisson avait envoyé, de Ronchamp, une de ses batteries au général de Degenfeld.

une partie (un bataillon et une batterie) avait été laissée en repli à Frahier ; elles étaient aux ordres du général de Degenfeld.

Le terrain sur lequel allait se dérouler l'action est complètement découvert et d'accès facile, malgré les quelques ondulations qui courent entre Etobon et le bois de la Thure. Quant au village de Chénebier, il est divisé en deux parties séparées par un petit ruisseau, et dont la plus méridionale porte le nom de Courchamp. Le village de Chénebier proprement dit est lui-même coupé en deux par un ravin, en sorte que l'agglomération générale, très étendue, se compose de maisons disséminées tant sur les pentes que sur les sommets du terrain[1]. A trois kilomètres vers le nord, bordant à la fois la grande route de Lure à Belfort et la rive gauche de la Lisaine, se trouve le village de Frahier, qui ne présente aucune force de résistance. Au nord-ouest, s'étendent les bois de Montédin et des Évaux, dont la lisière n'est qu'à un kilomètre de Chénebier, tout près du cimetière. Au sud, entre Courchamp et le bois de la Thure, se trouve un ravin assez profond pour servir de masque à une troupe; enfin, vers l'est, la Lisaine, trop peu large ici pour former obstacle, longe la lisière d'un bois touffu qui, sur la rive gauche, s'étend jusqu'à 500 mètres d'un moulin. On voit que la défense manquait de couverts, tandis que les approches de l'assaillant étaient au contraire relativement protégées. Aussi les Allemands avaient-ils pris leurs précautions. Le bataillon chargé de la défense de la partie nord du village avait placé deux compagnies sur la hauteur du bois des Evaux, une au cimetière et sa dernière devant la lisière occidentale, en avant de l'église. Le bataillon établi à Courchamp avait une compagnie dans le fond de la vallée, face à Etobon, deux autres en avant du village, face au bois de la Thure, la dernière couvrant la gauche vers la Lisaine. Le moulin était tenu par deux compagnies envoyées de Frahier[2]. Quant aux batteries, elles étaient en posi-

---

1. L'écart septentrional porte le nom de *Bas des Esserts*.
2. Ce moulin portait le nom de *moulin Collin*.

tion sur la hauteur derrière l'extrémité nord de Chénebier.

Par une juste conception tactique du but à atteindre et des ressources de terrain, les généraux français avaient décidé qu'on chercherait à maintenir les Allemands sur leur front, pendant qu'un effort vigoureux serait tenté sur le moulin Collin, d'où l'on pouvait s'approcher à couvert, pour couper de Belfort le général de Degenfeld. En conséquence, l'artillerie de la division Penhoat prit position près d'Étobon, celle de la division Crémer en avant de la lisière nord du bois de la Thure; toutes deux ouvrirent le feu vers une heure, afin de préparer l'attaque. Puis, après une heure de canonnade, l'infanterie, sortant des bois et profitant habilement de la configuration du sol[1], s'ébranla, à l'ordre du général Billot, venu depuis un instant à Étobon. Droit devant Chénebier marchaient le 57ᵉ de marche et le 86ᵉ mobiles, qui débouchaient de la lisière nord du bois de la Thure, sous la conduite du colonel Poullet. Le 83ᵉ mobiles, un bataillon du 32ᵉ et le bataillon de la Gironde, commandés par le général Crémer en personne, furent dirigés vers le moulin Collin[2]. Plus au nord, et à gauche de la colonne Poullet, le 12ᵉ bataillon de chasseurs et deux bataillons du 77ᵉ mobiles (division Penhoat) s'avançaient contre la lisière ouest de Chénebier, tandis que le 52ᵉ de marche et le dernier bataillon du 77ᵉ mobiles étaient engagés à travers le bois de Montédin. Devant cette attaque convergente, le général de Degenfeld donna l'ordre à deux compagnies du bataillon de landwehr qui était à Frahier de se porter dans le bois des Évaux pour renforcer son aile droite, et à deux autres de s'avancer avec la batterie sur Echavanne pour garantir son aile gauche[3]. Mais ces dernières se heurtèrent à la colonne du général Crémer,

---

1. *La Guerre franco-allemande*, 2ᵉ partie, page 1049.
2. Le général Crémer, voyant Chagey fortement occupé par l'ennemi, avait cru devoir, malgré la présence devant ce village de deux divisions du 18ᵉ corps, faire couvrir sa droite par deux bataillons du 33ᵉ, accompagnés d'une batterie.
3. Le bataillon de landwehr (d'Eupen) était à six compagnies.

qui déjà avait débordé Courchamp ; joignant leurs efforts à ceux du bataillon badois de Courchamp pour refouler l'assaillant, elles opposèrent cependant une énergique résistance qui nous coûta des pertes sérieuses. Un instant même, le 83ᵉ mobiles dont le chef, lieutenant-colonel Puech-Testanière, avait été mortellement frappé, s'arrêta, hésitant. Une vigoureuse offensive du bataillon de la Gironde, enlevé par le commandant de Carayon-Latour, rétablit les affaires, et l'ennemi, très sérieusement éprouvé [1], fut obligé de lâcher pied. Les compagnies de landwehr rétrogradèrent sur Échavanne et Frahier ; le bataillon de fusiliers badois se jeta dans la partie nord de Chénebier.

Mais déjà de ce côté les progrès de la division Penhoat à travers le bois de Montédin avaient mis les défenseurs du village dans une position délicate. Se voyant sur le point d'être enveloppé, le général de Degenfeld ordonna l'évacuation de Chénebier, et fit reculer tout son monde sur Frahier. La retraite s'effectua sous la protection de deux compagnies et d'une batterie ; elle fut terminée à trois heures et demie. A ce moment, les divisions Penhoat et Crémer avaient gagné, d'une part, Échavanne, d'autre part le bois d'Essoyeux ; c'est-à-dire que d'ores et déjà la route de Chalonvillars, et par suite celle de Belfort, était, si on le voulait, coupée à la droite ennemie. On ne le voulut pas. L'offensive française cessa brusquement, et le général de Degenfeld put, sans être inquiété davantage, aller prendre une position de repli auprès du moulin Rougeot, sur un point dominant la route. Il y fut rejoint, à six heures du soir, par un détachement de deux bataillons, un escadron et une batterie que lui envoyait Werder. Pendant ce temps, le détachement Willissen, se voyant débordé sur sa gauche, s'était, lui aussi, replié de Ronchamps dans la direction de Giromagny.

Au demeurant, les résultats obtenus à la gauche française, bien qu'incomplets, étaient cependant considérables encore. Les divisions Crémer et Penhoat n'é-

---

1. *La Guerre franco-allemande*, 2ᵉ partie, page 1050.

taient plus qu'à 8 kilomètres de Belfort, et « il était fort possible que ce premier succès amenât les Français à renoncer à leurs attaques jusqu'alors assez mollement conduites sur tout le front de la ligne de bataille, pour se jeter avec tout leur monde sur la droite allemande. Le général de Degenfeld n'avait pu, avec deux bataillons, mettre obstacle au mouvement de deux divisions. Il est vrai qu'il tenait encore sur la grande route de Belfort, en avant de Chalonvillars, mais ses troupes, d'ailleurs épuisées, occupaient une position peu susceptible de défense et facile à tourner par le sud [1] ». C'était là une conséquence, qui pouvait devenir très grave, de l'erreur commise par Werder dans l'appréciation de la direction probable de notre attaque décisive et de l'accumulation des forces allemandes sur le centre et la gauche de la position. Le commandant du XIV° corps ne s'en rendit un compte exact que lorsque, vers huit heures, il connut dans le détail ce qui s'était passé à Chénebier. Pendant toute la journée, il s'était préoccupé uniquement de recompléter sa réserve principale de Brévilliers, très réduite à la suite des nombreux envois de renforts qu'elle avait dû faire ; deux bataillons du général de Debschitz avaient été appelés là vers quatre heures ; un peu plus tard, le général de Glümer y envoyait un bataillon de landwehr, le seul dont il pût disposer ; le général Keller était appelé avec deux bataillons et une batterie, de Bussurel à Mandrevillars, où Werder voulait transporter sa réserve. Enfin, le général de Tresckow Ier mettait encore deux bataillons de ligne à la disposition du commandant en chef.

Malgré tout, celui-ci était d'autant moins rassuré que le ravitaillement de ses troupes en vivres et en munitions devenait à chaque minute de plus en plus difficile. Dans les conditions où l'on se trouvait maintenant, la continuation de la résistance pouvait sembler problématique, car elle était à la merci d'une offensive un peu vigoureuse des Français. Il fallait à tout prix enrayer

---

1. *La Guerre franco-allemande*. 2° partie, page 1053.

celle-ci, précisément sur le point dont on s'était le moins occupé jusque-là, sans quoi on risquait de voir tourner toutes les positions si énergiquement défendues depuis deux jours. A huit heures du soir, Werder donnait l'ordre au général Keller de laisser son artillerie en arrière, de partir sur-le-champ avec les forces disponibles à Mandrevillars, et d'aller reprendre Frahier, ainsi que Chénebier[1]. Mais il était trop tard pour rien tenter le soir même. La nuit qui arrivait ne fut donc plus troublée que par des alertes résultant du contact intime des deux adversaires. Les 18e et 20e corps lancèrent encore quelques colonnes contre Bethoncourt, le Mougnot et Saint-Valbert, tandis que, de leur côté, les Allemands cherchaient à inquiéter notre poste de Bussurel. Tout se borna, du reste, à une fusillade intense, dont le seul résultat fut de tenir l'ennemi en alerte pendant longtemps et d'obliger une partie de ses contingents à demeurer, eux aussi, l'arme au pied, sous la froidure intense de cette longue nuit d'hiver.

Il est permis de chercher maintenant à pénétrer les raisons auxquelles avait cédé le général Crémer, d'ordinaire si vigoureux et si énergique, en arrêtant en plein succès ses colonnes prêtes à tendre la main aux assiégés de Belfort. Lui-même a plaidé les circonstances atténuantes, en arguant de la fatigue de ses soldats et de la nécessité où il s'était trouvé d'aller reformer ses lignes sur leurs anciens emplacements, en laissant à la division Penhoat le soin d'occuper les positions conquises. Certes, après la terrible nuit qu'ils venaient de subir, ces soldats devaient être fortement déprimés. Mais la vigueur même de leur attaque prouvait qu'ils étaient capables de prolonger quelque temps encore un effort si pleinement heureux. D'ailleurs, se porter du bois d'Essoyeux sur la route de Chalonvillars n'était ni plus pénible ni plus fatigant que de regagner le bois de la Thure, et, en exécutant cette marche en avant, chacun aurait eu la consolation de se dire qu'elle était indispensable pour compléter le succès dont la seule

---

1. *La Guerre franco-allemande*, 2e partie, page 1053.

occupation de Chénebier ne valait assurément pas le prix. Quand on veut obtenir des résultats décisifs, il ne suffit pas de viser un objectif topographique; il faut ôter à l'adversaire toute possibilité de réparer son échec, c'est-à-dire qu'il faut continuer l'action jusqu'à ce qu'il soit hors de cause, et qu'on ait atteint soi-même le but tactique qu'on s'était proposé. Or, dans la circonstance, le but tactique était de déborder la droite du XIV° corps, non de conquérir un ou deux villages, et c'est à quoi le général Crémer, impressionné d'ailleurs par l'état lamentable de ses troupes, n'a pas songé. Il a manqué ainsi l'occasion de donner à nos armes une victoire décisive et à son nom l'impérissable auréole d'une illustration méritée.

En somme, si, à la fin de cette journée du 16, l'ennemi était en proie à des inquiétudes explicables, nos affaires n'en allaient pas beaucoup mieux pour cela. La question militaire restait intacte, puisque nulle part les Allemands n'étaient sérieusement entamés; celle des subsistances devenait pour nous plus menaçante que jamais. Les distributions, contrariées par le manque de discipline, se faisaient d'une façon fort irrégulière; les convois, arrêtés en route, n'arrivaient pas toujours à destination, et certains corps, mieux placés pour intercepter les denrées, absorbaient parfois les ressources de tous les autres [1]. De là, pour ceux qui n'étaient pas pourvus, de nouvelles souffrances à ajouter aux tortures du froid. D'autre part, les nécessités du ravitaillement opposaient un obstacle au développement normal du plan tactique, qui aurait exigé la concentration de forces plus considérables à notre aile gauche: « Ma ligne s'étend de Montbéliard à Étobon, c'est énorme, disait le général Bourbaki; je ne puis pas la développer davantage, je serais obligé de quitter la ligne de Besançon à Montbéliard, et si nous étions coupés par là, comment mangerions-nous [2]? » A la vérité, il ne s'agissait nullement de se développer davantage, mais seulement de

---

1. *Dépêche du général en chef à l'intendant général Friant*, à Besançon, en date du 15 janvier.
2. *Enquête parlementaire*, déposition de M. le général Billot.

masser sur le point nécessaire une partie des troupes de deuxième ligne, que la nature du terrain condamnait d'ailleurs à l'inaction. Le général en chef, à qui la mobilité des réserves ennemies avait donné le change sur la force de son adversaire [1], semblait maintenant résigné à laisser aller les choses, et ne faisait rien pour poursuivre l'exécution de sa conception primitive. Et cependant, il ne l'avait point abandonnée, du moins théoriquement, puisque le soir même il télégraphiait à Bordeaux : « Demain matin, nos efforts seront renouvelés ; *j'espère que le mouvement tournant par notre gauche pouvant enfin s'accomplir, ils seront couronnés de succès ;* s'il en était autrement, il y aurait lieu d'aviser aux mesures à prendre ultérieurement, *mais je ne songerai que demain soir à modifier le plan adopté,* après avoir épuisé tous les moyens d'obtenir le succès de ce côté. » De fait, il ne donnait point d'autre ordre que celui d'attaquer de nouveau. Quant à Werder, il avait prescrit à toutes ses troupes de se trouver sous les armes et en position, le 17, dès sept heures du matin.

III. — Journée du 17 janvier.

Le moment où devait se décider le sort de Belfort, et aussi, malheureusement, celui de l'armée de l'Est, était arrivé. Il fallait, dans cette troisième et suprême journée de lutte, vaincre définitivement l'opiniâtre résistance des Allemands, ou bien s'en aller. Peut-être même allait-il être trop tard pour prendre ce dernier parti, car déjà des bruits alarmants parvenus au quartier général d'Aibre signalaient l'approche de forces considérables dont les avant-gardes se montraient à Is-sur-Tille et Selongey [2]. En dépit des assurances ras-

---

1. « On m'avait dit qu'il n'y avait que 40,000 hommes autour de Belfort, je crois qu'il y en a 80,000. » (*Enquête parlementaire,* tome III, page 475.)
2. Ces renseignements étaient envoyés par le préfet de la Côte-d'Or.

surantes de M. de Freycinet[1], la menace était grave, car « l'arrivée prochaine d'une armée allemande dans la Côte-d'Or mettait (comme le fait justement remarquer la *Relation prussienne*) nos forces de l'Est dans l'alternative de vaincre sur la Lisaine, ou de tomber dans la plus critique des situations[2] ». C'était bien là la pensée de tous ; elle ne se traduisit pas cependant par l'acte de décision qui eût dû être son corollaire indispensable.

Deuxième combat de Chénebier. — Comme on l'a vu plus haut, la division Penhoat était restée, le 16, à Chénebier ; elle n'occupa point Frahier, bien que le village fût évacué depuis plusieurs heures, et se borna à placer une grand'garde dans le bois des Evaux sur la route d'Echavanne. Quant aux fractions cantonnées dans Courchamp, elles ne prirent pas la précaution de se garder dans la direction de la Lisaine et songèrent surtout à goûter un repos dont elles avaient tant besoin. Pendant ce temps, les Allemands marchaient. Parti de Mandrevillars, dès onze heures du soir, avec deux bataillons, le général Keller s'était porté sur le moulin Rougeot, après avoir informé de sa mission le général von der Goltz, qui commandait à Chagey, et sollicité de lui le concours d'un bataillon ou deux. En arrivant à minuit auprès du général de Degenfeld, il apprit que déjà Frahier était réoccupé par un bataillon de ce dernier ; ayant reçu un peu plus tard un bataillon envoyé du siège de Belfort, il put alors disposer de 8 bataillons, 2 escadrons et 4 batteries. Il prit cinq bataillons et se porta sans désemparer sur Frahier, où les autres troupes eurent ordre de venir le rejoindre à six heures du matin. Il venait à peine de partir, que trois pièces de 15 centimètres, envoyées par le corps de siège, arrivaient à leur tour au moulin Rougeot.

A quatre heures et demie du matin, deux colonnes,

---

1. « Ne vous arrêtez pas aux dépêches du préfet de Dijon, qui d'ordinaire est inexactement renseigné et, en outre, tire de fausses inductions. Avec une très bonne volonté, il vous induirait continuellement en erreur. » (*Dépêche envoyée de Bordeaux*, le 16 janvier.)
2. *La Guerre franco-allemande*, 2ᵉ partie, page 1064.

fortes chacune de trois bataillons, quittaient donc Frahier dans le plus grand silence et se portaient sur Chénebier, l'une par Échavanne et le bois des Evaux, l'autre par le chemin qui longe la rive gauche de la Lisaine et se prolonge ensuite du moulin Collin sur Courchamp. Celle du nord[1] se heurta, au débouché d'Echavanne, à notre grand'garde du bois des Evaux; il en résulta une fusillade assez violente, que les officiers allemands furent impuissants à éteindre, et qui tout naturellement donna l'éveil. D'ailleurs, la résistance de la grand'garde était sérieuse. L'ennemi, qui avait déployé sept compagnies, avait beaucoup de peine à se mouvoir dans l'obscurité; le désordre devenait tel qu'aucune direction n'était plus possible, et bientôt le major allemand qui commandait se résigna à ramener tout son monde à la lisière orientale du bois, face à Chenebier, sans chercher davantage à déboucher. La colonne du sud[2], qui était reliée à celle du nord par une compagnie, était de son côté arrivée au moulin Collin, au moment même où débutait l'engagement d'Echavanne. Au bruit de la fusillade, elle hâta sa marche et, profitant de ce que nous ne nous gardions pas, dirigea deux bataillons sur Courchamp, tandis que le troisième se postait sur la hauteur du sud, pour servir là de couverture. Surprises par cette irruption soudaine, nos troupes se jetèrent sur leurs armes, mais sans avoir le temps de résister; et c'est dans une assez grande confusion qu'elles allèrent se reformer au delà du ravin qui sépare Courchamp de Chénebier. Là elles réussirent à tenir l'ennemi en respect; leur insouciance leur coûtait cher, malheureusement, car, outre leurs pertes qui étaient sérieuses, elles laissaient 400 prisonniers, dont 7 officiers, aux mains de l'ennemi.

Cependant le jour commençait à paraître, et les Allemands, qui avaient engagé presque tout leur monde, apercevaient des masses françaises vers les hauteurs

---

1. Fusiliers du 5e badois, bataillon de landwehr d'Eupen, fusiliers du 67e. (Ce dernier bataillon était celui qui venait d'arriver du corps de siège, où on l'avait relevé aux tranchées.)
2. 4e régiment badois.

d'Étobon. Sur les lieux mêmes, ils avaient affaire à toute la division Penhoat, et déjà la division Crémer, mise en mouvement par le général Billot, s'était ébranlée, envoyant à Chénebier un bataillon du 32ᵉ de marche et deux bataillons du 75ᵉ[1]. La situation du général Keller pouvait d'un instant à l'autre devenir critique; aussi, dès huit heures et demie, les trois bataillons badois de la colonne du sud évacuèrent-ils Courchamp, pour se replier d'abord sur le bois Féry, où ils ne purent tenir, puis sur Frahier. A ce moment, l'artillerie allemande, postée autour du village, étant entrée en ligne, la marche en avant de la division Penhoat fut arrêtée. Une de ses batteries, qui avait essayé de l'appuyer en se portant vers le Bas des Esserts, ne tarda pas à être désemparée, et nos soldats, soumis à un feu terrible, hésitèrent, puis s'arrêtèrent. Le général Keller en profita pour faire tenir le petit bois Féry, afin de barrer la route de Chalonvillars ; ses troupes, très éprouvées elles aussi[2], étaient littéralement à bout.

Cependant la colonne de droite continuait toujours à lutter dans le bois des Evaux. Renforcée par un des bataillons du moulin Rougeot, elle avait repris l'offensive à neuf heures, sous l'impulsion du général de Degenfeld; mais bien qu'ayant réussi, après deux heures d'une lutte meurtrière[3], à s'emparer du bois tout entier, elle n'avait pu en déboucher en masse, et les tentatives faites contre Chénebier par quelques fractions aventurées s'étaient toutes brisées contre l'énergie des

---

1. Alarmée dès quatre heures et demie du matin par la fusillade de Chénebier, la division Crémer n'avait cependant pas bougé. Son chef attendait, paraît-il, d'être appelé par l'amiral pour se porter à son secours. (*Enquête parlementaire*, tome III, page 349.) Quant au général Billot, il s'était porté d'Étobon sur Chénebier aux premiers coups de fusil et, prenant dans l'obscurité les Prussiens pour des chasseurs à pied, avait même failli être tué ou enlevé en arrivant à la lisière du bois des Evaux. (*Ibid.*, page 476.) C'est de là qu'après avoir retrouvé l'amiral, il envoya au général Crémer l'ordre de diriger des renforts sur Chénebier, et d'aller avec le reste de sa division à Étobon. — Le bataillon du 32ᵉ perdit, en débouchant devant le village, son chef, le commandant Pardieu, frappé mortellement d'une balle.
2. *La Guerre franco-allemande*; 2ᵉ partie, page 1057, *en note*.
3. *Ibid.*, page 1057.

soldats de l'amiral. Le général de Degenfeld renonça définitivement à ces assauts coûteux, et replia toute sa colonne à l'intérieur du fourré, pour la mettre à l'abri de nos projectiles. Il était un peu plus de dix heures quand le combat devant Chénebier s'éteignit ainsi momentanément.

Quant au général Crémer, il s'était porté sur Etobon avec le bataillon de la Gironde, le 57ᵉ et deux batteries. Le reste de sa division, aux ordres du colonel Poullet, avait continué à occuper le bois de la Thure, pour se couvrir du côté de Chagey, qui inspirait les mêmes inquiétudes que la veille, mais mieux justifiées, comme on va le voir. Accédant en effet à la demande du général Keller, le général von der Goltz avait fait partir de Chagey, dès trois heures et demie du matin, six compagnies qui devaient remonter la vallée de la Lisaine pour favoriser l'offensive projetée sur Chénebier. Elles trouvèrent la gorge de la Lisaine barrée par des abatis créés sur l'ordre du colonel Poullet, et furent obligées, par suite, de contourner le bois de la Brisée en passant par Génechier et Châtebier ; leur marche se trouva fort retardée par ce détour et aussi par l'état des chemins, en sorte que c'est à dix heures du matin seulement qu'elles purent prononcer une attaque contre le moulin Collin. Mais, déjà à ce moment, le 4ᵉ régiment badois s'était replié sur Frahier ; leur intervention isolée ne put donc aboutir, et les sept compagnies, après avoir rallié Frahier, durent se contenter de regagner Chagey.

Des deux côtés, les troupes étaient brisées de fatigue ; les nôtres surtout, usées par le bivouac, privées de distributions régulières, et condamnées depuis la veille à se nourrir de la chair presque crue de chevaux tués, ne possédaient plus la moindre vigueur. Une pluie torrentielle, qui, depuis dix heures du matin, avait remplacé la neige, traversait leurs pauvres vêtements et transformait le terrain sur lequel elles marchaient en un océan de boue glacée. D'autre part, l'état-major français, il est difficile de s'expliquer pourquoi, paraissait considérer la mission de l'aile gauche bien plutôt comme défensive que comme offensive, et songeait à garantir le flanc de ce côté au lieu de profiter délibérément de la supériorité numérique dont on disposait là pour bousculer ce qu'on avait devant soi. On croyait indispensable de faire garder Etobon et Chénebier par la division Penhoat, tandis que le 18° corps essayerait une fois encore d'emporter Chagey avec l'appui de la division Crémer[1]. Il y avait là une erreur d'appréciation qui doit s'expliquer par le manque de renseignements précis sur la situation, mais qui n'en était pas moins fâcheuse, puisque la véritable direction du mouvement débordant qu'on voulait faire était tout naturellement tracée par la route de Chalonvillars. Elle eut en tout cas pour résultat de transformer l'allure du combat, et de confirmer notre aile gauche dans sa passivité. On se borna à défendre Chénebier avec une opiniâtreté qui aurait dû être plus productive, à réoccuper le bois des Evaux, et à entretenir une canonnade sans intérêt ; mais on ne chercha ni à poursuivre l'ennemi en retraite, ni à tendre la main aux défenseurs de Belfort, et la division Crémer ne fournit d'autre appoint que celui de sa présence. De son côté, le général Keller avait dû reconnaître que, la surprise ayant échoué, tous ses efforts pour nous chasser de nos positions resteraient désormais stériles ; d'ailleurs il ne s'agissait pas pour lui de poursuivre un pareil objectif, mais uniquement de nous empêcher de marcher sur Belfort, et la crainte de cette éventualité semblait maintenant pouvoir être écartée. Aussi, voyant que les troupes primitivement laissées au moulin Rougeot tenaient solidement Frahier, où deux bataillons de la réserve principale étaient encore venus grossir ses effectifs, se décida-t-il, vers trois heures de l'après-midi, à replier son aile droite, toujours postée dans le bois des Evaux. Pour aider la retraite, un bataillon fut envoyé sur Echavanne, et se retira ensuite à son tour, sans être inquiété. Le général Keller était tellement tranquille désormais qu'il n'hésita pas à renvoyer dans les tranchées de Belfort le 67° que le général de Tresckow lui avait prêté. Le danger si grave qu'a-

---

1. *Enquête parlementaire*, tome VI, page 219.

vait couru un instant la droite allemande était en effet, comme nos ennemis le constataient avec joie, définitivement conjuré[1]. Ainsi fut manquée, par le défaut d'une direction supérieure à la fois ferme et décidée, la manœuvre sur laquelle on avait fondé tant d'espérances, et dont, malgré les lenteurs et les déboires du début, on eût été en droit d'attendre des résultats moins négatifs.

Combats au centre et à l'aile droite. — Après avoir assisté à la défense vigoureuse, mais inerte, de Chenebier par la division Penhoat, le général Billot était venu retrouver ses deux divisions. « A moins d'ordre contraire, écrivait-il au commandant en chef, je compte commencer l'action vers deux heures par Chagey avec l'action combinée des divisions Crémer et Bonnet. Si nous réussissons, nous continuerons par Mandrevillars, Echenans et le Vaudois. Aussitôt Chagey enlevé, Pilatrie marchera sur Luze et le Vaudois. Mais il me paraît indispensable d'avoir de fortes réserves, car l'ennemi cherchera à faire des retours offensifs et même à tourner les colonnes d'assaut. Pour parer à ce danger, je ne lancerai qu'une brigade par division tout en laissant l'autre brigade en réserve, *mais il serait indispensable que la réserve générale appuyât.* » Les instructions furent données en ce sens; l'artillerie, renforcée par trois batteries de 12 de la réserve générale, et protégée par des épaulements, devait préparer l'attaque qui, surtout pour la division Pilatrie, était fortement contrariée par les accidents du terrain[2].

Le feu commença dès huit heures; mais, grâce à la supériorité de son matériel, l'artillerie allemande le soutint sans faiblir. Presque aussitôt, une partie de la division Crémer (32e de marche et 86e mobiles, avec une batterie) débouchait du bois de la Thure et se déployait

---

1. *La Guerre franco-allemande*, 2e partie, page 1058.
2. Les divisions étaient fort réduites; celle du général Feillet-Pilatrie comptait à peine 7,000 hommes. Elle était obligée, pour aborder l'ennemi, de monter à découvert dans le ravin, et de gravir ensuite des pentes balayées par la mitraille. Elle n'était pas capable d'un pareil effort.

face à Chagey. La batterie, postée dans la vallée, au nord du village, tira jusqu'à neuf heures et demie, après quoi elle se replia. Quant à l'infanterie, aussi bien celle de Crémer que celle du 18° corps, elle borna son action à une fusillade sans résultats, de sorte que sur tout le front, depuis la lisière nord du bois de la Thure jusqu'à Byans, il n'y eut, à proprement parler, que des démonstrations, accompagnées d'une canonnade intense. Aucune attaque véritable ne fut tentée, et l'attitude des troupes se montra si hésitante que le général von der Goltz put renvoyer pour la seconde fois, du côté de Chénebier, le bataillon qui le matin avait échoué au moulin Collin. Quand on songe aux souffrances que nos malheureux soldats supportaient depuis trois jours, on ne se sent plus le courage de blâmer leur mollesse, et l'on ne peut vraiment éprouver pour eux d'autre sentiment que celui d'une ardente pitié.

De la gauche à la droite, la bataille garda donc cette allure indécise de combat traînant, résultante et caractéristique de l'épuisement définitif de l'assaillant. A Héricourt, un effort sans importance fut fait contre la voie ferrée et échoua. A Bussurel, où l'incendie avait éclaté comme la veille, à Bethoncourt, rien ne se passa qui mérite d'être signalé. Montbéliard, où pleuvaient les obus allemands, avait été évacué par les troupes du 15° corps qui l'occupaient; se basant sur cette retraite, les habitants firent auprès du général de Glümer une démarche tendant à la cessation du feu, et un bataillon prussien, venant alors occuper la gare, rétablit les communications avec la garnison du château[1]. Cependant le duel d'artillerie continuait entre les batteries du plateau de Grange-Dame et celles du Mont-Chevis. A dix heures, quelques bataillons français se massèrent sur la lisière du bois Bourgeois, et, à midi, ils dirigèrent une sorte d'attaque contre Montbéliard; mais la direction de leur ligne, oblique aux positions allemandes.

---

1. Montbéliard, où, paraît-il, quelques habitants avaient pris part à la lutte, fut frappé d'une contribution de 40,000 francs.

les exposait aux feux d'enfilade du plateau de Grange-Dame. Au bout de peu de temps, ils étaient arrêtés, et seules quelques poignées de tirailleurs pouvaient atteindre la Lisaine. A deux heures, toute l'infanterie se repliait dans le bois, en laissant seulement quelques troupes à l'ancienne citadelle, et l'on se contentait, dans les deux partis, d'échanger des obus à travers la vallée.

Au sud, sur le front Audincourt-Croix, n'avaient eu lieu que des escarmouches sans importance. A l'extrême nord, le détachement Willissen, apprenant la réoccupation de Frohier, avait quitté Giromagny pour se reporter sur Ronchamp et Champagney.[1]

Le général Bourbaki se décide à la retraite. — Le commandant en chef attendait vainement depuis dix heures du matin le résultat tant espéré de l'attaque décisive à laquelle il s'était si malheureusement obstiné à fixer Chagey pour objectif. Il parcourut vers midi, au pas de son cheval, les derrières de nos lignes, cherchant à se rendre compte des efforts qui pouvaient encore être tentés, et interrogeant les généraux. Ceux-ci donnèrent sur l'état matériel et moral des troupes les renseignements les plus graves; les soldats épuisés, décimés par le froid, littéralement affamés, n'étaient plus en état de combattre; les chevaux, qui n'avaient rien à manger non plus, étaient arrivés à une faiblesse telle que, quand ils tombaient, ils ne se relevaient pas; les bivouacs glacés avaient fait des victimes en nombre incalculable. Le désespoir de Bourbaki, à ces douloureuses nouvelles, se devine; le cœur dévoré d'angoisses, le visage ravagé « d'une inexprimable amertume[2] », il marchait silencieusement, songeant aux moyens de rendre possible la retraite définitive, qui déjà semblait

---

1. Sur la ligne d'étapes d'Épinal, une compagnie wurtembergeoise postée à Saint-Loup avait été, le 16 au soir, rejetée au delà de Plombières par des partisans venus de Langres. Le 19, deux compagnies d'étapes poussées vers Aillevillers furent également repoussées sur Xertigny. Ces différents points, ainsi que Lure, furent d'ailleurs réoccupés par l'ennemi le 21 et le 23, après la retraite

s'imposer, quand, à trois heures du soir, il rencontra, au sud de Couthenans, le général Billot accompagné de ses divisionnaires. On mit pied à terre, et, sous une pluie battante, une sorte de conseil de guerre improvisé s'assembla pour éclaircir la situation. Tout d'abord, une nouvelle attaque contre Chagey fut déclarée impossible ; toutefois le général Billot ne paraissait pas vouloir renoncer à l'espoir : « Je ne réponds pas de la prise du Vaudois, dit-il, c'est une position très formidable ; mais nous pouvons faire une chose, masquer notre mouvement et infléchir à gauche vers la trouée de Belfort. » C'était en effet la seule solution qu'on eût dû poursuivre, mais n'était-elle pas maintenant trop tardive ? Le général en chef eut un moment d'hésitation, puis, prenant à part le commandant du 18° corps : « Les Prussiens sont à Gray et ils marchent sur Dôle, lui dit-il : si j'étais sûr du succès, j'attaquerais Werder, mais si j'échouais, nous serions pris ; les troupes seraient démoralisées et auraient derrière elles les troupes de Manteuffel[1] ». Il n'y avait, hélas ! rien à répondre, et la conclusion était qu'on devait entamer la retraite sur-le-champ. C'est à ce parti qu'on se résolut, parce qu'il n'en existait plus aucun autre ; mais Bourbaki ne s'y résigna pas sans une amère douleur. En ce moment suprême, l'âme ardente du vieux soldat de l'Alma et d'Inkermann se révolta contre l'implacable rigueur des circonstances qui le condamnaient à déserter la lutte. « Commandant ! dit-il au chef d'escadron Brugère qui insistait pour qu'on attaquât encore, à votre âge, j'aurais peut-être pensé comme vous, mais je suis général en chef et j'ai des responsabilités ! » Et, un instant après, il ajouta tristement : « Les généraux devraient avoir votre âge[2] ! » C'est que véritablement la prolongation de la lutte devenait une héroïque folie, même en adoptant le parti d'accentuer *in extremis* le mouvement tournant si imparfaitement dessiné jusque-là. Comment assurerait-on l'alimentation déjà si insuffisante des troupes ? Comment pousserait-on vers le nord d'Héricourt des convois qui avaient peine à arriver jusqu'à Aibre ? Et, puisque les troupes allemandes occupaient Montbéliard, comment pourrait-on s'opposer à leur mouvement si elles tentaient de nous couper de Clerval ? C'étaient là autant de problèmes, dont la solution ne dépendait plus de personne et qui ne souffraient même pas de discussion. Vainement, le commandant Pallu de la Barrière, qui avait la foi robuste et qui disposait d'une troupe non encore engagée, essaya-t-il de faire revenir le commandant en chef sur la décision prise. Les motifs qui avaient dicté celle-ci étaient trop graves et trop nombreux pour qu'il fût permis d'en changer. A onze heures du soir, Bourbaki adressait à Bordeaux un long télégramme où il annonçait en termes désolés l'échec définitif de la tentative vers l'Est. « ...Le temps est aussi mauvais que possible, écrivait-il, nos convois de vivres et de munitions nous parviennent très difficilement. En dehors des pertes causées par le feu de l'ennemi, le froid, la neige, les marches et le bivouac dans ces conditions exceptionnelles ont causé de très grandes souffrances. De l'avis des commandants de corps d'armée, j'ai décidé, à mon grand regret, *que l'armée occuperait de nouvelles positions à quelques lieues en arrière de celles sur lesquelles nous avons combattu*. Nous pourrons de la sorte nous ravitailler plus facilement... *Si l'ennemi se décidait à nous suivre, j'en serais enchanté ;* peut-être nous offrirait-il ainsi l'occasion de jouer à nouveau la partie dans des conditions beaucoup plus favorables. »

Comme le fait remarquer avec justesse la *Relation allemande*, le chef de l'armée de l'Est avait trop d'expérience pour pouvoir conserver la moindre illusion sur la possibilité de reprendre l'offensive après s'être replié. « Une armée telle que la sienne n'était pas apte, après un mouvement rétrograde, à entreprendre des opérations rapides et audacieuses ; et cependant il ne restait pas autre chose à tenter si l'on voulait obtenir un résultat quelconque, car il fallait s'attendre sous peu de jours à avoir sur les bras deux corps prussiens de troupes fraîches [1]. » L'échec sur la Lisaine, échec qu'avec plus de décision et de rigueur dans la poursuite du but cherché on aurait peut-être pu éviter, allait donc fatalement entraîner des conséquences très graves. Personne, assurément, ne les supposait telles que l'avenir devait les révéler.

Ainsi se termina cette bataille de trois jours, où comme toujours, la cohésion et la discipline l'emportèrent définitivement sur le nombre et le tumulte de bandes incomplètement militarisées. Avec une cinquantaine de mille hommes de troupes aguerries, Werder a pu tenir tête victorieusement à une armée plus de deux fois supérieure, et conserver intactes toutes ses positions. Il n'a même perdu qu'une quantité d'hommes relativement faible, 1,600 environ [2], tandis que son adversaire en comptait 8,000 au moins [3]. Telle est l'inéluctable loi qui régit ces combats disproportionnés en apparence, quand, d'une part, on sait tirer parti à la fois du terrain et de la souplesse des formations tactiques, alors que, de l'autre, on est contraint, par insuffisance de dressage, de laisser tout aller au hasard. Nous l'avons dit déjà, la bataille de la Lisaine offre, avec celle de Saint-Privat, des analogies frappantes; l'une et l'autre sont une source d'enseignements d'autant plus précieux qu'ils sont, hélas! le seul profit que nous ayons retiré de ces deux événements à la fois si tristes et si mémorables. On nous permettra donc de mettre à les rappeler quelque insistance.

1. *La Guerre franco-allemande*, 2ᵉ partie, page 1064.
2. 58 officiers (dont 12 tués) et 1,586 hommes (dont 239 tués), plus deux médecins blessés.
3. Il est absolument impossible d'établir une évaluation exacte de nos pertes sur la Lisaine, les documents précis faisant défaut. Ce chiffre de 8,000 hommes a été donné par le colonel Leperche à la commission d'enquête; de son côté, l'intendant général Friant n'évalue qu'à un peu plus de 40,000 hommes les pertes de toute la campagne. Suivant lui, l'indiscipline aurait fait beaucoup plus de ravages que le feu, et nombre d'hommes, soi-disant blessés, se seraient fait évacuer pour échapper aux dangers et aux souffrances. En l'absence de documents officiels, la question est de celles qui ne pourront probablement jamais être élucidées.

Il faut remarquer tout d'abord que, sur la Lisaine comme sous Metz, l'un des partis est resté sur la défensive pure, mais que tandis que, dans le second cas, cette attitude était volontaire, elle procédait, dans le premier, d'une absolue nécessité. Ici, au surplus, le défenseur, obligé de chercher une compensation à son infériorité numérique, a su remédier au désavantage de cette situation par un emploi incessant et actif de réserves qui, en se portant successivement et opportunément sur chacun des points menacés, venaient y apporter non seulement l'appui matériel de leur présence, mais encore le mouvement et la vie, sans lesquels il n'est pas de succès. Werder n'a point imité la passivité de Bazaine, et c'est à cela qu'il a dû de triompher. Par une coïncidence singulière, commune également aux dispositions prises à Coulmiers par le général von der Tann, on voit encore, dans les deux batailles, le défenseur obéir à une idée préconçue et supposer à son adversaire des intentions qui pouvaient paraître fondées, mais qui, en réalité, n'étaient pas les vraies. Cette erreur de conception a contribué dans une large mesure, le 18 août, à la défaite de notre aile droite; elle aurait amené celle de Werder, le 17 janvier 1871, si, à notre aile gauche, on eût été suffisamment imbu de ce principe immuable que le but d'une attaque décisive est de réduire l'ennemi à l'impuissance, et que tant que le résultat n'est pas atteint, la lutte doit continuer pour l'obtenir.

Quant au plan adopté et au développement de l'attaque, s'ils présentent, dans leur généralité, tant à Saint-Privat que sur la Lisaine, une similitude presque complète, il s'en faut que les procédés mis en œuvre pour leur exécution puissent se comparer d'aussi près. Le 18 août 1870, nous voyons l'armée allemande marcher dans une formation théoriquement et pratiquement rationnelle, qui lui permet de faire face à toutes les éventualités; le 15 janvier 1871, au contraire, l'armée française s'avance à tâtons, d'après des données insuffisamment précises, et sans se prémunir contre l'imprévu. Arrêtée sur certains points par les obstacles du terrain, souffrant des défectuosités de son organisation même, très éprouvée par l'état des routes, elle n'arrive pas à coordonner ses mouvements et finit par n'exécuter qu'une manœuvre incomplète, dont l'effet attendu ne se produit nulle part. Sur le champ de bataille même, l'action de l'artillerie ne concorde pas assez avec celle de l'infanterie; la préparation des attaques est, par suite, insuffisante ou inopportune, et l'offensive absolument décousue. La majeure partie des forces n'est même pas utilisée; enfin, rien n'est disposé pour donner à l'événement décisif la soudaineté et la puissance sans lesquels il ne peut réussir. Combien nous restons loin ici des efforts persévérants faits à Saint-Privat par les différents corps de la II° armée allemande pour nous fixer sur notre front et favoriser le développement de la marche débordante qu'ils veulent exécuter sur notre droite! Combien surtout nous sommes loin de cette énergie soutenue qui pas un instant n'a faibli jusqu'à ce que la clef de la position française, veuve de ses héroïques défenseurs, ait été enfoncée définitivement!

Une pareille dissemblance dans l'exécution s'explique malheureusement par un fait contre lequel rien ne saurait prévaloir et qui est l'infériorité morale de l'armée de l'Est au regard de son adversaire. Sans elle, on ne saurait comprendre que plus de 100,000 hommes, commandés par des chefs pleins à la fois de jeunesse, de vigueur et de patriotisme, les Billot, les Clinchant, les Crémer, soient restés impuissants à vaincre la résistance de 50,000 ennemis, que la nécessité condamnait à défendre passivement leurs positions. A Saint-Privat, l'armée du Rhin valait assurément celle du roi de Prusse, sinon par le nombre, au moins par la qualité, et elle est restée en droit de faire remonter la responsabilité de son désastre beaucoup plus à l'effacement volontaire d'un commandement dévoyé qu'à l'infériorité de ses effectifs. Cette parité morale peut-elle être constatée ici? Existe-t-il le moindre élément de comparaison entre les troupes du général de Werder, composées d'éléments homogènes, entraînées par plusieurs mois de campagne, aussi fortement constituées que solidement encadrées, et cette foule de soldats improvisés, agglomération inconsistante de contingents sans éducation militaire, sans esprit ferme de discipline, que le général Bourbaki traînait de fatigues en fatigues, de souffrances en souffrances, à travers des chemins glacés, et au hasard d'inspirations auxquelles manquait avant toute chose la maturité? Et nos généraux, si ardents qu'ils fussent, pouvaient-ils réellement attendre de cette cohue désorientée la même abnégation raisonnée, les mêmes dévouements que ceux dont nos armées ont donné tant d'éclatants témoignages, alors que, formées de contingents à l'épreuve, elles avaient pour moyens la résistance et la force, pour leviers la cohésion, la confiance mutuelle et la solidarité? Evidemment non. Les belles actions n'ont pas été plus rares à l'armée de l'Est qu'ailleurs; dans la douloureuse histoire de cette courte campagne, on rencontre maints épisodes qui suffiraient à montrer la puissance invincible du patriotisme français et quelle action profonde il exerce sur les âmes les moins aguerries. Mais d'une façon générale, la qualité des troupes y était trop inférieure pour pouvoir triompher, dans une lutte décisive, de la ténacité et de la souplesse manœuvrière d'un adversaire à fois résolu et éprouvé. Que cet exemple nous garde à jamais des utopies dangereuses de tous ceux, intrigants ou idéologues, qui croient ou qui feignent de croire encore qu'on peut, en frappant la terre du pied, faire surgir les légions nécessaires à l'indépendance du pays!

CHAPITRE VI

LA RETRAITE

I. — DE LA LISAINE A BESANÇON.

Retraite de l'armée française. — Une fois la retraite de l'armée de l'Est décidée en principe, il ne pouvait guère y avoir d'hésitation sur la direction à lui donner. La nécessité de ne point s'éloigner de la voie ferrée, par où pouvaient uniquement se faire les ravitaillements, primait toute autre considération, et c'eût été, croyons-nous, une grave imprudence que de se rendre aux conseils venus de Bordeaux, et de se porter à la rencontre de Manteuffel à la faveur d'un rideau laissé devant la Lisaine pour donner le change au général de Werder[1]. C'est donc sur Besançon d'abord que le commandant en chef décida de se replier; c'est-à-dire que l'armée, après avoir fait demi-tour, pivoterait sur son aile droite, devenue aile gauche, et marcherait entre le Doubs et l'Ognon pour gagner concentriquement la capitale de la Franche-Comté. Les ordres donnés indiquaient minutieusement les précautions à prendre pour se dérober, et toutes les mesures de prudence nécessitées par un mouvement aussi délicat. Ils prescrivaient de se couvrir par de fortes arrière-gardes et d'exécuter chaque jour des travaux de défense sur les positions qui seraient prises successivement. « Demain 18, y était-il dit,

---

1. CH. DE FREYCINET, *La Guerre en province*, page 250.

dans la journée ou pendant la nuit, si c'est nécessaire, après avoir fait les distributions de vivres et renouvelé autant que possible les munitions, on mettra en route tous les convois et les parcs, les corps d'armée ne gardant avec eux que l'artillerie de combat. Les convois et les parcs devront toujours être tenus à une journée de marche en arrière[1]; les commandants de corps d'armée donneront à leurs intendants les instructions nécessaires pour laisser sur des points désignés à l'avance le nombre de voitures suffisant pour faire les distributions de la journée; dès que ces distributions seront faites, ces voitures iront rejoindre le reste du convoi... Pendant le mouvement de retraite, le génie militaire marchera aux arrière-gardes pour exécuter les travaux nécessaires. Le génie civil sera en avant, d'une journée de marche, pour préparer et réunir les ressources des habitants, exécuter des travaux de défense, et préparer, si c'est nécessaire, la destruction des ouvrages d'art... Les arrière-gardes des différents corps devront chercher à se relier le plus possible et à se soutenir mutuellement. Les commandants de ces arrière-gardes auront avec eux au moins un peloton de cavalerie, de façon à pouvoir correspondre rapidement avec leur voisin et à s'éclairer sur leurs derrières. Si ces arrière-gardes sont obligées de s'arrêter pour attendre celles des corps voisins, elles devront s'établir dans de bonnes positions militaires. Afin d'éviter la longueur des colonnes, on profitera de tous les chemins parallèles que présente le pays et, toutes les fois que cela sera possible, on fera marcher l'infanterie sur les flancs de la route, laissant cette dernière à la disposition de l'artillerie... »

Par surcroît de précautions, et afin de retarder le plus possible la marche de l'armée de Manteuffel, au sujet de laquelle on n'avait que des renseignements fort incertains, le général Bourbaki prescrivait au général Rolland, commandant la place de Besançon, de faire

---

1. Cette rédaction prête à l'ambiguïté; elle signifie que les convois devaient être dirigés à une journée de marche, sur la ligne de retraite. Quand la troupe s'arrêtait et faisait face à l'ennemi, ils se trouvaient ainsi à une journée de marche derrière elle.

détruire les ponts de l'Ognon et de la Saône dès que l'approche de l'ennemi serait signalée ; de faire occuper par une partie de la garnison de Besançon la ligne de l'Ognon, de Marnay à Voray ; enfin, de faire maintenir en bon état et réparer, entre Besançon et Clerval, les ponts du Doubs, qui devaient faciliter les mouvements de l'armée de l'Est. De telles mesures étaient fort sages, et semblaient devoir assurer à la retraite une protection suffisante, en tant qu'il ne s'agissait que de la couvrir directement. La direction de l'ouest restait néanmoins fort dangereuse, malgré la présence à Dijon du corps de Garibaldi et des mobilisés du général Pélissier, et l'avenir devait justifier d'une façon cruelle les inquiétudes que le commandant en chef pouvait concevoir de ce côté. N'ayant pas d'ordres à donner au général italien, il dut se borner à faire renforcer la garnison d'Auxonne par deux bataillons de mobilisés de Dijon, et à prescrire la destruction du pont de Pesmes. Après quoi, le 18 au matin, il quitta définitivement les rives de la Lisaine, où venaient de se briser les derniers efforts faits par la France pour chasser l'envahisseur.

Le 24ᵉ corps marchait sur la rive gauche du Doubs. Il avait pour mission de défendre les défilés qui coupent les monts de Lomont, en particulier la route de Montbéliard à Morteau par Pont-de-Roide, et de protéger le plus longtemps possible Clerval, où se trouvaient accumulés des approvisionnements de toute espèce. Les autres troupes suivaient les routes entre Doubs et Ognon. Toutes avaient pu se retirer sans autres incidents que quelques escarmouches plus ou moins sérieuses dont il sera question ci-après, mais leur marche, contrariée par l'état des chemins, l'épuisement des hommes et le manque de discipline, n'en était pas moins lente ; c'est le 21 seulement que l'armée de l'Est atteignit la ligne Marchaux-Baume-les-Dames, ayant parcouru en quatre jours une cinquantaine de kilomètres à peine. Il était fort heureux qu'elle n'eût point été poursuivie sérieusement.

Cependant le général Bourbaki, de plus en plus inquiet pour son flanc, s'étonnait que les troupes de

Dijon ne fissent absolument rien pour lui venir en aide, alors que les progrès de l'armée de Manteuffel étaient signalés partout comme très rapides. Il se plaignait avec raison d'en avoir été prévenu trop tard, et exprimait des craintes fondées sur le danger que pouvait lui faire courir, d'un jour à l'autre, la jonction des deux masses ennemies. Et M. de Freycinet, malgré son désir visible de rendre au général, par ses encouragements et ses témoignages explicites de satisfaction, une confiance qui semblait s'évanouir, M. de Freycinet était obligé de convenir que « ni le général Pélissier, ni le général Garibaldi n'avaient fait ce qu'ils auraient pu et dû pour gêner la marche de l'ennemi ». Sur cette marche, à la vérité, le délégué à la Guerre ne possédait que des données très vagues, et il ne la croyait pas, à beaucoup près, aussi avancée qu'elle l'était en réalité. « Bourbaki parle d'une menace de l'ennemi par Gray et Pontailler, télégraphiait-il le 19 à M. de Serres. Mes renseignements ne l'indiquent point; je crois à une menace plus au nord, par Vesoul, mais je n'ai pas ouï dire que Gray fut occupé et que, par conséquent, l'ennemi suivît la direction Gray-Pontailler [1]. » Or, le 19, les colonnes de Manteuffel étaient si bien à Gray, qu'elles y franchissaient la Saône, comme on le verra plus loin. Du reste, cela importait peu, puisque déjà M. de Freycinet, sans se préoccuper de l'état lamentable de l'armée de l'Est, sans se souvenir des déboires éprouvés dans son premier transport de Vierzon à Chagny, formait maintenant le projet assez extraordinaire de ramener par chemin de fer cette armée à Nevers, de lui adjoindre le 25° corps en formation à Vierzon, puis de la diriger sur Clamecy d'abord, ensuite sur Auxerre, Troyes, Châlons-sur-Marne, afin d'opérer, sous Saint-Quentin, la jonction avec le général Faidherbe ! Une conception stratégique aussi hasardée, aussi peu praticable, échappe réellement à toute analyse; des ordres furent cependant donnés pour son exécution, et le transport fixé au 23, d'après les désirs du général Bourbaki,

---

1. *Enquête parlementaire*, tome II, page 706.

qui acceptait de prêter son concours à cette combinaison aventureuse[1]. Mais les circonstances, dont la rigueur implacable n'avait point été pressentie, vinrent brutalement y mettre obstacle. Au moment même où le transport des troupes françaises devait commencer, les avant-gardes de Manteuffel interceptaient déjà à Quingey la ligne Besançon-Lons-le-Saunier, sur les derrières de l'armée. Le lendemain, elles étaient à Mouchard. C'est-à-dire que non seulement Bourbaki se trouvait coupé du centre de la France, mais que pour gagner Lyon, son unique refuge, il ne disposait plus que de deux routes, celle de Champagnole et celle de Pontarlier!

Cette situation grave avait été amenée principalement par la lenteur excessive de sa marche rétrograde et par les difficultés de toutes sortes qu'éprouvaient à se mouvoir sur des chemins couverts de neige et de verglas les colonnes de nos soldats épuisés. « Les chevaux d'artillerie tombaient tous les quatre pas, a dit le général Bourbaki; il fallait les relever, ils retombaient; on les relevait, ils retombaient encore, et cela durait toute la journée... Puis l'encombrement se produisait en tête des convois; les chevaux mouraient de fatigue dans les brancards même de la voiture à laquelle ils étaient attelés[2]. » C'est que l'armée était depuis plus de cinquante jours exposée à toutes les rigueurs d'une température insupportable et que les hommes, à bout de résistance, anémiés par la faim, à peine protégés du froid par des vêtements en loques et des chaussures dépenaillées, se traînaient plutôt qu'ils ne marchaient, dans le désordre et l'indiscipline, maraudant, pillant, brûlant pour se réchauffer tout ce qu'ils trouvaient, même les denrées comestibles[3]. Les traînards jonchaient les routes, et y mouraient parfois. C'était partout le spectacle hideux et sombre de la déroute, avec son lamentable cortège de souffrances, de révoltes et de

---

1. *Enquête parlementaire*, page 719.
2. *Ibid.*, déposition du général Bourbaki, tome III, page 352.
2. Ch. Beauquier, ancien sous-préfet de Pontarlier, *Les Dernières campagnes dans l'Est*, page 159.

désespoirs. Les corps délabrés gagnaient péniblement chaque jour quelques kilomètres, alors qu'une hâte extrême eût été nécessaire pour devancer au sud de Besançon les colonnes de Manteuffel, et c'est ainsi qu'après quatre jours à peine, l'armée de l'Est sentait déjà planer sur elle les premières menaces du danger le plus terrible auquel elle se fût trouvée encore exposée.

Marche du XIVe corps de la Lisaine vers Besançon. — Cependant jusqu'ici Werder ne l'avait pas beaucoup inquiétée. Satisfait du succès incontestable que sa ténacité venait d'obtenir, comptant d'ailleurs sur l'intervention prochaine et décisive de l'armée du Sud, il ne s'était nullement hâté de poursuivre nos colonnes en retraite, et avait plutôt consacré ses premières heures de répit à rendre au corps de siège de Belfort toutes les ressources en hommes et en matériel qu'il lui avait momentanément empruntées. D'ailleurs, dans la matinée du 18, il croyait encore à la menace d'une nouvelle attaque sur sa droite et avait même pris ses précautions pour la soutenir[1]. Quand, vers deux heures de l'après-midi, il put se convaincre de la réalité de notre retraite, il donna l'ordre de reconstituer les unités si complètement confondues par les péripéties de cette bataille de trois jours, et fit tirer des coups de canon contre la lisière des bois où demeuraient quelques arrière-gardes françaises. Sur le front même de la ligne, il n'en fut guère que cela; devant Saint-Valbert cependant, deux compagnies prussiennes envoyées par le général de Goltz dans les bois communaux furent refoulées avec pertes, ce qui n'empêcha pas l'ennemi d'occuper Couthenans. En somme, les troupes des 18e, 20e et 24e corps n'eurent à souffrir que des obus lancés par des pièces qui avaient gravi le Mougnot et par les gros canons de Vaudois, du château de Montbéliard et de Grange-Dame; encore ne s'ensuivit-il pas pour eux extrêmes, des engagements un peu plus sérieux, auxquels furent mêlés, d'une part, le détachement Bourras, de l'autre la division Crémer.

Au nord, le colonel de Willissen, qui cherchait à se mettre en relations avec Manteuffel, ayant trouvé les villages de Clairegoutte et de Recologne encore occupés par nous, fit attaquer le premier par trois compagnies. Celles-ci y entrèrent seulement à la tombée de la nuit, après un combat très vif, et nous firent 61 prisonniers, dont un officier. Au sud, le général de Debschitz avait, sur l'ordre de Werder, pris l'offensive dès la matinée contre le plateau de Blamont, qu'occupaient toujours les mobilisés du Doubs et le corps franc des Vosges. Trois colonnes, fortes chacune de deux à six compagnies, avec de l'artillerie, marchèrent contre Bondeval, Hérimoncourt et Abbévillers. Ces trois points furent enlevés, ainsi que les Roches, mais non sans que mobilisés et francs-tireurs aient énergiquement résisté et infligé à l'ennemi des pertes relativement fortes[1]. La menace du général de Debschitz n'eut d'ailleurs pas de suite, car le soir même il était rappelé en arrière pour couvrir entre Montbéliard et Croix, les opérations du siège de Belfort.

Werder cependant était hésitant sur le parti à prendre. Certes, il comprenait bien la nécessité de ne pas perdre le contact avec l'ennemi en retraite, mais il se trouvait, lui aussi, très gêné dans ses mouvements par la question des vivres, dont la pénurie devenait inquiétante et le ravitaillement de plus en plus difficile[2]. Il ne croyait pas au surplus le XIVe corps assez fort pour entreprendre à lui tout seul la poursuite immédiate d'un ennemi très supérieur en nombre[3]. Il pensait donc devoir se borner à pousser quelques avant-gardes jusqu'à Béverne au nord, jusqu'à Saulnot et Arcey au sud, avec la mission « d'éviter tout engagement sérieux, de

---

1. *La Guerre franco-allemande*, 2e partie, page 1067.
2. *Ibid.*, page 1068. — Le général de Tresckow Ier avait bien offert les ressources de ses magasins de Dannemarie; mais elles suffisaient à peine aux besoins du corps de siège.
3. *Ibid.*

prendre seulement le contact avec l'adversaire, d'inquiéter ses cantonnements et de ramasser ses traînards[1] », quand, dans la matinée du 19, il reçut un télégramme de Manteuffel, daté de Prauthoy, l'invitant à activer la poursuite et le prévenant que le gros des forces de l'armée arriverait le 20 à Gray, pour se porter sur le flanc de l'adversaire et lui barrer les chemins menant vers le sud. A ce moment déjà, plusieurs engagements, conséquence des ordres donnés la veille, avaient mis aux prises sur plusieurs points les détachements avancés du XIVe corps et nos arrière-gardes. Il en résultait un certain éparpillement qui ne permettait pas d'entamer immédiatement un mouvement général vers le sud. Il fut donc décidé que celui-ci serait remis au lendemain 20.

Le 19, en effet, dès le grand matin, le colonel de Willissen, toujours à la recherche d'une jonction problématique avec l'armée du Sud, avait gagné Lure, refoulant devant lui à coups de canon les derniers détachements de la division Crémer, et poussé des reconnaissances jusqu'à Vesoul, d'une part, Villersexel de l'autre. Il n'avait pas réussi dans ses projets, mais constatait seulement que Villersexel était fortement occupé par nous. A sa gauche, et assez loin en arrière, la division badoise avait traversé la Lisaine; ses avant-postes, en prenant position depuis Frotey-lès-Lure, au nord, jusqu'à Aibre, au sud, avaient ramassé beaucoup de blessés et de traînards. Quant à la 4e division de réserve, elle était restée massée entre Montbéliard et Héricourt; toutefois, un détachement de treize compagnies, un escadron et deux batteries, ayant poussé de l'avant pour aller reconnaître la rive droite du Doubs, captura dans la ferme du Mont-Chevis une centaine de retardataires du 15e corps, puis fit évacuer sous ses obus Sainte-Marie, où se trouvaient encore deux bataillons d'arrière-garde. Tout cela n'était guère sérieux, mais ne laissait malheureusement aucun doute

---

1. *La Guerre franco-allemande*, 2e partie, page 1067.

L'accueil fait par les Suisses à notre armée.

à l'ennemi sur notre état misérable de désorganisation et de délabrement.

Le 20, dès le matin, Werder fit commencer le mouvement de conversion à gauche qui devait amener le XIV° corps face au sud, devant Besançon ; à son extrême droite, le colonel de Willissen avait ordre de pousser le plus loin possible vers l'ouest ; au centre, la division badoise était dirigée sur Villersexel, la brigade von der Goltz sur Saint-Ferjeux, la division Schmeling sur Arcey et Onans ; à gauche, le mouvement était protégé par un détachement de la brigade de landwehr de la Prusse orientale (quatre bataillons, deux escadrons et deux batteries), sous les ordres du colonel Zimmermann[1]. Bien que la nécessité s'imposât pour les Allemands de reprendre le contact au plus vite, leur marche pendant cette journée et la suivante fut très lente. Ils avaient à parcourir des chemins difficiles, par un froid encore très vif ; leur alimentation laissait à désirer et le repos qu'ils trouvaient le soir dans leurs cantonnements forcément très resserrés était insuffisant. « La marche était retardée aussi par le fouillis des villages et des bois ; les troupes, toujours disposées en ordre de combat, fatiguaient beaucoup. Il fallait, en outre, attendre l'arrivée des colonnes de vivres et de munitions[2]. » Aussi l'ennemi n'eut-il affaire qu'à nos extrêmes arrière-gardes, dont il eut d'ailleurs facilement raison ; le seul incident digne d'être relaté est la rencontre à Villersexel, le 20, de l'avant-garde badoise avec la division Crémer, en marche de Géorfans sur Rougemont. Quatre pièces allemandes, mises en batterie en avant de Villersexel, canonnèrent de flanc la brigade Millot, au moment où elle débouchait de Villers-la-Ville. Celle-ci riposta avec deux pièces de 4, qui démontèrent un canon badois, et lança quelques tirailleurs dont la menace suffit à arrêter l'offensive ennemie[3].

1. Le reste de cette brigade avait été renvoyé au corps de siège de Belfort.
2. *La Guerre franco-allemande*, 2° partie, page 1155.
3. *Le général Crémer*, par un officier d'état-major, page 79. — « Le 20, très avant dans la nuit, la division atteignait Rougemont. Elle resta jusqu'au matin rangée en bataille sur les hauteurs pour

Dans la soirée, Werder recevait un nouveau télégramme du commandant en chef, l'invitant à retenir et à fixer les Français, de façon à gagner le temps nécessaire au mouvement enveloppant de l'armée du Sud. Il se borna cependant à resserrer ses forces derrière une ligne d'avant-postes qui s'étendait de Cubrial à Onans par Geney; puis, le 22, il leur donna une journée de repos, dont elles avaient, il est vrai, le plus pressant besoin. Mais une nouvelle invitation plus expresse encore, que Manteuffel lui envoyait de Gray, l'obligea à imprimer à ses mouvements une activité décisive, et, le 23, la marche fut reprise, avec l'intention de passer le Doubs[1]. Werder, n'ayant en effet rencontré jusqu'ici devant lui que des forces françaises insignifiantes, et oubliant d'attribuer le fait à la lenteur extrême de ses propres mouvements, supposait l'armée de l'Est en retraite tout entière par la rive gauche du Doubs, et espérait aller l'atteindre sur cette rive et l'y fixer. Les ordres de Manteuffel l'obligèrent à diriger de suite vers Roulans la division badoise; mais celle-ci, inquiétée sur son flanc par la division Crémer, ne put dépasser Rougemont et Montbozon. Quant à la brigade von der Goltz, elle fut chargée de s'emparer de Beaume-les-Dames, où les reconnaissances avaient signalé des troupes françaises en nombre assez important.

Positions de l'armée française, le 23. — Pendant ce temps, l'armée française s'était en majeure partie rapprochée de Besançon. Nous l'avons laissée établie,

---

protéger le désordre qui régnait dans la ville. Le 21, Crémer vint prendre ses cantonnements à Pouligney. Les soldats tombaient de faim et de fatigue; la division n'ayant ni intendance, ni convois, était obligée de demander l'aumône à tous les généraux qu'elle rencontrait. A Corcelles, elle toucha deux jours de vivres. » *Ibid.*

1. Dans cette dernière dépêche, il était demandé que le colonel de Willissen se portât immédiatement à Pesmes, avec ses deux régiments de cavalerie et sa batterie à cheval. L'armée du Sud était, en effet, très faible en cavalerie, et les huit escadrons du colonel de Willissen n'étaient pas de trop pour l'éclairer. Par suite, dès le 23, les troupes d'infanterie qui faisaient partie de son détachement furent renvoyées sur les lignes d'étapes, et le colonel partit avec le reste. Deux escadrons badois furent envoyés par Werder à Vellefaux, pour maintenir, au lieu et place du détachement Willissen, les communications avec le VIIe corps.

le 21, sur la ligne Marchaux-Baume-les-Dames, dans une position relativement bonne, où son chef espérait pouvoir attendre sans trop d'inquiétude de nouvelles instructions ministérielles[1]. Elle devait à peine y rester, car, le soir même, les plus graves nouvelles arrivaient au quartier général. Pesmes sur l'Ognon et Dôle sur le Doubs étaient au pouvoir des troupes de Manteuffel, et une retraite rapide sur Besançon semblait s'imposer. Du moins Bourbaki s'y résolut sans hésiter, et dès minuit en avisa le gouvernement, ajoutant qu'il ne manquerait aucune occasion favorable d'attaquer l'ennemi, et que, si celle-ci ne se présentait pas, il passerait alors sur la rive gauche du Doubs, pour ne pas être contraint de livrer bataille avec une rivière à dos. Cela fait, il donna l'ordre à la division d'Astugue de se porter sans délai sur Quingey, en flanc-garde ; les convois de l'armée durent filer immédiatement sur Besançon ; et les troupes suivre dès le lendemain. Dans la soirée du 22, l'armée de l'Est vint donc, avec la masse de ses forces, occuper au nord de Besançon le triangle Roulans-Marchaux-Miserey ; la réserve générale était à Pouilley-les-Vignes, sur la route de Besançon à Gray ; une division du 15e corps était en marche vers Quingey, une autre tenait Baume-les-Dames. Pour couvrir l'armée sur la rive gauche du Doubs, le 24e corps avait été laissé sur le Lomont ; il gardait, derrière la route de Clerval à Blamont par Pont-de-Roide, les défilés qui barrent la boucle du fleuve et interceptent les chemins de Montbéliard à Morteau. L'intention du général en chef était de concentrer plus étroitement encore, le lendemain, ses troupes autour de Besançon, où il allait porter son quartier général ; il voulait aussi se précautionner davantage contre les dangers qui semblaient le menacer dans la direction de Dôle. Le 23 donc, la division Peytavin, seule disponible du 15e corps, eut

---

[1]. Il avait donné l'ordre à l'intendant général Friant de rassembler huit jours de vivres à Clerval pour le 24e corps, à Baume-les-Dames pour le reste de l'armée. La place de Besançon ne possédant pas les ressources nécessaires, ces approvisionnements ne purent être constitués.

l'ordre d'aller occuper, en aval de Besançon et face à l'ouest, la rive gauche du Doubs, tandis que la cavalerie de Longuerue irait vers Thoraise et Torpes *s'assurer de l'état des ponts*[1]. Les autres troupes devaient rester sur la rive droite, mais s'y établir face à l'ouest, entre Frasnois et Geneuille ; la réserve générale se postait, en seconde ligne, à Saint-Ferjeux. Le général Bourbaki comptait sur ces dispositions pour s'assurer la conservation de ses lignes de retraite vers le sud. Il comptait également que la résistance du 24⁰ corps sur le Lomont et de la division Rébilliard à Baume-les-Dames garantirait son aile droite contre tout danger. Il ne devait pas tarder, malheureusement, à être de part et d'autre cruellement détrompé, car au moment même où la faible attitude du 24ᵉ corps allait complètement le découvrir à droite, *l'armée du Sud*, arrivée jusqu'au Doubs sans qu'aucune résistance lui eût été opposée, entamait déjà son mouvement décisif.

II. — Marche de l'armée du Sud de la Seine sur le Doubs.

Rôle assigné à l'armée du Sud. — C'est le 12 janvier au soir que le général de Manteuffel, venant de Versailles où il avait longuement conféré avec M. de Moltke, était arrivé à Châtillon-sur-Seine prendre possession de son commandement. A cette date, le IIᵉ corps était à Nuits-sous-Ravières et Noyers ; le VIIᵉ à Mussy et Châtillon ; c'est-à-dire que les troupes se trouvaient dispersées sur une ligne longue de 35 kilomètres. Certaines d'entre elles même, appartenant au VIIᵉ corps, n'avaient pas encore rejoint. Cependant, une fois rassemblée, l'armée du Sud devait compter 56 bataillons, 20 escadrons, 28 batteries, soit un effectif de 45,000 fantassins, 2,860 cavaliers et 118 pièces.

La mission très nette confiée au général de Manteuf-

---

[1]. Cet ordre était bien tardif, et en tout cas parfaitement insuffisant, si l'on tenait réellement à ce que les ponts fussent détruits.

fel consistait uniquement en ceci : se porter au secours du XIV⁰ corps afin de couvrir, de concert avec lui, le siège de Belfort et les communications allemandes menacées. Mais les procédés d'exécution, laissés à l'appréciation du commandant en chef, pouvaient donner lieu à une certaine hésitation, car on avait à choisir entre la marche sur Dijon et une pointe directe sur Vesoul ou Belfort.

De graves et séduisantes raisons, a écrit un des principaux officiers de l'armée du Sud, faisaient préférer la marche sur Dijon. En effet, les routes les plus praticables des environs de Montbard et de Châtillon coupent dans ce sens le réseau montagneux et se rejoignent concentriquement vers la capitale de la Bourgogne. Un succès facile et certain sur le corps isolé des garibaldiens semblait promis aux troupes allemandes, qui s'assureraient ainsi de la prise de Dijon. Or, un pareil résultat n'était pas sans importance, car de la réoccupation de cette ville par les troupes ennemies après le départ du XIV⁰ corps d'armée, la presse française avait voulu faire un succès capital au point de vue moral et politique, tout comme de l'ancienne reprise d'Orléans. En outre, la marche sur Dijon était mieux protégée, grâce à l'éloignement de la forteresse de Langres. Enfin, la possession et le rétablissement des voies ferrées et lignes télégraphiques entre Nuits et Dijon donnaient de précieux moyens de communication avec l'arrière, ainsi qu'une base pour les mouvements ultérieurs. Une opération contre Dijon était donc conforme à tous les principes militaires et devait amener un succès certain, si l'on considérait plutôt les intérêts immédiats que la situation auprès de Belfort. Mais d'autres raisons se présentèrent bientôt qui portèrent le général de Manteuffel à opter, malgré des avantages aussi évidents, pour la marche contre Vesoul. C'est que *l'objectif capital n'était ni Dijon, ni le corps des garibaldiens ou des francs-tireurs, mais la grande armée ennemie ; celle-ci vaincue ou rendue impuissante, tout le reste allait de soi*[1]. »

A cette considération, d'une indéniable valeur théorique et spéculative, venait encore s'en ajouter d'autres qui offraient un intérêt plus immédiat. On espérait que la marche sur Vesoul pourrait jeter l'inquiétude dans les rangs de l'armée française opposée à Werder, et rendre son offensive hésitante, sinon amener le général Bourbaki à y renoncer. Au cas contraire, de deux

---

1. Colonel H. DE WARTENSLEBEN, chef d'état-major, *Opérations de l'armée du Sud sous le général de Manteuffel*, page 8.

choses l'une : ou bien cette armée réussirait à refouler le XIV⁰ corps, et alors les II⁰ et VII⁰ arriveraient à temps pour la prendre en queue, ou bien elle serait elle-même refoulée, et alors Manteuffel pourrait, de Vesoul, se porter contre son flanc droit, ou même, par une conversion à droite, sur ses derrières. C'était donc, en définitive, la marche sur Vesoul qui devait, à tous égards, donner les résultats les plus féconds et les plus décisifs ; c'est à elle que se résolut Manteuffel, et même, afin de lui donner toute la rapidité désirable, il abandonna tout projet contre Dijon. L'*armée du Sud* filerait tout droit entre ce point et Langres.

Or, la distance qui sépare les deux villes est de 65 kilomètres environ ; comme toutes deux étaient occupées par des forces importantes, le projet du général de Manteuffel, lequel n'ignorait pas cette circonstance, pouvait sembler audacieux. Mais le commandant en chef allemand ne connaissait que trop la faible qualité des troupes postées ainsi sur ses flancs ; il savait qu'avec peu de monde, il viendrait probablement à bout de les contenir et de les occuper pendant que lui se déroberait par un mouvement rapide. Quant à sa ligne de communications, il comptait l'établir par Epinal aussitôt qu'il aurait franchi le défilé dangereux. La rapidité étant, surtout en raison de la position critique du général de Werder, une condition exclusive de succès, Manteuffel mit ses troupes en marche dès le 14, sans leur laisser prendre un repos, dont cependant, après les marches si fatigantes des derniers jours, elles avaient un impérieux besoin [1].

Marche vers la Saône. — Les pentes du plateau de Langres, qui séparent le bassin de la Seine de celui de la Saône, sont profondément découpées par les nombreux affluents de ces deux rivières, tous orientés dans un sens perpendiculaire à la marche de l'armée du Sud. Par suite, si les voies de communication courant d'une façon générale du sud au nord y sont nom-

---

1. *La Guerre franco-allemande*, 2ᵉ partie, page 116. — « La chaussure des hommes et la ferrure des chevaux étaient dans lo plus mauvais état. »

breuses, il n'en existe à peu près qu'une seule, de celles que peut suivre une armée, qui se dirige de l'ouest à l'est; c'est la route de Semur à Is-sur-Tille. Elle fut réservée au II° corps, tandis que le VII° devait marcher plus au nord, *par des chemins qu'il devait au préalable reconnaître*[1]. D'une façon générale d'ailleurs, le commandant en chef laissait aux généraux de Fransecky et de Zastrow une grande indépendance, et ne donnait, dans son ordre du 13, que des indications d'ensemble. Cet ordre qui embrassait une série de marches, prescrivait de gagner, le plus rapidement possible, avec les avant-gardes, les débouchés de la vallée de la Saône, et de garder ceux-ci en s'étendant latéralement aussitôt après les avoir atteints[2]. De fait, l'armée marcha sur trois colonnes : une pour le II° corps, deux pour le VII°.

Le 17 janvier, le II° corps atteignait Is-sur-Tille ; il avait parcouru, en moyenne, 15 kilomètres par jour. Afin de protéger la ligne ferrée Nuits-sous-Ravières-Châtillon-Chaumont[3], il laissait en arrière, à Montbard, la 8° brigade[4] (général Kettler) ; mais, d'autre part, il était renforcé par une autre brigade, commandée par le colonel de Dannenberg, laquelle avait été jusque-là chargée de couvrir, contre Dijon, les mêmes communications, et se trouvait par suite non seulement sur la route même affectée au II° corps, mais encore devant lui ; elle forma son avant-garde. La marche du général de Fransecky n'avait point été inquiétée par les troupes d'occupation de Dijon ; le 17 seulement, un détache- de flanqueurs de droite fort de deux bataillons, un escadron et une compagnie de pionniers, eut affaire à des francs-tireurs aux environs de Bligny-le-Sec, et ne

---

1. *La Guerre franco-allemande*, 2° partie, page 116.
2. Il était recommandé de donner aux hommes une nourriture abondante pour les aider à supporter les fatigues des marches forcées qu'ils allaient faire par des chemins difficiles, à pentes raides couvertes de neige et de verglas. On devait exercer des réquisitions impitoyables et le commandant en chef « assumait la responsabilité des mesures extraordinaires » qu'il serait nécessaire de prendre.
3. Cette ligne servait principalement aux transports destinés à l'armée du prince Frédéric-Charles opérant sur la Loire.
4. 60° et 72° régiments, trois escadrons de réserve et une batterie

les refoula qu'après un combat assez vif dans lequel il perdit 3 officiers et 22 hommes. La brigade Ricciotti Garibaldi et d'autres détachements du corps des Vosges qui, pendant la première quinzaine de janvier, avaient parcouru, comme on le verra plus loin, le pays jusqu'à Semur, s'étaient retirés sur Dijon.

Quant au VII° corps, il s'était fractionné par divisions. La 13°, avec l'artillerie de corps et le quartier général, suivit la route intérieure Châtillon, Recey-sur-Ource, Auberive. Elle n'avait par conséquent rien à redouter, et, le 16, elle put déboucher dans la vallée de la Saône, à Prauthoy. Elle envoya aussitôt à Sélongey, sur son flanc droit, un détachement pour faciliter le débouché du II° corps. La 14° division, elle, devait suivre, plus à gauche, la route qui passe par Montigny-sur-Aube, Arc-en-Barrois, Chameroi et Longeau ; elle allait donc se trouver, à un moment donné, à moins de 10 kilomètres de Langres, à 6 kilomètres de ses forts avancés, et il lui fallait prendre des précautions spéciales. Dans ce but, son avant-garde fut portée sur la gauche et contourna à petite distance la place de Langres, livrant chaque jour des combats, d'ailleurs sans intérêt aucun, avec des fractions détachées de la garnison, qui se repliaient au premier choc. Le 16, elle détruisit, près de Chalindrey, le chemin de fer et le télégraphe.

La longueur moyenne des étapes, au VII° corps, avait été un peu plus forte qu'au II° : 15 kilomètres 2/3 pour la 14° division, 19 pour la 13°. D'une façon générale donc, l'armée allemande avait gagné vers l'est environ 16 kilomètres par jour. Quand on songe aux difficultés de sa marche dans cette région tourmentée, à l'état des chemins, à la brièveté des jours, aux rigueurs exceptionnelles de la température, enfin aux dangers qui résultaient pour ses flancs de la proximité si grande des troupes françaises, on est obligé de reconnaître qu'elle a fourni là une manœuvre aussi remarquable par l'ingéniosité du concept que par la sûreté de l'exécution.

Changement d'objectif et conversion vers le sud. —

Manteuffel était arrivé de sa personne à Prauthoy le 17. Là, il reçut du général de Werder un télégramme contenant des renseignements détaillés sur la troisième journée de la Lisaine et indiquant comme imminente la retraite définitive des Français[1]. Un second télégramme, arrivé le 18 dans la soirée, était plus explicite encore et plus affirmatif; il annonçait que les communications allemandes, pour lesquelles on avait pu concevoir des inquiétudes si graves, paraissaient sauvées, et que l'adversaire semblait, momentanément au moins, hors d'état de les menacer à nouveau. La situation se trouvait donc modifiée profondément et, par suite, la mission confiée à l'*armée du Sud* cessait d'être aussi impérative. Uniquement chargée dans le principe d'assurer à ces communications une protection désormais inutile, cette armée pouvait chercher maintenant à profiter des circonstances nouvelles pour aborder un rôle moins passif, et essayer, en intervenant à propos, de déterminer une solution décisive qui terminât par un coup de vigueur la crise où l'on venait de passer. C'est à quoi songea immédiatement Manteuffel, tandis que s'exécutaient, le 19, les mouvements déjà prescrits en tout état de cause. Ce jour-là, les deux corps allemands vinrent border la Saône de Gray à Savoyeux; ils exécutaient ainsi une demi-conversion à droite qui, tout en rapprochant de Vesoul leur aile gauche et en permettant de rouvrir la ligne d'étapes d'Épinal, laissait cependant au général en chef la latitude de se porter, suivant son inspiration, soit vers le général de Werder, soit contre l'armée française.

Il y avait là, en effet, une question d'inspiration. En marchant vers l'est, le général de Manteuffel était assuré d'opérer avec autant d'aisance que de promptitude sa jonction, aux environs de Rioz et de Montbozon, avec le XIV° corps. Il pouvait se voir alors, avec ses 80,000 hommes aguerris, rompus à la marche et à la

---

[1]. Les télégrammes s'échangeaient par Versailles entre Manteuffel et Werder. Des relais de correspondance, établis entre Châtillon-sur-Seine et le quartier général, les transmettaient dans un délai de vingt-quatre heures, habituellement.

fatigue, atteignant bientôt les arrière-gardes françaises, leur infligeant des pertes considérables, et achevant par leur destruction la désorganisation de l'armée de l'Est. Mais alors il rejetait cette armée sur ses lignes de retraite elles-mêmes, c'est-à-dire qu'il renonçait à l'anéantir. Tandis qu'en se portant avec ses deux corps en aval de Besançon, afin de couper les communications du général Bourbaki avec Lyon et le midi de la France, il courait la chance de rejeter nos forces dans le Jura et de les acculer à la frontière suisse. C'était les condamner à déposer les armes; c'était mettre hors de cause les dernières troupes de la France épuisée. Un pareil résultat était si tentant que Manteuffel n'hésita point à en entreprendre la recherche, malgré les dangers extrêmement graves auxquels il devait ainsi s'exposer.

Car, il n'y a pas à se le dissimuler, la manœuvre était une des plus hardies qu'enregistre l'histoire des guerres modernes, une des plus périlleuses aussi. L'armée de l'Est comptait encore au moins 100,000 hommes, plus à elle seule que les IIe, VIIe et XIVe corps réunis, plus que le double des forces de Manteuffel; elle ne pouvait, elle ne devait avoir à l'heure présente qu'une seule préoccupation, conserver ses communications, fût-ce au prix d'une bataille, fût-ce au prix d'un sacrifice si grand qu'il fût. Et c'était contre ces communications mêmes qu'allait se porter Manteuffel, obligé pour cela d'abandonner les siennes propres, de ne plus compter sur aucun ravitaillement, de se déployer face au nord après avoir traversé trois rivières, la Saône, le Doubs et l'Ognon, et d'exécuter au préalable une longue marche d'approche avec, sur son flanc gauche, la place de Besançon, sur ses derrières Langres, Auxonne et Dijon! N'y avait-il point, dans une semblable entreprise, plus de témérité que de hardiesse et ne devait-on pas redouter qu'au plus léger insuccès l'armée du Sud subît elle-même sans rémission le désastre qu'elle se promettait ainsi d'infliger à son adversaire? Ces questions, le vieux roi Guillaume les posait à M. de Moltke, non sans inquiétudes; mais le chef d'état-major connaissait trop bien l'action prépondérante de facteurs moraux et psychiques pour douter du succès définitif. Il savait, comme tout homme de guerre, que le nombre n'est une force qu'à la condition de s'appuyer sur la cohésion, la discipline, l'organisation et la confiance réciproque des soldats et des chefs, et que, quand elle ne possède pas ces qualités essentielles, une armée, si nombreuse qu'elle soit, se transforme bien vite en cohue, dont il est facile à un adversaire compact et résolu de faire sa proie. Il croyait fermement, et l'événement devait cette fois encore lui donner raison, qu'un général, maître de sa pensée et de ses actes, peut tout oser, tout entreprendre contre des bandes insuffisamment militarisées, à la seule condition d'être sûr de ses propres soldats ; aussi répondait-il au roi, qui, moins ferme dans ses convictions, lui faisait part de craintes dont il ne pouvait se défendre : « Oui, certes, l'opération du général Manteuffel est extrêmement audacieuse ; mais elle peut amener les plus grands résultats. S'il subissait un échec, on ne devait pas le blâmer, car il faut bien risquer quelque chose pour obtenir des succès décisifs. » Voilà l'exacte conception de la guerre ; mais on ne peut réellement la demander qu'à des généraux disposant de troupes résistantes, non à ceux qui poussent devant eux des légions d'hommes affolés, auxquels, en imposant l'uniforme, on n'a pas pu donner les qualités militaires dont cet uniforme n'est en réalité que le symbole apparent.

Ainsi décidé, coûte que coûte, à poursuivre le plan auquel il s'était rallié, le général de Manteuffel donna le 19 les ordres nécessaires. Après avoir envoyé au général de Werder copie de ses instructions générales, et invité le commandant du XIV° corps, comme nous l'avons vu, à prendre l'offensive pour retarder autant que possible la marche de l'armée française, il prescrivit à la brigade Kettler de se porter d'abord sur Sombernon et Saint-Seine, puis de chercher à s'emparer de Dijon, afin de couvrir ses derrières ; un détachement de la 17° brigade devait rester à Mirebeau, pour maintenir la liaison entre les troupes du général Kettler et le II° corps. Quant au gros de l'armée, il se mit en mouvement le 20, le VII° corps formant aile marchante. Ce dernier poussa, le soir, ses avant-gardes entre Gy et Frasnes-le-Château, sur la route de Pesmes à Vesoul. Le II° corps, pivot de la manœuvre, envoya seulement son avant-garde à Pesmes, où fut jeté un pont sur l'Ognon[1]. Cette avant-garde eut affaire aux francs-tireurs Bombonnel qui, après un combat sans importance, se replièrent sur Dôle, d'où ils étaient partis[2].

Journée du 21. — Le 21, l'avant-garde du II° corps se porta sur Dôle. Reçue à coups de fusil par les mêmes francs-tireurs Bombonnel, aidés de 250 à 300 gardes nationaux, elle eut à soutenir un combat assez prolongé et ne fut maîtresse de la ville qu'à quatre heures du soir. Elle nous avait mis hors de combat une dizaine d'hommes, avec 45 prisonniers, et perdu elle-même 1 officier et 33 hommes; mais elle capturait à la gare 230 wagons de vivres et de vêtements, qui, destinés à l'armée de l'Est, attendaient là que quelqu'un s'occupât de les envoyer à leur destination. Elle franchit ensuite le Doubs sur le pont laissé intact, et installa ses avant-postes sur la rive gauche. Le gros du corps d'armée cantonna sur les deux rives de l'Ognon, à quelques kilomètres de Pesmes.

Quant aux avant-gardes du VII° corps, elles avaient eu à lutter à Marnay, Pin et Étuz avec des mobilisés détachés de la garnison de Besançon. Ceux-ci se défendirent avec courage, mais ne purent tenir devant l'artillerie prussienne. A Marnay et à Etuz, ils essayèrent

---

1. On se rappelle que le général Bourbaki avait prescrit aux garnisons de Besançon et d'Auxonne de faire sauter les ponts de l'Ognon et de la Saône. Elles n'en firent rien ; à Gray, à Pesmes, les passages, sauf ceux que le VII° corps avait antérieurement détruits, restèrent intacts, et l'ennemi en profita, ce qui ne l'empêcha pas d'en établir d'autres pour la rapidité de ses mouvements. Quant aux ponts du Doubs, le général en chef avait, au contraire, recommandé de les conserver.

2. Le colonel Bombonnel était le fameux chasseur de panthères. A Pesmes, depuis le 15, il demandait des secours à Garibaldi et signalait l'approche de l'ennemi. On lui répondit que Dijon étant également menacé, on ne pouvait lui envoyer personne.

en partant de détruire les ponts, sans y réussir complètement, en sorte que l'ennemi les rétablit presque immédiatement. Celui d'Emagny seul resta inutilisable, et la 14ᵉ division, qui aurait voulu passer par là, dut en conséquence rester sur la rive droite de l'Ognon. L'avant-garde de la 13ᵉ s'établit de l'autre côté, entre Doubs et Ognon, pour surveiller Besançon; le gros resta à Marnay. C'est ce même jour que des reconnaissances d'officiers établirent pour la première fois la liaison entre le VIIᵉ corps et le détachement du colonel de Willissen, posté à Noroy-le-Bourg.

Journée du 22. — Le IIᵉ corps, qui avait déjà pris pied sur le Doubs, ne bougea pas le 22. Il poussa seulement des reconnaissances au sud jusqu'aux ponts de la Loue qui furent trouvés intacts[1]. Au VIIᵉ corps, l'avant-garde de la 13ᵉ division marcha sur Saint-Vit où elle captura treize wagons d'avoine; après avoir détruit chemin de fer et télégraphe, elle alla occuper Dampierre-sur-Doubs. Tous les ponts de la rivière étaient en bon état, circonstance d'autant plus avantageuse pour l'ennemi que l'équipage du VIIᵉ corps n'avait pas rejoint et qu'on manquait d'un matériel suffisant pour franchir un cours d'eau aussi large qu'est le Doubs en cet endroit. Pendant ce temps, l'avant-garde de la 14ᵉ division surveillait Besançon.

Journée du 23. Combats sur l'aile gauche de la position française. — Mais le premier acte du drame allait véritablement se jouer dans la journée du 23 et la nuit qui suivit; à partir de ce moment, la combinaison du général de Manteuffel reposa sur une base solide, et son succès ne fut plus qu'une affaire de jours. Les mouvements prescrits par le commandant en chef devaient amener, en effet, le VIIᵉ corps jusqu'à Quingey sur nos derrières, et l'avant-garde du IIᵉ jusqu'à Mont-

---

1. Ceux de la Clauge et de l'Orain l'étaient aussi, « Il est vrai que des barrages de toutes sortes avaient été établis dans de nombreux défilés, barrages qui, bien occupé, auraient pu devenir des obstacles considérables. Mais les Français ne songeaient pas à les défendre; ils n'y avaient même pas placé de troupes, ou bien les avaient retirées. » (*La Guerre franco-allemande*, 2ᵉ partie, page 1147.)

sous-Vaudrey. S'ils s'exécutaient sans encombre, la route de Lyon par Lons-le-Saunier nous était interdite, et le chemin de fer détruit.

L'avant-garde de la 13ᵉ division s'était remise en marche dès le grand matin. Après avoir canonné sans pitié, en gare de Byans, un train de malades et de blessés qu'on évacuait sur Lyon, et dont elle fit un *hideux carnage*[1], elle alla occuper Quingey, où ne se trouvaient qu'un millier d'hommes débandés, dont 800 restèrent aux mains de l'ennemi. Il aurait dû y avoir là, cependant, toute la division d'Astugue, à qui, dès le 21, le général Bourbaki avait confié l'importante mission de protéger ce point dangereux; malheureusement cette division s'était débandée en route, et il n'en restait, à Quingey même, que des épaves démoralisées. Embarquée en chemin de fer dans la nuit du 21 au 22, elle avait été transportée, du moins en partie, car seule la 1ʳᵉ brigade put partir, de Baume-les-Dames à Byans; encore le dernier train n'arriva-t-il à ce point que juste vingt-quatre heures après le départ du premier. Aussitôt arrivé, le général Minot se transporta à Quingey avec une escorte de cavalerie et quelques fantassins; mais, derrière lui, le débarquement se faisait à Byans sans surveillance et sans direction. Une partie de la brigade remonta dans un train de matériel qui partait pour Lyon, et disparut; le reste s'éparpilla sur les routes[2]. Quant au général, au lieu de chercher à remettre un peu d'ordre dans sa troupe, il se borna à exprimer ses doléances au colonel Reynaud, sans même se donner la peine de prévenir le commandement de ce qui se passait : « Ma brigade ne m'a pas suivi, disait-il, j'ai peut-être là 200 hommes; mais

---

1. *Enquête parlementaire*, déposition du lieutenant-colonel Reynaud, tome II, page 237. — Voici en quels termes dégagés la *Relation allemande* (page 1149) relate ce déplorable incident : « L'avant-garde de la 13ᵉ division chassait d'abord quelques détachements français de Byans... Le pont du chemin de fer avait été détruit à Abbans-Dessous, *et l'on capturait sur la voie un train de 400 convalescents.* »

2. *Enquête parlementaire*, déposition du lieutenant-colonel Reynaud, tome II, page 231. — Le lieutenant-colonel Reynaud était attaché au 18ᵉ corps et chargé du service des renseignements; c'est en cette qualité qu'il avait été à Quingey.

tous sont fatigués, ils ne comprennent rien à notre retraite et, se voyant encore tournés, refusent de se battre en disant qu'ils sont trahis[1] ! » Le colonel Reynaud prit sur lui d'avertir le général Bourbaki, mais la protection sur laquelle celui-ci comptait pour son flanc gauche lui fit absolument défaut à un moment trop tardif pour réparer le désastre. L'ennemi occupa donc Quingey presque sans coup férir, et détruisit la voie ferrée. (*Voir la note II à la fin du volume*).

Pendant ce temps, la 14e division avait atteint Saint-Vit, et poussé son avant-garde à Dannemarie. Celle-ci se heurta, vers trois heures et demie du soir, aux tirailleurs de la division Crémer, qui se portait de son côté à Chenaudin, afin de tenir la route de Dôle, et fut vigoureusement refoulée par le 86e mobiles. Elle démasqua alors sa batterie, et un combat d'artillerie s'engagea aussitôt entre elle et six pièces que le commandant Camps avait amenées au sud-ouest de Frasnois ; cette lutte, très vive, ne fut suivie d'aucune attaque, en raison de l'obscurité. On se borna à établir des épaulements, et le général Billot, arrivé sur ces entrefaites, décida que le lendemain l'offensive serait reprise avec l'appui de la division Bonnet, qu'il envoyait en renfort. Mais, au moment même où le général Crémer prenait des dispositions pour une surprise de nuit, le général Bourbaki, annonçant son intention de passer sur la rive gauche du Doubs le plus tôt possible, donna l'ordre à sa division de se replier sur Besançon[2].

Le IIe corps, lui, n'avait presque pas bougé ; envoyant seulement son avant-garde à Vaudrey, il s'était concentré autour de Dôle. Mais ses reconnaissances, jetées vers Villers-Farlay, Mouchard, Arbois et Poligny, avaient révélé la présence en ces différents points de mobiles et de corps francs. Pour couvrir ses communications et observer Auxonne, le IIe corps laissa en arrière une de ses brigades, commandée par le colonel de Knesebeck.

---

1. *Enquête parlementaire*, tome II, page 231.
2. *Ibid.*, tome II, page 221.

Évacuation de Clerval et de Baume-les-Dames. — Abandon du Lomont par le 24ᵉ corps. — Ainsi, le 23 au soir, notre situation était déjà bien compromise à l'aile gauche ; elle ne l'était malheureusement pas moins à l'aile droite, où venaient de se produire les incidents les plus fâcheux. De ce côté, en effet, le mouvement offensif du XIVᵉ corps avait continué. Le 23 janvier, la division badoise était venue s'établir à Montbozon, Avilley et Rougemont, à cheval sur l'Ognon. La 4ᵉ division de réserve avait gagné Soye, à l'ouest de l'Isle-sur-Doubs ; la brigade von der Goltz était arrivée à Mésandans.

Le général de Schmeling, voulant observer Clerval, dirigea sur ce point, dans l'après-midi, un bataillon, un escadron et une batterie qui se heurtèrent au 63ᵉ de marche, de la division d'Ariès, en position devant la ville. Après une courte fusillade, nos soldats se retirèrent sur la rive gauche, en faisant sauter le pont derrière eux. Une autre colonne prussienne, celle du colonel Zimmermann, était entrée sans difficulté à Isle, dont le pont était détruit ; grâce à l'existence d'un gué et de quelques pontons, elle jeta sur la rive gauche des fractions d'avant-garde, mais vit toutes ses patrouilles arrêtées par les feux de la division de Busserolles. Elle se borna donc à occuper la ville et à remettre le pont en état.

A la droite du général de Schmeling, la brigade von der Goltz avait envoyé contre Baume-les-Dames un détachement de deux bataillons, un escadron et deux batteries. En arrivant, vers quatre heures du soir, devant Antechaux, cette colonne trouva les hauteurs du sud occupées par des forces assez sérieuses qui avaient barricadé la route[1]. Elle entama la lutte, qui se prolongea avec des péripéties diverses jusqu'au soir, mais ne donna aucun résultat ; remettant donc au lendemain la reprise de l'attaque, les Prussiens can-

---

[1]. Ces troupes, formant l'arrière-garde de la division Peytavin, se composaient de neuf compagnies (du 16ᵉ, du 98ᵉ et des mobiles du Puy-de-Dôme), avec deux pièces.

tonnèrent « tant bien que mal [1] » à Antechaux. Dans la nuit cependant, nos troupes firent sauter le pont, évacuèrent Baume-les-Dames et se retirèrent sur Besançon ; la 3ᵉ légion de mobilisés du Rhône, envoyée le lendemain par le général Bressolles pour occuper Baume-les-Dames, fit également demi-tour dès qu'elle eut appris, en route, quelle était la situation. La position si importante de Baume tomba donc ainsi aux mains des Allemands, à qui sa conquête n'avait vraiment pas coûté grands efforts ; ils s'empressèrent, comme de juste, d'y rétablir le pont.

Une série d'événements non moins regrettables se déroulait pendant ce temps à notre extrême droite, et allait encore augmenter les dangers auxquels était déjà exposée notre malheureuse armée. On se rappelle que le 24ᵉ corps, au lieu de gagner Besançon, avait été mis en position dans la boucle du Doubs, entre Clerval et Pont-de-Roide, avec mission de couvrir le flanc droit ; il occupait les hauteurs de Blamont avec sa 2ᵉ division (Comagny), le plateau entre Pont-de-Roide et Clerval avec les deux autres, et avait derrière lui les détachements de la garnison de Besançon qui, pendant le cours de la bataille de la Lisaine, avaient eu affaire aux contingents du général de Debschitz [2]. Le 23, dans l'après-midi, le général Bressolles reçut du commandant en chef l'ordre de rentrer à Besançon ; il ne devait laisser en position que les troupes détachées de la garnison, et envoyer deux bataillons à chacun des ponts de Clerval et de Baume-les-Dames. Il donna donc des instructions en conséquence et le mouvement de retraite commença dès le 24 ; mais voici que, dans le courant de cette journée, arrivèrent successivement deux nouvelles dépêches, absolument impératives, et ordonnant de réoccuper, coûte que coûte, les défilés. « Vous transgressez tous mes ordres, disait le général Bourbaki...

---

1. *La Guerre franco-allemande*, 2ᵉ partie, page 1158.
2. 54ᵉ mobiles (du Doubs), trois bataillons de mobiles des Vosges, des Hautes-Alpes et de la Haute-Saône, corps franc Bourras.

N'abandonnez à aucun prix les défilés du Lomont qui sont et doivent demeurer infranchissables à l'ennemi. »
Un malentendu s'était donc produit, qu'explique suffisamment le désarroi régnant au quartier général, et qui devait entraîner les plus graves conséquences; car, bien que le général Bressolles ait immédiatement prescrit à la division de Busserolles de se reporter au Lomont, et à la division Comagny d'aller reprendre position à Blamont et à Pont-de-Roide, la cohue était telle dans ces masses ainsi tiraillées en sens inverse, que ni l'une ni l'autre n'arrivèrent à destination[1].

Pendant ce temps, le général de Debschitz avait été dirigé sur Blamont, avec ordre d'occuper ce point jusqu'à ce que le XIVe corps ait terminé le passage du Doubs en amont de Besançon. Dans la soirée du 23, il se mit en route avec trois bataillons, un peu plus d'un escadron et 16 pièces. Il marchait en trois colonnes, dont les deux de droite occupèrent Roches après avoir tiré quelques coups de canon, et s'emparèrent de plus de 300 prisonniers appartenant à la 1re brigade de la division Comagny. Quant à la colonne de gauche, elle s'était avancée sur Glay par la vallée de Meslières; mais là elle fut attaquée, en pleine obscurité, à la fois par une compagnie du 21e bataillon de chasseurs, qui occupait le village, et par une compagnie du corps Bourras, qui tenait les hauteurs sur le flanc. Son capitaine tomba, mortellement atteint, et le lieutenant reçut une blessure grave; elle dut rétrograder sur Croix. Lorsque la nouvelle de cet échec parvint au général de Debschitz, qui était à Roches, il était deux heures du matin. Il ne jugea pas à propos de poursuivre une aventure si mal entamée, et replia tout son monde sur les positions primitives; il laissait sur le terrain 3 officiers (dont 2 tués) et 53 hommes.

Il semble que, dans de pareilles conditions, le

---

1. La 3e légion de mobilisés du Rhône avait, au moment de la retraite du 24e corps, et en conformité des ordres de Bourbaki, été dirigée sur Baume-les-Dames. On a vu ci-dessus pourquoi elle n'y était pas arrivée. Le 54e mobiles était en même temps envoyé sur Blamont, et les trois autres bataillons de mobiles à Pont-de-Roide,

24° corps ne devait pas avoir de peine à réoccuper les défilés du Lomont; il disposait en réalité de trois jours pour revenir à Blamont et Pont-de-Roide, puisque les Allemands n'y arrivèrent que le 27. Mais sa masse désagrégée n'offrait aucune consistance, et le commandement y était bien trop flottant pour qu'il représentât à aucun titre un instrument de guerre. Sans se soucier autrement des ordres qu'il avait reçus, le général Comagny s'était replié sur Pontarlier, entraînant derrière lui le 54° mobiles. Les troupes de la garnison de Besançon atteignirent bien Pont-de-Roide, mais, ne se voyant pas soutenues, rentrèrent à leur tour. On aura une idée suffisante du désordre qui régnait de ce côté par le rapport suivant, adressé au général Rolland : « L'armée *est partie au pas de course,* écrivait le 24, à deux heures du soir, le lieutenant-colonel Bousson, des mobiles. Elle fuit avec une célérité curieuse ; on a abandonné les corps sans vergogne. Les Prussiens ont refait le pont d'Isle à notre barbe. On m'a ordonné de venir prendre position en avant de Pont-de-Roide, sur la rive gauche; mais on ne m'a pas dit que Blamont était abandonné. Je suis arrivé après une marche de nuit dérobée à l'ennemi; tout le monde avait disparu... » Qu'ajouter à un pareil tableau, sans en affaiblir la triste éloquence? Tout commentaire à cette leçon cruelle des choses est inutile, car mieux qu'aucun autre enseignement elle montre combien la folie inconsidérée du nombre peut amener de déboires et de déceptions.

Journée du 24. — Les mouvements accomplis jusqu'au 23 par l'armée du Sud avaient eu pour résultat acquis d'intercepter à Quingey la route de Lons-le-Saunier, de menacer déjà celle d'Ornans, et de ne nous laisser par suite que celle de Pontarlier. Manteuffel voulut, dès le 24, consolider sa situation, et, ce jour-là, il établit le VII° corps à cheval sur le Doubs, entre Dampierre et Quingey, de façon à s'opposer à toute tentative que ferait l'armée de l'Est pour se rouvrir les chemins du sud-ouest. Le II° corps fut porté en entier au sud de Dôle, de Vaudrey à Villers-Farlay, avec ses troupes avancées à Mouchard[1]. De la sorte, l'armée française ne pouvait percer ni par le sud, ni par l'ouest, sans avoir affaire à des forces solidement installées et disposées de façon à se porter mutuellement secours. Manteuffel était donc en droit de considérer comme achevée la partie la plus périlleuse de sa manœuvre, puisque ses corps avaient parcouru l'espace compris entre la Saône et le Doubs sans être le moins du monde inquiétés, sans même se douter, pour ainsi dire, qu'il y eût, sur leur flanc droit, à Dijon, des forces considérables, dont la mission était précisément de protéger l'aile gauche de l'armée de Bourbaki. Non seulement ces forces n'avaient jamais rien protégé du tout, mais il avait suffi de quelques bataillons prussiens pour les maintenir en place au moment précis où leur intervention aurait pu amener le résultat pour lequel on les avait mises là. Il est vrai que leur noyau principal était cette fameuse *armée des Vosges*, dont nous avons eu déjà maintes fois à signaler les allures fantaisistes et la stratégie désordonnée, et que c'était véritablement folie de faire état d'elles pour une mission aussi grave. Cette mission leur ayant cependant été donnée, il est nécessaire de se rendre compte de la manière dont elles l'ont remplie, ne serait-ce que pour savoir au juste que penser de la valeur de ces concours exotiques, autour desquels se créent si facilement des légendes dont ne profite assurément pas notre honneur national.

III. — Garibaldi a Dijon.

Après de longues semaines d'inaction à Autun, après avoir laissé passer onze jours sans se porter à Dijon, évacué par les Allemands dès le 27 décembre, et où l'appelaient impérativement M. de Serres et le général Bourbaki, Garibaldi s'était décidé enfin à faire un mou-

---

[1]. La brigade Knesebeck restait cependant échelonnée entre Dôle et Pesmes. Quant au détachement Willissen, venu de Noroy-le-Bourg, il atteignait Motey le 24 au soir.

vement[1]. Encore avait-il pour cela requis le chemin de fer et apporté ainsi, comme on l'a vu plus haut, de nouvelles entraves à celles, déjà si fâcheuses, qui retardaient les transports de l'armée de l'Est[2]. Ses troupes arrivèrent donc du 8 au 11 à Dijon, où se trouvait déjà un corps de 22,000 mobilisés, aux ordres du général Pélissier. Lorsque, après le combat de Villersexel, la division Crémer eut été appelée par Bourbaki sur la Lisaine, il fut convenu, aussi bien à Bordeaux qu'à l'état-major général, que cette masse de près de 50,000 hommes[3] serait spécialement chargée de protéger le flanc gauche de l'armée de l'Est, Garibaldi en tenant la campagne, le général Pélissier en occupant Dijon et Gray. Il fallait, en effet, pour que le général Bourbaki conservât quelque liberté de manœuvre et une certaine indépendance d'esprit, qu'il pût au moins se considérer comme à couvert du côté du Morvan et de la Côte-d'Or. Il fallait surtout, pour que sa tentative ne se terminât pas par un désastre, que des forces ennemies ne pussent pas déboucher inopinément sur son flanc ou ses derrières. Le rôle de Garibaldi était donc des plus importants, et constituait une véritable mission d'honneur. Il ne la comprit pas ou ne sut pas la remplir.

Il n'était pas plutôt arrivé à Dijon de sa personne, le 8 janvier, que déjà il soulevait contre son collègue un conflit d'attributions. Lui qui n'obéissait à personne, lui que le gouvernement s'était déclaré impuissant à rattacher par des liens hiérarchiques aux chefs réguliers des armées françaises, il entendait tout naturellement être le maître là où il se trouvait. La Délégation, toujours faible quand il s'agissait de ce person-

---

1. Voici la dépêche envoyée le 2 janvier par M. de Serres : « Le général en chef compte que toutes vos forces seront entre l'ennemi et Dijon demain ».
2. Garibaldi ne **voulait pas faire** marcher ses troupes par étapes, sous prétexte qu'elles n'avaient pas de capotes. (*Enquête parlementaire*, tome II, page 626.) — On aurait pu lui répondre que celles de l'armée de l'Est n'en avaient pas non plus.
3. L'*armée des Vosges* comptait à ce moment 24,000 hommes environ.

nage encombrant, essaya de départager les pouvoirs; elle ne réussit qu'à envenimer les relations entre les deux états-majors. Il est vrai que si celui du général Pélissier conservait, malgré sa composition hétérogène, une apparence à peu près militaire, celui de Garibaldi, constitué d'une façon plus extraordinaire encore, n'était à proprement parler que l'assemblage anarchique des personnalités les moins qualifiées. Quant au général lui-même, à qui l'enthousiasme d'un cœur resté jeune avait pu faire un instant illusion sur ses moyens physiques, il était à ce point fatigué, vieilli et accablé d'infirmités, qu'en dehors du peu d'influence encore accordé à son nom, il ne conservait qu'un semblant d'autorité. Comme il le disait lui-même, son « épée n'était plus qu'un bâton ».

Des commandants de brigades, deux, Bossak-Haucke et Menotti, possédaient une certaine valeur militaire; le troisième, Ricciotti, hardi, aventureux et ardent, pouvait faire un bon chef de partisans. Le quatrième, Delpech, était un homme fort brave, mais complètement étranger au métier des armes, et aussi incapable de commander à une troupe que de la diriger. Depuis les fâcheuses aventures d'Autun, il était, d'ailleurs, remplacé par le colonel Lobbia. Autour et au-dessus des commandants des troupes s'agitaient des personnages bizarres, aventuriers de profession auxquels le gouvernement français, par une faiblesse inconcevable, avait donné l'investiture de grades élevés, et qui semblaient comprendre la guerre beaucoup plus à la façon des *routiers* du moyen âge qu'à celle, infiniment plus méthodique et raisonnée, de leur adversaire. C'était d'abord le trop fameux Bordone, ancien aide-chirurgien de marine, qui, nommé d'abord sous-chef d'état-major avec le grade de colonel, avait rapidement pris la première place, et conquis sur son chef usé un ascendant complet[1]. Bordone dirigeait tout, réglait tout, avec une dé-

1. Le chef d'état-major de l'armée des Vosges était primitivement le colonel Frappoli, ancien ministre de la Guerre à Turin. Il avait, paraît-il, beaucoup d'honnêteté et d'intelligence, mais il n'eut pas l'heur de plaire à son adjoint, qui réussit à l'évincer. M. de Frey-

sinvolture extraordinaire, s'arrogeant les droits les plus divers et les pouvoirs les plus étendus. Il réclamait sans cesse au ministère soit des armes, soit des effets, soit des munitions, et déclarait nettement que les lenteurs de la bureaucratie, *legs détestable du régime impérial*[1], l'empêchaient seules d'agir. Le ton de sa correspondance, ses allures omnipotentes, son insupportable hauteur, sa lutte continuelle contre le malheureux Frappoli, dont il entravait les efforts par tous les moyens possibles, avaient fini par lasser tout le monde. Démissions et désertions pleuvaient; personne ne voulait plus servir auprès de Garibaldi, et il en résultait pour la Délégation les plus sérieux embarras[2]. Celle-ci, assez punie déjà d'avoir aussi inconsidérément accepté le concours problématique du condottiere italien, devait regretter bien davantage encore le choix du chef d'état-major. « Il est temps de trancher cette situation, si on ne peut la dénoncer », écrivait Gambetta[3]. On la trancha en nommant Bordone général, et celui-ci continua, comme il avait fait jusque-là, à « donner des ordres aux préfets, à prescrire des mesures, à ordonner des arrestations, à faire tout ce qui lui convenait, partout, chez lui comme hors de chez lui[4] ». Son nouveau grade ne lui ayant point conféré, d'ailleurs, les talents militaires qui lui faisaient absolument défaut, il apporta dans ses fonctions une incompétence aussi complète, mais encore plus présomptueuse que par le passé.

C'est une chose étrange, en vérité, que la condescendance dont on faisait preuve si complaisamment vis-à-vis de cette bande exotique et tumultueuse, à laquelle on n'osait point adresser d'ordres, mais seulement des

---

cinet le chargea d'aller à Lyon et Chambéry recruter un corps de volontaires, et il ne reparut plus. Le colonel Frappoli, qui avait fait la campagne de 1859 dans la Haute-Italie, offrait incontestablement, au point de vue militaire, plus de garanties que Bordone; il manquait vraisemblablement de caractère, du moins subit-il sa déchéance sans protester.

1. *Enquête parlementaire*, tome II, page 551.
2. *Ibid.*, dépêche de Gambetta au préfet des Bouches-du-Rhône, le 25 décembre.
3. *Ibid.*, page 555.
4. *Ibid.*, dépêche de Gambetta à M. de Freycinet.

prières, et qui, seule de toutes les forces mobilisées, ne relevait d'aucune autre direction que la sienne propre. « L'armée des Vosges, a dit M. de Freycinet, était sous mes ordres sans y être cependant d'une manière bien précise. *Garibaldi, a cause de sa personnalité, échappait à la hiérarchie: il fallait lui parler le langage italien,* s'adresser à sa loyauté et mettre en jeu divers moyens qui ne sont pas dans nos habitudes françaises[1]. » A la rigueur, on pourrait s'expliquer semblable réserve s'il s'était agi d'une petite troupe de partisans, lancés en enfants perdus pour harceler l'ennemi et tenter quelques coups de main sur ses convois ou sur ses étapes. Mais peut-on véritablement comprendre qu'une force de près de 30,000 hommes, soumise à un commandement aussi impatient de tout contrôle et de toute direction, ait été chargée précisément de la mission la plus délicate et la plus sérieuse, de la protection exclusive d'une opération déjà fort chanceuse par elle-même, en un mot d'un rôle de sauvegarde qui exigeait à la fois tant de précision, tant de fermeté, et la liaison matérielle et morale la plus complète avec l'armée de l'Est? Il fallait que les directeurs de notre stratégie fussent bien peu initiés vraiment aux choses de la guerre pour ne pas voir ou ne pas comprendre le danger! Et cependant ce n'étaient pas les avertissements qui leur manquaient. Non seulement on savait que Garibaldi était physiquement ruiné, non seulement on pouvait se douter que Bordone ne possédait aucune des qualités nécessaires pour le suppléer, mais encore on connaissait l'étrange composition de l'état-major et le scandaleux désordre qui y régnait. M. de Freycinet avait été dûment prévenu par M. Gauckler, ingénieur des ponts et chaussées, placé par Gambetta auprès de Garibaldi et chargé de renseigner le gouvernement sans réticences. Le rapport de M. Gauckler, qui ne laissait subsister aucun doute sur la valeur morale et militaire de cette bande d'aventuriers, aurait dû avoir pour sanction im-

---

1. *Enquête parlementaire*, déposition de M. de Freycinet.

médiate le licenciement de l'armée des Vosges[1]. Mais, d'autre part, le sculpteur Bartholdi, délégué officiel auprès de cette armée, comme M. de Serres l'était auprès du général Bourbaki, avait écrit qu'une semblable mesure serait « gravement impopulaire[2] »; on laissa donc aller les choses, et elles n'en marchèrent que plus mal.

Sur ces entrefaites, à la fin de décembre, Bordone avait jugé à propos de quitter Autun pour Marseille, où le colonel Frappoli essayait, à son grand déplaisir, de faire des levées, puis pour Avignon, son pays. Il fallut l'invitation comminatoire de M. de Freycinet pour qu'il se décidât, le 5 janvier, à rentrer à son poste, d'où il expédia à Bordeaux des dépêches prodigieuses d'aplomb et de suffisance. Il s'agissait, à ce moment, de transporter l'armée des Vosges à Dijon, et Bordone ne paraissait pas s'en soucier. « On protège mieux cette ville en restant à Autun, disait-il, et c'est parce qu'elle n'en est pas partie que l'armée des Vosges a maintenu jusqu'ici le VIIe corps allemand à Auxerre. » Cependant il se déclarait disposé à obéir au délégué : « Autun, ajoutait-il, restera toujours protégé par nous et prêt à être vigoureusement défendu par une concentration *rapide et étudiée d'avance avec nos troupes qui observent l'ennemi dont aucun mouvement ne nous est caché*[3]. »

---

1. « Garibaldi a eu une attaque de rhumatisme goutteux qui a mis sa vie en danger, télégraphiait M. Gauckler. Il ne peut plus marcher, ses facultés semblent affaissées, son initiative disparue; il est à la merci de son entourage italien qui vaut très peu, surtout de son gendre Canzio, et de Lobbia, sous-chef d'état-major, connu par l'histoire des tabacs italiens, peu avantageusement. Quand Bordone est absent, cet entourage commet, au nom de Garibaldi, des inepties et des turpitudes qui désorganisent et démoralisent l'armée. Il semble qu'il y ait parti pris de ne pas agir. Grâce aux blancs-seings et délégations donnés à Lobbia, il se fait des nominations et des tripotages qui scandalisent le public. Les Français voudraient combattre et sont humiliés d'avoir des chefs italiens, *incapables et sans probité*... Le mieux serait que Garibaldi renonçât à une partie que son état le rend incapable de jouer, ou qu'un commissaire, muni de pouvoirs suffisants, *vienne nettoyer l'armée et veiller à l'ordre.* » (*Enquête parlementaire*, tome II, page 638.)

2. *Ibid.*, tome II, page 652.

3. *Ibid.*, page 642. — Le plus étonnant, c'est que la réponse de M. de Freycinet débutait en ces termes : « Votre dépêche m'a fait plaisir et je reconnais là votre science stratégique accoutumée. » (*Ibid.*, page 643.)

Or ces troupes, dont seule en réalité une portion minime observait l'ennemi, se livraient à tous les désordres. « Les Italiens se croient en pays conquis », écrivait M. Gauckler[1]. C'est qu'en dehors des contingents français constitués, dont la répugnance à obéir à des étrangers était visible, l'armée des Vosges se composait exclusivement de volontaires cosmopolites, épaves des révolutions et des soubresauts politiques des dernières années, ou d'indépendants faméliques pour qui la guerre était un moyen d'existence acceptable, à la condition qu'ils ne fussent point gênés par la discipline et la régularité. La plupart se battaient avec courage, mais sans ordre ni méthode; en station, ils devenaient extrêmement dangereux. C'est au point qu'après leur arrivée à Dijon, le général Pélissier dut signaler leur étrange conduite à Garibaldi et se plaindre énergiquement du trouble qu'ils y apportaient. « Depuis longtemps déjà, disait-il, des hommes sous votre commandement sont devenus le scandale de la ville et en deviendront bientôt la terreur si vous n'y mettez ordre sans délai... » Inutile de dire que rien ne fut fait pour porter remède à cette situation.

C'est le 11 janvier, nous l'avons vu, que les derniers éléments de cette masse turbulente étaient arrivés à Dijon. Depuis plusieurs jours déjà, Ricciotti, lancé vers Montbard, où il harcelait avec vigueur et succès les troupes d'étapes allemandes, était informé de la formation de l'*armée du Sud*, et, le 13, il en avait avisé son père. Celui-ci recevait, d'autre part, une série de renseignements confirmatifs, apportés par des habitants absolument dignes de foi ou envoyés par le préfet de la Côte-d'Or. Bordone avait donc dit vrai quand il annonçait qu'aucun mouvement de l'ennemi ne lui demeurait caché, et ce qui le prouve, c'est que le 16, M. Gauckler, resté en qualité de colonel auxiliaire à l'état-major de Garibaldi, envoyait à Bordeaux un exposé à la fois très complet et très exact de la position

---

1. *Enquête parlementaire*, tome II, page 629.

actuelle des II⁰ et VII⁰ corps allemands¹. La presse locale elle-même signalait l'approche des masses ennemies et s'étonnait de l'inaction de Garibaldi²; non seulement celui-ci ne semblait pas s'émouvoir, mais même, le 15, il avait rappelé à Dijon la brigade Ricciotti, qui depuis la veille au soir gardait le débouché d'Is-sur-Tille. Bien entendu, Bordone ne s'inquiétait pas davantage; au contraire, il feignait de tenir pour très exagérées les nouvelles qui circulaient, et les donnait au gouvernement comme mensongères³. Il avait fini même, nous l'avons vu plus haut, par ranger à son avis M. de Freycinet⁴, et les illusions de ce dernier durèrent jusqu'au jour où le général Pélissier eut fait connaître à Bordeaux que Gray était tombé aux mains de l'ennemi (17 janvier). Alors le délégué n'en crut pas ses yeux. « Comment se fait-il, télégraphia-t-il aussitôt à Garibaldi, que l'ennemi *ose se montrer dans le voisinage de votre brave armée? Est-ce que la vigilance du général Bordone sommeillerait?* Nous ne pouvons le croire. Nous vous prions de nous rassurer bien vite et de nous dire si nous devons faire garder Gray par des troupes distinctes des vôtres. » Et Bordone de répondre avec une imperturbable assurance que *Gray n'avait jamais été menacé!*

Une correspondance copieuse s'échangea les jours suivants entre M. de Freycinet et le chef d'état-major. Celui-ci paraissait complètement rassuré et se livrait à des divagations véritablement stupéfiantes, mais débitées avec un tel aplomb que le délégué à la Guerre n'osait plus insister. « Votre dépêche m'étonne, disait-il, néanmoins je vous crois *parce que vous avez montré jusqu'ici une habileté supérieure.* » Et l'armée des

---

1. L'authenticité de ces divers détails résulte des nombreuses correspondances et dépositions figurant aux tomes II et IV de l'*Enquête parlementaire*.
2. Colonel SECRÉTAN, *loc. cit.*, page 311.
3. *Dépêche de Bordone à M. de Serres* du 16 janvier, 8 heures 30 du matin.
4. Voir au chapitre précédent la dépêche où M. de Freycinet engage le général Bourbaki à se méfier des renseignements du préfet de Dijon (16 janvier).

Vosges ne bougeait toujours pas, du moins en masse. Quelques détachements étaient bien poussés vers le nord ; le colonel Lobbia, avec 1,200 hommes de la 2ᵉ brigade, se portait de Billy-lès-Chanceaux sur Sélongey et Fontaine-Française, puis, évitant assez habilement les colonnes du IIᵉ corps allemand, réussissait à faire entrer dans Langres, le 17, un convoi de munitions. De même, Menotti, envoyé vers Saint-Seine avec une partie de sa brigade, avait, le 17 également, soutenu un combat assez énergique contre les flanqueurs de droite de ce même IIᵉ corps, à Bligny-le-Sec, et infligé à l'ennemi une perte de 3 officiers et 22 hommes[1]. Mais ce n'étaient là que des affaires de détail, sans influence possible sur le résultat de la marche des Allemands. Enfin, le 19, c'est-à-dire au moment où les corps prussiens franchissaient déjà la Saône, Garibaldi, ou plutôt Bordone, sembla sortir de sa torpeur. L'armée des Vosges s'ébranla sur trois colonnes, poussa jusqu'à 7 kilomètres en avant de Dijon, puis... rentra en ville aux sons de la *Marseillaise*[2]. Il paraîtrait qu'on avait l'intention d'aller jusqu'à Is-sur-Tille, du moins Bordone le laisse croire[3] ; mais, de fait, on n'y alla pas. « Si cependant le mouvement avait été continué jusque-là, dit la *Relation allemande*, il eût certainement conduit à des engagements avec la 4ᵉ division et probablement occasionné un temps d'arrêt dans la marche des Allemands[4]. »

Ainsi, jusqu'au 21, les troupes garibaldiennes ne firent rien, ou à peu près, pour remplir leur rôle de flanc-garde de l'armée de l'Est. M. de Freycinet, assailli de dépêches alarmantes, commençait à perdre quelque peu de la foi persistante qu'il avait gardée jusque-là dans *les talents exceptionnels*[5] du chef d'état-major, et sa correspondance avec lui devenait amère. « Je ne vous cache pas que le gouvernement est fort

---

1. *La Guerre franco-allemande*, 2ᵉ partie, page 1122.
2. *Ibid.*, page 1136.
3. *Garibaldi et l'armée des Vosges*, page 440.
4. *La Guerre franco-allemande*, 2ᵉ partie, page 1136.
5. *Guerre à chef d'état-major de Garibaldi*, 18 janvier.

peu satisfait de ce qui vient de se passer, écrivait-il le 19... Il désirerait moins d'explications et plus d'actes. » Le 21, quand il connut la vérité entière, il se fâcha pour tout de bon, et renonçant cette fois à ses ménagements habituels, il télégraphia *ab irato* : « J'avoue que j'attendais autre chose de vous dans cette campagne, et que je regrette d'avoir aussi chaudement pris votre parti *dans l'espoir que cela vous déciderait à une action patriotique qui eût tout fait oublier.* » Ces observations arrivaient trop tard, car depuis le matin déjà le général de Kettler, envoyé par Manteuffel pour observer l'armée des Vosges, avait déployé ses bataillons devant Dijon et attaquait la ville, où Garibaldi se maintenait avec une si malheureuse obstination [1].

Combats de Talant, Fontaine-lès-Dijon, Messigny (24 janvier). — Nous avons vu plus haut quelle était la mission confiée au général de Kettler : couvrir le chemin de fer de Nuits-sous-Ravières à Châtillon-sur-Seine et Chaumont, puis pousser vers Saint-Seine et Sombernon afin de reconnaître la situation des forces françaises du côté de Dijon [2]. Quand il se fut assuré que ces forces restaient immobiles, Manteuffel lui envoya, le 20, l'ordre de les attaquer et de s'emparer de la ville. Il disposait pour cela de 5 bataillons 1/4, 2 escadrons et 2 batteries, soit 4,000 hommes, 250 chevaux et 12 pièces. Le 21, dès l'aube, il partait de Turcey et de Saint-Seine, et dirigeait sa brigade sur Dijon en trois colonnes :

1° Au sud, par la vallée de l'Ouche, huit compagnies et trois pelotons de cavalerie;

2° Au centre, par la grande route de Saint-Seine, neuf compagnies, un peloton de cavalerie, deux batteries,

3° Au nord, par la route d'Is-sur-Tille, un bataillon et un escadron.

1. Sur la demande du colonel Gauckler, M. de Freycinet consentit ce que cette dernière dépêche, arrivée pendant le combat du 21, ne fût pas remise à Bordone. (*Enquête parlementaire*, tome II, page 716.)

2. Le 15, il avait, en passant, canonné Avallon, parce que des corps de partisans sortis de la ville avaient attaqué ses patrouilles.

Ce fractionnement en trois groupes séparés par des obstacles difficilement franchissables n'était pas sans dangers, et un adversaire moins passif que Garibaldi en aurait certainement profité pour écraser chacun d'eux en détail; mais, craignant toujours d'avoir affaire à des forces supérieures, le général italien restait fidèle à son attitude de défensive inerte, derrière les travaux de fortification qu'il avait fait établir autour de la ville, à Talant, Fontaine, Saint-Apollinaire et sur les coteaux élevés du sud. Tout compte fait, il disposait cependant de forces *numériquement* considérables et de beaucoup supérieures à celles du général de Kettler. L'*armée des Vosges*, tout entière réunie dans sa main, sauf le détachement Lobbia, toujours à Langres, comptait, de l'aveu de Bordone lui-même, 24,000 ou 25,000 hommes avec une cinquantaine de pièces de canon[1]. A côté de lui, le général Pélissier commandait à 22,000 mobilisés, peu solides à la vérité, aussi mal armés que mal vêtus, mais utilisables encore, du moins en partie, pour la garde des ouvrages. Une pareille masse, si elle eût été vigoureusement commandée et judicieusement conduite, aurait dû facilement disperser les 4,000 hommes du général de Kettler; mais pour cela il fallait une énergie, une volonté et un jugement que ne possédaient ni Bordone, ni Garibaldi.

La colonne prussienne du centre s'avançait donc par la route de Saint-Seine, refoulant et dispersant devant elle les patrouilles garibaldiennes; sa tête était arrivée, à une heure et demie, à la ferme de Changey, quand elle se trouva brusquement en prise à un feu violent d'artillerie parti des hauteurs fortifiées de Talant et de Fontaine. Le général de Kettler ne connaissait que très imparfaitement les dispositions prises pour assurer la défense[2], et il fut désagréablement surpris quand il s'aperçut que les abords de la ville, très sérieusement organisés, formaient, somme toute, une position redoutable. Il fit néanmoins déployer son infanterie en tra-

---

1. Douze pièces de 12 étaient arrivées le 18. Elles servirent à armer les ouvrages.
2. *La Guerre franco-allemande*, 2ᵉ partie, page 1137.

vers de la route, plaça une batterie d'abord, puis une deuxième un peu au sud, et lança deux compagnies contre Daix qui tomba sans grande résistance Après quoi, voyant les hauteurs en face de lui se garnir de masses d'infanterie garibaldienne, il ordonna d'attendre, pour pousser plus loin, que l'artillerie eût produit son effet. Mais, sur ces entrefaites, les brigades Bossak et Menotti s'étaient rassemblées auprès de Fontaine; vers quatre heures, elles se jetèrent sur Daix, essayant même de déborder l'aile gauche prussienne. Elles furent refoulées sur la hauteur par les défenseurs du village, que le général de Kettler avait renforcés d'une compagnie, et durent regagner leurs retranchements.

Pendant ce temps, la colonne du sud avait marché par la vallée de l'Ouche, surpris, cerné et capturé un groupe de 7 officiers et 177 hommes égarés sur la route de Sombernon, et enlevé, malgré la résistance opiniâtre des mobilisés de Saône-et-Loire, le village de Plombières[1]. De là, elle joignait facilement la colonne du centre, et, fort de son appoint, le général de Kettler pensa que le moment était venu de passer à l'offensive. Il fit d'abord violemment canonner Talant, puis, à cinq heures et demie, lança toute sa ligne en avant. Sous ce choc, les garibaldiens plièrent et abandonnèrent tout le terrain découvert à l'ouest des hauteurs, ainsi que quelques maisons situées au pied du piton de Talant; mais les hauteurs elles-mêmes demeurèrent inexpugnables, et les quatre bataillons prussiens, très éprouvés déjà, à bout de munitions, extrêmement fatigués par cette longue journée de marche et de lutte, durent s'arrêter. D'ailleurs, la nuit tombait; à six heures, le feu cessa et les Allemands bivouaquèrent sur place; un bataillon envoyé à Hauteville pour couvrir le flanc gauche dut en chasser les contingents français qui l'occupaient encore (3e légion des mobilisés de la Saône).

La colonne du nord avait, de son côté, soutenu un combat assez vif, sur la route d'Is-sur-Tille, contre la

---

1. Le 3e bataillon de la 4e légion, qui défendait Plombières, y perdit 384 hommes, suivant Bordone. Il y a probablement dans ce chiffre une bonne part de disparus.

brigade Ricciotti, aidée de plusieurs compagnies du génie volontaire. Le major de Conta, qui la commandait, était assez inquiet de son isolement, et aurait voulu faire le plus tôt possible sa jonction avec le général de Kettler. Il attaqua Messigny avec deux compagnies, en jeta une autre dans le bois de Norges, pour contenir l'offensive des garibaldiens débouchant d'Asnières, et posta la quatrième à Savigny-le-Sec afin de se garantir contre un mouvement tournant. Le combat se borna d'ailleurs à une fusillade violente qui dura jusque vers cinq heures; à ce moment, Ricciotti ayant été rappelé à Dijon, le feu s'éteignit, et le major de Conta, emmenant ses blessés, put aller cantonner à Savigny-le-Sec.

Cette première journée de lutte ne donnait donc pas de résultats immédiats. Assurément, l'attaque du général de Kettler avait échoué, et la ville qu'il était chargé de prendre ne paraissait pas près de succomber. Cependant, ce n'était point en pure perte qu'il avait sacrifié ainsi 19 officiers et 322 hommes[1]; car, outre la capture de plus de 400 prisonniers, il remplissait très exactement sa mission en retenant sous Dijon des forces ennemies qui eussent été beaucoup plus dangereuses ailleurs. Garibaldi n'avait nullement besoin, il est vrai, d'être retenu pour rester immobile, mais le général de Kettler ne pouvait pas non plus le deviner. En tous cas, il avait réussi à donner le change sur son propre effectif, car le soir même Bordone, s'arrachant aux joies d'une réception triomphale qui lui était faite par le maire et le préfet, annonçait à M. de Freycinet que *l'ennemi avait dû abandonner ses positions après avoir eu plusieurs pièces démontées*, et que, devant Talant seulement, il *atteignait 17,000 hommes pour le moins*.

Le général de Kettler voulut, avant de reprendre la lutte, donner un jour de repos à ses troupes. Le 22, il les cantonna dans les villages avoisinants, et profita de la tranquillité complète où on le laissait pour recompléter les munitions portées par ses soldats. Les batteries de Dijon tirèrent bien quelques coups de canon,

---

1. Le chiffre des pertes de l'armée des Vosges n'a point été établi.

qui ne portèrent point, sur les troupes allemandes en mouvement pour gagner leurs nouveaux gîtes, et ce fut tout[1].

Combat de Pouilly, 23 janvier. — Prise d'un drapeau prussien. — Ainsi, bien décidément, Garibaldi persistait dans son attitude inactive, et paraissait disposé à riposter peut-être, mais nullement à attaquer. Le 23, le général de Kettler, voyant que la situation pouvait durer longtemps ainsi, songea à porter ses troupes des hauteurs de Darois et de Messigny dans la plaine, où les villages offraient plus de ressources pour l'alimentation. Il,lui fallait pour cela opérer une marche de flanc très rapprochée, à portée de notre feu. Le général Bordone, malgré toute son habileté[2], le laissa faire sans l'inquiéter aucunement.

Les Allemands se mirent donc en mouvement dès le matin; leur avant-garde dispersa, sur le chemin d'Hauteville à Ancey un détachement de mobiles, et la brigade Kettler vint tranquillement s'installer, vers onze heures, à la ferme de Valmy, d'où elle envoya des patrouilles vers Ruffey. Les habitants prétendaient que des forces assez considérables avaient la veille quitté Dijon pour Auxonne; d'autre part, on n'apercevait dans les positions françaises aucun signe d'activité[3], et certains postes avancés, primitivement occupés par les garibaldiens, étaient trouvés évacués. Le général de Kettler craignit de voir l'armée de Garibaldi lui échap-

---

1. A en croire l'ouvrage de Bordone, il y aurait eu ce jour-là encore une grande bataille terminée par la déroute des Prussiens. Aucune source allemande ne la mentionne, et l'état-major prussien n'accuse au surplus, pour cette journée, que la perte d'un officier et de 40 hommes, plus une ambulance capturée à Changey, au mépris, dit-il, de la convention de Genève. — Le 22, fut tué, dans des circonstances assez mystérieuses, le général Bossak-Haucke. Parti en reconnaissance dans la vallée du Suzon avec quelques cavaliers, il disparut tout à coup, paraît-il, et son cadavre ne fut retrouvé que deux jours après, le 24, dans un bois près d'Étaules. Le corps fut envoyé et inhumé à Genève, où était réfugiée la famille du général, exilée de Russie après l'insurrection polonaise de 1862.

2. « Je retrouve la brave armée de Garibaldi et *son habile chef d'état-major* », avait télégraphié M. de Freycinet le 21 au soir.

3. On s'y préoccupait si peu d'une attaque, que Bordone était allé inspecter les ouvrages du sud, et que Ricciotti accompagnait avec sa brigade, à la gare de Dijon, le corps d'un officier tué l'avant-veille.

per; sa mission étant avant tout de la retenir sur place, il résolut de l'attaquer et de l'empêcher ainsi de se dérober. Dès une heure de l'après-midi, il lança donc un bataillon (du 21ᵉ) contre les hauteurs au nord de Pouilly, où se tenaient des postes avancés de mobilisés ; ceux-ci furent, sans grande difficulté, refoulés sur le village, et remplacés par les deux batteries allemandes, qui canonnèrent Pouilly. A ce moment, des patrouilles vinrent prévenir le général de Kettler que des forces françaises considérables débouchaient de Saint-Apolinaire et de Ruffey, menaçant sérieusement la gauche du 21ᵉ ; six compagnies et un escadron furent aussitôt dirigés vers la ferme d'Épirey, mais comme notre offensive, loin de s'accentuer, se réduisait au contraire à une démonstration sans portée, un bataillon entier fut ramené sur Pouilly. Il y eut donc devant le village huit compagnies prussiennes qui, se déployant immédiatement, marchèrent ensemble à l'attaque.

Pouilly était occupé par la 3ᵉ légion des mobilisés de Saône-et-Loire et par un bataillon de la 2ᵉ légion ; il avait été mis en état de défense, et les murs qui l'entourent d'une façon presque continue étaient percés de créneaux. L'ennemi eut donc à vaincre de grandes difficultés pour s'en emparer ; il lui fallut prendre chaque maison d'assaut, et réduire en cendres le château avant de pouvoir en débusquer les défenseurs[1]. Il conquit cependant le village, mais au moment où il s'y installait, l'artillerie française, établie à Fontaine, ouvrit sur lui un feu violent. Rester là ne semblait pas possible ; d'autre part, on était maintenant si près de Dijon que peut-être un coup de surprise allait permettre d'y entrer. Le général de Kettler remit ses troupes en marche, et les dirigea, par la grande route, droit sur la ville.

Il y avait à 800 mètres environ au sud de Pouilly, sur le côté droit de la chaussée, une grosse fabrique entourée de murs. Puissamment organisée, et occupée avait eu le temps de prendre les armes et de revenir de la gare, elle formait un poste avancé redoutable, dont l'ennemi devait à tout prix s'emparer avant d'aborder les hauteurs fortifiées qui couvraient directement Dijon au nord. Les deux bataillons du 21° furent lancés contre elle, avec l'appui de leurs batteries amenées jusqu'à Pouilly ; mais le feu de six pièces françaises en position sur les coteaux, à l'est de la chaussée, les arrêta net à 500 mètres des garibaldiens. Le général de Kettler dut les faire soutenir par deux bataillons du 61° appelés de la ferme de Valmy, qui se déployèrent à l'ouest de la route, et réussirent à refouler dans les faubourgs ceux des hommes de Ricciotti qui étaient postés aux abords de l'usine. Le 61° alors, après avoir embusqué un peleton près du Suzon pour couvrir contre les tirailleurs français de Fontaine le flanc droit de la ligne d'attaque, poussa de l'avant et vint gagner une excavation située à moins de 200 mètres de l'angle nord-ouest de la fabrique ; mais il lui fut complètement impossible d'en déboucher. Le feu des garibaldiens avait pris, en effet, une intensité terrible ; en un instant, presque tous les officiers du 61° furent à terre, son 2° bataillon tomba aux ordres d'un lieutenant, et une de ses compagnies se trouva réduite à 70 fusils[1]. A travers les voiles du crépuscule, de la fumée et du brouillard, les officiers allemands avaient beaucoup de peine à orienter le tir, et les lueurs toujours plus ardentes qui perçaient la brume leur indiquaient la puissance numérique croissante d'un adversaire qui paraissait opiniâtre et résolu. Néanmoins l'ennemi voulut tenter un dernier assaut. Tandis que deux compagnies faisaient front contre Saint-Martin, pour se garantir de ce côté contre une attaque possible, une autre fut lancée contre la fabrique ; elle était accompagnée du drapeau du bataillon.

Mais, pour sortir de l'excavation où elle était tapie, il lui fallait gravir un talus raide et glissant. Quarante hommes à peine, deux lieutenants et le sous-officier porte-drapeau réussirent à déboucher. A peine ont-ils

---

1. *La Guerre franco-allemande*, 2° partie, page 1144.

fait quelques pas sous une grêle de projectiles, que le sous-officier tombe frappé à mort, tandis que le lieutenant en premier, grièvement blessé, doit être ramené en arrière. Alors le sous-lieutenant, se saisissant du drapeau, essaye de reprendre la marche; il est traversé par deux balles, et tous les hommes qui veulent ramasser le sanglant trophée étendu sur son cadavre périssent successivement à ses côtés. L'adjudant-major du bataillon, accouru au danger, subit le même sort; cependant, les quelques survivants de ce massacre poussent jusqu'à la muraille. Elle n'offre de ce côté aucun passage, et ses créneaux vomissent la mort. Le sergent-major de la compagnie, voyant qu'il n'y a plus rien à tenter, ordonne alors la retraite, et c'est accompagné de quatre ou cinq soldats seulement qu'il peut rejoindre l'excavation. Là, on s'aperçoit que le drapeau n'a pas été ramené. De tous ceux qui partent courageusement à sa recherche, un seul revient blessé; les autres ne reviennent pas. « Ainsi, dit la *Relation prussienne*, le seul drapeau que l'armée allemande a perdu dans cette campagne a été retrouvé par les hommes de la brigade Ricciotti Garibaldi, inondé de sang, déchiré par les balles et sous un monceau de cadavres. »

Il est exact que c'est dans ces conditions émouvantes que le drapeau du 2ᵉ bataillon du 61ᵉ poméranien fut conquis le soir même du combat de Pouilly. Un chasseur du Mont-Blanc, nommé Curtal, qui avait vu tomber le porte-drapeau à une centaine de mètres de l'usine, sortit par une petite porte et l'arracha, paraît-il, des mains d'un Prussien blessé; la hampe fut même brisée par une balle sur son épaule [1]. Quant au drapeau, on le remit immédiatement à Ricciotti, puis à Garibaldi. Il

---

[1]. Plusieurs versions ont couru sur la manière dont ce drapeau a été ramassé, et on ne semblait même pas d'accord, jusqu'à ces dernières années, sur le compte de son heureux ravisseur. Dans une brochure parue en 1891 (*Les Drapeaux prussiens pris à Rezonville et à Dijon*, Paris, Dubois), M. Ledeuil-d'Enquin, ancien officier de l'armée territoriale, semble avoir résolu la question. C'est sa version, appuyée sur des documents nombreux et dignes de créance, que nous donnons ici.

est aujourd'hui aux Invalides [1]. Mais la *Relation prussienne* commet un oubli volontaire en citant ce trophée comme le seul que nous ayons conquis pendant la guerre; car son rédacteur ne peut certainement point ignorer que le 16 août 1870, à la bataille de Rezonville, un autre drapeau, appartenant au 16º régiment d'infanterie de Westphalie, a été capturé par un officier français dans une lutte corps à corps. Bien que ne compensant malheureusement pas, sous le rapport de la quantité, ceux qu'un indigne général a livrés aux Allemands, ces deux trophées, *pris les armes à la main*, ont à nos yeux une valeur suffisante pour que nous en revendiquions avec orgueil la propriété et que nous puissions en rappeler la conquête, plus glorieuse, assurément que celle des 52 étendards qui furent conduits dans des fourgons au quartier général du prince Frédéric-Charles devant Metz.

Revenons maintenant au combat de Pouilly. Le général de Kettler, voyant à la résistance acharnée des garibaldiens que Dijon n'était nullement évacué, se sentant d'autre part fortement pressé sur sa gauche par un bataillon de la 4º légion de Saône-et-Loire qui s'était déployé à l'est de la fabrique et dessinait une vigoureuse contre-attaque, le général de Kettler donna l'ordre de rompre le combat. Après avoir rassemblé son monde au sud de Pouilly, au prix de difficultés sérieuses créées tant par l'obscurité que par les progrès des mobilisés de Saône-et-Loire, il alla cantonner derrière la ligne Vantoux-Asnières, emmenant avec lui ses blessés. La journée avait été dure pour sa brigade, qui perdait 16 officiers et 362 hommes [2]; mais elle était gagnée pour l'armée de Manteuffel, qui, au même moment, coupait au général Bourbaki la route de Lons-le-Saunier.

La vigueur déployée par la brigade Ricciotti et par les mobilisés de Saône-et-Loire ne produisait donc en somme que des résultats passifs, et l'inviolabilité de

---

1. Resté jusqu'en 1885 au musée d'artillerie, il a été suspendu dans la chapelle le 20 avril 1888.
2. Aucune pièce sérieuse ne fournit des renseignements admissibles sur les pertes de l'armée des Vosges.

Dijon ne modifiait en rien la situation presque désespérée déjà de l'armée de l'Est. C'est ce que ne comprenaient point Garibaldi ni Bordone. Satisfaits d'avoir conservé leurs positions, et bravé avec 50,000 hommes retranchés les efforts d'une simple brigade, ils adressaient à Bordeaux des télégrammes pompeux, où leur victoire prenait des proportions épiques et où les forces adverses étaient sommairement évaluées à 35,000 hommes pour le moins. Bien plus, le chef d'état-major, plus soucieux d'attribuer à lui et aux siens des mérites excessifs que de demeurer fidèle à la vérité, ne craignait pas d'accuser faussement de mauvaise tenue devant l'ennemi les mobilisés et les mobiles ; il faisait déplacer le général Pélissier, que M. de Freycinet envoyait à Lons-le-Saunier « pour éviter des conflits pénibles », et obtenait la réunion sous les ordres de Garibaldi, c'est-à-dire sous les siens, de toutes les forces réunies à Dijon et dans le département de la Côte-d'Or[1]. Le délégué demandait en échange qu'on assurât inébranlablement la défense de Dijon, et qu'on dirigeât sans délai une forte expédition sur Dôle et Mouchard, pour produire une diversion utile. « La tâche est difficile, écrivait-il à Garibaldi, le 25, *mais elle n'est pas au-dessus de votre courage ni de votre génie.* » Elle était certainement au-dessus de son activité, car depuis le combat de Pouilly aucune tentative ne fut faite par lui, ni pour bousculer les cantonnements pourtant si rapprochés du général de Kettler, ni pour mieux se renseigner sur les forces de son adversaire, ni surtout pour chercher à se relier à Bourbaki ou à inquiéter Manteuffel. L'armée des Vosges retomba dans son inaction primitive et demeura clouée à Dijon, jusqu'au jour où elle dut en partir précipitamment, sous la menace d'y être elle-même enveloppée.

---

1. Sur les fausses indications de Bordone, le délégué avait écrit au général Pélissier une lettre fort dure, le 22 janvier. Il est à croire qu'il la regretta aussitôt, car, dès le 24, il le nommait général de division. Mais alors Bordone envoya sa démission par télégraphe, et, pour le calmer, M. de Freycinet dut faire quitter Dijon au général Pélissier. (*Enquête parlementaire*, tome III, page 522 et tome II, pages 748 et 760.)

Cependant, telle était l'illusion qu'on se faisait à Bordeaux sur la valeur militaire du général italien, si étonnante était la suffisance de son acolyte, qu'on avait fini par prendre pour des réalités ce qui n'était que le mirage d'une imagination trop féconde. On croyait fermement que l'armée des Vosges venait d'avoir affaire à une portion considérable des forces allemandes, et d'échapper par suite à un grand danger. On jugeait que son chef avait déployé tant de fermeté, ses soldats tant de bravoure qu'il était désormais permis de compter sur elle comme sur le dernier rempart de la France épuisée, et qu'il n'existait aucune mission qu'elle ne fût capable de remplir. C'était elle qui, dans l'esprit de M. de Freycinet, devenait maintenant l'élément principal de la résistance suprême, et il pensait sérieusement à lui subordonner l'armée de l'Est, ou du moins à envoyer celle-ci à son secours. « L'ennemi attaquera demain Dijon avec de grandes forces, télégraphiait-il le 23 au général Bourbaki. *Ne pourriez-vous pas faire un mouvement qui prête appui à Garibaldi?* Il y aurait peut-être là une belle occasion de punir l'ennemi de sa témérité à opérer entre Garibaldi et vous. » Et, le lendemain, il écrivait à Gambetta, alors à Saint-Malo : « Garibaldi a encore remporté un très grand succès hier. *C'est décidément notre premier général.* Cela fait un pénible contraste avec l'armée de Bourbaki qui, depuis huit jours, piétine sur place entre Héricourt et Besançon. » Il demandait, en conséquence, que la direction des opérations passât de Bourbaki à Garibaldi : « Je me fais fort, avec cette organisation, ajoutait-il, de reprendre les Vosges. » Hélas ! rien ne pouvait plus nous rendre les Vosges, et la question était désormais de savoir si la malheureuse armée de l'Est, épuisée, désorganisée, bloquée dans Besançon par Werder et Manteuffel, coupée de Lyon presque entièrement, pourrait encore échapper à la fin désastreuse dont la menace allait chaque jour en s'accentuant ! Et la vérité était que, de cette extrémité déplorable, Garibaldi et Bordone portaient leur grande part de responsabilité, parce qu'au lieu d'agir, ils avaient gardé jusqu'au bout la passivité la plus injustifiable, parce qu'au lieu de remplir la mission si haute qui leur incombait, ils avaient préféré attendre sur place qu'on vînt les attaquer, et laissé ainsi aux 90,000 hommes de Manteuffel une liberté de mouvement qu'ils avaient avant tout charge d'entraver. On l'a dit avec grande raison, et toutes les légendes bâties après coup ne prévaudront point contre cette constatation douloureuse : « L'inaction où Garibaldi demeura imperturbablement, avant et après les combats de Dijon, prépara et assura la ruine de l'armée de l'Est[1]. » Il suffit de se reporter aux événements qui précèdent et de connaître ceux qui vont suivre pour se convaincre que ce jugement, si sévère qu'il soit, n'a rien d'injuste ni d'excessif.

1. Général CANONGE, *Histoire militaire contemporaine*, tome II, page 444.

CHAPITRE V

LA CATASTROPHE

I. — La marche sur Pontarlier.

Situation générale le 24 janvier. — Le 24 janvier au soir, tous les corps de l'armée française de l'Est étaient réunis autour de Besançon, sauf le 24e, qui, après l'abandon de Lomont, s'était, au milieu du désordre que l'on sait, replié vers le sud, dans la direction de Pontarlier [1]. Quant aux forces allemandes, elles entouraient déjà leur adversaire de trois côtés.

Au nord, le XIVe corps et la 4e division de réserve s'étendaient entre le Doubs et l'Ognon, de Baume-les-Dames à Montbozon.

A l'est, le VIIe corps occupait les deux rives du Doubs, et s'étalait de Dampierre à Quingey, sur la lisière orientale de la forêt de Chaux. Il avait derrière lui, au sud de cette même forêt le IIe corps, échelonné depuis Névy-lès-Dôle jusqu'à Villers-Farlay. Les routes directes de Besançon à Lyon étaient donc complètement barrées.

A l'ouest, la brigade Knesebeck, du IIe corps, sur-

---

[1]. La garnison de Besançon, très affaiblie par les prélèvements faits sur elle au profit de l'armée, était peu nombreuse. Du 15 au 17, elle reçut neuf bataillons de mobilisés et un détachement de lanciers; mais comme on n'avait point dans la place de munitions pour les fusils Enfield, dont étaient armés les mobilisés, le général Rolland ne voulut pas garder ces 8,000 bouches inutiles, et les renvoya sur Lyon. Les mobilisés purent, en passant par Champagnole, atteindre Lons-le-Saunier.

veillait Auxonne et opérait la liaison avec la brigade Kettler, toujours à Dijon. Les escadrons du colonel de Willissen échelonnés sur la route de Gray à Dôle, couvraient les derrières de l'armée, et, en s'appuyant sur le détachement d'infanterie laissé à Mirebeau, pouvaient surveiller la direction de Langres.

Ayant ainsi accompli sans encombre la première partie de sa tâche périlleuse, le général de Manteuffel pouvait désormais songer à l'achever en mettant définitivement hors de cause la malheureuse armée française qu'il avait devant lui. Il s'en occupa sans plus tarder[1]. Dès la soirée de ce même jour, il adressa à ses commandants de corps d'armée des instructions détaillées, où, sans donner d'ordres fermes, dont la situation générale, encore imparfaitement définie, aurait pu à certains moments faire regretter la trop grande précision, il indiquait, avec une grande hauteur de vues et une remarquable rigueur de déduction, la conduite à tenir dans les différentes éventualités à prévoir. Ces instructions méritent d'être reproduites, au moins dans leurs grandes lignes; elles présentent, au point de vue stratégique, un intérêt tout spécial, et donnent, sur les méthodes de guerre allemandes, des renseignements précieux.

En supposant, y était-il dit, que le XIV° corps d'armée, partant de Baume-les-Dames demain 25, gagne, par une petite journée de marche, du terrain dans la direction de Besançon, il y aurait à examiner les hypothèses suivantes :

1° *L'ennemi continue sa retraite dans la direction du sud.* — La route de Villers-Farlay lui étant barrée, il sera obligé de suivre les routes situées entre Villers-Farlay et Pontarlier. Dans ce cas, les II° et VII° corps sont prêts à l'attaquer de flanc avec leurs avant-gardes, ou à lui barrer le passage avec des colonnes mobiles.

2° *L'ennemi cherche à passer par Quingey et Dampierre.* — Le

---

[1]. La question des ravitaillements était seule assez inquiétante. On avait bien rouvert la ligne des communications par Épinal, où se trouvait un magasin ; mais les convois mettant au moins dix jours pour arriver jusqu'aux corps les plus éloignés, Manteuffel dut prescrire de pourvoir à l'alimentation des troupes par voie de réquisitions. D'ailleurs, les approvisionnements considérables capturés dans les gares, à Dôle, à Saint-Vit, etc., furent d'un grand secours aux Allemands.

VII⁰ corps ayant une division sur chaque rive du Doubs, est prêt à repousser le premier choc, tandis que le II⁰, placé plus en arrière, peut, selon les circonstances, prendre part à l'action sur les deux rives du Doubs. Dans les deux cas, le XIV⁰ corps, venant du nord, devra se jeter énergiquement sur les arrière-gardes françaises.

3° *L'armée de l'Est essaye de se faire jour dans la direction de Pesmes et de Gray pour gagner Dijon.* — Dans ce cas, toutes les troupes le plus à proximité se porteraient contre les deux flancs des colonnes en marche pour les arrêter. Les autres troupes se joindraient à ce mouvement ou bien, en devançant les colonnes françaises, pourraient les envelopper.

4° *L'ennemi fait de nouveau front contre le XIV⁰ corps.* — Dans ce cas, les II⁰ et VII⁰ corps entreront en action, venant du sud.

5° *L'ennemi cherche à gagner la frontière suisse.* — Alors toutes les avant-gardes suivront immédiatement ce mouvement, afin de pouvoir plus tard, avec le concours de l'armée tout entière, s'il est nécessaire, forcer l'adversaire à accepter la bataille ou à passer la frontière.

6° *L'ennemi se concentre près de Besançon et attend notre attaque.* — Il faudrait, dans ce cas, calculer la durée approximative des approvisionnements de l'armée française, et assurer les vivres de l'armée du Sud, autant qu'on peut le prévoir, pour un laps de temps plus considérable. L'armée ne serait pas obligée pour cela de tenter une attaque contre les fortes positions situées peut-être sous la protection du canon de la place; elle pourrait au contraire attendre que la faim obligeât l'ennemi à nous attaquer.

En raison de ces diverses circonstances, dans lesquelles un rapprochement immédiat des trois corps serait difficile et peut-être même inopportun, j'ai tenu, par ce qui précède, à porter mon appréciation sur la situation à la connaissance de Votre Excellence, afin qu'elle puisse prendre ses dispositions dans ce sens avant d'avoir reçu mes ordres, si les événements nécessitaient une prompte solution.

Conseil de guerre de Château-Farine. — Or, tandis que le commandant en chef des forces prussiennes traçait avec cette sûreté et cette netteté d'appréciations la conduite à tenir par les unités placées sous ses ordres, le général Bourbaki, en proie à des inquiétudes toujours plus graves, demandait au contraire à ses subordonnés un avis qui lui dictât sa décision. Le 24, il convoquait à Château-Farine[1] les commandants de corps d'armée

---

1. A la porte de Besançon, sur la route de Dôle. — Les généraux commandant les 15⁰ et 24⁰ corps, ainsi que le chef d'état-major

et les chefs de service, et leur exposait la situation de l'armée. Elle était singulièrement précaire, on le sait, et cela à tous les égards. Non seulement les progrès de l'ennemi constituaient pour elle une menace terrible, mais, de l'aveu des généraux, son état matériel et moral était lamentable et ses effectifs très diminués. Quant aux approvisionnements, ils se réduisaient, au dire de l'intendant général Friant, à fort peu de chose, sept jours de vivres à peu près[1]. Ces constatations diverses avaient exercé la plus fâcheuse influence sur le moral du général Bourbaki, déjà fort irrité du peu de concours apporté à ses opérations, et du ton blessant avec lequel M. de Freycinet lui reprochait de ne pas les avoir mieux réussies[2]. C'est donc sans dissimuler ni son découragement ni son amertume qu'il donna lecture au conseil de la dépêche qu'il venait de recevoir de Bordeaux, dépêche où se trouvaient formulées les appréciations qui lui avaient été si sensibles. « Vous connaissez mon opinion sur l'ensemble de vos mouvements, y était-il dit entre autres choses. Autant j'admire votre attitude sur le champ de bataille, autant je déplore la lenteur avec laquelle l'armée a manœuvré avant et après les combats. Le pays n'est pas fait autrement pour les Prussiens que pour vous, et cependant je vois l'ennemi vous gagner complètement de vitesse et accomplir une entreprise à côté de vous avec une célérité, une audace et un bonheur incroyables. Selon moi, vous n'avez aujourd'hui qu'un parti à prendre, c'est de *reconquérir immédiatement et sans perdre une minute les lignes de*

---

général, occupé à une reconnaissance sur le terrain, n'assistaient pas au conseil de guerre.

1. Du moins ceux qui étaient destinés à l'armée. Ceux de la place étaient, paraît-il, beaucoup plus considérables et même supérieurs aux besoins; mais il n'en avait pas été question. (*Enquête parlementaire*, tome III, pages 524 et 582.)

2. C'est le 21 seulement que le délégué à la Guerre, soupçonnant enfin toute l'étendue du danger que faisait courir à l'armée de l'Est la marche de Manteuffel, avait invité Bourbaki à précipiter son mouvement le long du Doubs, « pour ne pas se laisser envelopper ». Le général s'étant plaint d'avoir été prévenu si tard, M. de Freycinet lui avait répondu, le 24 : « C'était votre souci de vous renseigner vous-même dans une région si voisine de votre armée. »

communications que vous avez si regrettablement perdues, et de prévenir la chute de Dijon, que les tentatives renouvelées de l'ennemi pourraient amener *malgré l'héroïsme de Garibaldi*[1]. »

Reconquérir les lignes de communications perdues était plus facile à dire qu'à faire, et certainement M. de Freycinet ne se rendait pas plus compte des difficultés d'une semblable entreprise qu'il n'apportait d'équité dans son appréciation des résultats obtenus par les deux adversaires, car on ne peut comparer entre elles des choses essentiellement dissemblables ni demander à une armée de recrues en haillons les mêmes prouesses qu'à de vieilles troupes. Le délégué passait au surplus toute mesure en opposant à la conduite du malheureux Bourbaki celle du cacochyme défenseur de Dijon, dont l'inertie confirmée était la cause prédominante de la situation actuelle. C'était plus qu'une erreur, c'était une souveraine injustice, dont le commandant en chef fut frappé au cœur.

Quoi qu'il en soit, trois questions furent soumises au conseil : *Devait-on maintenir l'armée sous Besançon et y attendre les attaques de l'ennemi ?* A cela il fut répondu que la pénurie des vivres ne permettait pas de rester sur place. L'intendant général Friant avait dit que les subsistances de l'armée étaient suffisantes pour sept jours à peine[2]. Quant à celles de la place, on n'en disposait pas, le général Rolland, sous le prétexte qu'il ne voulait pas voir se renouveler l'aventure de Metz, s'étant énergiquement refusé à en livrer même une partie[3].

On agita la question de savoir *s'il était possible de prendre l'offensive et de chercher à percer dans la direction d'Auxonne et de Dijon.* C'était ce que demandait M. de Freycinet ; mais personne, sauf le général Billot, ne considéra la tentative comme susceptible de

---

1. Par cette dépêche, M. de Freycinet rappelait à Bordeaux M. de Serres.
2. Il y en avait en réalité pour dix jours.
3. *Enquête parlementaire*, déposition du général **Séré de Rivière**, tome **V**.

réussir. Les troupes étaient réellement dans un état trop grave de désorganisation et de faiblesse.

Restait un troisième parti, qui s'imposait par suite de l'abandon des autres, et auquel on finit par se rallier : *mettre l'armée en retraite dans la direction de Pontarlier pour chercher à gagner les routes qui, longeant la frontière, conduisent dans la vallée du Rhône.* Une pareille détermination était fort grave, parce qu'on allait avoir à lutter contre d'énormes difficultés. Les plateaux du Jura qu'il fallait traverser étaient couverts d'une épaisse couche de neige, à travers laquelle les convois ne pourraient probablement pas se mouvoir. Des tourmentes étaient à craindre, qui pouvaient amener une catastrophe. Le général Séré de Rivière, chargé dès le 25 de préparer la retraite, fit à cet égard des observations judicieuses et fondées, qui semblent avoir un moment ébranlé le commandant en chef[1]. Malgré tout, la décision prise fut maintenue, et les ordres immédiatement donnés.

Cette retraite sur Pontarlier n'était, à proprement parler, qu'un détour au moyen duquel on voulait atteindre les routes encore libres donnant accès dans la vallée de la Saône et du Rhône; du moins tel était l'espoir du général Bourbaki. Il comptait gagner à l'abri des coups de l'adversaire, soit la route de Salins par Ornans, s'il en était temps encore, soit celle de Pontarlier à Lons-le-Saunier par Champagnole, soit enfin celle de Pontarlier à Saint-Claude par Saint-Laurent. Personne ne songeait malheureusement que l'ennemi, établi à Quingey et à Mouchard, était plus rapproché de ces routes qu'aucun des corps de l'armée de l'Est, et que le gagner de vitesse était extrêmement difficile. Tout ce qu'on aurait pu faire était de transporter rapidement quelques troupes mobiles en des points choisis à l'ouest et au sud-ouest de Pontarlier, à Salins, par exemple, au défilé des Planches, à Saint-Laurent. Là on pouvait établir quelques travaux défen-

---

1. *Enquête parlementaire*, déposition du général Séré de Rivière, tome V.

sifs qui auraient peut-être permis de garder ces positions avec peu de monde, et de tenir tête à l'adversaire en attendant l'arrivée de renforts amenés successivement. Mais il était de toute nécessité, quel que fût le parti arrêté, de masquer la retraite générale en faisant attaquer énergiquement l'ennemi par un ou deux corps; c'est à quoi on ne songea pas, dans l'idée qu'un mouvement offensif était devenu absolument impossible. La seule précaution qu'on essaya de prendre fut la réoccupation de Lomont, où le général Bressolles reçut l'ordre de ramener son corps d'armée.

Cependant les rapports entre le commandant en chef et le délégué à la Guerre se tendaient chaque jour davantage. Aux termes de ses instructions, le premier devait adresser quotidiennement au second communication détaillée de ses projets pour le lendemain, et cette obligation amenait un échange de correspondances toujours aigres d'un côté, de plus en plus découragées de l'autre. En annonçant à Bordeaux, le 24 au soir, la décision prise de se porter sur Pontarlier, le général Bourbaki n'avait pas pu cacher son chagrin ni ses tristesses. « Quand vous serez mieux informé, disait-il, vous regretterez le reproche de lenteur que vous me faites; les hommes sont exténués de fatigue, les chevaux aussi... vous ne vous faites pas une idée des souffrances que l'armée a endurées depuis le commencement de décembre... Si le plan que je vous indique ne vous convenait pas, je ne saurais vraiment que faire. *Croyez que c'est un véritable martyre d'exercer un commandement en ce moment... Si vous croyez qu'un de mes commandants de corps d'armée puisse faire mieux que moi, n'hésitez pas, comme je l'ai déjà dit, à me remplacer.* » Or, non seulement l'idée de la retraite sur Pontarlier ne convenait pas à M. de Freycinet, mais, au moment même où le général Bourbaki lui écrivait ce qu'on vient de lire, il rédigeait l'invitation de porter *par voies de terre*, sur Nevers, les 15°, 18° et 20° corps, sous la protection du 24° et de la division Crémer, laissés en position [1]. Cette fois, le commandant en chef

---

1. Les deux télégrammes se croisèrent.

fut outré : « Votre dépêche, répondit-il, me prouve que vous croyez avoir une armée bien constituée; il me semble que je vous ai dit souvent le contraire. Du reste, j'avoue que le labeur que vous m'infligez est au-dessus de mes forces et que vous feriez bien de me remplacer par Billot ou Clinchant... » Mais M. de Freycinet n'en voulait point démordre. Au lieu de donner satisfaction à la demande réitérée du général, et de le remplacer dans son commandement, ce qui eût coupé court à ces dissensions fâcheuses, il revint à la charge. « Il faut que vous quittiez Besançon, avec les corps que j'ai indiqués, et que vous vous portiez vers la région que j'ai également indiquée », télégraphiait-il encore le 24 au soir. L'infortuné général commençait à s'affoler. Il expédiait dépêche sur dépêche, cherchant des arguments dans le tableau navrant de la situation réelle. « La marche que vous me prescrivez est impossible, disait-il ; c'est comme si vous ordonniez à la deuxième armée d'aller à Chartres. J'ai sur ma droite une armée évaluée à 90,000 hommes ; au centre et à gauche, deux corps d'armée qui viennent de Dôle, la forêt de Chaux et Quingey. *Dans mes trois corps d'armée, je n'ai pas 30,000 combattants* ; des batteries sont établies sur les routes. Si je vais jusqu'à Dôle, je ne reviendrai pas à Besançon et je ne passerai pas plus loin... » La réponse, expédiée le 25 dans l'après-midi, était cruelle, et peu faite pour ramener le calme dans l'âme déjà si profondément troublée du commandant en chef. « Je suis tombé des nues, écrivait M. de Freycinet, à la lecture de vos dépêches. Il y a huit jours à peine, devant Héricourt, vous me parliez de votre ardeur à poursuivre le programme commencé, et aujourd'hui, sans avoir eu à livrer un seul combat, après avoir fait des mouvements à peine sensibles sur la carte, vous m'annoncez que votre armée est hors d'état de marcher et de combattre, qu'elle ne compte pas 30,000 hommes, que la marche que je vous conseille vers l'ouest ou le sud est impossible, et que vous n'avez d'autre solution que de vous diriger sur Pontarlier ! Enfin, vous concluez par me demander mes instructions. Quelles instructions voulez-vous que je donne à un général en chef qui me déclare qu'il n'y a pas d'autre parti à prendre? *Puis-je, je vous le demande, prendre la responsabilité d'un de ces échecs qui suivent trop souvent la détermination qu'on impose à un chef d'armée!* Je ne puis que vous manifester énergiquement mon opinion, mais je n'ai pas le droit de me substituer à vous-même, et la décision en dernier lieu vous appartient. Or, mon opinion est que vous exagérez le mal... » Suivait l'invitation réitérée de chercher à percer soit par Dôle, soit par Mouchard, soit par Gray, soit par Pontailler, *en se concertant au besoin avec Garibaldi*, plutôt que de prendre la direction de Pontarlier, où l'on devait fatalement être amené, ou à capituler, ou à se jeter en Suisse.

M. de Freycinet ne croyait pas à la désorganisation de l'armée; elle était cependant bien réelle, et plus lamentable encore que ne l'accusait le général. Quant à sa situation militaire, à laquelle avaient contribué presque également les dépêches rassurantes envoyées par le délégué au sujet de la marche de l'armée du Sud et l'inertie de Garibaldi, elle ne comportait malheureusement plus guère de remède, d'autant que l'appui du général italien, avec lequel Bourbaki n'avait d'ailleurs aucun moyen de communication, était plus illusoire que jamais. Il eût fallu que le gouvernement ait assez d'autorité et d'influence sur l'état-major de l'armée des Vosges pour rappeler celui-ci à son devoir, qu'il oubliait; mieux encore, il eût fallu disposer d'autres troupes pour inquiéter sérieusement les derrières de Manteuffel, car ainsi que l'écrivait le général Bourbaki, « si l'ennemi n'est point attaqué sur ses communications, l'armée de l'Est peut être considérée comme perdue [3] ». Rien de tout cela n'existant, il fallait se résigner maintenant à la catastrophe, contre l'éventualité de laquelle on ne s'était pas suffisamment prémuni, et les récriminations du gouvernement, si elles aigrissaient les caractères, demeuraient impuissantes à prévenir le dénouement fatal.

1. *Dépêche du 26 janvier, une heure du matin.*

Tentative de suicide du général Bourbaki. — La pénible lutte soutenue par le commandant en chef contre le représentant du gouvernement n'avait cependant apporté aucun changement aux décisions arrêtées à Château-Farine, et le mouvement de retraite ordonné le 14 au soir avait débuté dès le 25 au matin. Mais les hésitations, les contre-ordres, les encombrements de toute sorte, ainsi que divers incidents dont il va être question, l'avaient singulièrement retardé, si bien que le 25, dans la soirée, il était encore à peine dessiné.

Le 24º corps avait reçu le 24 au soir, comme il a été dit, l'ordre formel de réoccuper le Lomont. La division d'Ariès se reporta, le 25 au matin, sur Pont-les-Moulins; mais pressée par les troupes du général de Schmeling, qui avaient franchi le Doubs, elle s'enfuit en débandade, laissant 400 hommes aux mains de l'ennemi. Quant aux deux autres divisions, le général Bressolles fit de vains efforts pour les ramener à l'ennemi. Il lui fut impossible de retrouver le général Comagny, qui, après la débâcle de la veille, avait suivi ses troupes en désordre jusqu'à Pontarlier[1]. Il lui fut non moins impossible de déterminer l'offensive de la division de Busserolles, où un colonel de mobilisés refusa de marcher[2]. La décomposition du 24º corps était complète, et ses débris essaimés atteignirent, pêle-mêle, dans la soirée, les points de Vercel, Pierre-Fontaine et Morteau.

Le 18º corps avait été envoyé dans la direction de Baume-les-Dames pour tâcher d'appuyer le retour offensif du 24º corps vers les défilés de Lomont. Mais les ordres de mouvement émanés du commandement de l'armée manquant de précision, amenèrent des hésitations prolongées; il fallut traverser Besançon en une colonne unique, au milieu d'une foule d'hommes, de voitures, d'équipages en désarroi. Le général Billot amena néanmoins ses troupes à Bouclans, Osse et Nancray, dans la soirée du 26. Sur sa droite, à Vercel, se trou-

---

1. *Enquête parlementaire*, déposition du général Bressoles, tome IV, page 328.
2. C'était le lieutenant-colonel Valentin, de la 1ʳᵉ légion du Rhône. Il fut destitué quelques jours plus tard par Gambetta.

vaient la division de Busserolles et quelques épaves de la division d'Ariès. Il avait devant lui, au nord de la ligne Aissey-Passavant. la division Schmeling, isolée et fort exposée[1]. Une attaque générale pouvait donc réussir ; malheureusement, le 18ᵉ corps était hors d'état de la faire. Pendant douze heures il avait cherché à s'ouvrir un passage entre les voitures, sur une pente glacée[2], et plusieurs de ses éléments n'étaient pas encore arrivés. D'ailleurs de graves événements devaient se passer qui allaient encore une fois tout remettre en question.

Le général Bourbaki, espérant que, le 26, les troupes des généraux Billot et Bressolles pourraient repousser les forces prussiennes dont la pression, au nord de Besançon, devenait inquiétante, était monté à cheval dès sept heures du matin, ce jour-là, pour aller prendre en personne la direction de la bataille. Il était triste, soucieux[3], et sous l'impression pénible d'une nouvelle dépêche de M. de Freycinet qu'il venait de recevoir. Cette dépêche, plus démoralisante que jamais, insistait de nouveau, avec une rigueur implacable et, hélas ! trop fondée, sur les dangers de la marche vers Pontarlier, sans indiquer cependant d'autre remède à la situation que la trouée jugée par le général en chef absolument impraticable. « Plus je réfléchis à votre projet de marcher sur Pontarlier et moins je le comprends, écrivait le délégué. Je viens d'en parler avec les généraux du ministère et leur étonnement égale le mien. N'y a-t-il point erreur de nom ? Est-ce bien Pontarlier que vous avez voulu dire ? Pontarlier près de la Suisse ? Si c'est là, en effet, votre objectif, en avez-vous envisagé les conséquences ? Avec quoi vivrez-vous ? Vous mourrez de faim certainement. *Vous serez obligé de capituler ou d'aller en Suisse; car, pour vous en échapper, je n'aperçois aucun moyen. Partout vous trouverez l'ennemi*

---

1. A ce moment, le XIVᵉ corps marchait sur Marnay, loin à droite, et le détachement de Debschitz se trouvait au moins aussi loin à gauche, en face de Blamont.
2. *Enquête parlementaire*, déposition du général Billot.
3. *Ibid.*

devant vous et avant vous. Le salut, j'en suis sûr, n'est que dans une des directions que j'ai indiquées, dussiez-vous laisser vos impedimenta derrière vous et n'emmener que vos troupes valides. *A tout prix il faut faire une trouée.* Hors de là, vous vous perdez. » Un tel langage, dont on ne pouvait méconnaître la portée, au moins en ce qui concernait les avertissements donnés, n'était pas fait pour dissiper les sombres préoccupations du général, préoccupations encore accrues par le spectacle déplorable qu'il avait sous les yeux, sur cette route glissante et difficile où grouillaient pêle-mêle hommes, voitures et chevaux. Il atteignit vers cinq heures du soir seulement le général Billot, qui lui montra les difficultés de la lutte et parla, lui aussi, de percer sur Pontailler ou Auxonne. Il offrit alors le commandement suprême au commandant du 18ᵉ corps, qui déclina respectueusement cette proposition, puis, de plus en plus accablé, il rentra à Besançon. Là, après avoir encore donné quelques ordres relatifs à la continuation de la retraite, il gagna sa chambre, s'étendit sur son lit, et se tira un coup de revolver à la tempe...

Dans un rapport adressé au ministre de la Guerre, le 3 mars 1871, le général Bourbaki a expliqué les motifs de cet acte de désespoir. « Les dépêches ministérielles que je recevais, dit-il, ne tenaient aucun compte du rôle d'abnégation auquel je m'étais voué dans le but d'arriver, en périssant au besoin, sur les lignes de communication de l'ennemi, si un hasard inespéré ne nous venait en aide. Elles rejetaient, au contraire, sur moi, toute la responsabilité des faits douloureux qui se produisaient, sans reconnaître le peu de valeur des éléments placés entre mes mains, les effets de la température affreuse à laquelle l'armée avait été soumise, ceux de la continuité des marches qu'elle avait exécutées, ce qui n'empêchait pas d'ajouter à tous les autres reproches celui de lenteur. Elles ne tenaient aucun compte non plus, ni du manque fréquent de vivres, *ni de la non-réalisation des promesses faites de garder solidement le cours de la Saône pour couvrir mon flanc et mes derrières*, et de remplir

Besançon de vivres et de munitions... » C'est atterré par l'idée que « des appréciations injustes des causes de son insuccès seraient la récompense de ses efforts » que le malheureux commandant en chef avait tenté de mettre fin à ses jours. Il est incontestable que cet insuccès pouvait en partie être attribué aux dispositions tactiques insuffisantes qui, à Villersexel et sur la Lisaine, avaient transformé la bataille en une série d'épisodes incohérents, faisant ainsi perdre de vue et l'objectif décisif et les moyens à prendre pour arriver à s'en emparer ; mais sa cause principale résidait bien vraiment, comme le disait le général, dans la hâte de la préparation, dans la mauvaise qualité des troupes, dans les épreuves terribles qui leur avaient été imposées et qu'elles étaient hors d'état de supporter, enfin dans l'absence absolue de protection dont avait souffert l'opération. Par suite, si le général Bourbaki, dont le dévouement ni le patriotisme ne peuvent être discutés, mais dont les talents militaires n'étaient point ceux qui conviennent à une situation désespérée, doit prendre sa part de responsabilité dans un échec qu'il ne tenait qu'à lui, le second jour de la Lisaine, de changer en succès, il ne saurait assumer cette responsabilité tout entière, car jamais général n'a eu à lutter contre des difficultés plus terribles, ni contre un ensemble de circonstances plus défavorables et plus menaçantes à la fois. Jamais mission aussi redoutable que celle de l'armée de l'Est n'a été imposée à une troupe, avec des moyens d'action aussi imparfaits, et jamais non plus le poids du commandement n'a pesé d'une façon plus lourde sur les épaules d'un homme. Cela suffit à expliquer la lassitude et la rancœur dont l'âme du général Bourbaki a fini par se sentir envahie, et comment il a voulu chercher dans la mort, qui l'avait repoussé tant de fois sur les champs de bataille, le terme de souffrances morales devenues intolérables. Fort heureusement, le brave soldat ne s'était fait qu'une blessure légère, le projectile ayant dévié sur l'os temporal. Il a survécu à cette terrible épreuve, et pu voir déjà l'opinion, mieux éclairée, faire justice d'imputations passionnées, qui, en travestissant la vérité, avaient semblé vouloir un instant suspecter l'intégrité de son sacrifice et mettre en doute la franchise de ses efforts.

Le général Clinchant commandant en chef. — Quelques heures avant l'incident dont il vient d'être question, le gouvernement s'était enfin décidé à mettre un terme au supplice de l'infortuné général, en le relevant de son commandement. Que ne l'avait-il fait plus tôt ! Le 26, à cinq heures cinquante-six du soir, Gambetta expédiait à Besançon la dépêche suivante : « En face de vos hésitations et du manque de confiance que vous manifestez vous-même sur la direction d'une entreprise dont nous attendions de si grands résultats, je vous prie de remettre votre commandement au général Clinchant. Jusqu'à ce que cette remise soit effective et efficace, vous assurerez sous votre responsabilité l'exécution des mesures que commande l'intérêt de l'armée. » C'était le jour même où Paris, vaincu par la famine, tirait son dernier coup de canon.

Quant à la situation de l'armée de l'Est, elle était la suivante : tandis que les 18e et 24e corps essayaient, comme on l'a vu, de prendre position au nord de Besançon, le 15e était allé border la rive droite de la Loue, de Busy à Courcelles, face à l'ouest, et le 20e était resté avec deux divisions à Besançon. De son côté, le général Crémer, investi du commandement supérieur de trois divisions (division Ségard du 20e corps, division Poullet[1] et réserve générale), avait reçu la mission, dès le 24 au soir, de couvrir la retraite de l'armée, à l'aile la plus menacée, c'est-à-dire dans la direction du sud. Le 25 dans la soirée, il recevait de Bourbaki une dépêche lui ordonnant d'aller occuper Salins ; puis une seconde plus explicite, qui prescrivait de tenir le col de Vic-Neuve, où se croisent les routes d'Arbois, de Salins et le chemin de fer de Pontarlier. Par suite de retards dans la transmission des ordres, la division Poullet ne se mit en marche qu'à sept heures du matin, le 26, d'Ornans sur Salins. Enten-

---

1. Ancienne division Crémer.

dant dire en route que cette dernière ville était au pouvoir de l'ennemi, ce qui était faux[1], le colonel rétrograda et vint, sans chercher à se renseigner davantage, s'établir à Villeneuve-d'Amont, sur la route de Salins à Pontarlier. La division Ségard était sur la route d'Ornans à Salins, la réserve générale dans cette dernière ville. La division de cavalerie du 15ᵉ corps avait pu, il est vrai, s'avancer au sud jusqu'à Frasnes et Nozeroy, sur la route de Pontarlier à Lons-le-Saunier; mais la mollesse de la division Poullet avait, somme toute, pour résultat de faire croire à l'interception complète de la route de Champagnole par Salins, et d'induire ainsi le commandement en erreur. Elle eût dû se mieux renseigner, et surtout ne pas interrompre, devant de simples rumeurs, l'exécution de la mission qui lui avait été confiée.

Pendant ce temps, les Allemands avaient réussi à opérer la réunion de leurs deux tronçons, et le 26 au soir, cette jonction une fois faite, ils occupaient les positions suivantes :

La 4ᵉ division de réserve, ayant franchi le Doubs, était à Passavant, barrant ainsi la route de Besançon à Saint-Hippolyte. Le XIVᵉ corps s'était porté sur l'Ognon, qu'il occupait de Marnay à Voray, face à Besançon. Le VIIᵉ corps n'avait pas quitté ses positions de Saint-Vit et Quingey, sur lesquelles il s'était simplement concentré, et d'où il avait poussé ses reconnaissances vers la Loue. Celles-ci se heurtèrent partout aux avant-postes du 15ᵉ corps français, et après des escarmouches à Vorges, à Franoy, Champvans, Busy, elles constatèrent que de ce côté les positions françaises étaient fortement tenues, bien que, le 26, l'artillerie en eût été retirée peu à peu. Quant au IIᵉ corps, il avait gagné pas mal de terrain vers le sud. Tout d'abord, le général de Fransecky avait occupé Mouchard avec le gros de ses forces, et poussé de là vers Salins et Arbois de forts détachements, qui

---

[1]. C'est seulement dans l'après-midi du 26 qu'une brigade ennemie entra à Salins. C'est le 28 que la route de Champagnole fut définitivement interceptée.

s'étaient heurtés à des patrouilles françaises. Le 26, il mit son corps d'armée en marche sur deux colonnes dans les directions d'Arbois et de Salins. Le premier de ces points était évacué et la 7ᵉ brigade y entra sans coup férir; mais, en débouchant devant Salins, l'avant-garde de la 3ᵉ division fut accueillie par un feu violent d'infanterie et d'artillerie. Il y avait au-dessus de Salins deux ouvrages armés de grosses pièces, qui tiraient avec énergie, et abritaient des fractions du 15ᵉ corps. Les Allemands ne purent pénétrer dans la ville, vers trois heures, qu'au prix d'une perte de 3 officiers et 109 hommes; la municipalité avait fait hisser le drapeau blanc à l'hôtel de ville et négociait avec les commandants des ouvrages la cessation du feu ! Dès le lendemain, d'ailleurs, le général de Fransecky ayant appris par une patrouille de cavalerie la présence à Villeneuve-d'Amont des forces du général Crémer, évacua Salins, et, renonçant à suivre une route qui lui paraissait dangereuse, fit rabattre ses troupes sur Arbois et Poligny, pour de là gagner Champagnole.

Telle était la situation générale quand, le 27 au matin, le général Clinchant prit le commandement en chef[1]. Il avait opiné, le 24, à Château-Farine, pour la retraite sur Pontarlier, et continuait à considérer cette solution comme la seule possible désormais. M. de Freycinet espérait cependant qu'il y renoncerait pour adopter la sienne propre, et demandait au général Crouzat, commandant l'armée de Lyon, de faire, dans la direction de Lons-le Saunier, une diversion combinée avec celle qu'il suppliait Garibaldi de tenter sur Dôle, et pour laquelle il voulait envoyer, par chemin de fer, de Châtellerault à Beaune, une brigade du 26ᵉ corps, avec deux batteries[2]. Tout cela était malheureusement inutile, et le moment était passé de

---

1. Pour compléter ce qui concerne les forces prussiennes, nous ajouterons que les brigades Willissen et Knesebeck continuaient à garder l'espace entre Dôle et la Saône.

2. « *Je viens confier à votre grand cœur la situation de l'armée de l'Est*, écrivait M. de Freycinet à Garibaldi, le 27 janvier, *et vous demander votre appui pour elle.* »

venir au secours de l'armée de l'Est. Le général Clinchant, comprenant toute la gravité de la situation, n'essaya même pas de pousser sur Champagnole les troupes de Crémer, ni de chercher à prendre pied sur une route encore matériellement libre. Il s'en tint aux dispositions déjà ordonnées pour la retraite, et, laissant dans Besançon deux divisions[1], il prescrivit que toutes les autres troupes hâteraient le plus possible le mouvement de concentration générale vers Pontarlier. Lui-même se rendit dans cette ville, afin d'y préparer le nécessaire, d'assurer l'alimentation à l'aide de convois venus de Suisse, d'étudier le terrain pour la défense, et de voir les moyens d'écouler les troupes le long de la frontière, enfin de faire déblayer par le génie, et avec l'aide des populations, les routes encombrées de neige. Dans la soirée du 28, ou plus exactement dans la matinée du 29, les différents corps de l'armée de l'Est venus par les routes qui de Baume-les-Dames, de Salins et d'Arbois, convergent vers la frontière suisse, étaient rassemblés autour de Pontarlier.

Mais leur marche avait été extrêmement pénible. Ils laissaient en arrière plus de 30,000 traînards[2]; le reste se mouvait péniblement, exténué et mourant de froid, sur des chemins encombrés de voitures, de convois égarés et de cadavres de chevaux. Plus d'ordre, plus de discipline, partant plus de résistance ni de résignation. A Pontarlier, malgré les précautions prises, il n'y avait pas assez d'approvisionnements[3]. On n'avait pas eu le temps de fabriquer du pain en quantité suffisante, et le désordre général empêchait de faire des distributions régulières. Les soldats, affamés déjà, éprouvèrent là de nouvelles souffrances, conséquence inévitable d'un désarroi arrivé à des limites qui ne se peuvent imaginer[4]. Le général Clinchant com-

---

1. 1re du 20e corps (de Polignac) et 2e du 16e corps (Rébillard).
2. *Enquête parlementaire*, déposition du général Rolland.
3. *Ibid.*, rapport du général Clinchant.
4. Ce n'étaient pas les vivres qui manquaient, puisque le 1er février, les Allemands s'emparèrent d'un convoi portant 18,000 rations de

prit alors qu'il ne pourrait rester longtemps dans une situation semblable, et il songea aussitôt à engager son armée sur la dernière route qui restât libre, celle qui, longeant la rive orientale du lac de Saint-Point, gagne Saint-Claude par Mouthe, les deux Foncines et Saint-Laurent. Mais les progrès de l'ennemi étaient tels déjà que ce suprême espoir de salut risquait de s'évanouir d'un moment à l'autre et que l'urgence de mesures préservatrices s'imposait. Dans la nuit du 27 au 28, le commandant en chef donna donc l'ordre à une compagnie du génie d'aller mettre en état de défense la gorge de Vaux, à une autre de barrer le défilé des Planches, et au général Crémer de partir en hâte, avec trois régiments de cavalerie, pour tenir ce même défilé, ainsi que ceux de Chaux et de Morez, jusqu'à ce que la brigade Millot[1] et deux divisions du 24e corps [2], lancées derrière lui, pussent aller les occuper.

Mais, pendant ce temps, les Prussiens avaient marché! Tandis que le XIV° corps, maintenant ses positions sur l'Ognon, serrait de près Besançon par le nord, et poussait des reconnaissances jusque sous les murs de la place, la division Schmeling descendait vers le sud par les routes de Saint-Hippolyte à Morteau et de Baume-les-Dames à Pontarlier. Au sud de la place, le II° corps se portait de Salins, Arbois et Poligny sur Champagnole, puis, maître de ce point si important, envoyait sa cavalerie patrouiller dans la direction de Pontarlier[3]. Le VII° corps, relevé à Quingey par une brigade du XIV°, et suivi par la brigade von der Goltz,

---

pain, 500 quintaux de biscuit, 282 quintaux d'avoine, 174 quintaux de café, 292 quintaux de farine et de denrées diverses. C'était le moyen de faire des distributions. « Les traînards étaient d'abord le cinquième de l'armée, puis ils sont devenus le quart, puis la moitié, *puis davantage*, et il est clair que ces hommes ne pouvaient trouver de vivres. » (*Enquête parlementaire*, déposition du général Clinchant, tome III, page 313.)

1. De la division Poullet.
2. Divisions d'Ariès et Comagny.
3. L'une de ces reconnaissances captura à Onglières 56 voitures de vivres et le trésor du 15e corps, avec tout le détachement qui les escortait (10 officiers et 70 hommes).

qui formait réserve générale, avait atteint Salins. Le 29, les II° et III° corps avaient ordre de pousser droit sur Pontarlier, la brigade von der Goltz formant liaison entre eux deux à Arbois. Le général de Fransecky devait en outre faire occuper le col des Planches par un détachement.

Dès l'aube le mouvement commença ; il n'amena, en ce qui concerne le gros du II° corps, aucun incident, et, dans la soirée, celui-ci s'établissait aux environs de Nozeroy. Quant au détachement chargé de s'emparer des Planches[1], il avait également accompli sa mission sans difficulté, et occupé le défilé ainsi que Foncine-le-Bas, sans que le général Crémer eût réussi à s'y opposer. Celui-ci avait quitté Pontarlier, comme on l'a vu, dans la nuit précédente et accompli sa marche délicate avec une rapidité d'autant plus remarquable que les chemins étaient horriblement mauvais. Laissant un de ses régiments de cavalerie (2° chasseurs d'Afrique) à Foncine-le-Bas, avec mission de garder coûte que coûte le défilé des Planches, il avait poussé avec les deux autres jusqu'à Saint-Laurent, à près de 50 kilomètres de Pontarlier. De part et d'autre on avait alors placé quelques grand'gardes, et cantonné sans plus amples précautions. Tout naturellement, les bataillons du colonel de Wedell, en arrivant vers six heures du soir devant les Planches, n'eurent pas de peine à refouler les postes absolument insuffisants des chasseurs d'Afrique, et à s'installer à leur place en travers du défilé. Non seulement ils interceptaient ainsi la dernière route sur laquelle pût encore compter l'armée française, mais même ils coupaient de Pontarlier les deux régiments du général Crémer. Ni ceux-ci, ni les troupes du génie envoyées avant eux par le commandant en chef, pour faire sauter le pont et obstruer le défilé, n'avaient su remplir la mission si haute qui leur était confiée. Quant à la brigade Millot, qui suivait en arrière avec trois batteries de la division Poullet,

---

1. 4 bataillons, un demi-escadron, une batterie, aux ordres du colonel de Wedell.

elle fut arrêtée par la neige et par les convois dont la route était encombrée, et, pendant la nuit du 28 au 29, marcha à raison d'un kilomètre à l'heure seulement. Le 29 au soir, quand elle déboucha devant le défilé, elle le trouva barré. Son devoir eût été d'attaquer, d'autant que derrière elle, sur la route de Mouthe, arrivaient les deux divisions d'Ariès et Comagny. Mais, sur la nouvelle, donnée par le maire de Foncine-le-Haut, qu'un armistice avait été signé, le général Millot arrêta sa brigade, et l'installa dans ce dernier village, face aux postes prussiens qui tenaient le pont de la Saine. La division Comagny s'arrêta de même en arrière; on construisit quelques ouvrages sur la hauteur, et les officiers se mirent, pour occuper leurs loisirs, à faire des reconnaissances assez inutiles d'ailleurs. Mieux eût valu sans doute, puisque la nouvelle de l'armistice ne se confirmait pas, attaquer avec vigueur le faible détachement du colonel de Wedell et rouvrir à l'armée de l'Est la seule route de retraite qui lui restât; mais si profonde était la dépression physique et morale de ces troupes épuisées que tout prétexte leur était bon pour s'épargner un effort qu'elles ne se sentaient pas la force de soutenir.

Combats de Sombacourt et de Chaffois (29 janvier). — Tandis que ces tristes incidents se déroulaient à l'extrême gauche de nos positions, d'autres, tout aussi pénibles, avaient pour théâtre les abords mêmes de Pontarlier. De ce côté, le VII° corps avait atteint Leviers, le 29, à trois heures et demie du soir seulement. Bien que la marche dans la neige l'eût très fatigué, il reçut l'ordre de pousser jusqu'à Pontarlier l'avant-garde de la 14° division (3 bataillons, 1 escadron, 1 batterie). Un de ces bataillons, qui marchait vers Sombacourt, fut accueilli devant ce village par le feu de la division d'Astugue, dont la majeure partie bordait la lisière du bois situé au sud de la route. Se déployant aussitôt, il dirigea trois de ses compagnies droit sur le village, tandis que la quatrième, tournant par le nord, y entrait résolument. Cette dernière fut d'abord enveloppée, mais les autres ne tardèrent pas à la dégager; il s'ensuivit un combat, très mollement soutenu par les troupes françaises, où la désorganisation était arrivée à son comble, et après une heure de lutte, chose à peine croyable, ces troupes presque en entier, avec le général d'Astugue et le général Minot, étaient capturées. 2,700 hommes, 10 canons, 7 mitrailleuses, 48 voitures, 319 chevaux et 3,500 fusils tombèrent aux mains de l'ennemi, dont les pertes étaient insignifiantes [1] ; le reste s'enfuit à Pontarlier. Un évènement aussi douloureux ne suffirait-il pas, à défaut de tant d'autres, pour montrer combien peu de chose est le nombre, là où la valeur militaire n'existe pas?

Les deux autres bataillons prussiens d'avant-garde, avec l'artillerie, avaient, sur ces entrefaites, continué leur route directement sur Pontarlier, par Chaffois. Voyant ce village occupé, le colonel de Cosel, commandant de l'avant-garde, le fit canonner, puis attaquer de front par une compagnie, tandis que deux autres cherchaient à le déborder sur ses flancs. Mais, ici, la résistance devait être plus sérieuse, car la division Thornton se défendait avec acharnement; au bout d'une heure et demie elle n'avait cédé que quelques maisons et ne semblait pas près de rompre, quand tout à coup l'ordre arriva de cesser le feu. Le général Clinchant, prévenu à cinq heures du soir qu'un armistice était signé, venait d'en aviser le général Thornton et de le charger d'en prévenir par parlementaire l'officier prussien qu'il avait devant lui. Les troupes françaises cessèrent de tirer les premières, et le colonel de Cosel en profita pour leur faire un millier de prisonniers, qu'il dut rendre d'ailleurs. Puis bientôt, sur l'autorisation du général de Zastrow, il arrêta, lui aussi, la lutte, et s'installa dans Chaffois. Il avait perdu 6 officiers et 46 hommes.

1. 2 tués et 5 blessés (Colonel DE WARTENSLEBEN, *Opérations de l'armée du Sud*).

II. — L'Armistice.

C'était en effet une communication officielle, émanant de la Délégation de Bordeaux, qui venait d'annoncer la signature, à Versailles, d'un armistice de vingt et un jours. « Veuillez suspendre immédiatement les hostilités, télégraphiait M. de Freycinet, en vous concertant avec le chef des forces ennemies en présence desquelles vous vous trouvez[1]. » Cette dépêche n'était que la reproduction de celle envoyée de Paris à Bordeaux par J. Favre, le 28 janvier, et où il était question d'une suspension d'armes générale, sans la mention d'aucune réserve. Or, dans la convention intervenue entre J. Favre et M. de Bismarck, il était formellement stipulé que « *les opérations militaires sur le terrain des départements du Doubs, du Jura et de la Côte-d'Or, ainsi que le siège de Belfort, se continueraient indépendamment de l'armistice, jusqu'au moment où on se serait mis d'accord sur la ligne de démarcation dont le tracé à travers les trois départements mentionnés était réservé à une entente ultérieure* ». C'est cette restriction si formelle et si grave que J. Favre avait omis de faire connaître à la Délégation. Avec une légèreté que rien ne saurait excuser, pas même l'affolement de la dernière heure, le triste ministre de la Défense nationale donnait ainsi l'estampille officielle à un document incomplet et, par suite, inexact; il arrêtait les mouvements de l'armée de l'Est au moment même où le salut était devenu pour celle-ci une question d'heures, et laissait aux Allemands la latitude entière de poursuivre l'enveloppement qu'ils cherchaient. Ajoutons que cette erreur colossale, si elle était due surtout à l'incompétence manifeste de

---

1. Semblable dépêche, adressée par le ministre de l'Intérieur au sous-préfet de Pontarlier, était arrivée dans la journée; mais, craignant une ruse de l'ennemi, le général Clinchant avait refusé de la laisser publier.

notre négociateur, résultait également d'un fatal ensemble de circonstances qui montrent à quel point le gouvernement parisien était au-dessous de la tâche qu'il avait assumée. Lui aussi doit prendre sa part de responsabilité dans cette lamentable aventure, parce qu'au fond il ne tenait qu'à lui de l'empêcher.

On se rappelle que lorsque, le 24 janvier au soir, J. Favre se rendit à Versailles pour ouvrir les négociations avec M. de Bismarck, le gouvernement ne possédait aucune nouvelle précise sur la situation du général Bourbaki. Il savait seulement, d'après une dépêche de M. de Chaudordy, envoyée de Bordeaux le 16 et apportée le 19 par un pigeon, que « l'armée de l'Est existait et luttait encore, mais devait battre en retraite[1] ». Cette nouvelle, bien qu'en partie prématurée, semblait indiquer que nos forces de l'Est se trouvaient déjà en mauvaise posture, et qu'elles n'avaient pas beaucoup à gagner à la prolongation des hostilités. C'est cependant à l'idée de les laisser en dehors des négociations, qu'après quelque discussion, le conseil finit par se ranger[2] ; il espérait toujours au succès de la marche sur Belfort et ne voulait pas l'entraver par une trêve prématurée. Une pareille confiance, bien que peut-être excessive, peut s'excuser à la rigueur, et l'on comprend que, dans la conférence du 26, J. Favre, toujours aussi peu renseigné, ait volontiers consenti à réserver une solution jusqu'à l'arrivée de nouvelles précises que M. de Bismarck se déclarait de son côté incapable de lui donner pour le moment[3]. Dès le 26 cependant, ces nouvelles étaient assez graves pour que personne ne gardât de doute sur la situation périlleuse dans laquelle se débattait l'armée de l'Est; ni J. Favre, ni le conseil, auquel il les communiqua le soir même, ne parurent s'en préoccuper sérieusement. Le 27, sur la demande instante de J. Favre, le conseil désigna, pour l'accompagner, le général de Beaufort d'Hautpoul. M. de Bis-

---

1. J. Favre, *Le Gouvernement de la Défense nationale*, tome II, page 402.
2. *Procès-verbaux des séances du Gouvernement* (24 janvier).
3. J. Favre, *loc. cit.*, tome II, page 402.

marck avait réclamé la présence du chef d'état-major de l'armée de Paris, mais le gouvernement jugea qu'il fallait un « personnage plus considérable[1] », et désigna, absolument contre son propre gré, un officier qui s'était jusque-là complètement tenu à l'écart des questions générales, qui s'était constamment confiné dans son rôle de commandant de division, et qui, par suite, ne possédait aucune donnée sur l'ensemble des opérations. Il se montrait, au surplus, très peu flatté du choix qu'on avait fait de sa personne, et ne cherchait pas à cacher l'amertume qu'il ressentait, lui, vieux soldat, de sa mission douloureuse[2]. Toutefois son premier soin fut de réclamer pour l'armée de l'Est le bénéfice de l'armistice, ou tout au moins une zone de terrain suffisante pour assurer sa subsistance; mais M. de Moltke, qui assistait à la conférence, ayant fait des objections au point de vue militaire, et la discussion menaçant de s'envenimer, le chancelier la fit ajourner pour la seconde fois[3].

Le lendemain, ce fut le général de Valdan qui, à la grande satisfaction de Jules Favre[4], remplaça le général de Beaufort, celui-ci ayant définitivement décliné un rôle qui ne lui appartenait pas et pour lequel il n'était point fait. Le général de Valdan ne savait pas plus que son prédécesseur quelle était la situation réelle en province, et le gouvernement s'était gardé de l'éclairer à cet égard en quoi que ce fût[5]. Quant à J. Favre, il n'avait qu'une préoccupation, signer au plus vite, pour que, le 29, Paris ne manquât pas de pain[6]. Dans ces conditions, l'armée de l'Est se trouva tout naturellement négligée, et les négociateurs fran-

---

1. *Enquête parlementaire*, déposition de J. Favre, tome Ier, page 363.
2. *Ibid.*, déposition du général de Beaufort. — Rapport du lieutenant d'état-major Calvel, tome III, pages 165 et 168.
3. « J'étais surexcité, exalté, mais j'espère n'avoir pas cessé d'être convenable. » (*Ibid.*, déposition du général de Beaufort.)
4. « Le général d'Hautpoul m'avait donné beaucoup d'inquiétude », disait-il. (*Enquête parlementaire*, tome III, page 168.)
5. *Ibid.*, déposition du général de Valdan, tome Ier, page 177.
6. *Ibid.*, déposition de J. Favre.

Les défenseurs de Bitche sortant avec armes, bagages et enseignes déployées.

çais laissèrent passer sans protestation la clause restrictive qui la concernait !

Un instant après, tandis que J. Favre télégraphiait à Bordeaux la dépêche laconique qu'on a vue plus haut et qui devait avoir pour conclusion une cessation générale des hostilités de notre côté, M. de Moltke prévenait au contraire le général de Manteuffel que ses opérations devraient continuer, comme d'ailleurs le siège de Belfort, *jusqu'à ce qu'elles aient donné un résultat décisif.* Et M. de Bismarck, devant qui Jules Favre, en proie à une émotion visible [1], avait rédigé son télégramme, M. de Bismarck se gardait bien de signaler au plénipotentiaire affolé l'oubli si grave qu'il venait de commettre ; il transmettait sa minute telle quelle aux agents allemands du télégraphe chargés de la faire parvenir, et se félicitait sans doute de l'heureuse fortune qui avait mis les suprêmes intérêts de la France aux mains d'un homme aussi incapable de les soutenir. Jamais, en effet, le mandataire d'une grande nation n'avait encore fait preuve d'autant d'insuffisance ni d'autant de légèreté.

Jules Favre, qu'il est difficile de trouver à court d'arguments, a cherché à excuser son impardonnable faute. « Dans la pensée de M. de Bismarck et dans la mienne, a-t-il écrit, le retard apporté dans la délimitation de la zone neutre ne voulait pas dire que la guerre continuerait dans l'Est et que l'armistice ne comprenait pas l'armée de l'Est. C'est ainsi que M. de Bismarck l'entendait *et me paraissait l'entendre…* J'affirme que l'armée de l'Est a été comprise dans l'armistice, mais que la réglementation de la délimitation de la zone neutre ne pouvait pas être fixée immédiatement. » Lorsqu'il a écrit ce plaidoyer, auquel les termes mêmes de la convention enlèvent d'ailleurs toute valeur, Jules Favre a oublié sans doute que, rendant compte de sa mission, le 31 janvier, à ses collègues du gouvernement, il avait déclaré nettement avoir voulu *réserver la situation dans l'Est*, ne pas céder Belfort, et laisser à l'armée

---

1. *Enquête parlementaire,* tome III, page 168.

de Bourbaki la possibilité de poursuivre ses opérations[1]. Plus tard, il a essayé de démontrer que l'oubli de la clause concernant celle-ci n'a été pour rien dans la catastrophe qui l'a frappée[2]. Certes, dès le 28, la situation des troupes du général Clinchant était déjà fort critique; elles se trouvaient dans un état d'épuisement et de désagrégation qui leur interdisait formellement d'affronter l'ennemi avec quelque espoir de succès. Elles pouvaient du moins lui échapper, ne fût-ce qu'en partie, et se soustraire à l'humiliation du désarmement. Personne ne croira jamais que demeurer deux journées immobile devant un adversaire qui manœuvre et qui marche soit le moyen de se soustraire à son étreinte, et que lorsqu'on est déjà serré de si près qu'il ne reste plus pour se dérober que des routes déjà insuffisantes, on puisse impunément lui permettre d'y prendre pied.

III. — Le Passage en Suisse.

La nouvelle de l'armistice, répandue très rapidement dans les camps, avait été accueillie avec joie, on peut l'avouer sans honte, par nos malheureux soldats, dont la force de résistance était à bout, et qui voyaient enfin arriver le terme de leur martyre. Ils ne devaient pas tarder, hélas! à être détrompés. Le 29 au soir, en effet, le général Clinchant, assez inquiet de l'attitude de l'ennemi, avait envoyé au général de Manteuffel un parlementaire chargé de s'entendre sur les conditions de la suspension d'armes; ce dernier revint à deux heures du matin, le 31, avec une lettre du général allemand faisant connaître qu'entre ses troupes et l'armée de l'Est il n'existait pas d'armistice. La stupeur du général Clinchant fut d'autant plus grande qu'il venait justement de recevoir une dépêche de Gambetta confirmant celle de M. de Freycinet, et l'invitant à dresser

---
[1]. *Procès-verbaux des séances du Gouvernement.*
[2]. Lettre adressée le 17 juin 1872 au président de la Commission d'enquête parlementaire.

procès-verbal des difficultés que pourrait soulever l'ennemi. Il dut néanmoins se borner à réclamer de nouvelles instructions, et garder le *statu quo*. Pendant ce temps, Manteuffel poursuivait sa marche enveloppante. Le 30 au matin, ses généraux étaient prévenus de ce qui se passait, et invités *à ne traiter avec l'ennemi que sous condition pour lui de déposer les armes*. Ils remirent aussitôt leurs troupes en mouvement.

Les corps allemands s'avancèrent sur Pontarlier, resserrant de plus en plus le cercle qui enveloppait l'armée française. Nos soldats, incapables, surtout après ce dernier coup, d'aucune résistance sérieuse, abandonnaient presque sans lutte les positions les plus faciles à défendre. D'ailleurs, sur beaucoup de points, les généraux français, convaincus de l'existence d'un armistice, envoyaient à l'ennemi des parlementaires, pour la lui signaler; celui-ci s'arrêtait parfois, mais, à mesure que lui arrivaient les instructions du commandant en chef, il reprenait sa marche et bousculait nos avant-postes désorientés. Tant d'incertitude et de malentendus venaient ainsi s'ajouter à la dépression générale pour favoriser les progrès des Allemands. Ainsi, le village de Frasnes, sur la voie ferrée d'Arbois à Pontarlier, occupé depuis la veille par les divisions Ségard et Poullet, avait été évacué vers cinq heures, en raison de l'état des troupes qui ne voulaient plus se battre. Quand, à sept heures du soir, l'avant-garde du II° corps allemand, venant de Censeau, s'y présenta, elle n'eut pas de peine à enfoncer deux compagnies du 83° de marche, qui seules y avaient été laissées avec quelques grand'gardes, et captura 12 officiers, plus 1,500 hommes, dont la plupart étaient des traînards. Le colonel Poullet aurait pu s'arrêter à Bonnevaux, où le terrain lui donnait des facilités pour la défense. Il y songea, paraît-il; mais, ne recevant point d'ordres ni même de réponse à la demande qu'il avait faite de prendre position devant le défilé pour y résister, il recula jusqu'à Mouthe[1]. Par suite, la passe de

---

1. P. POULLET, *La Campagne dans l'Est*, Paris, Germer-Baillière, 1879, page 388.

Vaux et des Granges-Sainte-Marie, qui donnait accès sur la route de Saint-Laurent, la seule dont disposât encore l'armée de l'Est, était laissée libre à l'adversaire, et cette route, déjà barrée au défilé des Planches, allait l'être bientôt tout près de son point de départ.

Ainsi, le 30 au soir, les têtes de colonnes des IIe et IIIe corps allemands étaient à Chaffois et à Frasnes. Il s'agissait maintenant d'achever rapidement la ruine de l'armée française et de l'obliger à passer en Suisse, car Manteuffel pensait que ce dénouement aussi imprévu que peu glorieux de la campagne exercerait sur les négociations ultérieures une influence que n'aurait probablement pas une simple capitulation[1]. En conséquence, le IIIe corps reçut l'ordre d'occuper, le 31, tout le terrain compris entre les deux routes de Salins et d'Ornans, en jetant ses avant-postes sur le Drugeon[2]; il devait chercher à se mettre en communication avec le général de Schmeling, qui arrivait du Doubs par le nord. Le IIe corps eut ordre de s'échelonner en avant de Frasnes, de s'étendre par sa droite vers Bonnevaux et les défilés du haut Doubs, et de renforcer aux Planches le détachement de Wedell. La réserve générale, constituée par la brigade von der Goltz, fut portée à Villeneuve-d'Amont. Ainsi disposées en arc de cercle, les forces allemandes attendaient l'arrivée du XIVe corps pour attaquer les positions de Pontarlier, où elles croyaient devoir rencontrer une résistance décuplée par le désespoir. Elles gagnèrent, le 31, les positions qui leur étaient assignées, sans avoir de lutte à soutenir; partout devant elles, nos soldats anéantis reculaient en désordre, et l'ennemi n'avait qu'à se baisser pour prendre des fusils abandonnés, des objets d'équipement de toute espèce, et pour faire des centaines de prisonniers. L'agonie de cette armée décomposée par l'indiscipline et la souffrance était lamentable, et le spectacle navrant.

Cependant, le général Clinchant ne connaissait pas

---

1. Colonel DE WARTENSLEBEN, *loc. cit.*
2. Ruisseau qui se jette dans le Doubs après avoir traversé la route entre Chaffois et Pontarlier.

encore toute l'étendue du désastre. Non seulement il ignorait que Foncine-le-Bas fût aux mains de l'ennemi, mais il croyait la division Poullet toujours à Bonnevaux. Le 30 au soir, il avait donné des ordres pour exécuter, sous la protection de fortes arrière-gardes laissées en position, sa retraite par Saint-Laurent, et il comptait commencer celle-ci le 31 au matin, quand on vint lui annoncer que le défilé de Vaux et des Granges-Sainte-Marie était occupé par l'ennemi. Là, en effet, pas plus qu'ailleurs, l'avant-garde du IIe corps n'avait rencontré la moindre résistance; nos soldats, troupeau sans nom, s'étaient dispersés à son approche, et le 15e corps, spécialement chargé de cette défense, venait de se débander, laissant aux mains de l'ennemi 20 officiers et 886 hommes prisonniers. De tous côtés, d'ailleurs, arrivaient les nouvelles les plus graves. Face à Pontarlier, le VIIe corps bordait le Drugeon, donnant la main, à droite, au IIe qui tenait les routes du sud, à gauche, à la division Schmeling, qui occupait celle de Fallerans. Plus au nord, le détachement Debschitz s'avançait par la route de Morteau; en arrière, la brigade von der Goltz, formant réserve, était à Villeneuve-d'Amont[1]. Le cercle de fer se rétrécissait donc à chaque instant davantage, et l'armée française ne pouvait déjà plus disposer d'une seule des voies donnant accès dans l'intérieur du territoire. La manœuvre de Manteuffel avait pleinement réussi.

Le 31, de grand matin, le général Clinchant, qui persistait à attribuer l'étrangeté de la situation à un simple malentendu, et se refusait à admettre que la dépêche si formelle de la Délégation pût cacher un piège, avait envoyé au général de Manteuffel un nouveau parlementaire pour s'en expliquer avec lui. Le parlementaire reçut pour toute réponse que les ordres du

---

[1] La division badoise, avec le général de Werder, était restée devant Besançon, pour observer la place et protéger les communications en arrière, en particulier la place de Dôle, où était un magasin considérable. De là elle rayonnait aux alentours, et, le 31 dans la matinée, elle envoya du côté d'Auxonne un assez fort détachement pour contenir la garnison qui semblait vouloir faire une pointe sur Dôle.

grand quartier général étaient trop nets et trop précis pour qu'on pût entrer en arrangement, si ce n'est sur les bases d'une capitulation. Quelques heures plus tard, le colonel Varaigne était encore envoyé auprès de Manteuffel pour demander une suspension d'armes de trente-six heures, pendant laquelle on chercherait à avoir des explications. Le général allemand persista dans son refus ; il consentit cependant à ce qu'une dépêche fût adressée à Versailles, mais sans aucune interruption des hostilités. « Nous ne pouvons, dit au colonel Varaigne le colonel de Wartensleben, chargé des négociations, nous ne pouvons accorder d'autres arrangements que ceux qui ôteraient à l'armée française la possibilité de marcher de nouveau contre nous pendant cette guerre. » Le colonel Varaigne venait à peine de rentrer à Pontarlier qu'une dépêche y arrivait de Bordeaux, donnant cette fois la clef de l'énigme, et annonçant que bien réellement l'armée de l'Est était exclue de l'armistice. « Vous avez donc à vous comporter comme un belligérant distinct et indépendant, disait Gambetta au général Clinchant, et dès lors employez la voie de la force ou des négociations à votre appréciation et au mieux des intérêts et de l'honneur de votre armée. » Hélas ! la voie de la force n'était plus qu'une chimère ! Quant aux négociations, on sait quelle limite rigoureuse l'ennemi entendait leur imposer. Voilà donc à quelle extrémité le fatal oubli de Jules Favre avait conduit cette malheureuse armée, dont le fallacieux mirage du repos tant désiré venait de briser les derniers ressorts ! Réduite à un amas de bandes désorganisées, qui avaient cru un moment voir la fin de leurs inutiles souffrances, elle n'obéissait plus à d'autres lois qu'à celle de l'animalité. La ressaisir était désormais impossible, et aucune fibre ne vibrait plus dans ces corps épuisés. Mais, de tout cela, le gouvernement de Paris se préoccupait fort peu sans doute, car il ne s'était même pas donné la peine de rectifier son erreur ; aucun de ses membres, dont la politique absorbait toutes les pensées, ne songea à prévenir la Délégation ou le commandant de l'armée de l'Est que

Jules Favre s'était trompé, et il fallut que ce fût M. de Bismarck en personne qui fît connaître la vérité à Gambetta ! Une telle incurie ne serait pas croyable, si le dictateur, à bon droit exaspéré, n'avait pris soin de la signaler à la France, dans une proclamation où l'indignation débordait[1].

Cependant le général Clinchant, maintenant fixé sur la situation, et comprenant tout ce qu'elle avait de critique, songeait aux moyens de sauver son matériel, puisqu'il ne pouvait plus sauver que cela. Il réunit ses généraux, leur exposa la position sans réticences, et leur demanda s'ils croyaient pouvoir sauvegarder les derrières de Pontarlier, menacés déjà par les avant-gardes du II° corps prussien, qui, des gorges de Sainte-Marie, commençait à se répandre sur les rives du lac de Saint-Point. Les généraux ne purent rien promettre, et la nécessité d'évacuer Pontarlier s'imposa dès lors ; mais pour aller où ? Tenir sur les crêtes du Larmont à la frontière, par le fort de Joux et Montperreux, à l'est de Pontarlier, paraissait impossible, les chemins étant impraticables et la proximité d'un pays neutre encourageant à la débandade des troupes déjà complètement désagrégées. D'ailleurs on n'avait plus de farine que pour deux jours, et plus du tout de pain manutentionné. « La situation était sans issue, a dit le général Clinchant ; les hommes étaient épuisés ; *l'armistice avait porté au moral des troupes le coup le plus funeste ;* je ne pouvais plus les nourrir. Il me fallait prendre un parti sans plus attendre, sous peine de voir périr l'armée. Quelque pénible que fût la détermination dont j'avais à subir la responsabilité, je décidai que nous entrerions en Suisse, tout en prévenant les généraux que j'autorisais à rester en France tous les corps ou détachements qui croiraient pouvoir se frayer un passage en suivant les sentiers de montagne dans lesquels il leur serait possible de s'aventurer[2]. »

Le général en chef donna aussitôt ses instructions

---

1. *Proclamation du 31 janvier* 1871.
2. *Enquête parlementaire*, déposition du général Clinchant.

en conséquence. L'artillerie et les bagages devaient se
diriger immédiatement sur les Verrières par le fort de
Joux, sous la protection du 18ᵉ corps, chargé d'occuper
à l'est de Pontarlier une position défensive. Le 20ᵉ corps
prenait la route des Fourgs ; les 15ᵉ, 24ᵉ corps et la
cavalerie se jetaient immédiatement en Suisse, par les
routes qu'ils avaient devant eux. On devait défendre la
crête qui va du fort de Joux au lac de Saint-Point, afin
de permettre à la retraite générale de s'exécuter latéralement. Depuis la veille, les parcs et les pièces non en
batterie stationnaient déjà entre le fort de Joux et les
Verrières, où le général en chef, prévoyant l'extrémité
à laquelle il allait probablement être réduit, les avait
envoyées à toute éventualité.

Il s'agissait maintenant de régler les conditions du
passage en Suisse, territoire neutre, et où, suivant la
teneur des traités internationaux, aucun belligérant
ne pouvait pénétrer sans déposer les armes. Le 31,
dans l'après-midi, le général Clinchant envoya aux
Verrières son aide de camp, le lieutenant-colonel Chevals,
pour s'entendre à cet effet avec le commandant de l'armée fédérale d'observation. Depuis plusieurs jours déjà,
on s'attendait en Suisse à voir déboucher l'armée française, dont on connaissait la situation désespérée, et,
dès le 26, le Conseil fédéral avait désigné dix-neuf
casernes pour loger environ 10,000 hommes[1]. Le 28,
deux officiers suisses étaient allés à Pontarlier, pour se
rendre compte de l'état des choses, et ils avaient télégraphié à Berne que le dénouement était proche. L'armée fédérale se concentra aussitôt derrière la frontière,
et prit ses dispositions pour faire respecter la neutralité
du pays ; le 1ᵉʳ février au matin, le général Herzog
occupait ainsi la frontière du Jura avec 21,300 hommes
et 54 bouches à feu, de Porrentruy jusqu'à Saint-
Cergues[2]. Il s'était rendu de sa personne aux Verrières,
où il avait constaté que déjà des trains de malades et
même des fuyards avaient franchi la frontière, sans avis

---

1. Colonel fédéral SECRÉTAN, *loc. cit.*, page 496.
2. *Ibid.*, page 498.

préalable, se dirigeant sur Genève ou sur Neuchâtel. D'ailleurs les rapports envoyés par des officiers suisses qui se trouvaient dans nos lignes ne cessaient de signaler l'effroyable désordre de l'armée française, et l'état lamentable où elle était réduite; pour éviter une débandade prématurée, il avait même été convenu, à la demande expresse du général Clinchant, que tout isolé qui se présenterait à la frontière serait arrêté et remis aux avant-postes français, avec la menace d'être fusillé comme déserteur.

Dans la nuit du 31 janvier au 1er février, une convention fut donc signée entre le colonel Chevals et le général Herzog, aux termes de laquelle l'armée française était autorisée à entrer en Suisse, à la condition de déposer armes, équipements, trésor, munitions et matériel. Les officiers gardaient leurs bagages, leurs armes et leurs chevaux; l'armement, le matériel et l'argent déposés devaient faire retour à la France après la paix et le règlement des dépenses occasionnées par le séjour des troupes. Une heure après à peine, au petit jour, les premières troupes françaises franchissaient la frontière et pénétraient sur cette vieille terre d'honneur et de liberté où les attendait une hospitalité cordiale, dont notre nation, dans la bonne comme dans la mauvaise fortune, gardera un souvenir éternellement reconnaissant.

Nous allons maintenant emprunter à l'ouvrage autorisé de M. le colonel fédéral Secrétan le dramatique récit de la catastrophe. Le courage nous manque pour retracer nous-même les péripéties de ce drame si douloureux, et nous ne saurions d'ailleurs le faire en termes d'une émotion plus poignante ni plus communicative. Puisse l'évocation de cette scène lugubre être une garantie contre le retour des illusions, des rêveries et des fautes auxquelles on est en droit de faire remonter, bien plus justement qu'à la puissance ennemie, les causes réelles du désastre final !

quartier général, le trésor[1], la poste de campagne, des calèches appartenant aux généraux, puis la longue colonne d'artillerie qui avait stationné dans la neige pendant toute la journée précédente et la nuit sur la route de Pontarlier. Des milliers d'hommes s'étaient faufilés entre les voitures. C'était une cohue à la pression de laquelle les troupes du colonel Rilliet[2] eurent parfois de la peine à résister quand l'opération du désarmement causait des arrêts dans la marche. Une autre colonne parallèle suivait, à cent mètres de distance, la voie ferrée. L'état-major français, supposant sans doute que déjà des corps considérables étaient parvenus à gagner le département de l'Ain par le chemin de Mouthe, annonça la présence et l'entrée probable de 42,000 hommes. En réalité, il entra en Suisse 87,487 hommes, dont 2,467 officiers, 11,800 chevaux, 285 bouches à feu et 1,158 voitures diverses : 33,500 hommes et 4,000 chevaux par les Verrières, et 54,000 hommes et 8,000 chevaux par la frontière vaudoise, à Sainte-Croix, à Vallorbes et par la vallée de Joux.....

Ce fut un spectacle navrant que celui de l'entrée de l'armée en Suisse. Dès qu'ils ne furent plus soutenus par la crainte du danger et la poursuite de l'ennemi, ni excités par leurs officiers, dit M. le major Davall[3], dès qu'ils se sentirent sur un sol hospitalier, où des mains secourables se tendaient vers eux de toutes parts, les soldats s'affaissèrent complètement et perdirent le peu d'énergie qui leur restait encore. Un très grand nombre marchaient les pieds nus, enveloppés de misérables chiffons. Les chaussures faites d'un cuir spongieux, mal tanné et la plupart trop étroites, n'avaient pas pu supporter les marches dans la neige et la boue; les semelles étaient absentes ou dans un pitoyable état. Beaucoup de ces malheureux avaient les pieds ensanglantés ou gelés. Les uniformes étaient en lambeaux. Les hommes s'étant approprié tous les vêtements qu'ils avaient trouvés sur leur route, l'aspect général des troupes présentait d'invraisemblables bigarrures. Plusieurs avaient encore le pantalon de toile reçu à l'entrée de la campagne et grelottaient à faire pitié. Une toux stridente et continuelle se faisait entendre de la tête à la queue des colonnes; tous à peu près en étaient affectés. Fantassins de toutes catégories, zouaves, turcos, soldats de la ligne, chasseurs à pied, gardes mobiles, cavaliers démontés, cuirassiers, dragons, artilleurs, tous étaient confondus dans cette cohue. Quelques corps seulement avaient gardé leurs rangs, tantôt une ou deux compagnies, ici et là un bataillon accompagné de ses chefs, enfin trois ou quatre régiments du 18e corps surtout et de la réserve générale, complets ceux-là et présentant un aspect aussi satisfaisant que les circonstances le comportaient..

---

1. Les voitures du trésor contenaient 1,682,584 fr. 66 c., qui furent déposés dans les caveaux de Berne. (Note du colonel Secrétan.)
2. Commandant la 12e brigade fédérale, aux Verrières.
3. Auteur du *Rapport officiel* adressé au Conseil fédéral sur l'entrée des troupes françaises en Suisse.

Le commandant des troupes suisses avait d'abord eu l'intention de suspendre le désarmement pendant la nuit pour permettre aux troupes de prendre quelque repos. Il n'y eut pas possibilité d'observer la consigne. Dès que le moindre arrêt se produisait dans la colonne, c'était de la queue à la tête une irrésistible poussée. Point de halte ni de repos dans ce flot d'hommes descendant en longues lignes noires des versants du Jura blancs de neige, sans cesse bousculés par les derniers venus, pressés de se mettre à l'abri, de trouver quelque part, où que ce fût, un toit, un gîte. Les troupes les premières entrées durent marcher jusqu'au soir, pour évacuer les routes et permettre à la queue d'avancer. Les plus fatigués, les plus misérables, exténués, tremblant la fièvre, s'accroupissaient ou tombaient au bord du chemin, inertes, insensibles à tout, incapables d'agir, à peine de parler. La charité publique relevait ces moribonds. On en emplissait les étables et les granges, et, plus bas, dans les vallées et la plaine, les écoles, les églises, les infirmeries. Les populations échelonnées sur les routes faisaient de leur mieux pour soulager tant de misères.

Des milliers de chevaux et de voitures coupaient, par intervalle, ce flot humain qui passait. Les chevaux faisaient pitié autant que les hommes. Maigres, efflanqués, pouvant à peine se tenir sur leurs jambes, ils tombaient par centaines. On se bornait à couper les traits, à traîner les pauvres bêtes hors de la chaussée et on les achevait d'un coup de fusil. Les routes en étaient jonchées. D'autres, affamés, cherchaient à ronger tout ce qui était à leur portée, les jantes des roues de la voiture qui les précédait ou les crins du compagnon de misère attelé devant. Privés de soins depuis longtemps, leur corps n'était souvent qu'une plaie dégoûtante. De l'aveu des conducteurs, un grand nombre de chevaux des batteries n'avaient pas été déharnachés depuis plusieurs semaines. Les chevaux de la cavalerie, quoique harassés, étaient, en général, moins mal tenus. Les cavaliers montraient quelque sollicitude pour leurs montures, tandis que les soldats du train, de l'artillerie et des équipages traitaient les chevaux des attelages avec une révoltante brutalité. A Yverdon, à Colombier, on dut faire entourer les parcs d'une forte chaîne de sentinelles pour empêcher les soldats du train de s'échapper et les forcer de donner à leurs bêtes les soins les plus élémentaires.

Sur les points de passage principaux, ce lamentable défilé dura le 1er février pendant toute la journée, la nuit suivante sans interruption et une partie de la journée du lendemain. Toute la génération d'hommes qui, en Suisse, a assisté à ce lugubre épilogue d'une guerre cruelle, en a gardé, impérissable, le tragique souvenir. Jamais on n'avait vu, dans cet heureux pays, pareil désastre [1].

C'est que, jamais non plus, opération de guerre

---

[1]. Colonel fédéral Secrétan, *loc. cit.*, pages 507 et suivantes.

n'avait été entreprise avec autant de hâte, ni poursuivie avec moins de logique et de précautions,

Combat de la Cluse (1ᵉʳ février). Cependant le général de Manteuffel, qui ignorait que l'armée française eût franchi la frontière, avait donné à ses différents corps, pour le 1ᵉʳ février, l'ordre d'attaquer concentriquement Pontarlier. L'avant-garde du IIᵉ corps pénétra la première dans la ville, à onze heures du matin, et ne trouva que l'extrême arrière-garde de la réserve générale française, qui, avec le 18ᵉ corps, était chargée de protéger la retraite sur les hauteurs de Larmont. Elle poursuivit sa marche vers la Cluse, et s'empara de plus de 400 voitures chargées qui encombraient la route[1]. Puis, au milieu d'une inexprimable cohue de charrois qui fuyaient, elle déboucha devant les gorges où la division Pallu de la Barrière avait pris position. Le 29ᵉ de marche tenait les hauteurs au nord du Doubs, l'infanterie de marine celle du sud; le 38ᵉ formait réserve au village de la Cluse. Derrière, le 18ᵉ corps s'écoulait déjà vers les Verrières[2].

Les Prussiens se portèrent résolument à l'attaque. Le 29ᵉ de marche fut débordé par les grenadiers du régiment de Colberg, qui avaient gravi les hauteurs de Larmont, et rejeté sur la Cluse. Mais un retour offensif, exécuté par les 42ᵉ et 44ᵉ de marche, du 18ᵉ corps, qui étaient rapidement revenus au feu, arrêta les progrès de l'ennemi, dont l'artillerie, efficacement contre-battue par les pièces françaises de position et par celles du fort de Joux, n'avait pu rester en batterie. Le col fut réoccupé, et le régiment de Colberg refoulé sur la route; il laissait entre nos mains 50 prisonniers. Sur ces entrefaites, le gros de l'avant-garde ennemie était arrivé, et une brigade tout entière s'apprêtait à renouveler l'attaque des hauteurs. Néanmoins nos soldats tinrent

---

1. C'étaient les convois des 15ᵉ et 18ᵉ corps, et le convoi de réserve de l'armée.

2. Au sortir de Pontarlier, la route de Neufchâtel se dirige vers le sud-est en suivant le cours du Doubs, puis elle l'abandonne et s'engage dans l'étroit défilé de la Cluse, bordé par deux hauts rochers aux parois verticales, couronnés par les forts de Joux et du Larmont inférieur. Après ce défilé, la route se retourne vers le nord-est.

bon. Malgré des pertes nombreuses et regrettables, telle que celle du lieutenant-colonel Achilli, mortellement frappé d'une balle dans le bas-ventre, ils réussirent à contenir jusqu'à la nuit tous les assauts et à garder intacts le défilé, le village de la Cluse et la bifurcation des deux routes conduisant en Suisse. Leur courageuse résistance avait protégé la retraite de l'armée et le défilé de l'artillerie. Ils gardèrent le col pendant toute la nuit, et ne passèrent en Suisse que le 2, quand sa possession eut perdu toute importance. « Le combat du 1ᵉʳ février a été exclusivement un combat d'infanterie, très violent, très meurtrier, acharné surtout dans trois moments de la journée. Le champ était restreint et les combattants ont dû piétiner sur place pendant près de sept heures dans le sang et la neige, enjambant les cadavres pour avancer de quelques pas... L'attitude des simples soldats a été admirable. Près de la cabane du chemin de fer où l'on se fusillait à petite distance, plusieurs d'entre eux m'ont demandé, avec une familiarité respectueuse et l'accent de l'exaltation héroïque : — *Etes-vous content, mon général*[1] ? » C'est sur cet épisode glorieux que prit fin la triste campagne de l'Est et la résistance de la France. Il couronnait dignement une série d'efforts gigantesques, auxquels il n'avait manqué pour réussir qu'une direction plus ferme et une coordination plus intime. Il donnait la preuve qu'en France les gens de cœur se retrouvent toujours, et jetait sur l'agonie de nos forces dernières une lueur suprême d'espérance et de consolation[2].

Devant l'impossibilité où il se trouvait de franchir le défilé, le général Fransecky avait essayé de le déborder par le sud. Une brigade fut dirigée sur Oye, afin de

---

1. *Enquête parlementaire*, déposition du **général Pallu de la Barrière**, tome III, page 446.
2. Outre la réserve générale et la brigade Robert, d'autres troupes appartenant à la brigade Leclaire et à la division Penhoat avaient pris leur part du combat, mais dans un tel mélange qu'elles ne constituaient plus, à proprement parler, des unités. — Pendant l'action, un parlementaire prussien vint dire au général Robert que toute résistance devenait inutile, que la position était tournée, et qu'il ne restait plus aux Français qu'à se rendre. « Il nous reste, répondit le général, à mourir honorablement. »

menacer la route du col de Jougne ; mais les chemins étaient si encombrés de neige que seules quelques compagnies d'avant-garde purent arriver jusqu'à Oye. La cavalerie du général de Brémond d'Ars et le régiment d'infanterie légère d'Afrique suffirent à les rejeter dans la montagne et à s'en débarrasser. En résumé, le combat de la Cluse coûtait aux Allemands 19 officiers et 365 hommes ; nos pertes dépassaient un millier d'hommes et 1,600 prisonniers, mais il n'y a pas à les regretter, car du moins elles étaient utiles et assuraient la mémoire impérissable des braves qui avaient péri en se sacrifiant.

Cependant certains généraux et quelques fractions de troupes avaient usé de la latitude laissée par le général en chef de ne point passer en Suisse. Le général Pallu de la Barrière gagna Gex à travers la montagne, suivi par 70 hommes, dont 18 périrent en route de misère et de froid. De même les généraux Billot, Bressolles, de Busserolles, le colonel Goury, plusieurs officiers d'état-major réussirent à atteindre par la même voie, et après mille difficultés, le département de l'Ain. La division d'Ariès, la division Poullet, échelonnées, avec deux régiments de cavalerie du 20ᵉ corps, entre Mouthe et Foncine-le-Haut, partirent dès le 31 et parvinrent à gagner Morez par le chemin de montagne de la Chapelle-des-Bois, et de là Gex ; le corps franc Bourras s'échappa également par là. Enfin, le général Crémer, qui, avec sa cavalerie, était à Saint-Laurent depuis le 29, coupé du gros de l'armée par le détachement de Wedell et sans espoir de la rejoindre, put, en prenant la même route, et en surmontant des difficultés inouïes, échapper à l'internement. C'était en tout une dizaine de mille hommes, restés sur le territoire français, qui rétrogradèrent sur Lyon par groupes épars. De fait, le 31 janvier, l'armée de l'Est avait cessé d'exister[1].

---

1. On se souvient qu'au combat de Chaffois, nos soldats, croyant à l'armistice, s'étaient arrêtés, et que l'ennemi en avait profité pour faire un millier de prisonniers. Le 2 février, le général de Manteuffel fit renvoyer leurs armes au général Clinchant par l'entremise du général Herzog, ne voulant pas, disait-il, en priver de braves troupes

Dernières opérations de l'armée des Vosges. — Bien que l'immobilité obstinément gardée par Garibaldi après les combats de Dijon fût pour rassurer pleinement l'armée du Sud sur la sécurité de sa ligne de retraite, cependant Manteuffel avait voulu en finir avec le corps des Vosges, dont un réveil inopiné aurait pu devenir dangereux. Dès le 28 janvier, c'est-à-dire au moment où il s'était vu assuré d'acculer l'armée de l'Est à la frontière suisse, il avait formé un fort détachement qui était chargé de liquider la situation du côté de Dijon. Placé aux ordres du général Hann de Weyhern, commandant la 4° division, ce détachement comprenait : 1° la brigade Knesebeck, laissée, on s'en souvient, à la surveillance d'Auxonne ; 2° la brigade de cavalerie Willissen, échelonnée entre Gray et Dôle ; 3° la brigade de Degenfeld, du XIV° corps. Il devait aller grossir la brigade Kettler, toujours devant Dijon, et compter ainsi une quinzaine de mille hommes ; il n'avait pas pour mission de s'emparer de la ville, si l'opération semblait trop coûteuse, mais plutôt de l'isoler, de la masquer, jusqu'à ce que l'armée de l'Est étant annihilée, le gros des forces allemandes pût se retourner contre Garibaldi.

Celui-ci, tandis que ces dispositions étaient prises contre lui, n'avait pas même essayé de débusquer de ses cantonnements la faible brigade de Kettler. Il recevait de M. de Freycinet dépêche sur dépêche, signalant le danger croissant qui menaçait l'armée de l'Est, et demandant avec instance que celle des Vosges fît au moins quelque chose pour tenter de le détourner[1]. Il y répondait par une inertie toujours la même. Le 28, cependant, il se décida à envoyer deux de ses brigades, sous les ordres de Canzio et de Menotti, à Bourg et à Saint-Jean-de-Losne, puis à lancer vers Dôle un groupe de 700 francs-tireurs. Un autre détachement se porta, le 29, sur Buffon, au nord de Montbard, et réussit, le

---

qui avaient renoncé au combat par le fait d'une supposition erronée. Le général Clinchant remercia, avec beaucoup de courtoisie, le commandant en chef allemand de son procédé délicat.

[1] *Enquête parlementaire*, tome II, pages 757 à 775.

2 février, à faire sauter le pont de l'Armançon[1]. Mais tout cela était beaucoup trop tardif, et parfaitement inutile d'ailleurs, étant donnée la situation réciproque des belligérants. Manteuffel ne s'inquiéta pas plus de ces mouvements que de la présence à Lons-le-Saunier des mobilisés du général Pélissier; quant au général de Kettler, il ne parut même pas les apercevoir. Il attendait d'ailleurs le général de Weyhern, qui, aussitôt arrivé, décida d'entamer une marche circulaire autour de Dijon, afin d'intercepter les communications de cette ville avec Lyon. Son mouvement commençait à peine, le 29, quand arriva à Dijon la nouvelle qu'un armistice avait été signé, la veille, à Versailles. Bordone s'empressa de faire demander aux Allemands la fixation d'une ligne de démarcation, et, comme ceux-ci lui répondaient par une fin de non-recevoir, il se présenta en personne aux avant-postes pour réitérer sa requête. Elle fut repoussée comme la première, et, le 31 au matin, le général de Weyhern, auquel l'ordre formel de poursuivre venait d'enlever toute hésitation, mit ses troupes en marche; la brigade Kettler droit sur Dijon par Varois, la brigade Knesebeck sur Quétigny par Couternon, les deux autres suivant en réserve. Ayant été accueilli par le feu des batteries de position et une fusillade intense partie des abords de Mirande, il ne jugea pas à propos de pousser plus loin ce jour-là, et donna l'ordre de rompre le combat.

Mais Bordone n'avait nul désir de le reprendre. Bien qu'il eût reçu, dans la journée, l'avis formel, envoyé par M. de Freycinet, que l'armistice ne s'appliquait point à ses troupes, bien que les instructions réitérées du gouvernement lui imposassent l'obligation de conserver Dijon à tout prix, il jugea qu'il avait assez fait, et ordonna d'évacuer la ville pendant la nuit, « pour

---

[1]. Ce pont avait déjà été détruit, mais incomplètement, par le colonel Lobbia. Le détachement, aux ordres du commandant du génie auxiliaire Garnier, comprenait une compagnie du génie volontaire, une des mobiles de Saône-et-Loire, une de francs-tireurs du Gard et une de francs-tireurs alsaciens. Une partie de ces troupes devait également faire sauter le pont de Nuits-sous-Ravières, mais ne put y réussir.

conserver une armée à la République[1] ». La retraite, entamée sur deux colonnes, qui prenaient l'une la route d'Autun, l'autre celle de Beaune, s'opéra avec une telle rapidité que des patrouilles ennemies, arrivées à sept heures et demie du matin, le 1ᵉʳ, sur cette dernière route, n'y trouvèrent plus personne. Le matériel avait été évacué par chemin de fer. Mais la marche s'acheva, comme c'était à prévoir, dans la confusion et le désordre, et les corps garibaldiens, complètement débandés, ne présentèrent plus, en arrivant à Autun et à Chagny, en territoire heureusement neutralisé, que l'aspect d'un troupeau égaré.

Pendant ce temps, les Prussiens entraient à Dijon, occupaient Beaune, envoyaient des patrouilles dans tout le département de la Côte-d'Or, et faisaient investir Auxonne. Quant à Bordone, dans son ardeur toujours platonique, il préparait, maintenant qu'il était protégé par l'armistice, « un mouvement sur Pontarlier pour dégager Clinchant[2] » tandis que Garibaldi télégraphiait au commandant en chef de l'armée de l'Est : « Je me propose de faire une démonstration sur les derrières de l'ennemi vers Pontarlier. *Tenez-moi informé*[3] »... Quand on songe que ces deux dépêches portent la date du 1ᵉʳ février, c'est-à-dire du jour même où l'armée française entrait en Suisse, on demeure stupéfait de l'incroyable assurance du chef d'état-major et de la complète inconscience de son général. Et c'était sur de pareils hommes qu'on avait compté pour protéger une opération délicate, pour tenir tête aux troupes de Manteuffel, pour assurer à l'armée de l'Est la sécurité dont elle avait besoin ! Arrêter Manteuffel, ils ne le pouvaient guère, avec leurs 20,000 soldats, dont les trois quarts n'étaient que des aventuriers. Mais ils pouvaient certainement l'entraver, le retarder, et donner ainsi à nos malheureuses troupes de Besançon le temps de se dégager. Ils n'ont rien fait, que beaucoup de bruit,

---

1. Dépêche adressée à Bordeaux, le 31, à 5 h. 50 du soir.
2. Dépêche de Bordone à M. de Freycinet, le 1ᵉʳ février.
3. *Garibaldi à commandant armée de l'Est*, même date. (*Enquête parlementaire*, tome II, page 796.)

beaucoup de discours, et des proclamations ridicules[1]. C'est pour nous un devoir de signaler le dommage qu'ils ont causé à la défense nationale et de protester de toute notre énergie contre la légende qu'on a voulu établir autour d'eux.

Fin de la campagne. — Ainsi se terminait, dans une catastrophe lamentable, le suprême effort tenté par la France pour chasser l'envahisseur, effort sur lequel reposaient nos dernières espérances, mais qui, pour réussir, aurait eu besoin de s'exercer dans des conditions toutes différentes de préparation et d'exécution. Les trois départements exclus du bénéfice de la convention de Versailles étaient entièrement au pouvoir de l'ennemi, en face de qui il n'existait plus aucune force organisée. Cette situation dura jusqu'au 13 février, et seules les places d'Auxonne, de Besançon et de Belfort furent seules préservées du contact onéreux des Allemands. Quant aux troupes passées en Suisse, elles étaient réparties entre 188 villes ou villages de la Confédération ; elles touchaient la solde des troupes fédérales et restaient soumises aux lois militaires du pays. « Un dépôt spécial pour récalcitrants avait été installé au fort de Luziensteig ; 150 hommes et 3 officiers de la garde mobile durent y être relégués pour actes d'indiscipline ou autres fautes graves. Les tribunaux militaires prononcèrent une trentaine de condamnations ; à ces exceptions près, la discipline ne donna lieu à aucune plainte[2] »

Malgré tous ses efforts auprès de M. de Bismarck, le gouvernement fédéral ne put obtenir que le rapatriement de nos 90,000 hommes fût effectué avant la conclusion définitive de la paix. Le chancelier avai répondu aux ouvertures de la Suisse « que le gouvernement français n'était nullement en état de donner des garanties suffisantes que des militaires de l'armée du général Bourbaki, tant officiers que soldats, ne se laisseraient pas entraîner à participer aux hostilités

---

1. Voir la pièce justificative n° 2.
2. Colonel Secrétan, *loc. cit.* page 525.

s'ils étaient rendus à la France, et que, plus le nombre de soldats à la charge du fisc français serait considérable à l'étranger, plus aussi la France pourrait se voir forcée d'accélérer la conclusion de la paix. » Il avait même ajouté, avec cette arrogance qu'il se croyait permise depuis qu'il était devenu tout-puissant : « Toutes choses ont leur bon côté. Les Suisses auront l'occasion de faire connaissance plus intime avec les Français ; nous, nous avons pu le faire depuis longtemps. » La raillerie était malséante, et elle fut vigoureusement relevée. « Le séjour en Suisse de l'armée française, dit en 1873 à l'Assemblée fédérale le président Cérésole, a créé entre la France et nous des sentiments plus étroits de sympathie et de reconnaissance. A ces divers points de vue, nous n'avons qu'à nous féliciter de l'épreuve que nous avons subie. » Et en relatant ces deux incidents, M. le colonel fédéral Secrétan y joint cette constatation, qui prouve à quel point les insinuations d'un adversaire discourtois ont eu peu d'écho chez nos voisins : « L'opération difficile et délicate du désarmement et de l'internement d'une armée de près de 90,000 hommes, le séjour de ces troupes pendant six semaines sur un sol étranger, événements uniques dans l'histoire de la guerre, n'ont donné lieu à aucun incident pénible et ont contribué, au contraire, à fortifier les relations de séculaire amitié qui lient la Suisse à la France. Ces faits sont hautement honorables pour les deux peuples, pour leurs gouvernements et pour l'armée qui a su accepter avec autant de dignité une si dure et cruelle épreuve [1]. » Nous n'oublions pas, en France, que ces nobles sentiments sont ceux de tous les Suisses ; ils nous vengent suffisamment d'un manque d'égards que d'ordinaire on épargne à des vaincus.

---

1. Colonel SECRÉTAN. *loc. cit.*, page 529. — Le rapatriement de l'armée commença le 13 mars et fut terminé le 21. « Un millier de malades restaient dans les hôpitaux. Plus de 5,000 y étaient entrés ; 1,700 hommes étaient morts en Suisse, le plus grand nombre du typhus, de la variole et d'affections de poitrine... Les comptes généraux de l'internement furent arrêter à 12,154,396 fr. 90, soit, par homme interné et par jour, 2 fr. 97. Ils étaient intégralement soldés le 2 août 1872. » (*Ibid.*)

Nous avons longuement exposé, au cours de ce récit, les erreurs, les fautes et les défaillances auxquelles a été dû l'échec définitif de la tentative dirigée vers l'Est. Nous n'y reviendrons donc pas si ce n'est pour exprimer encore une fois le regret que l'idée si juste d'une menace contre les communications allemandes n'ait pas été mieux exploitée. Déjà trop excentrique pour avoir des chances certaines d'aboutir, le mouvement du général Bourbaki avait été encore écarté de sa direction logique par l'obligation de débloquer Belfort, obligation qu'on lui avait imposée sans motif valable ; car, à l'époque où on était arrivé, la délivrance de cette place n'avait plus que la valeur d'un incident, d'une grande portée morale à la vérité, mais sans la moindre influence sur le résultat définitif. Le plan proposé par le général Chanzy était à cet égard autrement judicieux que celui de la Délégation, et seul il pouvait encore déterminer une solution, parce que seul il prenait pour objectif la masse principale des forces ennemies [1]. En voulant faire trop grand, on a complètement manqué le but ; car on ne s'est pas suffisamment rendu compte que même si le général Bourbaki avait été vainqueur sur la Lisaine, s'il avait délivré Belfort et bousculé Werder, il n'en aurait pas moins été exposé à un complet désastre, que l'armée de Manteuffel arrivant sur son flanc et ses derrières devait nécessairement lui infliger. Cette considération seule, à défaut de bien d'autres, suffirait à expliquer les hésitations du général Bourbaki, ses timidités si peu conformes à la nature de son caractère, ses incertitudes dans le développement de sa manœuvre, après qu'il en avait cependant indiqué le mécanisme. Il ne se sentait pas en sûreté ; il comprenait que le danger était, non pas devant lui, mais derrière, et il se trouvait invinciblement retenu par la crainte de s'engager à fond.

Quant à l'espérance de mener à bien une opération de guerre quelle qu'elle soit, avec des moyens aussi imparfaits ; de faire réussir à point nommé des transports considérables qui n'ont point été préparés ; de

---

1. Voir la pièce justificative n° 4 du tome IV.

rendre mobile et maniable une armée composée d'éléments hétérogènes et insuffisants, auxquels manquent à la fois la cohésion, l'habitude de la discipline et la confiance ; d'obtenir vigueur, résistance et énergie persévérante de soldats jeunes, inexpérimentés, moralement et matériellement désarmés contre la souffrance et les intempéries ; d'assurer la subsistance de tant de milliers d'hommes, quand pour la réglementation des services on n'a d'autre ressource que l'improvisation ; enfin de se garantir contre la menace de l'intervention très présumable de nouvelles forces ennemies, avec le seul concours de bandes indépendantes soumises au commandement le plus fantaisiste, elle ne peut être qu'un leurre, conduisant à des déboires assurés, et l'événement ne l'a d'ailleurs que trop prouvé. C'est parce qu'elle manquait de tout, que l'armée de l'Est a marché si lentement ; c'est parce qu'elle avait peur de la famine, qu'elle s'est obstinément appuyée sur Clerval, au lieu de pointer vers la route de Lure à Belfort. C'est parce qu'elle n'était point en état de supporter sa misère, qu'elle a fondu aussitôt après ses premiers efforts. Si l'on ajoute à tout cela les défaillances d'un commandement tiraillé et inquiet, la série des ordres mal donnés ou mal exécutés, la désorganisation toujours croissante de troupes qui finissaient par ne plus rien comprendre aux mouvements fatigants et pénibles qu'on leur imposait en tous sens, enfin l'action déprimante d'une température glaciale, on s'explique la langueur des dernières résistances, et la navrante étendue du désastre. Au demeurant, ce n'est pas lui qui a décidé du sort de la France, et il n'a fait qu'ajouter une page dernière à l'histoire déjà si triste de nos malheurs. Il n'était même pas définitif encore que déjà Paris, aux destinées de qui celles de la France avaient été si imprudemment enchaînées, fournissait le dénouement de cette lutte de six longs mois, parsemée, malgré son issue tragique, de tant de nobles et glorieux souvenirs.

IV. — Destruction du pont de Fontenoy-sur-Moselle.

Nous rattacherons à l'histoire des opérations dans l'Est un épisode qui eut pour théâtre, vers la fin de janvier, les environs de Toul, et qui, s'il s'était produit plus tôt, aurait pu exercer sur les événements une influence relativement considérable. C'est avec une satisfaction véritable que nous donnons ainsi pour épilogue au triste récit qu'on vient de lire une action absolument glorieuse, tant par l'énergie déployée pour l'accomplir que par les qualités dont firent preuve ceux qui l'ont conduite. Elle montre qu'on peut tout obtenir des hommes de ce pays à la condition unique de savoir le leur demander.

Vers la fin de novembre 1870, s'était formé au camp de la Vacheresse, près de Lamarche (Vosges), un petit corps de partisans, composé d'un noyau de soldats réguliers, de militaires échappés des prisons ou des mains de l'ennemi, de volontaires alsaciens et lorrains, de gardes nationaux et forestiers; en tout 400 hommes environ. Il avait à sa tête deux officiers évadés de Metz, le commandant Bernard et le capitaine Coumès, qui l'instruisirent rapidement et l'organisèrent spécialement en vue de la destruction des voies ferrées. C'était en effet le but pour lequel Gambetta en avait autorisé la création, et pour lequel il avait constitué la Commission militaire de défense de la Meurthe, de la Moselle et des Vosges [1].

Sortant, dès le 2 décembre, de son camp fortifié, *l'avant-garde des chasseurs des Vosges*, comme on l'appelait, enleva à Contrexéville un détachement de landwehr, composé d'un sous-officier et de 15 hommes, occupés à lever des contributions [2]. A la suite de ce fait, la direction d'étapes allemande d'Epinal dut envoyer contre

---

[1]. *Les Chemins de fer pendant la guerre*, par le baron Ernouf, page 74.
[2]. *Monographie du grand état-major allemand*, traduite par Charles Kussler; Paris, Westhausser, 1889, page 10.

elle une colonne volante, qui parvint à la refouler après un combat assez vif livré à Dombrot-le-Sec, et occupa Lamarche. L'éveil était cependant donné, d'autant plus que le sous-officier capturé à Contrexéville, et qui avait été échangé, s'était empressé de fournir à ses chefs les détails les plus complets sur les projets de nos francs-tireurs, détails dont il tenait une partie de certains officiers français trop bavards. Les Allemands décidèrent alors l'envoi d'une expédition contre les chasseurs des Vosges, et ils allaient l'exécuter, quand l'arrivée dans l'est de l'armée de Bourbaki détourna leur attention sur des points plus directement menacés. Il se produisit de ce fait une accalmie dans la région, et le capitaine Coumès en profita pour préparer la tentative qu'il méditait contre le chemin de fer de Paris à Nancy. Du 28 décembre au 6 janvier, il parcourut à pied, sous des vêtements bourgeois, le pays situé entre Lamarche et cette dernière ville, exécutant ainsi, à travers les gîtes d'étapes allemands, une reconnaissance complète de la région. Trompés d'ailleurs par des mouvements extérieurs de la garnison de Langres, et ignorant la position exacte du camp, les Allemands renforcèrent certains points qu'ils croyaient menacés, et laissèrent entièrement libre tout le terrain qui s'étend entre la haute Moselle et la route de Neufchâteau à Toul[1], c'est-à-dire précisément celui où nos francs-tireurs se préparaient à opérer. C'était là une bonne fortune; malheureusement on ne pouvait encore en profiter, faute de poudre. Le général Arbelot, gouverneur de Langres, qui paraissait n'avoir que très médiocrement confiance dans le succès, refusait celle qu'on lui réclamait avec insistance, et l'on avait vainement tenté d'en fabriquer au camp. Le 10 janvier seulement, le colonel Meyère, successeur du général Arbelot, en délivra, sur l'ordre de Gambetta, 400 kilogrammes; il envoya en outre au camp de la Vacheresse un bataillon de mobiles du Gard.

---

1. *Monographie du grand état-major allemand*, traduction KUSSLER, page 15.

Le transport de la poudre, sur les chemins couverts de verglas, ayant demandé plusieurs jours, on dut encore attendre. Enfin le 18, à cinq heures du soir, une colonne forte de 300 chasseurs des Vosges, du bataillon du Gard et de quelques éclaireurs à cheval, se mit en route à travers bois et prit sa direction sur Hayevaux, où elle arriva le 19 entre huit et neuf heures du matin, ayant fait 40 kilomètres sur des sentiers pleins de neige[1]; on avait même été obligé, à certains endroits, de quitter les chemins frayés, pour éviter de donner l'éveil aux troupes avancées de Neufchâteau. Fort heureusement, à Hayevaux, on trouva d'abondantes provisions, qui y avaient été réunies d'avance, et la petite troupe put réparer ses forces. Cependant le bataillon du Gard était dans un tel état que le commandant Bernard jugea prudent de le renvoyer au camp. Disons tout de suite que ce bataillon se heurta, à hauteur de Vrécourt, à un détachement ennemi sorti de Neufchâteau, auquel il avait signalé sa présence par des cris, des chants et des sonneries[2], et qu'il ne put regagner la Vacheresse que très en désordre et assez sérieusement diminué[3].

Sur ces entrefaites, le 20, à huit heures du soir, le commandant Bernard avait remis le reste de sa colonne en marche dans la direction de Toul. En tête marchait un groupe de cavaliers qui détachaient, de temps à autre, des patrouilles pour battre le pays; un homme en habits civils précédait le détachement, soit à cheval, soit en voiture; un premier groupe, distant de 500 mètres de la colonne, faisait des signaux au moyen de lanternes blanches et rouges. La troupe observait le plus profond silence; les hommes avaient ordre de marcher autant que possible dans les traces laissées sur la neige par leur chef de file; il était défendu de fumer.

---

1. On avait laissé 100 chasseurs à la garde du camp.
2. *Monographie*, etc., trad. Kussler, page 30.
3. « Un officier et 22 hommes morts restèrent sur le théâtre de la lutte; 17 hommes grièvement blessés furent trouvés dans Vrécourt après le combat. Les hommes légèrement blessés paraissent avoir été emmenés. » (*Ibid.*, page 31.)

En montant et en descendant les pentes, les hommes enfonçaient souvent dans la neige jusqu'aux genoux !...
Le 21, à cinq heures du matin, on atteignit la deuxième étape, la ferme de Saint-Fiacre, où un repas fut préparé pour les hommes, auxquels on défendit formellement de sortir des bâtiments. Dans une marche de nuit d'une durée de neuf heures, le détachement avait parcouru, par une température glaciale, plus de 30 kilomètres, dont les huit derniers à travers une épaisse forêt très accidentée !

C'est à Saint-Fiacre que fut fixé définitivement l'objectif de l'expédition ; après discussion, et sur l'avis prépondérant du capitaine Coumès, on décida que l'ouvrage d'art à détruire serait le pont-viaduc de Fontenoy-sur-Moselle, situé environ à 9 kilomètres à l'est de Toul. Sans entrer ici dans aucun détail technique, qu'il nous soit permis de dire que le choix en était en tous points judicieux et guidé par un sentiment très exact de la situation. Une opération aussi bien conçue et aussi bien menée devait fatalement réussir. Le 21 donc, à deux heures de l'après-midi, la marche était reprise, mais cette fois sans aucun bagage. La poudre, mise en sacs, était chargée sur quatre chevaux et les hommes avaient pris sur eux les amorces, ainsi que les outils nécessaires, pioches, haches, etc. A la nuit tombante, on arriva au vieux manoir de Pierre-la-Treiche, habité par un garde forestier, où une courte halte fut faite. On eut soin de placer en faction, dans le voisinage, des Alsaciens parlant allemand, qu'on avait au préalable enveloppés dans de grandes couvertures et coiffés de schakos de la landwehr prussienne. On voit qu'aucune précaution n'était négligée, et celle-ci était particulièrement sage, car la petite troupe n'était alors qu'à 4 kilomètres des remparts de Toul, occupés par l'ennemi.

Il s'agissait maintenant de franchir la Moselle, et le bac de Pierre-la-Treiche, pris dans les glaces, était pour le moment inutilisable. On dut le dégager tout d'abord, tandis que le garde forestier allait chercher un deuxième bateau dans un village situé à quelque distance. Tous ces préparatifs ne purent être terminés qu'à minuit, et, une fois le passage effectué, il restait à parcourir encore 11 kilomètres jusqu'à Fontenoy ; le temps pressait donc. Mais la nuit était très noire ; une neige épaisse couvrait le sol, amortissant le bruit suspect des pas. On se remit en route... Tout à coup, du côté de Toul, trois ou quatre détonations retentirent, répercutées dans le silence par les coteaux boisés... Etait-on découvert, et allait-on ainsi échouer en arrivant au but? On s'arrêta, on écouta... Le canon s'était tu... « En avant ! » dit à voix basse le capitaine... A cinq heures du matin, la vaillante petite troupe arrivait à 100 mètres du village de Fontenoy, n'ayant laissé de sa marche aucune trace visible, car, au fur et à mesure qu'elle avançait, un homme, muni d'un râteau, effaçait l'empreinte des pas sur la neige.

La garde du village, de la station et du pont de Fontenoy était confiée, depuis le 11 janvier, à un détachement composé de 2 sous-officiers, 1 tambour et 47 hommes de la landwehr, sous les ordres d'un vice-sergent-major. Ce sous-officier, mis en alerte par les coups de canon tirés à Toul, lesquels n'étaient, en effet, qu'un signal d'alarme, avait pris immédiatement ses précautions. Malheureusement pour lui, sa vigilance ne devait pas avoir raison de la décision, de l'énergie et de l'habileté de nos partisans. En effet, la sentinelle placée un instant auparavant à l'entrée du village aperçut parfaitement le détachement qui s'acheminait vers la station ; mais prenant, dans l'obscurité, cette masse noire pour des personnes se rendant à l'église, elle n'avait pas bronché d'abord. Quand, revenue de son erreur, elle courut au poste jeter l'alarme, il était trop tard. Les Français, lancés au pas de course, étaient sur ses talons et entraient dans la station. « Les Prussiens, dit le récit allemand, se précipitèrent vers la sortie ; les premiers qui se présentent sont tués à coups de baïonnette ou de poignard (?) ; les francs-tireurs brisent les fenêtres, pénètrent à l'intérieur de la station, blessant sept hommes et faisant autant de prisonniers. La plus grande partie des Allemands s'échappent dans la direction de Toul et annoncent l'événement à un train chargé de prisonniers français, qui venait justement de quitter la gare de cette ville. Le soldat Pott, bien que blessé, eut assez de présence d'esprit pour se diriger du côté de Liverdun, courant à la rencontre du train-poste qui approchait ; se plaçant sur le remblai, il parvint, malgré l'obscurité, à arrêter le train par ses cris et à prévenir ainsi un plus grand malheur[1]. » Quant au vice-feldwebel, il avait été blessé en cherchant à fuir, et fait prisonnier par un Français qui, dit la *Relation allemande*, « parlait parfaitement allemand ».

Les francs-tireurs sont donc maîtres de la station. Immédiatement des patrouilles sont lancées sur la voie, dans les deux directions ; les rails sont coupés entre Fontenoy et Nancy, puis entre Fontenoy et Toul, les fils télégraphiques arrachés. Une des sentinelles prussiennes est tuée, les autres prennent la fuite. « Au pont, maintenant ! » crie le capitaine Coumès. On savait, d'après les indications d'un inspecteur de la voie, qu'un fourneau de mine se trouvait dans la première pile du pont du côté de Nancy, mais on ne le découvrit qu'après de longues recherches. Aussitôt, deux hommes y descendent au moyen de cordes, pour placer les sacs de poudre. Ils y étaient encore quand le train venant de Toul est signalé ; on leur crie de se hâter et ils remontent précipitamment ; mais l'un d'eux a oublié sa lanterne allumée sur les sacs de poudre. C'est la menace d'une explosion prématurée et de la mort pour tous !... Un homme dévoué redescend dans le puits et éteint la lanterne. Puis la petite troupe attache la mèche, y met le feu et s'éloigne... Une minute après, au moment même où des soldats allemands descendus du train-poste de Nancy arrivaient à quelques centaines de mètres du pont, deux formidables détonations déchiraient l'air ; une énorme colonne de flammes embrasait l'atmos-

---

[1]. *Monographie du grand état-major allemand*, page 24. — Le soldat Pott reçut d'un propriétaire allemand qui se trouvait dans le train et lui devait la vie une gratification de 3,000 marks (3,750 francs).

phère, une gerbe de pierres retombait tout autour de la voie, et la première arche du pont de Fontenoy s'abîmait dans la Moselle, avec un épouvantable fracas. Il était six heures trois quarts.

La périlleuse expédition tentée par les chasseurs des Vosges avait donc pleinement réussi. Dès lors, il fallait songer au retour, et le commandant Bernard eut soin de l'effectuer par un chemin tout à fait différent de celui qui avait servi pour venir. On gagna la ferme de Gimeys, après avoir à nouveau franchi la Moselle sur des glaçons, et, le 24 au soir, on rentrait à Bulgnéville, *sans avoir perdu un homme*. Les héros de cette jolie aventure y furent l'objet d'une réception solennelle, à la lueur des illuminations.

Ainsi donc, cette mince colonne, composée de volontaires et de jeunes soldats, avait, en moins de trente-six heures, depuis le 22 janvier à deux heures de l'après-midi, franchi 60 kilomètres sur la neige, en partie hors des routes, traversé deux fois la Moselle, surpris la garde allemande et fait sauter le pont. Elle avait montré une remarquable audace, une discipline rigoureuse, une résistance digne des meilleures troupes. Elle avait rendu un grand service à la patrie, puisque l'ennemi ne dut pas employer moins de dix-sept jours à rétablir le pont, et que, pendant tout ce temps, les communications directes entre Strasbourg et Paris furent interrompues. Le seul regret qui se puisse exprimer, et les chasseurs vosgiens n'y sont pour rien, est que l'opération n'ait pas été exécutée plus tôt. Qui sait les résultats qu'eût entraînés la destruction du pont de Fontenoy, si elle se fût produite en novembre, au moment où les Allemands amenaient leurs grosses pièces pour bombarder Paris?

Ceux-ci n'en étaient pas moins cependant fort irrités de leur échec. A leur habitude, ils voulurent en tirer une vengeance exemplaire, dont le pauvre village de Fontenoy, qui n'en pouvait mais, fit les frais. Dans la journée même du 24 janvier, un bataillon vint mettre le pays au pillage, puis on fit sortir les habitants de leurs maisons, rentrer les bestiaux, et le village fut incendié au pétrole, par deux fois[1]. De plus, comme l'explosion avait eu lieu juste au moment où l'*Angelus* tintait à l'église, les Allemands feignirent de voir dans cette coïncidence toute fortuite la preuve d'une connivence entre francs-tireurs et population, et défendirent formellement de sonner dorénavant les cloches dans un rayon de dix kilomètres auprès de la place de Toul. Enfin, l'intérêt ne perdant jamais ses droits, le gouverneur de la Lorraine, général de Bonin, infligea à la province une contribution de 10 millions de francs.

La campagne prenait fin, et les modestes héros de Fontenoy n'avaient plus à employer leur activité. Réfugiés à nouveau au camp de la Vacheresse, ils se préparaient à s'y défendre énergiquement, quand un ordre de M. Spuller, préfet de la Haute-Marne, vint les licencier. Le 10 février, munis d'un sauf-conduit, ils franchissaient les lignes prussiennes avec armes et bagages, et regagnaient leurs foyers avec la satisfaction d'avoir courageusement fait tout leur devoir.

---

[1]. Le commandant d'étapes de Toul fit afficher l'avis suivant : « La plus revêche surveillance à la sûreté du chemin de fer et d'étape. Le pont du chemin de fer près de Fontenoy, aux environs de Toul, aujourd'hui fait sauter. Pour la punition, le village de Fontenoy fut brûlée (*sic*) de fond en comble. Le même sort tombera aux lieux dans lesquels quelque chose arrive de semblable. — Toul, le 22 janvier 1871 *Signé :* Von Schmadel. »

LIVRE SIXIÈME

LES PLACES FORTES

CHAPITRE PREMIER

LES GRANDES PLACES

I. — LES FORTIFICATIONS EN 1870.

État des places fortes en 1870. — La France, pendant la guerre de 1870-71, a vu tomber entre les mains de l'ennemi vingt-quatre de ses places fortes. Le conseil d'enquête devant lequel, conformément à la loi, ont été traduits les officiers qui y commandaient, s'est montré rigoureux, et, s'appuyant sur une interprétation très stricte des règlements militaires, a prononcé des blâmes sévères contre ceux qui n'avaient pas, avant de capituler, épuisé tous les moyens qu'ils avaient de se défendre. En cela, le conseil d'enquête a fait son devoir, parce que les conditions, si déplorables qu'elles aient été, où se trouvaient en 1870 la plupart de nos forteresses, sous le triple rapport des fortifications, de l'armement et des garnisons, ne sauraient excuser la faiblesse montrée par certains commandants de place, même si l'on tient compte de leur grand âge et de leur usure morale et physique.

Toutefois, nous pouvons affirmer hautement que

jamais, dans la triste période qui nous occupe, la France n'a donné le lamentable spectacle d'une nation à ce point démoralisée que des villes fortes se rendissent à la première sommation, sans même chercher à connaître le plus ou moins de puissance de ceux qui les attaquaient. C'est cependant ce que nos pères avaient pu voir en 1806 à Stettin, où, dans une place de premier ordre, 6,000 hommes mirent bas les armes devant deux régiments de hussards ; à Custrin, où quatre compagnies d'infanterie s'emparèrent sans coup férir de 4,000 hommes et 92 canons ; à Magdebourg, où, sous la simple menace d'un bombardement, toute une armée se rendit sans combattre au seul corps du maréchal Ney ; enfin à Czenstokau, où 500 hommes disposant de 25 pièces capitulèrent devant 120 chasseurs à cheval qui s'étaient déguisés en fantassins [1]. Bien plus, certaines de nos forteresses, où commandaient des hommes d'énergie et de décision, ont su se défendre jusqu'à la dernière extrémité, immobilisant devant elles des forces imposantes, et tirant le meilleur parti possible de leurs faibles moyens. A ce point de vue, les sièges de Belfort, de Phalsbourg, de Bitche et de Strasbourg présentent un intérêt réel ; ce sont les seuls d'ailleurs sur lesquels nous voulions nous étendre, car ce sont les seuls dont l'histoire comporte autre chose qu'un simple journal de bombardement.

En 1870, nous en étions, sous le rapport des places fortes, au même point exactement qu'à celui de la préparation générale de la guerre, c'est-à-dire réduits au minimum. Les villes fortes, établies d'après les systèmes de Vauban ou de Cormontaingne, n'offraient plus aucune résistance à l'artillerie moderne, dont la puissance avait décuplé depuis leur construction, et certaines même n'étaient que de véritables nids à obus. Armées de canons d'un modèle aussi ancien que le tracé de leurs remparts, dépourvues en général d'ouvrages avancés, presque toujours dominées, trop sommai-

---

1. Voir *Les Capitulations, étude d'histoire militaire sur la responsabilité du commandement*, par le général Thoumas ; Paris, 1886, Berger-Levrault, pages 202 et suivantes.

ent approvisionnées, dotées d'un état-major comosé d'officiers vieux et usés que le service actif avait rejetés pour la plupart, elles pouvaient tout au plus résister à une attaque de vive force, jamais à un bombardement ou à un siège en règle. Ce dernier mode d'attaque devenait au surplus très rarement nécessaire, et, le plus souvent, un bombardement de quelques jours, même de quelques heures, a suffi pour décider de la reddition. C'est que le plus souvent aussi, le commandant avait à lutter non seulement contre l'insuffisance des moyens matériels, mais encore contre la timidité ou l'indiscipline d'une garnison composée d'éléments hétérogènes, et surtout, il faut bien l'avouer, contre la funeste pression des autorités civiles et des habitants. A plusieurs reprises déjà, nous avons dû signaler cette attitude déplorable des municipalités, implorant, exigeant même une capitulation prématurée, et donnant l'humanité pour prétexte à des sentiments beaucoup moins avouables. Les villes de Laon, de Soissons, de Vitry-le-François, de Toul, de Mézières, de Péronne ont offert à cet égard un fâcheux exemple, avec lequel l'attitude pleine de fermeté et de courage des habitants de Metz, de Bitche, de Phalsbourg, de Verdun et de Belfort offre un contraste heureusement significatif.

Si les commandants de place eussent été tous de la trempe des Taillant et des Teyssier, l'action des municipalités aux abois eût été bientôt réduite à des manifestations platoniques ; malheureusement, beaucoup d'entre eux n'avaient plus la fermeté ni la vigueur des jeunes années et ne savaient point opposer à ces démarches affligeantes l'impassibilité que commandait la situation. L'ennemi, toujours parfaitement au courant de l'état matériel et moral des assiégés, ne manquait pas de faire son profit de leurs faiblesses et employait volontiers l'intimidation, dont le succès était en général plus rapide et plus sûr. Négligeant les remparts, dont la démolition lui eût coûté beaucoup de projectiles et de temps, sans préjudice d'un assaut peut-être meurtrier, il s'attaquait délibérément, dès le principe, aux propriétés publiques et privées, détruisait, incendiait, ruinait les édifices, et frappait sans pitié les habitants désarmés. L'effet d'un système aussi barbare ne se faisait point attendre ; la démoralisation s'emparait des esprits, éperdus devant tant de désastres, et le commandant de place, circonvenu, affolé par les plaintes des conseils municipaux, déprimé par l'affreux spectacle de tous ces désespoirs, arrêtait la résistance avant d'avoir épuisé ses moyens de défense, avant même de songer à détruire, comme les règlements lui en faisaient un devoir, un matériel que l'ennemi s'empressait d'utiliser contre nous. C'est là la triste histoire de presque toutes nos petites places, mauvaises bicoques dont il eût mieux valu raser les murailles que les exposer sans rémission à un sort aussi douloureux.

L'état d'infériorité manifeste où se trouvaient nos places fortes en 1870 tenait à deux causes principales. D'abord, on ne croyait pas à une invasion possible du territoire, en sorte que seules les places de Metz et de Strasbourg, destinées à constituer la base d'opérations, avaient été l'objet d'améliorations, d'ailleurs restées inachevées. En second lieu, il en était de cela comme du reste ; on vivait au jour le jour, sur le passé, en remettant au dieu Hasard, qui jusque-là avait semblé nous vouloir du bien, le soin d'assurer l'avenir. Le mot d'ordre était de demander aussi peu d'argent que possible aux Chambres, qui ne voulaient pas en donner, et de faire parade d'optimisme dans toutes les circonstances. On mettait en haut lieu, à enterrer les questions importantes, toute la persévérance qu'il eût fallu employer à les faire aboutir.

Service du génie. — C'était au service du génie militaire qu'incombait, alors comme aujourd'hui, la direction, la surveillance, l'établissement des fortifications. Il comprenait : 1° un état-major particulier, composé d'officiers et de gardes[1] ; 2° trois régiments et une compagnie d'ouvriers ; en tout 703 officiers

---

1. Les gardes (aujourd'hui les *adjoints*) étaient des employés militaires assermentés, recrutés parmi les sous-officiers de l'arme. Ils servaient d'auxiliaires aux officiers des directions et de l'état-major.

(dont le tiers seulement dans les troupes) et 570 gardes. Dirigé par un comité spécial, où se trouvaient réunies les sommités de l'arme, composé d'officiers savants et éclairés, de sous-officiers d'élite, d'hommes vigoureux et bons ouvriers, il aurait pu chercher, dans sa sphère particulière, à secouer cette torpeur dont souffrait notre état militaire tout entier. Malheureusement il s'était depuis longtemps cantonné dans un particularisme excessif, et peut-être plus exclusif encore que celui de l'artillerie ; ses relations avec les autres armes se bornaient généralement aux affaires de casernement, ses études militaires ne dépassaient pas les questions ressortissant à sa spécialité. Il formait un corps à part, très compétent à coup sûr au point de vue technique, mais enserré dans une bureaucratie routinière, et affichant, du moins dans certains grades, les tendances les plus réfractaires au progrès. Vauban restait pour lui un dieu, et c'était blasphémer que suspecter la valeur de méthodes qui dataient du règne de Louis XIV; en sorte que non seulement nos places ne se transformaient pas suivant les progrès de l'artillerie destinée à les contrebattre, mais qu'encore, dans nos écoles, on enseignait uniquement les moyens d'attaquer un front bastionné, dont il ne restait guère de spécimen que chez nous.

Cette stagnation dans des traditions surannées était d'autant plus regrettable que le génie n'est pas fait seulement, dans les armées modernes, pour assurer l'entretien des places fortes ou pour diriger des sièges. A lui revient aussi la réparation des routes, la reconstitution des voies ferrées, la construction en campagne des voies de communication et d'accès et l'exécution des travaux de champ de bataille. En 1870, il avait encore la charge de l'établissement des ponts fixes et celle des communications télégraphiques. Etait-il convenablement organisé pour cela? Il comprenait, nous l'avons vu, trois régiments ; chacun d'eux comptait 16 compagnies, dont 2 de mineurs, et fournissait en plus, à la déclaration de guerre, 2 compagnies de sapeurs et 4 de dépôt; son effectif était d'environ 2,000 hommes, sans compter les réservistes dont la rentrée au corps était, comme partout, soumise aux aléas que l'on sait. A la mobilisation, on attachait à chaque division d'infanterie une compagnie, à chaque corps d'armée une compagnie ou une compagnie et demie[1]. C'était là une proportion à peine suffisante pour les besoins.

Quant au matériel, fabriqué par l'unique arsenal de Metz, il était, suivant l'usage d'alors, conservé dans un certain nombre de places[2], et livré aux compagnies seulement à la déclaration de guerre. Le maréchal Niel en avait activé la construction de façon à pourvoir à la constitution de 48 parcs de compagnie, 10 parcs de corps d'armée et 4 grands parcs ; c'était en tout 310 voitures chargées pour lesquelles il eût fallu 2,734 chevaux. On n'en possédait que 525, avec, en magasin, des harnachements pour 2,225 ; on était donc forcé, du jour au lendemain, d'acheter les quatre cinquièmes des animaux et plus de 500 harnais. On ne le put pas, naturellement. En ce qui concerne les services techniques, la pénurie était encore plus grande. Les trois parcs de compagnies de chemins de fer qui devaient être organisés ne le furent pas ; les parcs télégraphiques pas davantage. Il fallut, au dernier moment, constituer un corps civil de télégraphistes et un corps franc de chemins de fer, auxquels l'arsenal de Metz donna voitures et chevaux.

Le malheur voulant que la guerre se déroulât en entier sur le territoire français, le pire était encore l'état de nos places fortes où rien, ou à peu près, n'avait été fait depuis cinquante ans. Influencé par son président, le général Froissard, le comité du génie avait bien, après 1866, décidé la transformation en camps retranchés de certaines places frontières et fixé à 110 millions la dépense à faire de ce chef. Mais le gouvernement n'osa en demander que 50 au Corps lé-

---

1. Chaque compagnie comptait, sur le pied de guerre, 4 officiers, 150 hommes et 8 chevaux; son parc comprenait en outre 8 hommes, 12 chevaux et 2 voitures.
2. Arras, Lyon, Metz, Montpellier, Versailles et Vincennes.

gislatif, qui, lui, n'en donna que 32 ; par suite, au lieu des cinq forts qui devaient être construits à Metz, on n'en entama que quatre. A Langres, où l'on avait décidé d'en construire quatre, on n'en fit que deux ; à Belfort, on n'en fit qu'un seul. A Mézières, Besançon, Toulon, etc., on n'en fit point du tout. Voilà, on peut le dire, des économies qui nous ont coûté cher ! Et cependant, le comité, brisant net avec les idées retardataires, avait nettement signalé le danger. « *Par suite des perfectionnements de l'artillerie*, disait-il dans son rapport, *les hauteurs que leur éloignement rendait autrefois peu à craindre pour la défense d'une place, sont devenues aujourd'hui tellement dangereuses qu'on ne peut se dispenser de couvrir complètement les murs de l'escarpe, les terre-pleins, etc., et souvent même d'occuper ces hauteurs, afin que l'assiégeant ne puisse de loin, et dès son arrivée devant la place, ruiner les défenses, détruire les établissements militaires et jeter le désordre dans l'intérieur de la ville... Mais il ne suffit pas de préserver les villes et leurs fortifications, il importe aussi d'avoir, pour appuyer les manœuvres d'une armée défensive, un certain nombre de places de premier ordre, solidement organisées, de façon à pouvoir servir de pivots stratégiques, et, dans ce but, il faut les envelopper de forts détachés occupant les positions dominantes et dangereuses. Une conséquence de ce système devra être nécessairement la suppression des petites places, devenues, sinon complètement inutiles, du moins d'une importance très secondaire.* »

Les petites places ne furent pas supprimées et les grandes pas achevées, en sorte que, de tout ce projet, il ne résulta qu'un ensemble hybride et imparfait. Au surplus, l'armement laissait beaucoup à désirer ; nous possédions 3,973 pièces de siège, 4,085 pièces de place, 3,247 mortiers et 2,983 pièces en fonte de place et de côte. Dans le chiffre total, les pièces rayées n'entraient qu'en proportion de huit pour cent ; le comité avait instamment demandé que celle-ci fût augmentée, mais on voulait utiliser le matériel lisse et rien n'avait été modifié dans les états d'armement, que des détails sans importance. On n'avait pas non plus constitué sur des bases suffisantes l'approvisionnement en munitions, et le résultat de tout ceci était que les villes fortes, mal protégées, mal armées, dotées de garnisons improvisées au dernier moment et composées de gardes mobiles ou nationaux auxquels manquaient les premiers principes d'instruction militaire, devaient fatalement succomber les unes après les autres, avant que leur résistance écourtée, du moins pour la plupart, ait pu apporter une gêne sérieuse aux mouvements de l'ennemi. Il serait donc sans intérêt aucun d'étudier par le menu les détails de leur agonie; nous nous bornerons ici à relater les points saillants de cette triste histoire, en signalant particulièrement les efforts que quelques gouverneurs énergiques et certaines populations patriotiques ont tentés pour défendre avec rien ou à peu près leurs murailles et leurs foyers.

II. — Siège de Strasbourg.

Lorsque, après la bataille de Frœschwiller, la III° armée allemande fut dirigée du Rhin sur la Meuse, la division badoise l'abandonna et alla, sous les ordres du général de Werder, qui remplaçait le général de Beyer, ministre de la guerre grand-ducal, mettre le siège devant Strasbourg. Dès le 9 août, un parlementaire, envoyé en avant, était venu sommer la place, sans succès ; le 11, les têtes de colonnes badoises apparaissaient devant le front septentrional, et, le lendemain, elles ouvraient les premiers travaux d'approche.

Strasbourg, ville forte de premier ordre, assise dans une plaine qu'arrose l'Ill, affecte la forme d'un triangle allongé, dont le sommet, tourné vers le Rhin, est occupé par la citadelle. Entourée de terrains plats, protégée par l'inondation de l'Ill, elle présentait, en 1870, une force de résistance relativement sérieuse, d'autant plus que devant ses bastions existaient un certain nombre d'ouvrages avancés reliés au corps de place par des caponnières; le front nord, en particulier, était couvert par deux fortins. Malheureusement, sous le double rapport de l'armement et des approvisionnements, la place se trouvait dans une situation aussi précaire que toutes les autres, et manquait absolument des éléments indispensables à une résistance quelque peu prolongée. Son artillerie, forte d'environ 250 bouches à feu, comprenait tous les calibres, même les plus démodés, et n'avait, pour la servir, que les dépôts des 5e et 20e régiments, plus onze compagnies de pontonniers, assez étrangères par état au service de canonnier[1]. En fait de troupes du génie, il n'y avait dans la ville que huit sapeurs, sans matériel[2] ; l'infanterie comptait le 87e de ligne, laissé dans la place par le maréchal de Mac-Mahon, les dépôts des 18e et 96e, avec ceux des 10e et 16e bataillons de chasseurs, plus un certain nombre de fuyards venus de Frœschwiller. Avec ces derniers, on forma deux régiments de marche, l'un d'infanterie[3], l'autre de cavalerie[4]. Enfin, après la retraite de l'armée d'Alsace, on reçut encore quelques détachements du 74e et du 78e, un bataillon du 21e[5], 450 douaniers et 90 marins ; ceux-ci, envoyés pour monter une flottille qui ne fut point organisée, s'employèrent au service des pièces ; ils étaient commandés par le contre-amiral Exelmans et le capitaine de vaisseau Dupetit-Thouars. La garnison était donc, en tout, forte de 7,000 fantassins, 600 cavaliers, 1,600 artilleurs ; après le 9 août, elle s'augmenta des pompiers de la ville, de trois bataillons de gardes mobiles avec dix batteries et de 3,000 gardes nationaux avec une batterie ; elle atteignit alors le chiffre total de 15,000 hommes environ[6].

Le gouverneur de la place était le général de divi-

---

1. Le régiment de pontonniers était destiné à l'armée du Rhin, mais il ne reçut pas à temps l'ordre de route le concernant.
2. Baron DU CASSE, *Journal du siège de Strasbourg*, Paris, 1871, page 14.
3. Commandé par le lieutenant-colonel Rollet, du 47e, blessé à Frœschwiller.
4. Commandé par le chef d'escadron de Serlay, du 2e lanciers.
5. Ce bataillon, laissé en garnison à Haguenau, dut, après Frœschwiller, se réfugier en hâte à Strasbourg.
6. Baron DU CASSE, *loc. cit.*, page 19.

sion Uhrich, du cadre de réserve [1], qui, dès le 7, constitua son conseil de défense, et lui exposa la situation des ressources existantes, consistant en 180 jours de pain, 60 jours de vivres et quelque viande sur pied. On pouvait à ce moment considérer ces ressources comme suffisantes, car si l'éventualité du siège ne paraissait pas douteuse, du moins il était encore permis d'espérer qu'une armée de campagne viendrait au bout de peu de temps apporter son secours ; aucun des membres du conseil ne croyait, en effet, à la soudaineté de nos désastres ni à l'irréparable retraite que l'armée du maréchal de Mac-Mahon était alors en train d'accomplir. Néanmoins, certaines précautions furent prises ; ordre fut donné d'enfermer les approvisionnements sous des abris blindés, d'occuper les ouvrages avancés, de déraser les abords des glacis et d'établir sur la plate-forme de la cathédrale un observatoire pour éventer la marche de l'ennemi. Malheureusement, c'est à cela que se bornèrent les mesures de défense ; on ne chercha pas à augmenter le périmètre fortifié par l'établissement d'ouvrages du moment ou de batteries avancées ; on s'en tint aux remparts existants, sans songer à se ménager quelque espace pour manœuvrer. La défense se condamna ainsi à la passivité, c'est-à-dire qu'elle se fixa à elle-même la limite qu'il lui était impossible de dépasser [2].

Le 12 au matin, les avant-gardes badoises, qui avaient pris position entre les deux routes de Saverne et de Haguenau, derrière les villages de Kœnigshoffen et de Schiltigheim, engagèrent le feu avec les ouvrages avancés ; le 14, une batterie ennemie, construite pendant la nuit au sud de la route de Saverne, dirigea sur

1. Uhrich (Jean-Jacques-Alexis), né à 1802 à Phalsbourg, entra à Saint-Cyr en 1818, combattit en Espagne en 1823, en Afrique jusqu'en 1841, et devint, en 1848, colonel du 3e léger. Général de brigade en 1852, il commanda en Crimée la brigade de la Garde, fit la campagne d'Italie comme général de division et passa au cadre de réserve en 1867.

2. Le comité de défense était ainsi composé : Président : général *Uhrich*. Membres : général de brigade *Moreno*, adjoint au gouverneur; colonel *Fiévet*, des pontonniers; colonel *Sabatier*, du génie; **colonel Blot, du 87e**; intendant militaire, *de Lavalette*.

eux un tir précis qui les fit beaucoup souffrir. D'autres batteries, successivement établies en face du front nord-est, se mirent ensuite de la partie, et, jusqu'au 19, une canonnade ininterrompue laboura lunettes et bastions, démolissant les pièces françaises, qui n'étaient pas de force à résister, et allumant même çà et là des incendies. La garnison de la place, pendant tout ce temps, avait fait quelques reconnaissances vers les positions allemandes, et soutenu des escarmouches sans grand intérêt.

Jusqu'ici, l'ennemi s'était borné à des démonstrations et à des menaces dont l'effet était à peu près nul. Le 19, il essaya de moyens plus rigoureux et démasqua six nouvelles batteries, dont cinq, postées sur les hauteurs d'Oberhausbergen, Mittelhausbergen et Niederhausbergen, bombardaient le front nord-ouest ; la sixième, établie à l'ouest de Kehl, tirait sur la citadelle. Celle-ci eut beaucoup à souffrir ; néanmoins elle riposta avec énergie et incendia Kehl, mais elle ne put protéger ni le quartier Saint-Nicolas, qui la relie à la ville, ni l'arsenal qui la borde au sud. Dans la nuit du 24, l'incendie se déclara dans les bâtiments de l'arsenal; 35,000 fusées percutantes qui s'y trouvaient renfermées sautèrent, et il fallut les remplacer en hâte par des fusées en bois dont la plupart ne purent être utilisées. Cette même nuit, les obus badois incendièrent le musée, le temple neuf et la bibliothèque, détruisant ainsi en quelques heures des merveilles rarissimes qu'on avait mis des siècles à rassembler ! Le feu de l'ennemi atteignait une extrême violence ; les incendies s'allumaient partout, la mort frappait dans les rues et les maisons les habitants affolés qui ne trouvaient plus d'abri nulle part ! « La place faisait tout son possible pour contrebattre l'artillerie ennemie ; mais les bouches à feu en batterie sur les remparts et dans les ouvrages avancés commençaient déjà à souffrir beaucoup, et d'ailleurs leurs lignes de tir étaient trop courtes pour atteindre les grosses pièces allemandes qui se trouvaient hors de leur portée. En outre, l'ennemi, très habile dans toutes les opérations, grandes et petites, de cette guerre infernale, avait eu soin de tirer avec des pièces de 12 volantes, que leur déplacement continuel, au milieu de la nuit, ne permettait point de pointer de la place. Il arrivait ainsi que le tir de l'assiégeant était toujours juste, assuré, concentré, précis, terrible, tandis que celui de l'assiégé était indécis, flottant et trop souvent sans action [1]. »

Les artilleurs badois, qui avaient déjà détruit tant de monuments vénérables, qui avaient, au mépris du droit des gens, bombardé l'hôpital militaire et imposé son évacuation, n'hésitèrent pas à prendre pour objectif de leurs coups la cathédrale, ce joyau unique de l'art gothique, dont la plate-forme constituait pour eux un observatoire gênant. Dès le 25, ils en entamèrent la destruction, espérant probablement par ce vandalisme révoltant hâter la soumission des assiégés ; ce qui tendrait à le faire croire, c'est que, le 26 au matin, un parlementaire se présentait au général Uhrich et demandait la reddition de la place, menaçant, si elle n'était pas accordée, de reprendre le bombardement à midi. Ce n'était point de sa part une vaine bravade, car il n'était pas encore de retour dans ses lignes, que déjà la canonnade reprenait, plus intense que jamais, et foudroyait de projectiles l'hôtel même du général Uhrich.

Cependant les ruines et les morts s'accumulaient à ce point que la municipalité commençait à faiblir [2]. Le 27, elle demandait au gouverneur l'autorisation d'aller implorer du général de Werder une suspension momentanée du feu, sous la condition pour elle de verser 100,000 francs par jour de trêve ; on pense quel accueil dut faire le général Uhrich à une proposition aussi extravagante. Il paraîtrait cependant que son refus souleva dans la population de tels sentiments qu'on put craindre un instant des émeutes [3]. Le fait certain est qu'une partie songea à émigrer (il était

---

1. Baron DU CASSE, *loc. cit.*, page 35.
2. La chaleur des incendies était si grande que des ailettes en plomb des projectiles fondirent au parc à boulets. (*Ibid.*, page 39.)
3. *Ibid.*

bien tard !) et sortit de la ville; elle y fut rejetée à coups de fusil par les Badois. Alors le conseil municipal revint à la charge auprès du général, toujours inutilement. Le brave Uhrich, s'il se bornait à résister passivement aux efforts de l'ennemi, sans employer suffisamment ses forces mobiles, dont le rôle était limité à quelques embuscades ou sorties rapprochées, opposait du moins une fermeté rare aux influences déprimantes dont il était entouré, et s'entêtait noblement dans ce qu'il croyait être tout son devoir. A vrai dire, il avait de la mission de troupes assiégées une intuition trop étroite, en ce sens qu'il ne leur demandait pas autre chose que la constance et la résignation dont il était le premier à donner l'exemple ; il ne se doutait pas, ou ne paraissait pas se douter que la passivité ne mène à rien et qu'il faut une activité vigoureuse pour tenir tête à un assaillant décidé. Il n'avait pas suffisamment médité l'exemple de Todleben, arrêtant pendant de longs mois devant les remparts de Sébastopol une armée formidable, bousculant chaque jour ses travaux d'approche, inquiétant sans cesse ses avant-postes, limitant constamment ses progrès. C'est en veillant nuit et jour, en faisant des sorties fréquentes, en élargissant le plus possible le cercle d'investissement qu'une place a des chances de lasser la patience de celui qui l'assiège et de l'amener peut-être à renoncer à ses projets. Quant à la bravoure inerte qui ne dépasse point la ligne des remparts, elle est honorable, rien de plus, et ne suffit point à empêcher, ni même à retarder la catastrophe finale. Cette bravoure, le général Uhrich en a donné les preuves les plus éclatantes ; mais il n'a malheureusement pas su faire plus.

Cependant le général de Werder s'apercevait de l'inanité de ses procédés d'intimidation. Si nombreuses que fussent les ruines accumulées pendant ces cinq jours de bombardement sauvage, si cruels qu'aient été les deuils qu'ils avaient provoqués, la place ne paraissait pas ébranlée encore. Le général allemand songea donc à combiner avec ses procédés d'intimidation d'autres méthodes plus lentes, mais aussi sûres, et entama le siège régulier de la ville qu'il n'avait pu réduire par la terreur. Le 29 août, la première parallèle fut ouverte devant le front d'attaque primitif, en avant de Kœnigshoffen ; elle devait s'étendre en arc de cercle, depuis le village à droite, jusqu'au canal de la Marne au Rhin, à gauche. La garnison essaya de s'opposer aux travaux de l'ennemi ; le 87e tendit quelques embuscades, fit des prisonniers, mais ne réussit point à combler la tranchée. Dès le 31, celle-ci était complètement aménagée, et les cheminements amorcés pour conduire à une seconde parallèle. Les Badois agissaient avec une surprenante activité ; peu gênés par la garnison, occupée en partie par ailleurs à la plus triste besogne [1], ils gagnaient sans cesse du terrain, s'approchaient des ouvrages avancés que les batteries de position criblaient de projectiles, et les rendaient presque intenables. On aurait voulu faire sauter les galeries de mine rayonnant à l'extérieur de ces ouvrages pour bouleverser les travaux d'approche ; le génie n'en ayant pas les moyens, il fallut se contenter de les noyer [2]. Alors le général Uhrich, effrayé de l'imminence du péril, ordonna qu'une sortie serait faite, sur tout le front compris entre les Contades et Kœnigshoffen. Malheureusement, on ne sut point s'assurer le bénéfice de la surprise, et le 87e dut rentrer en ville, ayant laissé au pied des tranchées inviolées 135 des siens.

Après cette échauffourée fâcheuse, le bombardement continua avec une intensité toujours croissante, détruisant les monuments, les casernes, le théâtre, l'arsenal, la citadelle, incendiant le faubourg de Pierres et une partie du faubourg National, bouleversant les remparts et les batteries que les efforts des assiégés ne réussissaient que très imparfaitement à remettre en état. Quant aux travaux d'approche, ils progressaient d'autant plus vite que le feu de la place diminuait plus rapidement. Le 11, Werder autorisa une députation

---

1. Des bandes de pillards s'étaient organisées en ville pour voler dans les ruines ; le général Uhrich dut prendre contre elles des mesures de rigueur. (Baron DU CASSE, *loc. cit.*, page 44.)
2. *Ibid.*, page 45.

suisse à pénétrer dans Strasbourg pour emmener celles des bouches inutiles qui voudraient la suivre; 2,500 personnes, femmes, enfants et vieillards, purent ainsi abandonner leurs maisons dévastées. A cette date aussi, on commença à être définitivement fixé en ville sur l'étendue de nos premiers désastres et sur le peu d'espoir qui restait de se voir secouru. La délégation suisse confirma la nouvelle du désastre de Sedan, que Werder avait déjà fait connaître. D'autre part, le baron Pron, préfet du Bas-Rhin, reçut avis officiel que le gouvernement de la Défense nationale avait pourvu à son remplacement; avec beaucoup de noblesse et de dignité, il déclara qu'il resterait à son poste jusqu'à ce que son successeur ait pu rejoindre. Il ne fut pas imité dans cette abnégation patriotique par la municipalité, qui crut devoir se retirer; aussitôt le général Uhrich institua une commission administrative, à la tête de laquelle il plaça le professeur Küss, de la Faculté de médecine, un homme tout de probité et de dévouement, dont le souvenir vit encore au cœur des Strasbourgeois.

Cependant l'ennemi avançait toujours; le canon continuait sans trêve son œuvre destructrice, et déjà la plupart des ouvrages avancés, complètement intenables, avaient dû être évacués. La population semblait perdre tout courage, et, le 19 septembre, la nouvelle commission municipale avait derechef demandé que l'on cessât une résistance qui ne pouvait aboutir qu'à de nouvelles ruines et à de nouveaux deuils. Le conseil de défense déclara qu'il voulait tenir jusqu'au bout. Le lendemain, entrait dans la place le nouveau préfet, M. Valentin, qui venait d'inaugurer ses fonctions par un acte de grand courage; parvenu sous un déguisement jusqu'à Wissembourg, en traversant le grand-duché de Bade, il avait, sous le feu de l'ennemi, franchi à la nage le fossé du rempart et pénétré en ville par un bastion à demi ruiné. Il arrivait pour assister au dénouement du drame, dont l'échéance n'était plus maintenant qu'une affaire de jours.

Depuis plus de vingt-quatre heures, une brèche existait en effet au corps de place, au nord de la porte de Saverne; la troisième parallèle était entamée, et d'elle partaient des travaux de sape qui mordaient déjà sur le chemin couvert. L'ennemi aurait voulu s'épargner les difficultés d'un assaut, et pour hâter une reddition dont l'éventualité se faisait plus pressante d'heure en heure, le grand-duc de Bade avait, dans une lettre d'ailleurs fort courtoise, fait appel aux sentiments d'humanité du général Uhrich. Mais celui-ci, de son côté, venait de répondre avec beaucoup de dignité que le devoir devait primer chez lui tout autre sentiment, et, devant cette fin de non-recevoir, Werder avait ordonné de rendre la brèche praticable et de préparer le passage du fossé. Des tonneaux à bière, réquisitionnés dans les brasseries des environs, servirent à construire des ponts volants, qui, en dépit des efforts des rares défenseurs restés sur le rempart, furent lancés le 27. L'assaut était donc imminent, et la garnison avait d'autant moins de chances de le repousser qu'elle était épuisée, fort réduite, et menacée d'être prise à revers par une autre brèche praticable existant dans le flanc d'un bastion voisin.

En présence d'une situation pareille, le général Uhrich et son conseil de défense ne crurent pas pouvoir prolonger une résistance à ce point désespérée. « Ils voulaient épargner à Strasbourg, qui avait déjà tant souffert, les horreurs d'une ville qui eût été prise d'assaut à coup sûr et peut-être eût été pillée et saccagée[1]. » Le drapeau parlementaire fut donc hissé, et la lettre suivante écrite au général de Werder :

« Strasbourg, le 27 septembre 1870.

« *Monsieur le lieutenant général,*

« *La résistance de Strasbourg est arrivée à son terme. J'ai l'honneur de remettre à votre discrétion la ville, la citadelle et la garnison.*

« *Je demanderai pour la ville, si cruellement éprouvée déjà, le traitement le plus doux possible et la con-*

---

[1]. *Rapport du général Uhrich au ministre de la Guerre.*

servation de ses propriétés particulières; pour les habitants, la vie et les biens saufs, la liberté de s'éloigner; pour la garnison, rien que le traitement que vous jugerez dû à des soldats qui ont fait leur devoir.

« Je recommande à votre humanité les blessés et les malades qui sont actuellement dans les hôpitaux et ambulances... etc. »

Le siège de Strasbourg avait duré cinquante jours, dont trente-neuf de bombardement incessant. La garnison comptait 2,500 hommes hors de combat, la population avait perdu 400 habitants[1]. C'est donc là une défense honorable, à laquelle on ne saurait reprocher que sa passivité tactique, et aussi, malheureusement, l'oubli regrettable par lequel le commandant supérieur a permis aux Allemands de s'emparer d'un nombreux matériel qu'il leur a laissé intact.

III. — Siège de Belfort.

Nous allons maintenant résumer un des épisodes les plus intéressants de la guerre, tant en raison de ses conséquences que des enseignements qu'il comporte. Il s'agit ici d'une ville forte qui a victorieusement résisté, pendant de longs mois, à tous les efforts de l'assaillant, qui a sauvegardé l'intégrité de ses remparts et a su se soustraire à la conquête en opposant à toutes les tentatives de l'ennemi une judicieuse utilisation de ses moyens de défense. A ce titre, l'étude du siège de Belfort est particulièrement instructive; nous en signale-

---

1. *Rapport du général Uhrich au ministre de la Guerre.* — « Les casernes étaient brûlées, dit le général Uhrich; *la place n'avait à l'intérieur aucune casemate*, et, pour s'abriter d'une manière fort insuffisante, les troupes durent couper les arbres des remparts, s'en faire des blindages sous lesquels elles cherchaient un refuge fort inefficace. »
— « Lorsque le général de Werder, commandant l'armée assiégeante, me vit venir avec la garnison française, il mit pied à terre ainsi que son état-major, et, avec une courtoisie qui ne s'était pas démentie pendant le cours du siège, il vint au-devant de moi, m'embrassa en voulant bien reconnaître que la défense n'avait pas été sans gloire. Le général de Werder s'opposa à ce que mon état-major et moi, ainsi que les officiers sans troupe, défilions devant lui. » (*Ibid.*)

rons les particularités les plus intéressantes, pour montrer par le fait lui-même quel parti avantageux une forteresse peut tirer de la *défensive active*, et quelle fécondité de ressources elle trouve dans l'emploi raisonné de ses forces, soustraites à l'influence déprimante de la passivité.

Situation de la place. — Assise sur la rive gauche de la Savoureuse, petit affluent de l'Allaine, la place de Belfort barrait, en 1870, le chemin de fer de Paris à Mulhouse et possédait un système défensif formé de quatre éléments distincts :

1° *L'enceinte bastionnée* pentagonale qui entourait la ville même;

2° *Le château*, construit au sommet d'une roche escarpée qui domine de 50 à 60 mètres la ville au sud-ouest. Véritable citadelle de Belfort, le château présente du côté de la campagne trois enceintes successives, bastionnées et à six étages de feux; il renferme à l'intérieur de nombreux abris casematés ou creusés dans le roc, qui forment contre le bombardement autant d'abris précieux. Il était protégé au sud par des batteries en terre d'un grand relief ayant de bonnes vues sur tout le terrain de l'ouest;

3° *Un retranchement* maçonné qui couronne les deux escarpements d'un vallon courant, à partir du château, vers le nord-est de la place. Ces escarpements sont eux-mêmes terminés, au nord, par deux fortins, *la Justice* et *la Miotte*, que relie une courtine. L'ensemble de ce système, qui porte le nom de *camp retranché*, possède une force défensive considérable, parce que le fort de la Miotte, presque inattaquable en raison de ses glacis rocheux et escarpés, flanque et domine le fort de la Justice qui, lui-même, domine le château. Il y a donc là un ensemble de fortifications se prêtant un appui mutuel et imposant aux attaques un développement anormal sur un terrain dangereux,

4° *Les forts détachés* des Barres et du *front des faubourgs*, construits peu de temps avant la guerre, le premier sur la rive droite de la Savoureuse, le second entre la rivière et le chemin de fer.

Cependant, malgré cet ensemble de fortifications redoutables pour l'époque, la place de Belfort n'était point encore à l'abri des dangers provenant du voisinage des hauteurs accessibles à l'ennemi. C'est ainsi qu'au nord, le massif boisé de *l'Arsot* menaçait, à une distance moyenne de 3,000 mètres, le fort de la Miotte qu'il domine de 40 à 45 mètres; au nord-ouest, la hauteur au *Salbert*, plus haute que le château d'au moins 200 mètres, n'était pas à plus de 3 kilomètres et demi du fort des Barres, déjà commandé de près par la colline du *Mont;* enfin, au sud-est, la hauteur des Hautes et Basses-Perches, placée à 1,200 mètres du château, est plus élevée d'au moins 10 mètres que le cavalier de ce même château. Il est vrai que l'absence de bonnes routes rendait l'accès de la plupart de ces hauteurs assez difficile à la grosse artillerie ennemie; mais il ne pouvait y avoir de ce fait pour la place qu'une sécurité momentanée, l'ennemi devant forcément, à la longue, aménager les voies de communication dont il avait besoin. Quant au choix du point d'attaque, il ne pouvait être douteux; la protection donnée par la Savoureuse au front occidental, par le terrain au front oriental, indiquaient nettement le château et le front sud-est comme seuls vulnérables, d'autant qu'on pouvait de ce côté défiler facilement les travaux d'approche des feux de la Justice. Par suite, la hauteur des Perches acquerrait une importance capitale, et il était très dangereux de la laisser inoccupée. On avait bien songé à y construire des ouvrages; mais les fonds manquaient. Ce fut seulement à la déclaration de la guerre qu'on y entama l'édification de deux redoutes en terre; elles n'étaient pas terminées quand le siège prit fin. Pour empêcher que ces redoutes ne fussent prises à revers par la hauteur de Bellevue, où l'ennemi pouvait accéder à couvert grâce au ravin de Bavilliers, on construisit également là une petite redoute en terre.

Garnison, approvisionnements, etc. — Jusqu'au commencement de novembre, la place ne fut presque pas inquiétée. Le XIV° corps, venu de Strasbourg dans la **haute** vallée de la Saône, interceptait seulement ses

Défense du village de Chaffois.

communications avec Besançon, mais sans faire contre elle de tentative directe. Le grand état-major, ne voulant pas laisser intacte sur ses derrières une place de cette importance, donna l'ordre de la bloquer et appela dans ce but de Strasbourg vers le sud la 1re division de réserve[1]. A ce moment, la garnison de Belfort comprenait les éléments suivants :

1° *Armée active* : deux bataillons des 45° et 84° de ligne ; le dépôt du 45° ; cinq demi-batteries à pied ; une demi-compagnie du génie ;

2° *Garde mobile* : dix bataillons provenant des départements limitrophes, cinq batteries (en personnel seulement) et une compagnie du génie ;

3° *Garde nationale* : trois compagnies de mobilisés du Haut-Rhin et 390 hommes de la garde nationale de Belfort ;

4° *Troupes diverses* : 100 douaniers ; quelques gendarmes à cheval et cavaliers isolés.

C'était en tout 16,200 officiers ou soldats, dont l'armée active formait la plus minime partie. L'infanterie, le génie et les cinq compagnies de Saône-et-Loire étaient armés de fusils chassepot ; le reste de la mobile avait des fusils à tabatière ; la garde nationale, des fusils à piston[2].

L'approvisionnement en munitions d'infanterie était plus que suffisant ; celles de l'artillerie, peu abondantes. On disposait de 300 bouches à feu, dont la moitié au moins à âme lisse[3] ; le chiffre des canons de 24 rayés, les seuls efficaces, ne dépassait pas 40, approvisionnés à 500 coups par pièce seulement. On fut donc obligé d'installer pendant le siège une fonderie de projectiles, mais, comme c'était à prévoir, on n'obtint que de médiocres résultats. Quant aux vivres, la garnison en

---

1. Voir pièce n° 3.
2. *La Défense de Belfort*, par THIERS, capitaine du génie, et DE LA LAURENCIE, capitaine d'artillerie.
3. Il existait pour elles, dans l'arsenal, une prodigieuse quantité de boulets pleins et de bombes, *datant de Vauban*. Si tous ces projectiles pouvaient être utilisés dans la lutte rapprochée, ils étaient malheureusement sans aucune efficacité contre l'artillerie à longue portée des Allemands.

avait pour cinq mois au moins ; la population civile, réduite à 4,000 âmes, pour trois mois.

Organisation de la défense. — Le commandement supérieur avait été, dès le début de la guerre, confié au colonel d'artillerie Crouzat. Lorsque, le 19 octobre, cet officier supérieur, promu général, eut été appelé, comme on l'a vu, à la direction des opérations actives dans l'Est, on le remplaça par le colonel du génie Denfert-Rochereau, depuis six ans déjà chef du génie de la place. Le choix était excellent, car personne, mieux que le colonel Denfert, n'était au courant des moyens de défense et de la valeur du terrain ; aussitôt investi de son emploi, il s'empressa de compléter le mieux possible ce qui existait, et d'achever une organisation à peine ébauchée. Il activa la construction des Perches et de Bellevue, fit pousser les travaux d'organisation intérieure, établir des plates-formes pour pouvoir utiliser la portée extrême des pièces en enterrant la crosse de l'affût, et surtout chercha les moyens d'élargir le cercle de la défense par l'occupation de positions extérieures. Son système, dont l'expérience devait démontrer la supériorité, consistait, non pas à demander à des remparts inertes une protection qu'ils ne peuvent donner qu'autant qu'ils restent intacts, mais à éloigner l'ennemi de ces remparts, à lui disputer pied à pied le terrain en avant, à retarder ses approches par une série d'obstacles jetés sur son chemin et l'obligeant à autant d'efforts successifs. Il a exposé lui-même, d'une façon lumineuse, quelles idées l'avaient guidé dans la défense mémorable qu'il a soutenue, et montré, avec l'autorité du succès acquis, quels résultats surprenants donnent le mouvement et l'action. Nous citerons intégralement cette page, par laquelle on pourra mieux se rendre compte des procédés tactiques auxquels nous devons la conservation de Belfort :

« On enseigne depuis deux siècles, a-t-il dit (car ces procédés datent de Vauban), que, pour faire l'attaque d'une place forte, on doit commencer par établir, à une distance qui a varié de 600 à 1,000 mètres, une tranchée parallèle à la partie des fortifications contre laquelle on veut diriger les attaques... Tous les auteurs qui ont écrit sur l'attaque des places ont admis qu'on devait, aussitôt l'investissement opéré, refouler l'ennemi dans la place, et, dans les trois ou quatre jours suivants, ouvrir la première parallèle.

« Lorsque je suis devenu gouverneur de Belfort en 1870, je me suis proposé de m'opposer de tout mon pouvoir, par l'emploi de l'artillerie rayée, à la prétention que l'assiégeant manifesterait de me refouler dans l'intérieur des remparts, et j'ai fait occuper par les mobiles, par les gardes nationaux et les troupes régulières sous mes ordres, tous les villages, tous les bois dans lesquels ou derrière lesquels des fusiliers pouvaient être protégés par l'artillerie de la fortification. *Il a fallu alors que l'ennemi, avant de nous refouler dans la place, fît l'attaque successive de ces positions. Il en est résulté que pendant un mois l'ennemi n'a pu tirer un coup de canon contre Belfort* et qu'il a dû livrer, pour enlever les deux premières positions, deux combats pendant lesquels il a été canonné par les batteries rayées de l'enceinte et des forts, sans pouvoir répondre. Ce n'est qu'après avoir enlevé ces deux positions qu'il a pu établir ses premières batteries et commencer le feu contre la ville. Il a dû continuer ensuite à attaquer d'autres positions extérieures, et au bout de trois mois et demi de combats incessants, et de 73 jours de bombardement, lorsque le gouvernement m'a donné l'ordre de remettre la place à l'ennemi, en vertu de la convention du 15 février 1871, *les Prussiens venaient seulement d'occuper les points sur lesquels ils auraient établi, dans les trois ou quatre premiers jours de l'investissement, si je n'avais pas modifié l'ancien mode de défense, la première parallèle de l'attaque à la Vauban.* De telle sorte qu'une période de la défense à laquelle tous les auteurs assignent une durée insignifiante, a dépassé, pour Belfort, la durée normale assignée à la défense tout entière, d'après les anciens procédés d'attaque.

« Les faits ont démontré que ce genre de défense était à la portée des troupes les moins exercées, puisque plus des trois quarts de l'effectif des troupes de la garnison, 12,000 sur 16,000 hommes, étaient composés de mobiles arrivés à Belfort à la fin d'août et au commencement de septembre 1870, sans avoir reçu aucune instruction militaire[1]... »

Imbu de ces principes féconds, le colonel Denfert avait immédiatement fait occuper, en avant de la place, les villages de Pérouse, de Danjoutin et de Cravanche, ainsi que le hameau de la Forge, le Mont et le bois de la Miotte ; les troupes installées là se couvraient par des avant-postes observant au loin. Des détachements furent envoyés sur les routes convergeant vers Belfort ; à Thann, quelques francs-tireurs et une compagnie de mobiles tinrent les débouchés des Vosges et surveillèrent la route de Strasbourg ; à Dannemarie, 500 hommes aux ordres du capitaine Thiers eurent pour mission de signaler l'approche de l'ennemi par la route de Mulhouse et de faire sauter aussitôt le viaduc du chemin de fer sur la Largue. On voulait ainsi, non pas tenir tête à l'adversaire, ce que le faible effectif de ces détachements n'eût pas permis, mais surtout éviter la surprise, et l'on y réussit.

Investissement de la place. — Cependant la 1re division de réserve s'avançait par la vallée de l'Ill en deux colonnes : l'une longeant le pied des Vosges, l'autre suivant la route de Strasbourg. Les 2 et 3 novembre, elle eut affaire aux détachements dont il vient d'être question et leur enleva les villages de Roppe, Gros-Magny, Eloie, malgré une énergique résistance qui coûta aux Français environ 150 hommes. Puis, le soir du 3, elle vint s'établir autour de la place, du moins sur les fronts nord et est. Les journées suivantes se passèrent à refouler les petites sorties que la garnison, constamment tenue en éveil, dirigeait presque quotidiennement contre les positions allemandes, et c'est seulement le 21, soit 17 jours plus tard, que l'investissement se trouva complet. Sa ligne était formée par les villages de Sermamagny, Eloie, Roppe, Besson-

---

1. *Discours prononcé à l'Assemblée nationale le 16 mars* 1874.

court, Chevremont, Vézelois, Méroux, Maval, Sévenans, Dorans, Banvillard, Buc, Châlonvillars et Evette. On voit qu'elle était assez éloignée des ouvrages de la place, plus de 4 kilomètres en moyenne. Elle était par suite très étendue, et comme le général de Tresckow ne disposait que de 15,000 hommes pour l'occuper, sa force était très médiocre[1]; impuissants à tenir un blocus hermétique aussi vaste, les Allemands durent se borner à occuper les villages et à surveiller les voies de communication.

Ils se rendaient d'ailleurs si bien compte de l'insuffisance de leur effectif que, pendant plusieurs semaines, ils semblèrent vouloir garder une attitude absolument expectante. C'était déjà là un premier résultat de l'heureuse tactique du colonel Denfert, qui, en éloignant le cercle d'investissement, l'avait agrandi sensiblement, et rendu par suite plus difficile à garnir. Mais le gouverneur ne s'en tint pas là; recommandant à tous une activité constante, il n'attendit pas, pour engager la lutte d'artillerie, que l'adversaire commençât ses travaux de siège. Il donna au contraire l'ordre de harceler à coups de canon les villages placés à distance suffisante, ainsi que toute troupe visible; puis il créa 8 compagnies d'éclaireurs volontaires, commandées par des officiers de choix et chargées de chicaner continuellement l'ennemi. Chacune d'elles fut affectée à un secteur, où elle pouvait opérer avec initiative et indépendance. « Elles étaient dehors les unes ou les autres, à toute heure du jour ou de la nuit, tenant la campagne sur les points les plus opposés et faisant entendre leur incessante fusillade. C'était comme une sortie permanente de la place, insaisissable pour l'ennemi, grâce à son extrême mobilité qui, jointe à la très grande habitude du terrain, la rendait très redoutable [2] ». En même temps, on profitait de l'inaction de l'adversaire

---

1. La 1re division de réserve comptait 15 bataillons, 4 escadrons et 3 batteries, qui avaient à tenir une ligne de 35 kilomètres. Il ne pouvait y avoir plus d'un homme par deux mètres courants.
2. Le Siège de Belfort, par les capitaines THIERS et DE LA LAURENCIE.

pour pousser la construction des redoutes, et organiser fortement les villages de Pérouse et de Danjoutin.

Sur ces entrefaites arriva au général de Tresckow, le 21 novembre, l'ordre d'entamer un siège en règle. Comme il n'en avait pas les moyens, il essaya du procédé ordinaire des Allemands en pareille occurrence, et tenta d'intimider la place, en la bombardant. Mais, pour cela, il fallait se rapprocher des murailles. Le 23, il poussa ses troupes concentriquement en avant. Au nord, celles-ci s'emparèrent des deux villages de Vétrigne et d'Offémont; mais, vigoureusement assaillies par un bataillon de mobiles et canonnées par le camp retranché, elles durent regagner leurs cantonnements primitifs. Elles réussirent mieux à Valdoie, dont elles purent se rendre maîtresses presque sans coup férir : enfin c'est seulement après deux journées de lutte meurtrière qu'elles réussirent, du côté de l'ouest, à occuper Cravanche, Essert et le Mont. Quelques jours plus tard, le 28, elles s'emparaient de Bavilliers. A cette date, le général de Tresckow avait reçu des renforts importants, une dizaine de mille hommes, avec 50 pièces de gros calibre arrivées au parc de Châlonvillars avec des compagnies d'artillerie de forteresse. Dans la nuit du 2 au 3 décembre, il fit armer sur les hauteurs d'Essert des batteries de bombardement dont les 28 pièces commencèrent, au jour levant, à canonner la ville.

Bombardement et défense extérieure. — Celle-ci riposta très lentement, ne rendant guère qu'un coup pour trois. La rareté des munitions imposait cette réserve, à laquelle on chercha une compensation dans certains procédés de tir indirect. « On avait agencé les pièces de façon à pouvoir tirer non seulement droit devant soi, au travers des embrasures du parapet, mais aussi à droite, à gauche, ou même tout à fait en arrière, en lançant les projectiles par-dessus les masses de terre ou les constructions empêchant de voir dans ces directions. On tirait ainsi sans voir ni être vu, en rectifiant le tir par quelques tâtonnements guidés au moyen d'observateurs convenablement placés pour en voir les résultats. Cette disposition eut pour avantage de nous donner plus de feux en avant de Bellevue et des Barres, points des premières attaques sur lesquels le château, la Miotte et la Justice n'en avaient que peu, et surtout des feux complètement cachés à l'ennemi, qui, ne pouvant apercevoir les pièces, n'arrivait pas à régler son tir pour les atteindre. Le colonel alla lui-même rechercher dans les forts les pièces susceptibles d'être arrangées de la sorte et donna des instructions sur place à ce sujet. Il trouva, dans l'enceinte intérieure et le cavalier du château, la chose déjà en voie d'exécution, sous la direction du capitaine de la Laurencie, qui en avait pris l'initiative et avait organisé des plates-formes permettant de retourner, rapidement et sans peine, les pièces dans les directions diverses où elles pouvaient tirer. Environ 40 pièces furent organisées d'après ces principes dans les divers forts[1]. »

Malgré ces précautions ingénieuses, la redoute de Bellevue, qui n'était pas à plus de 1,800 mètres des batteries ennemies, eut beaucoup à souffrir de leur feu. Il fallut même interrompre le tir des deux pièces qui l'armaient, pour ne pas attirer les projectiles de l'ennemi et procéder à l'achèvement des travaux d'aménagement. Le château, dont les enceintes étaient prises d'écharpe et même à revers, subit également des dégâts importants. On dut renforcer les blindages et désarmer une partie du cavalier. Néanmoins certaines pièces, bien couvertes, purent répondre avec efficacité; l'une d'elles, de 24 rayée, obtint des résultats particulièrement précis[2]. Quant à la ville elle-même, elle eut peu de dommages à subir; on put, grâce aux moyens préventifs, y éviter les incendies, et protéger les habitants qui s'étaient réfugiés dans les caves. La tentative du général de Tresckow ne donna donc, en somme, que peu d'effets appréciables.

---

1. THIERS et DE LA LAURENCIE, *loc. cit.*
2. « Cette pièce, remarquable par la rapidité de son tir et sa justesse, fut bientôt connue de toute la garnison sous le nom de *Catherine*. Les canonniers allemands s'acharnaient sur elle, mais ils ne purent l'atteindre avant qu'usée par son propre tir ayant dépassé 4,000 coups, elle n'eût été remplacée par une autre qui dura elle-même bien longtemps. » (THIERS et DE LA LAURENCIE, *loc. cit.*)

Pendant ce temps, la garnison ne restait pas inactive. Elle se fortifiait dans les villages extérieurs, et livrait chaque jour de nouveaux combats. Bien que Bavillie fût au pouvoir de l'ennemi, des postes avaient été maintenus à Andelnans, à la ferme de Froideval, dans le Grand Bois et sur le Bosmont. Voulant élargir encore davantage de ce côté l'occupation extérieure, le colonel Denfert essaya de chasser l'ennemi de Bavilliers, et le 13 décembre, il lança contre la position trois petites colonnes qui s'en emparèrent, mais durent l'évacuer le lendemain sous la menace d'y être enveloppées. De leur côté, les Allemands parvinrent, ce même jour, après une lutte fort vive, à se rendre maîtres d'Andelnans, de Froideval[1], du Grand Bois et du Bosmont. Ils tentèrent même contre Danjoutin une vigoureuse attaque, mais celle-ci vint se briser contre l'énergie des 800 hommes qui tenaient le village. Malheureusement, les mobiles s'étaient contentés de résister sur place; ils ne poursuivirent point leur succès et l'ennemi en profita pour se retirer sans encombre.

La perte de nos positions avancées du sud constituait un échec sérieux. Le commandant de la garnison de Danjoutin, qui restait seul et en pointe, exprimait des craintes sur la sécurité de sa troupe, et demandait à quitter la position. Le colonel Denfert s'y refusa formellement, répondant qu'il ne voulait abandonner aucun poste avant que l'ennemi ne le prît. Il estimait d'ailleurs avec raison que la conquête de Danjoutin devrait encore exiger beaucoup d'hommes et de temps, et qu'il faudrait un nouvel et vigoureux assaut pour enlever ce village retranché, couvert à droite par la Savoureuse, protégé de près par les Basses-Perches, appuyé par un épaulement de batterie et bien relié à la place. « Vous avez vigoureusement repoussé la colonne de 1,000 hommes et une compagnie du génie qui, après nous avoir chassés du Bosmont, est venue attaquer Danjoutin, écrivait-il au commandant des troupes.

---

1. L'ennemi avait déjà fait contre ces villages, les 6 et 8 décembre, deux tentatives infructueuses.

A ce moment, vos soldats étaient fatigués et vous n'avez pas pu, pour ce motif, et sans doute aussi en raison du désordre qui régnait probablement parmi les compagnies, *opérer le retour offensif qui était la conséquence nécessaire de la retraite de l'ennemi et de la supériorité de vos forces.* Il y a là matière à réflexion et à réforme. *La fatigue des troupes vient de ce que les hommes ne sont pas uniquement préoccupés de leurs devoirs militaires, qui leur imposent de consacrer systématiquement au repos et au sommeil le temps où ils ne sont pas de service, que ce repos se prenne de jour ou de nuit. Ils gaspillent, en n'agissant pas ainsi, une partie de leur énergie...* » Et le gouverneur, avec un grand sens pratique, indiquait une série de mesures à prendre pour éviter le retour de semblables défaillances, dont les conséquences pouvaient devenir très graves à la fin.

On était arrivé à la fin de décembre, et bien que le siège durât depuis près de sept semaines, le bombardement depuis un mois, l'ennemi n'avait encore fait que des progrès peu importants. Devant Danjoutin, il construisait et armait de nouvelles batteries ; devant Bellevue, il poussait ses travaux d'approche jusqu'à 250 mètres du saillant sud-est, mais se trouvait arrêté là par les travaux de contre-approche que l'assiégé avait parallèlement établis. D'ailleurs, bien que de ce côté les batteries allemandes fussent maintenant à 2,500 mètres de l'enceinte, la sape ne pouvait plus progresser sous peine d'être prise d'enfilade par Danjoutin. Le général de Tresckow était donc assez embarrassé ; il se demandait lequel était préférable, ou d'activer le bombardement du côté ouest, ou d'entreprendre réellement l'attaque régulière des Perches et du château[1] ; mais il comprenait que, de toute façon, la conquête de Danjoutin s'imposait, tant pour réduire l'étendue exagérée de la ligne d'investissement que pour pouvoir gagner du terrain en avant[2]. Le pire était qu'il man-

---

1. *La Guerre franco-allemande*, 2ᵉ partie, page 975.
2. *Ibid.*

quait de monde. Il avait, à la vérité, reçu des renforts importants (entre autres le détachement Debschitz), qui portaient son effectif total à 30 bataillons, 7 escadrons, 6 batteries de campagne, 18 compagnies d'artillerie de forteresse, 6 compagnies de pionniers, soit au moins 30,000 hommes avec 72 bouches à feu de siège. Mais il était obligé de couvrir lui-même les opérations du siège contre les sorties possibles de la garnison de Besançon, et, par suite, il lui avait fallu détacher près de 15 bataillons avec 30 pièces à Montbéliard, Delle, Arcey, etc. Il ne lui restait donc que la force strictement nécessaire pour tenir le blocus, c'est-à-dire que les circonstances ne lui laissaient guère le choix de ses moyens d'action. Il se résolut par suite à continuer le bombardement, au moins jusqu'à nouvel ordre, et même à lui donner un redoublement de vigueur, espérant ainsi venir peut-être à bout de la résistance de Belfort avant l'arrivée d'une armée de secours. En conséquence, de nouvelles batteries furent encore construites sur la rive gauche de la Savoureuse, à la lisière nord du Bosmont, à l'est du bois de la Brosse et au sud de Chevremont. A partir du 29 décembre, le canon fit rage contre la redoute de Bellevue, tandis que 50 grosses pièces postées derrière les épaulements nouvellement construits criblaient de projectiles le château, les Perches, Danjoutin et Pérouse. Le 7 janvier, le feu acquit contre Danjoutin une recrudescence telle qu'on ne put plus douter que l'ennemi préparait une attaque de ce côté. Elle eut lieu en effet dans la nuit suivante, et réussit malheureusement de la façon la plus complète.

Surprise de Danjoutin (8 décembre). — Les Allemands savaient que la partie la mieux fortifiée du village était la lisière sud, et que c'était par là que nos mobiles s'attendaient à être assaillis. Au lieu de l'aborder de front, ils firent descendre du Bosmont une colonne forte de 7 compagnies de landwehr et 1 compagnie de pionniers, et la dirigèrent, à la faveur de l'obscurité, droit vers le nord-est du village. La surprise fut complète; les mobiles, qui se gardaient mal, furent démoralisés par cette irruption subite sur leur ligne de retraite, et s'entassèrent dans la partie sud du village, où ils se firent cerner. Leur résistance, assez énergique, se prolongea cependant jusqu'au jour ; mais voyant alors que toute issue leur était fermée, et que les renforts envoyés de la place étaient contenus par des fractions ennemies embusquées au nord sur le remblai du chemin de fer, ils mirent bas les armes, au nombre de 700, dont 20 officiers. En vain, le colonel Denfert essaya-t-il de faire reprendre le village si malheureusement perdu ; il ne put pas y réussir.

C'était là pour l'assaillant un succès d'importance. Il se hâta de construire un groupe de 6 batteries entre le village et le bois de Bavilliers, et entama les attaques contre les Perches. Celles-ci étaient à peine ébauchées que l'arrivée de l'armée de l'Est sur la Lisaine, et l'obligation de venir au secours du général de Werder par l'envoi de renforts importants, les fit sinon interrompre, du moins très sensiblement ralentir. Il fallut envoyer des grosses pièces sur le front de bataille du XIV° corps, et cesser presque complètement le bombardement. Pendant les trois journées de lutte soutenues contre l'armée venue au secours de la place, la garnison de Belfort n'eut plus directement devant elle que des forces insignifiantes, et impuissantes à elles seules à assurer le maintien du blocus. Profita-t-elle suffisamment de cette circonstance favorable ? Essaya-t-elle même de tirer parti d'une situation qui ne pouvait être que momentanée et qu'il lui fallait saisir pour ainsi dire au vol ? C'est ce dont nous allons chercher à nous rendre compte, par l'examen même de faits.

Assurément, la garnison d'une place forte, dont la mission primordiale est de retarder le plus possible la chute de cette place, ne peut pas, ne doit même pas, en général, entamer une grande opération destinée à donner la main à l'armée de secours dont l'approche lui est signalée, avant de connaître aussi exactement que possible le point d'attaque choisi par celle-ci et le plan d'ensemble dont elle poursuit l'exécution. En agissant autrement, elle s'exposerait à s'affaiblir outre mesure, et à subir, en cas d'échec, une commotion matérielle et morale dont le résultat le plus immédiat serait de faire le jeu de l'ennemi en avançant l'heure de la reddition. Mais de là à demeurer immobile et inerte tandis que des troupes se battent à quelques kilomètres d'elle pour essayer de la dégager; à ne pas même tenter de harceler l'assiégeant pour l'empêcher de se dégarnir au profit de l'armée d'observation attaquée; à ne pas détacher une partie d'elle-même pour tâcher de prendre l'ennemi entre deux feux, il y a loin, et l'on ne saurait comprendre qu'une troupe bloquée considère son rôle comme suffisamment rempli quand elle attend, les bras croisés pour ainsi dire, que l'armée de secours ait pu arriver jusqu'à elle avec ses propres forces. Elle doit donc, de son côté, déployer pendant la bataille qui se livre sous les murs de la place une activité constante, raisonnée et suffisante pour au moins immobiliser la totalité du corps de siège, et même essayer de le forcer, s'il est contraint de trop s'affaiblir pour venir en aide à l'armée d'observation trop vivement pressée. Voyons maintenant comment les choses se sont passées à Belfort.

Aussitôt que le canon du général Bourbaki eut retenti sur la Lisaine, le 15 janvier, le colonel Denfert ordonna de faire trois reconnaissances, la première entre Essert et Bavilliers, la seconde dans la forêt d'Arsot, la troisième vers Chevremont. « Il donna à chacun des commandants de la Gare, de la Forge, de Pérouse, des recommandations formelles, leur rappelant que, vu l'éloignement assez considérable du canon français, ils n'avaient à exécuter qu'une simple reconnaissance sans déployer trop de troupes, sans trop les aventurer, mais néanmoins en engageant avec les postes ennemis une fusillade nourrie qui, le laissant dans l'incertitude sur nos intentions, inquiéterait ses derrières et aurait pour le moins l'avantage de gêner et de paralyser son mouvement général de concentration. *Si un poste paraît faible, on devra le pousser le plus loin possible* et en rendre compte de suite, *sans le pousser jusqu'à ses réserves*. Pour augmenter l'erreur de l'ennemi, toutes les tranchées un peu en vue seront pendant ce temps garnies de fusiliers, la baïonnette au canon, espacés et circulant pour faire croire à de nombreuses troupes de soutien. Enfin l'artillerie des forts, par une vigoureuse canonnade, devait appuyer cette démonstration, sans oublier que l'état de nos munitions exigeait impérieusement que la canonnade fût courte[1]. » On voit tout ce que ces prescriptions ont de flottant et d'indécis. Des reconnaissances ainsi menées ne pouvaient rien produire et elles ne produisirent rien ; l'ennemi les repoussa sans difficulté, et elles vinrent annoncer que les lignes de l'assiégeant n'étaient pas dégarnies[2]. Il suffira de se reporter au récit des combats de la Lisaine et d'y relever le chiffre des hommes et des pièces que le général de Werder avait empruntés au général de Tresckow pour se rendre compte de la valeur de ce renseignement.

Le 16, trois bataillons furent envoyés par le colonel Denfert contre Essert, Bavilliers et Chevremont ; ils furent également repoussés ainsi que les petites colonnes qui, pendant la nuit suivante, allèrent isolément harceler les postes ennemis. Le 17, on ne fit rien. « Essayer une sortie considérable, nous ne le pouvions pas sans compromettre la place, *vu l'éloignement du général Bourbaki*[3], *notre manque de renseignements* et notre petit nombre d'hommes valides. Il fallait attendre que quelque chose se décidât sur cette immense ligne de feux qui n'occupait pas moins de 20 kilomètres sur notre horizon perdu.[4] » Évidemment, la situation était difficile autant qu'obscure ; on eût peut-être pu en pénétrer les mystères par des reconnaissances plus fortes, plus complètement poussées à fond, et par des attaques décidées sur les points où le tir de l'ennemi se ralentissait forcément faute de canons. On se contenta, au lieu de cela, d'utiliser le répit qui résultait de cette absence de grosses pièces pour réparer les dégâts du bombardement, pour créer des abris nouveaux et de nouvelles

---

1. Thiers et de la Laurencie, *loc. cit.*, page 295.
2. *Ibid.*
3. On se rappelle que, le 16, l'aile gauche française était à Chénebier c'est-à-dire à 5 kilomètres à vol d'oiseau du fort des Barres.
4. Thiers et de la Laurencie, *loc. cit.*, page 295.

défenses, en un mot pour renforcer la résistance passive. Cela, croyons-nous, peut paraître insuffisant. Quoi qu'il en soit, le 18 janvier, 78ᵉ jour de siège, le bruit du canon d'Héricourt se tut ; les espérances des assiégés s'évanouirent avec le départ de la malheureuse armée qui avait essayé de les délivrer, et l'ennemi, délivré de toute inquiétude, put reprendre avec une vigueur nouvelle les attaques qu'il avait failli interrompre à jamais.

Prise de Pérouse. — La protection donnée au corps de siège par la présence, au sud de Montbéliard, de tout le XIVᵉ corps et par l'arrivée prochaine de l'armée de Manteuffel permettait maintenant au général de Tresckow de disposer de tout son monde. Il décida donc que les travaux contre les Perches seraient menés désormais avec toute l'activité nécessaire pour les faire aboutir ; et afin de leur donner des facilités plus grandes, il ordonna à ses troupes d'enlever Pérouse ainsi que les bois de Morveaux et du Haut-Taillis qui pouvait servir à protéger les approches des redoutes.

Le 20 janvier au soir, une canonnade violente éclata aux batteries du bois de la Brosse et de Chevremont, criblant Pérouse de gros projectiles. Il y avait dans les bois, au sud du village, huit compagnies de mobiles ; sept compagnies tenaient les bois au nord ; une compagnie occupait, avec une batterie de campagne, le retranchement construit en avant ; enfin deux compagnies formaient réserve en arrière. A minuit, les Allemands se portèrent à l'attaque, dirigeant d'abord, contre les bois du Haut-Taillis, deux compagnies qui refoulèrent dans le village les mobiles complètement surpris, malgré les avertissements qu'on leur avait donnés. Un peu plus tard, les bois de Morveaux étaient enlevés à leur tour, mais les deux bataillons allemands qui y avaient pris pied après une lutte sérieuse essayèrent vainement ensuite de déboucher de leur lisière sud. Les feux de salve des deux compagnies de réserve (du 84ᵉ), portées en avant de Pérouse, les arrêtèrent net, et assurèrent ainsi la conservation du village, qui ne put être enlevé. Celui-ci, cependant, ne paraissait plus tenable, puisqu'il était maintenant entouré de bois occupés par l'ennemi ;

ordre fut donné de profiter de l'obscurité pour l'évacuer, et nos troupes rentrèrent alors dans la place, ayant perdu une centaine d'hommes et mis hors de combat aux Allemands 178 hommes et 8 officiers.

Ouverture de la tranchée et attaque des Perches. — Pérouse et Danjoutin pris, la défense active extérieure sur le front d'attaque était terminée et rien ne s'opposait plus aux travaux réguliers d'approche. Ceux-ci furent immédiatement entamés, et la première parallèle contre les Perches ouverte dans la nuit du 21 au 22 janvier, à une distance moyenne de 600 mètres[1]. La sape progressa avec sa méthode habituelle, mais aussi avec une lenteur qui n'était pas du goût du général de Tresckow. Dans son impatience, celui-ci voulut tenter un nouveau coup de surprise, comme ceux qui lui avaient déjà réussi contre les villages, et ordonna d'exécuter sur les redoutes une attaque de vive force, à la faveur de la nuit.

Le 26 janvier, à sept heures du soir, six bataillons prussiens vinrent se masser dans la première parallèle; deux d'entre eux formaient colonnes d'assaut, quatre servaient de soutien et devaient, aussitôt les ouvrages conquis, s'y installer solidement et les relier par une tranchée. Chaque colonne d'assaut comprenait un bataillon, une compagnie de pionniers et un détachement d'artillerie; une compagnie marchait de front contre la redoute, une compagnie contre chacun des flancs, la quatrième en réserve au centre; quant aux pionniers, ils étaient répartis avec les trois premières. Au moment où ces troupes s'ébranlèrent, l'artillerie cessa son tir, sauf une seule batterie, qui, placée en avant du bois de Bavilliers, était chargée de balayer le terrain par où auraient pu arriver les renforts.

La colonne qui marchait contre les Basses-Perches put s'avancer, sans être inquiétée, jusqu'à 100 mètres du rempart, dont les sentinelles donnèrent l'éveil. De là, malgré une fusillade violente, elle se jeta contre

---

1. Elle avait une longueur de 1,750 mètres, et allait du chemin de fer, au nord de Danjoutin, jusqu'au bois du Haut-Taillis.

l'ouvrage, qu'elle enveloppa complètement. Mais les deux compagnies des flancs, qui avaient gagné la gorge, ne tardèrent pas à être repoussées par des mobiles embusqués dans les tranchées avoisinantes ; quant à la compagnie de front, descendue tout entière dans le fossé, impuissante à gravir l'escarpe et ne recevant aucun renfort, elle se rendit à la sommation des défenseurs qui la fusillaient de la plongée. La colonne des Hautes-Perches ne fut pas plus heureuse ; mise en désordre par les défenses accessoires dont étaient semés les abords de l'ouvrage, elle dut reculer en hâte et fut très fortement éprouvée. Cette échauffourée assez sotte coûtait à l'ennemi 10 officiers et 427 hommes, dont 300 prisonniers.

Il fallut donc reprendre les travaux d'approche. Ceux-ci ne tardèrent pas à atteindre les fossés, et l'ennemi se préparait à l'assaut quand, le 8 février, le colonel Denfert donna l'ordre d'évacuer les deux redoutes, dont le feu était complètement éteint, les abris bouleversés et les escarpes ruinées. « Ainsi, après 98 jours d'investissement, dont 68 de bombardement, l'ennemi se trouvait juste aussi avancé qu'il l'eût été au premier jour du siège, sans l'établissement de cette fortification passagère *créée depuis la guerre*, et sur une position dont le colonel Denfert avait réclamé, dès 1865, l'occupation par deux forts permanents[1]. » C'est là, à n'en pas douter, une des preuves les plus concluantes de l'intérêt qu'il y a, dans une place assiégée, à élargir le plus possible le cercle de l'investissement, et à ne pas se contenter de la protection, toujours si réduite, que donnent les remparts existants.

Fin du siège. — L'occupation par l'ennemi de la hauteur des Perches semblait devoir précipiter un dénouement qui n'était si tardif que grâce à la vigoureuse défense de cette position. On arrivait au terme de la guerre, et l'état-major allemand souhaitait d'autant plus ardemment de s'emparer de Belfort d'une manière

---

1. THIERS et DE LA LAURENCIE, *loc. cit.*

ou d'une autre, qu'il sentait toute l'importance de ce succès au point de vue d'une prise de possession définitive de la vieille cité alsacienne. Aussi le général de Tresckow ne ménageait-il plus ses moyens; le bombardement atteignait une violence extraordinaire, et une véritable pluie de fer s'abattait sur la ville et le château. En même temps, on dirigeait contre ce dernier point des travaux de sape que, fort heureusement, la gelée et la nature rocheuse du sol entravaient considérablement. On adressait au colonel Denfert sommations sur sommations, auxquelles il était répondu que « *la garnison et la population connaissaient l'étendue de leurs devoirs envers la France et envers la République, et étaient décidées à les remplir* ». Enfin, le 16 février, la place n'étant point entamée, le gouvernement français envoya au gouverneur de Belfort l'autorisation de remettre au général de Tresckow la ville et les forts; les pourparlers entamés pour la paix nécessitaient un pareil sacrifice, qui, heureusement, ne devait être que momentané. Il fut d'ailleurs stipulé que, « en raison de sa valeureuse résistance, la garnison sortirait librement avec les honneurs de la guerre, et qu'elle emmènerait les aigles, drapeaux, armes, chevaux, équipages et appareils de télégraphie militaire qui lui appartenaient spécialement, ainsi que les bagages des officiers et ceux des soldats, et enfin les archives de la place ». Le colonel exigea en outre et obtint que ses troupes ne défileraient pas devant l'ennemi; elles se retirèrent à Grenoble, d'où elles rejoignirent leurs dépôts ou leurs foyers.

Ainsi prit fin cette défense mémorable, qui laisse au cœur, en définitive, un souvenir de consolation et d'orgueil. Elle avait duré 105 jours, pendant lesquels la garnison a perdu 32 officiers et 4,713 tués, morts, blessés ou disparus, plus du quart de son effectif, et la population civile 336 personnes victimes du bombardement. Celui-ci a jeté, durant 73 journées consécutives, 400,000 projectiles sur la cité ou ses abords. « La brillante défense de Belfort fut, sans nul doute, le motif principal de la clause du traité de Francfort qui conserva cette ville à la France. Le pays doit donc au colonel Denfert, à sa courageuse garnison et à la presque totalité de la population de la ville qui les soutint par son attitude, plus que de l'admiration, c'est-à-dire de la reconnaissance[1]. »

---

[1]. Général Thoumas, *Les Capitulations*, page 170.

CHAPITRE II

PHALSBOURG ET BITCHE

Parmi les sièges de 1870-71, il en est deux qui, bien qu'ayant exigé des moyens beaucoup moins considérables que ceux dont il vient d'être question, méritent cependant d'être spécialement rappelés. A des degrés différents, si, comme on l'a dit très justement, « il y a des degrés dans la façon d'accomplir jusqu'au bout son devoir[1] », les défenses de Phalsbourg et de Bitche doivent trouver place dans le souvenir reconnaissant des Français, et peuvent servir de modèles à ceux qui seront appelés au périlleux honneur de commander dans une ville assiégée. Elles ont mis en relief les noms de deux hommes modestes et valeureux qui, résistant à toute défaillance, ont su garder intacte la saine intuition de leur mission, et qui, restés jusqu'à la fin insensibles aux événements extérieurs, sourds aux intimidations de l'ennemi, rebelles aux obsessions funestes d'une fausse humanité, n'ont obéi qu'à la seule voix de l'honneur et du devoir.

La première tentative faite contre Phalsbourg date du 10 août. On se souvient qu'à cette époque le XI⁰ corps prussien se présenta devant la place, et menaça d'un bombardement le commandant Taillant. « J'accepte le bombardement, répondit celui-ci[2]. » Le XI⁰ corps en

---

1. Général CANONGE, *Histoire militaire contemporaine*, tome II, page 474.
2. Voir tome Ier, page 267.

ayant été pour ses frais d'intimidation, la 11ᵉ division, du VIᵉ corps, vint le lendemain bloquer la place, et après un nouveau refus du commandant, ouvrit le feu avec 10 batteries. Il y avait dans la ville 1,252 hommes de garnison, et seulement 10 canons[1]; mais il y avait aussi un chef énergique, un conseil de défense résolu, une population poussant jusqu'à l'héroïsme l'amour de la patrie française, et, quand il eut tiré 1,800 obus, dont plusieurs allumèrent l'incendie, l'ennemi dut se convaincre que la terreur ne lui suffirait pas pour triompher. Taillant continuait à rester sourd à ses offres de négociation, et les assiégés ne donnaient aucun signe de faiblesse. Dès le 14 au soir, le général de Tümpling se remit en route vers Sarrebourg, ne laissant devant la place que deux bataillons et un escadron pour l'observer.

Mais derrière arrivaient des troupes de landwehr, spécialement chargées d'attaquer, avec de gros canons, les forteresses que les forces de première ligne n'avaient pu réduire par leurs pièces de campagne. Dès le 15, le bombardement reprit avec une intensité nouvelle, et se continua, avec quelques intermittences, il est vrai, jusqu'à ce que le tiers des maisons de la ville fût détruit. Garnison et population subissaient l'épreuve avec un stoïcisme admirable, et pas une défaillance ne ternit cette longue défense de plus de quatre mois. Taillant faisait faire des sorties continuelles, cherchait à bousculer les batteries ennemies, à jeter le désordre dans les cantonnements; tant qu'il pouvait donner à manger aux habitants et aux soldats, il ne voulait pas désespérer... Le 12 décembre, on consomma la dernière bouchée de pain! A cette date, la moitié de la garnison était à l'hôpital; la population était décimée, et on ne pouvait plus donner aux blessés ni nourriture ni soins! Taillant alors fit enclouer ses pièces, détruire les munitions qui lui restaient, et écrivit au major de Giese,

---

1. Composition de la garnison de Phalsbourg : un bataillon du 63ᵉ de ligne, un bataillon de mobiles de la Meurthe, 52 artilleurs, 28 hommes du 96ᵉ et environ 200 échappés de Frœschwiller.

commandant des troupes d'investissement, l'admirable lettre que voici :

Monsieur le major, le trop grand éloignement de l'armée française et la famine qui torture les habitants, les blessés et les prisonniers de guerre, mais qui ne pourrait nous dompter si nous étions seuls ici, ne nous permettent pas de continuer la lutte, parce qu'il est de notre devoir d'être humains avant tout. C'est aussi pour obéir aux lois de l'humanité, que j'ai dû ne pas céder au vœu de mes compagnons d'armes, qui ont demandé de s'ensevelir avec leur chef sous les ruines de la forteresse qu'ils défendent si bien depuis quatre mois.

Les portes de Phalsbourg sont ouvertes. *Vous nous y trouverez désarmés, mais non vaincus.*

Le commandant de la place de Phalsbourg,
Signé : TAILLANT.

Ensuite, il fit abaisser le pont-levis, revêtit son uniforme, et entouré de tous ses officiers, attendit stoïquement l'arrivée du vainqueur. Se refusant à signer une capitulation ou à solliciter quelque faveur que ce fût de la générosité de l'ennemi, il se livra sans condition, liant son sort à celui de sa troupe, et il partit pour la captivité, entouré du respect et de l'admiration de tous. Il donnait ainsi le témoignage le plus complet et le plus élevé de ses sentiments militaires, et un exemple que bien peu malheureusement ont eu le courage d'imiter.

Un an plus tard, le ministre de la Guerre adressait le rapport suivant au Président de la République française :

Monsieur le Président,

Le Conseil d'enquête sur les capitulations des places fortes, présidé par M. le maréchal Baraguey-d'Hilliers, a émis l'avis suivant au sujet de la reddition de Phalsbourg :

Considérant que dans la défense de la place qui lui avait été confiée, le commandant Taillant a rempli tous les devoirs prescrits par le décret du 13 octobre 1863 ;

Que, par sa fermeté et son énergie, il a su maintenir la discipline dans sa garnison ;

Que, par une bonne et judicieuse organisation, il a suppléé à l'insuffisance du personnel d'artillerie ;

Est d'avis que le commandant Taillant et son conseil de défense méritent des éloges.

D'après ce qui précède, et conformément aux dispositions de l'article 257 du décret précité, j'ai l'honneur de vous proposer :

1° De conférer à M. le lieutenant-colonel Taillant[1] le grade de commandeur dans l'ordre de la Légion d'honneur ;

2° De décider que l'avis précité du Conseil d'enquête sera mentionné sur les états de service de M. le lieutenant-colonel Taillant et des officiers qui composaient avec lui le conseil de défense de la ville de Phalsbourg, savoir :

MM. Darbourg, chef de bataillon au 63° régiment d'infanterie de ligne.

Vilatte, chef de bataillon, commandant le 1er bataillon de la garde nationale mobile de la Meurthe.

Desmares, capitaine de 1re classe du génie, commandant le génie de la place.

Thomas, capitaine en premier d'artillerie, commandant l'artillerie de la place.

Dejean, capitaine en premier d'artillerie.

De Geoffroy, capitaine adjudant-major au 63° régiment d'infanterie de ligne.

Le ministre de la Guerre,
Signé : Général E. de Cissey.

Au bas de cette pièce, M. Thiers écrivit : « Approuvé » et signa.

Siège de Bitche. — Quand, après le désastre de Wœrth, le général de Failly, entraîné dans la retraite du 1er corps, dut abandonner la place de Bitche où il avait passé dans une expectative cruelle la terrible journée du 6 août, il y laissa un bataillon du 86°, fort d'environ 800 hommes, en sorte que la garnison de la place se trouva formée d'un bataillon d'infanterie de ligne, de 200 douaniers, 250 artilleurs, tous réservistes, un millier d'éclopés venus de Frœschwiller, 250 gardes nationaux et 30 gendarmes. Quant à l'armement, il comprenait 53 pièces en tout, dont 13 seulement, de modèles plus ou moins anciens, étaient en état de servir.

Mais à la tête de cette poignée de soldats se trouvait un homme que la mitraille n'avait jamais effarouché

---

1. Après le siège de Phalsbourg, Taillant avait été promu, par le gouvernement de Tours, au grade supérieur.

et dont l'âme fortement trempée, loin d'être abattue par les responsabilités, grandissait au contraire à l'approche du péril. Petit-fils d'un vieux serviteur de la France, mort capitaine réformé au régiment de Champagne[1] et chevalier de Saint-Louis, fils d'un officier de la Grande Armée, Teyssier s'était déjà montré digne d'une pareille lignée, et avait deux fois versé son sang pour le pays à Sébastopol d'abord, puis à Montebello, pendant la campagne de 1859. Au moment où les hasards de la guerre faisaient peser sur ses épaules le lourd fardeau de la défense d'une place assiégée, il était plein encore d'une juvénile ardeur, malgré ses 49 ans, et suffisamment vigoureux de corps et d'esprit pour mener à bien sa tâche. Les Allemands ne furent pas longtemps à s'en apercevoir.

Le premier soin du commandant Teyssier, aussitôt que le siège devint probable, fut d'emmagasiner précieusement les convois de vivres et de fourrages laissés à la gare en attendant des ordres, et de réunir tous les fonds disponibles, soit 300,000 francs. Puis, comme dès le 7 août des cavaliers ennemis avaient paru à distance, il leur envoya, en manière d'avertissement, trois coups de canon de fort calibre, et les dispersa sans qu'ils insistassent davantage. Mais, le lendemain, un parlementaire se présenta : il offrait, si la place consentait à capituler, les honneurs de la guerre et l'autorisation de rejoindre l'armée. — « Les Français ne se rendent pas sans combattre! » répondit Teyssier, et il le congédia.

L'Allemand était à peine de retour qu'une pluie d'obus s'abattait sur la ville; peine perdue. Teyssier ne sourcilla pas : bien plus, ayant appris, le 11, que des

---

[1]. Le régiment de Champagne, devenu plus tard le 7ᵉ d'infanterie, était le plus renommé peut-être des régiments de l'ancienne monarchie. Un lieutenant-colonel de ce régiment, menacé d'être passé par les armes avec toute sa troupe s'il ne rendait pas immédiatement une place qu'il était chargé de défendre, répondit : « Je m'en f...! » Les historiens traduisirent cette réponse énergique en termes polis : « Je suis du régiment de Champagne! » Le mot passa en proverbe et fut dès lors employé dans la bonne société pour dire décemment : « Je m'en f...! » (Général THOUMAS, *Notices biographiques*.)

convois de vivres se dirigeaient sur Bitche, il leur fit tendre une embuscade et s'en empara. Le chef du convoi, très surpris, déclara qu'il n'avait pu supposer que la ville ne fût pas encore aux mains des Allemands, et que sa confiance, en approchant des portes, était absolue !... Deux journalistes berlinois, arrivés le lendemain avec la même sécurité, tombèrent également dans la souricière, et la garnison s'amusa fort de cet épisode singulier.

Cependant Teyssier, qui ignorait tous les événements de la campagne, envoyait des émissaires pour se renseigner. L'un d'eux, le sergent Hattenburger, fils d'un garde forestier du pays, parvint, au prix de mille dangers, à rejoindre à Metz le maréchal Bazaine. Mais celui-ci, on ne sait pourquoi, le garda, en sorte que le commandant de la place de Bitche n'était pas plus avancé qu'au premier jour, quand, le 22 août, dans la nuit, il reçut la visite d'un parlementaire qui le somma de se rendre et lui remit un papier terminé par ces deux phrases textuelles :

Dans le cas que M. le commandant devait rejeter (sic) *les propositions que je viens de faire, j'ai l'honneur de prévenir que le bombardement de la forteresse commencera dès aujourd'hui, et qu'à partir du premier coup de feu qui sera tiré des remparts de Bitche, aucune condition ne pourra plus être admise, à moins que la place ne se rende à discrétion.*

Trente minutes sont données afin de recevoir la réponse que M. le commandant jugera à propos de donner.

Le Commandant supérieur bavarois,

Signé : KOLLERMANN.

Les trente minutes s'écoulèrent, bien entendu, sans que le commandant Teyssier ait répondu un seul mot à cette sommation hautaine. La place se prépara à recevoir les obus allemands, les femmes et les enfants se réfugièrent dans les caves, des barils pleins d'eau furent placés aux carrefours, enfin les artilleurs se rendirent à leurs pièces. Mais, chose étrange, le feu ne fut ouvert que le 24 ; il paraît que M. Kollermann s'était trop hâté de menacer, et qu'il n'était pas prêt. Son attitude même sembla témoigner d'un violent désir d'en finir autrement que par la force, car à peine la place avait-elle répondu à ses coups de canon, qu'il envoya de nouveau deux parlementaires, cette fois pour proposer une suspension d'armes. Mais Teyssier, flairant là quelque piège, les pria poliment de déguerpir, leur donnant juste le temps de regagner leurs lignes. Alors l'Allemand, furieux, dut se résigner à investir la forteresse et à renoncer momentanément à toute tentative d'intimidation.

Cependant les jours se passaient, amenant des escarmouches, des sorties, des petits combats où l'ennemi avait rarement l'avantage. Le 2 septembre, un parlementaire vint offrir au commandant des journaux allemands ; « les armées françaises étaient partout battues, disaient-ils ; les Allemands victorieux marchaient sur Paris ; l'anarchie menaçait la France !... »

— « Je n'ai rien à recevoir de vous, répondit rudement Teyssier ; d'ailleurs, que m'importe ce qui se passe hors de mes remparts ! »

Le brave officier était beaucoup mieux renseigné qu'il ne voulait le dire, car, ce même jour, un mobile nommé Dumont, fils du capitaine des douanes, était arrivé, venant de Metz à travers les lignes ennemies, et avait fait connaître au commandant de place la triste réalité. C'était pour la cacher à ses soldats et à la population que celui-ci refusait toute communication officielle. Ne songeant qu'à son devoir, n'ayant d'autre préoccupation que le salut de la place dont le gouvernement lui avait confié la garde, Teyssier recommanda à Dumont le secret absolu, et se prépara à continuer la lutte, comme s'il avait l'espoir d'être un jour secouru.

Malheureusement, tandis que le bombardement, repris par l'ennemi avec une terrible violence, incendiait la place, où l'eau commençait à manquer, écrasait les maisons et ruinait la citadelle, une partie de la population se déshonorait par une pusillanimité sans nom. Une députation, ayant à sa tête le maire lui-même, dont nous voulons taire le nom, alla supplier Teyssier de demander aux Allemands la libre sortie des malades, des femmes et des enfants. Refusée, elle insista pour que le commandant laissât sortir de la forteresse, à leurs risques et périls, ceux qui le désiraient !... Teyssier céda par humanité. Alors on vit un millier d'individus de tout âge et de tout sexe, conduits par ce maire indigne, par des fonctionnaires et quelques ecclésiastiques, se diriger vers une porte qu'on leur ouvrit. Cette cohue, affolée et tremblante, se répandit dans la plaine ; les uns furent pris, les autres, en petit nombre, purent se sauver en se glissant à travers les accidents du sol[1].

Aussitôt Teyssier nomma une commission municipale, composée de citoyens de bonne volonté, dont le patriotisme mérite de ne pas être laissé dans l'oubli. C'étaient MM. Eusèbe Mauff, Mathias Mangis, Jacques Müller, Jean-Baptiste Staub, Mayer, Faber, Thomson, Christophe Steiner, Jacques Staub, Parquin, Laurent et Nicolas Rémi. Le maire fut M. Lamberton, brasseur ; l'adjoint, M. Maurer, clerc de notaire[2]. Ces braves gens se mirent immédiatement à l'œuvre, et l'on peut dire sans exagération que jamais tâche ne fut plus ardue que la leur.

Bitche n'était plus qu'une fournaise : le typhus et la variole, déchaînés sur la malheureuse cité, faisaient chaque jour de cruels ravages dans la population déjà réduite des deux tiers ; la famine commençait à torturer ces malheureux, et tuait d'inanition ceux que le feu ou les projectiles épargnaient ! Mais si quelques-uns avaient été lâches, ceux qui restaient étaient des héros. Les femmes, avec un courage surhumain, se firent sœurs de charité ; deux prêtres, les abbés Guépratte et Guérin, allèrent, au risque de leur vie, porter sans relâche aux combattants et aux malades des consolations et des

---

1. Général AMBERT, *Récits militaires.*
2. J. DALSÈME, *Le siège de Bitche.*

secours. La municipalité volontaire ne quitta pas la brèche, et, sûr de ces vaillants comme de lui-même, Teyssier put répondre par un refus énergique à une troisième sommation de l'ennemi.

Celui-ci était enfin lassé. Reconnaissant son impuissance à réduire des gens qui préféraient l'honneur à l'existence, il cessa peu à peu son feu, et se borna à bloquer étroitement la place, pour en faire mourir de faim les défenseurs. Il comptait sans la patriotique ingéniosité des Lorrains.

Un jour, un bûcheron vosgien se glisse jusqu'aux remparts, pendant un bombardement furieux, et y fait entrer une voiture de sel. Amené au commandant de la place, il s'abouche avec lui, reçoit ses instructions, puis s'éloigne et, dès le lendemain, se met à courir les alentours pour « y prêcher la croisade de ravitaillement[1] ».

« Des villages limitrophes, principalement de Lie-
« derscheidt, nos paysans se répandent en Bavière et
« font leurs achats... Alors, avec l'intelligent concours
« des campagnards, un vaste système de contrebande
« étend son réseau sur le pays[2] ».

La ville, pourvue maintenant de vivres, pouvait se railler du blocus. Aussi Teyssier refusa-t-il dorénavant de recevoir aucun parlementaire, se bornant à déjouer les ruses de l'assaillant, à maintenir son monde en haleine, et faisant impitoyablement fusiller les espions[3]. Mais pour continuer à se procurer des vivres, il fallait

---

1. Général AMBERT, loc. cit.
2. J. DALSÈME, loc. cit.
3. Le 15 septembre, un cuirassier, qui se disait échappé de Frœschwiller, demanda à entrer dans la place. On l'accueillit et on lui donna du service, non cependant sans le surveiller de près. Et bien fit-on, car, peu de jours après, un fantassin le reconnaissait comme son pays, et signalait qu'il était repris de justice. Le commandant le fit arrêter, et l'on s'aperçut alors qu'il ignorait le maniement du sabre, qu'il portait aux boutons de sa tunique un numéro différent de celui du régiment où il prétendait avoir servi, enfin que ses bretelles étaient du même cuir dont sont confectionnés les ceinturons des soldats bavarois. Traduit en conseil de guerre, il avoua tout, et son identité, et son casier judiciaire (trois ans de prison pour vol), et son triste métier d'espion. C'en était assez pour justifier sa condamnation à mort; il fut exécuté le jour même devant la garnison réunie.

de l'argent, et les caisses étaient vides! Déjà la solde des officiers avait été réduite à 50 francs par mois, et la troupe ne touchait que des acomptes... la famine allait-elle donc revenir?

Un officier du 86°, le lieutenant Mondelli, se dévoua pour le salut de tous. Puissamment aidé par un négociant de Sarreguemines, M. Erhardt, il parvint à franchir les lignes allemandes, à rentrer en France par la Belgique, et à se rendre à Tours, après un voyage de six jours. Là, il fut reçu par Gambetta, qui lui annonça l'envoi déjà effectué d'une somme de 50,000 francs, que M. de Drée, vice-consul de France à Neufchâtel, était chargé de faire entrer dans la place. Il ne restait à Mondelli qu'à revenir à Bitche, ce qu'il réussit à faire avec le même bonheur.

La place tenait toujours; la population se maintenait admirable de stoïcisme, de dévouement et de courage; ce même M. Erhardt, qui avait seul donné au lieutenant Mondelli la possibilité d'accomplir sa mission, risquait sa vie pour faire entrer dans la ville assiégée deux tonneaux de vin vieux destinés aux malades, et réunir de nouveaux fonds, une fois les 50,000 francs du gouvernement épuisés! C'était à qui montrerait le plus de générosité, de patriotisme, de bravoure et de dédain de la mort; et vraiment, on pouvait se demander qui aurait définitivement le dessus, de cette poignée de braves gens si entêtés dans leur résistance, ou des troupes allemandes, pourvues abondamment de tous les moyens d'action possibles, quand, dans la nuit du 31 janvier au 1er février, un parlementaire vint annoncer qu'un armistice était signé entre les deux gouvernements.

— « Je n'en ai pas été informé, répondit le commandant Teyssier, et je ne saurais m'y soumettre que quand il m'aura été officiellement communiqué. »

Les Allemands revinrent à la charge cinq jours après, munis d'une copie officielle du traité.

— « Vous voyez bien que la place de Bitche n'est pas comprise dans l'armistice, fit Teyssier, après en avoir pris connaissance; nous restons donc en état de guerre, dans les mêmes conditions qu'hier[1]. »

Et il congédia les parlementaires, leur déclarant qu'il ne leur remettrait la forteresse de Bitche que sur un ordre écrit émanant du ministre de la Guerre français.

Cependant, voulant remplir son devoir jusqu'au bout, il se décida à envoyer à Bordeaux, où se trouvait alors le gouvernement, un émissaire qui pût faire connaître la situation véritable et demander des instructions. Ce fut encore le capitaine Mondelli qui se chargea de cette mission délicate, et fit deux voyages successifs, dont le second seul aboutit à une solution. Mais, entre temps, les Allemands impatientés avaient menacé de reprendre le bombardement de la place, et on juge quelle responsabilité l'exécution d'une pareille menace, la paix étant déjà signée, eût assumée sur la tête du commandant Teyssier. Il ne pensa pas pouvoir l'encourir sans outrepasser les limites que le droit des gens assignait à sa résistance, et, le 26 mars, il se résolut à signer une convention. Toutefois, il n'entama aucune négociation avant d'avoir détruit son matériel, et vendu pour 100,000 francs à une usine de Niederbronn, et au profit du Trésor, une partie des vivres restants et tout l'armement hors de service.

Enfin, le 27 mars, il sortit de la ville avec armes et bagages, *enseignes déployées*, ses bagages portés sur des convois fournis par l'autorité allemande. Les Bavarois n'entrèrent dans la place qu'après le départ de la garnison française, et par une porte différente de celle qu'avait prise celle-ci. « Il n'y aura pas d'honneurs de la guerre, disait la convention, puisqu'il n'y a pas de capitulation. »

Au même moment, le capitaine Mondelli arrivait à Bitche, rapportant de Versailles des instructions relatives à la livraison du matériel, des armes, des vivres, à des conditions moins favorables que celles obtenues par Teyssier, du seul prestige de son indomptable fermeté!

---

1. On sait, en effet, que Bitche, pas plus que Belfort, n'était compris dans l'armistice.

Ainsi donc, Bitche ne s'était pas rendue. La force brutale seule, en privant momentanément la France de son libre arbitre, exigeait d'un traité diplomatique la livraison d'une place que sept mois de siège n'avaient pu réduire à merci! Moins heureux que ceux de Belfort, ses nobles défenseurs virent leur dévouement rendu stérile par des raisons d'ordre politique auxquelles ils n'avaient jamais voulu penser! Mais leur souvenir demeure pieusement gardé par ceux d'ici et par ceux de là-bas, tandis que repose au musée d'artillerie le drapeau qui leur fut donné par les héroïques femmes de Bitche, attendant le jour « où il pourra, comme l'a dit leur chef valeureux, être rapporté par une armée française triomphante » aux pays qu'elle aura reconquis[1].

Nous arrêterons là ce résumé rapide de l'histoire de nos places fortes. Nous l'avons déjà dit : cette histoire se bornerait pour la plupart d'entre elles à un triste journal de bombardement et de blocus, où l'on ne trouverait ni méthodes de guerre dignes d'intérêt, ni péripéties dignes d'attention. C'est toujours, de la part de l'assaillant, même procédé barbare d'intimidation ; chez le défenseur, même passivité qui conduit trop fréquemment au découragement et à l'affaissement moral. Les 24 capitulations de la campagne dernière sont faites cependant pour nous enseigner deux choses : d'abord que les forteresses, quand elles ne sont pas réellement et vraiment utiles, deviennent dangereuses ; ensuite qu'il n'est pas de sacrifice qui ne doive être fait pour qu'une place, quand elle a un rôle à remplir dans la défense du pays, soit pourvue, autant en personnel qu'en matériel, de tout ce qui lui est nécessaire pour accomplir sa mission protectrice jusqu'à la limite extrême, sans avoir à compter sur aucun concours extérieur.

---

1. Le 54ᵉ de marche, auquel appartenait ce drapeau, avait été formé à Bitche, avec les éléments divers dont disposait le commandant Teyssier. On réussit même, pour se consoler des tristesses du blocus, à lui constituer une mauvaise fanfare, qui prit pour refrain, avec cette spirituelle insouciance qui n'abandonne jamais le Français, la chanson si connue de Béranger : « Les gueux, les gueux sont des gens heureux! »

LIVRE SEPTIÈME

LA GUERRE SUR MER

La part prise par le corps de la marine à la défense du territoire, pendant la guerre de 1870-71, a été considérable, et son appoint, tant en personnel qu'en matériel, à ce point précieux que, sans lui, le terme de la résistance eût été probablement avancé de plusieurs mois. C'est, en effet, grâce aux grosses pièces amenées des arsenaux de Brest, de Cherbourg et de Lorient, grâce aussi aux canonniers expérimentés qui les servaient, que les forts de Paris ont pu lutter jusqu'à la fin contre la puissante artillerie des Allemands. Et, dans la guerre de province, tandis que fusiliers et artilleurs de la flotte soutenaient de leur exemple les dévouements parfois hésitants de nos jeunes levées, leurs chefs, qui pendant de longues années avaient promené sur toutes les mers du globe nos couleurs triomphantes, prêtaient avec une prodigalité généreuse au gouvernement de la Défense nationale le concours inappréciable de leur expérience et de leur renommée.

Déjà nous avons pu voir ces matelots, survivants de pénibles campagnes en Cochinchine, au Mexique, au Sénégal, se couvrir de gloire à Orléans et à Amiens. Nous avons vu l'héroïque division de Vassoigne, entièrement composée d'infanterie de marine, lutter désespérément dans Bazeilles incendié, et ne céder aux Bavarois, quatre fois plus nombreux, qu'après leur avoir infligé des pertes presque égales à son propre effectif. Nous allons maintenant étudier avec quelque détail l'ensemble du rôle joué par nos forces maritimes pendant toute la durée de la guerre, et accompagner notre flotte dans les mers inhospitalières où son dévouement, bien que frappé de stérilité par l'inclémence des éléments, n'en fut pas moins admirable.

Les forces navales de la France, au mois de juillet 1870, se décomposaient comme suit :

55 bâtiments cuirassés ;

227 bâtiments en bois et à hélice ;

45 bâtiments à roues ;

Et 75 bâtiments à voiles.

Au total, 402 navires portant 2,109 canons et montés par 72,912 hommes d'équipage.

Mais, sur ce chiffre, 81 bâtiments étaient hors d'Europe, et des 321 restants, très peu se trouvaient en état de prendre immédiatement la mer. La plupart avaient, au contraire, à parfaire leur installation, à s'approvisionner, à *armer*, en un mot, et ces préparatifs exigeaient un délai relativement long, d'autant plus que les approvisionnements des arsenaux, diminués par l'exiguïté des ressources budgétaires votées pendant les dernières années, étaient absolument insuffisants. Bien que rien de cette situation n'eût été tenu caché par l'amiral Rigault de Genouilly, ministre de la Marine, le gouvernement passa outre et forma à Cherbourg une escadre qui, primitivement fixée à 27 navires, dont 14 cuirassés, ne put, et encore avec de grandes difficultés, mettre à la mer que 7 cuirassés et un aviso[1]. Le vice-amiral Bouët-Willaumez, nommé commandant en chef, arbora le 23 juillet son pavillon sur la frégate cuirassée de premier rang *la Surveillante*, et prit la mer le 24, traînant encore sur ses bâtiments les ouvriers du port qui bâclaient les derniers travaux, et disposant d'un matériel si mal aménagé que plusieurs jours après,

---

1. Frégates cuirassées *Surveillante* (amiral) ; *Gauloise* (contre-amiral Dieudonné) ; *Guyenne*, *Flandre*, *Océan* ; corvettes cuirassées *Thétis* et *Jeanne-d'Arc* ; aviso *Cassard*.

sur sa propre frégate, on était en peine de tirer le canon pour le service des signaux. L'impératrice Eugénie avait tenu cependant à venir assister en personne au départ de l'escadre, et elle l'accompagna même en mer pendant quelques milles sur l'aviso *le Coligny*.

Les instructions données à l'amiral étaient complexes. Il devait tout d'abord se montrer dans les eaux danoises, envoyer un navire à Copenhague pour tâcher d'entraîner le Danemark dans notre alliance et immobiliser ainsi un ou deux corps d'armée prussiens, revenir de là en face du port de Wilhelmshafen pour y bloquer la flotte prussienne, et enfin envoyer une expédition dans la Baltique, quand les navires de renfort qu'on lui promettait l'auraient rejoint. Il lui était recommandé de s'abstenir de toute attaque contre les villes ouvertes[1]. Enfin, on l'avisait que l'escadre de la Méditerranée, commandée par le vice-amiral Fourichon, était envoyée d'urgence à Brest, pour le soutenir en cas de besoin.

Or, peu de jours avant la déclaration de guerre, l'escadre prussienne, commandée par le prince Adalbert, quittait les ports anglais où elle était en relâche pour entreprendre dans l'océan Atlantique un voyage d'instruction[2]. Sous la menace des événements, elle rentra en hâte, le 16 août, dans le port de Wilhelmshafen, et là, le prince Adalbert, ne se sentant probablement pas de taille à jouer les Duquesne ou les Duguay-Trouin, abandonna ses quatre cuirassés au vice-amiral Jackman, pour venir suivre en France le grand quartier général du roi.

Quant au gouvernement allemand, qui reconnaissait sa complète infériorité sur mer, il renonça de prime abord à se mesurer avec notre escadre. Sa principale

---

1. Les Allemands devaient nous montrer à bref délai combien ils dédaignaient pareils scrupules.
2. Cette escadre se composait des frégates cuirassées *Kœnig-Wilhelm*, *Friedrich-Karl*, *Kronprinz* et *Prinz-Adalbert*. Les deux premières avaient, pendant la campagne, subi de fortes avaries qui les condamnaient à une immobilité relative dans la baie de Yade. La quatrième fut envoyée aux bouches de l'Elbe, où stationnait déjà le cuirassé *Arminius*.

préoccupation était d'ailleurs d'empêcher un corps de débarquement d'envahir son littoral. Il n'ignorait pas qu'une flotte considérable de transport était en armement à Cherbourg sous les ordres du vice-amiral de la Roncière le Noury, et il pouvait craindre que bientôt, si rien ne venait se mettre à la traverse, une armée de 30,000 hommes, à laquelle se joindraient peut-être 40,000 Danois, ne fût débarquée sur les côtes de Hanovre, dans ce pays tout frémissant encore de la lutte si glorieuse, mais si funeste, de 1866, et ne vînt porter la guerre au cœur même des nouveaux territoires arrachés par la force à leurs légitimes souverains. Pour conjurer ce péril redoutable, le roi Guillaume avait donné au général Vogel de Falkenstein, commandant en chef des défenses de tout le littoral, une armée de 120,000 hommes, et prescrit aux cuirassés prussiens de se vouer strictement à la défense des ports. Ceux-ci s'étaient disséminés dans les estuaires des trois fleuves qui apportent leurs eaux à la mer du Nord, à savoir l'Ems, le Weser et l'Elbe, tandis qu'à Wilhelmshafen leurs trois plus gros navires formaient réserve, escortés d'une chaloupe canonnière chacun. Là, protégé par des passes extrêmement difficiles, embossé derrière d'inaccessibles abris, l'amiral Jackman guettait les mouvements de nos navires et surveillait l'approche du danger.

L'inquiétude légitime de nos adversaires ne devait cependant pas se prolonger longtemps. Déjà toute idée de débarquement était abandonnée à Paris, avant même d'avoir reçu un commencement d'exécution, à la suite d'un conseil orageux tenu sous la présidence de l'Empereur. Dans ce conseil, le ministre de la Marine, sous l'inspiration de l'Impératrice, paraît-il, refusa avec hauteur de subordonner ses escadres au prince Napoléon qui revendiquait le commandement supérieur de l'expédition, et le ministre de la Guerre, maréchal Le Bœuf, déclara qu'il ne pouvait donner que des mobiles et pas un soldat. Deux jours après, la triple catastrophe de Wissembourg, de Spicheren et de Frœschwiller venait tout à coup plonger la France entière dans un douloureux émoi. Dès ce moment, nul ne pouvait songer encore à porter la guerre chez l'ennemi, car nous n'avions plus assez pour nous défendre de toutes nos forces réunies. Les troupes un instant désignées pour une expédition dans la mer du Nord furent appelées en hâte à Paris ou à Châlons, et les transports, désarmés, laissèrent disponibles des équipages bientôt utilisés dans les différentes armées en formation.

Quant à l'escadre de l'amiral Bouët qui avait, au prix de très grandes difficultés, franchi les passes de Cattégat et pénétré dans la Baltique, mais à laquelle une minime partie des renforts promis était seule parvenue, elle dut, avec ses éléments insuffisants, suffire à la garde de cent cinquante lieues de côtes et au blocus de plus de quinze ports. Le concours du Danemark s'était borné à la prestation de quelques pilotes et à l'octroi d'un point de ravitaillement dans la baie de Kioge, sur la côte orientale de Seeland ; d'ailleurs le gouvernement français, reconnaissant l'impossibilité de donner suite à ses idées de débarquement en Prusse, venait de renoncer au bénéfice d'une alliance effective avec le petit royaume danois, et de télégraphier à l'amiral Bouët de le considérer dorénavant comme neutre. Le rôle de l'escadre se réduisait donc désormais à une croisière de surveillance ; car bien que le port de Kiel ne renfermât qu'une frégate, bien que les forces navales ennemies de la Baltique fussent très peu sérieuses, toute attaque de la côte était interdite à une escadre qui ne portait pas un seul bataillon de débarquement. L'amiral Bouët-Willaumez poussa cependant le blocus jusqu'aux extrêmes limites permises par la saison. Mais devant l'attitude strictement défensive des navires allemands, qui se bornaient à observer nos forces sans jamais se laisser entraîner hors de la protection de leurs batteries fixes et de réserves navales que le tirant d'eau de nos cuirassés leur interdisait d'approcher, il ne put entamer aucune action de guerre. Au surplus, dès le milieu de septembre, la Baltique devint intenable ; la précocité du froid menaçait la retraite de l'escadre, qui risquait, en prolongeant trop longtemps sa croisière, de trouver les détroits fermés par les glaces... L'amiral se vit contraint de donner l'ordre de retour, et le 29 septembre il mouillait en rade de Cherbourg, découragé et désolé. Moins d'une année après, ce vaillant homme de mer succombait à son chagrin.

Cependant, l'escadre de la Méditerranée, forte de 4 frégates, 2 corvettes cuirassées et d'un aviso, avait été, comme on l'a vu, dirigée sur Brest, mais pas immédiatement. Dans la crainte que la marine prussienne, alliée à la marine espagnole, ne vienne dans la Méditerranée entraver les transports de nos troupes d'Algérie, on l'avait maintenue à Oran jusqu'au 19 juillet. Elle n'arriva donc à Brest que le 26. Le 7 août, l'amiral Fourichon quittait cette rade avec 4 frégates, 2 corvettes cuirassées et un aviso, ralliait à Cherbourg quelques navires qui l'attendaient sous leurs feux, et arrivait le 11 en vue de l'île anglaise d'Héligoland [1], en dehors des eaux de laquelle il mouillait [2]. Le blocus de la côte allemande de la mer du Nord était aussitôt notifié aux autorités ennemies et aux consuls étrangers de Hambourg.

Le point choisi par l'amiral comme centre de croisières était distant de quatre milles [3] de l'île d'Héligoland ; on n'entretenait d'ailleurs avec celle-ci que des communications très rares, son gouverneur, un colonel anglais, ayant reçu des instructions qui l'obligeaient à une grande réserve. Pas un pilote, danois ou anglais, n'avait plus consenti à se mettre à la disposition de

---

1. Par un traité signé en 1890, l'île d'Héligoland a été cédée à l'Allemagne.
2. La composition de l'escadre de l'amiral Fourichon était alors la suivante :

Frégates cuirassées
- *Magnanime* : battant pavillon amiral.
- *Héroïne* : battant pavillon du contre-amiral Jauréguiberry.
- *Provence* : battant pavillon du contre-amiral Devoulx.
- *Valeureuse, Revanche, Invincible, Couronne.*

Corvette cuirassée *Atalante.*
Corvettes à hélice : *Château-Renaud, Cosmao, Decrès.*
Avisos à hélice : *Reine-Hortense, Renard, Dayot.*

3. Le mille marin vaut 1,852 mètres.

l'escadre, tant nos revers faisaient le vide autour de nous ! Bien plus, nos officiers ne possédaient que des cartes tout à fait insuffisantes, et pas un seul plan exact du port de Wilhemshafen ! « Le ravitaillement se fai-
« sait en mouillage de pleine mer, par les envois de
« France. Chaque bâtiment, il est vrai, faisait son eau
« avec sa machine ; mais l'embarquement du charbon
« était un travail incessant, pénible à l'excès, et tou-
« jours précaire car, tantôt une alerte, tantôt la grosse
« mer forçaient de le suspendre et d'embarquer les
« chaloupes[1]. » Le jour, les croisières restaient au mouillage et faisaient leur charbon sous la protection de deux frégates qui croisaient au large, tandis que les avisos donnaient la chasse aux bateaux ennemis qu'ils apercevaient : la nuit, il fallait appareiller et prendre le large, pour éviter les torpilleurs. On juge quelles fatigues cette existence imposait à nos équipages ! Cependant l'escadre se maintenait dans la mer du Nord ; pendant un grand mois, elle resta devant le port de Wilhelmshafen, qu'elle bloqua étroitement, et elle intercepta d'une manière absolue le commerce de l'ennemi. « Brême et Hambourg, deux des premières places du
« globe, dont le commerce se chiffre par centaines de
« millions, têtes de ligne des paquebots qui relient
« l'Allemagne au monde entier, virent leur vie mari-
« time suspendue. Ce fut pour l'Allemagne un dom-
« mage considérable, et les Anglais, témoins impar-
« tiaux, surent rendre justice dans leurs journaux à
« l'énergie et à l'efficacité du blocus. »

C'était bien là tout ce que pouvait faire l'amiral. Ses ressources ne lui permettaient pas en effet d'entreprendre l'attaque de Wilhelmshafen, défendu par des passes dangereuses qu'il eût fallu au préalable reconnaître à fond et draguer sur de grandes étendues. Quant aux autres points du littoral, encore plus inaccessibles à des navires d'un fort tonnage, on n'eût pu les aborder qu'avec des bâtiments de flottille suscep-

---

1. Les passages entre guillemets sont tirés d'un travail inédit dont l'auteur, officier supérieur de la marine, était attaché à l'état-major de l'amiral Fourichon.

tibles de prêter le travers à des batteries de côte... et l'amiral n'en avait pas !

La vie de nos marins s'écoulait donc fatigante et monotone, sans un seul de ces événements de guerre qui eût rompu la désolante uniformité de leur pénible croisière. Le 18 août, on signala cependant un parlementaire, que l'amiral, pour ne pas montrer ses forces, fit recevoir à distance par son chef d'état-major. C'était le prince de Hesse, qui venait sommer l'escadre de cesser la saisie des bâtiments de commerce, sous peine de représailles en France, où, disait-il, les armes allemandes étaient prospères. L'amiral répondit « qu'il ne « lui appartenait pas de changer les lois de la guerre, et « qu'il continuerait à user de ses droits jusqu'à l'ordre « contraire de son gouvernement ».

Le 5 septembre, éclata un ouragan terrible. L'escadre dut prendre le large en toute hâte, et, cinq jours durant, elle resta en pleine mer, ballottée par des lames furieuses qui menaçaient à chaque instant d'engloutir ses vaisseaux. La mer était à ce point démontée que, dans certains coups de tangage, nos cuirassés montraient à nu huit ou dix mètres de leur quille ! La frégate cuirassée la *Magnanime* eut l'axe de sa roue de manœuvre brisé, et gouverna pendant cinq jours, à grand'peine, avec une roue de rechange installée tant bien que mal. La *Provence* éprouva un semblable accident, et quand, après la tempête, ces deux frégates, pour réparer leurs avaries, durent mouiller en pleine mer par 40 mètres de fond, chacune d'elles eut une quinzaine d'hommes blessés en essayant de relever ses ancres qu'il fallut finalement abandonner [1]. Cependant l'escadre ne fut pas dispersée, et l'énergie de ses équipages la sauva d'un désastre complet.

1. Ce terrible coup de vent se fit sentir sur toutes les mers d'Europe. Dans la nuit du 6 au 7 septembre, le plus fort cuirassé de la flotte anglaise, le *Captain*, chavirait brusquement sur la côte d'Espagne, près du cap Finistère, et s'engloutissait, avec tout son équipage, au milieu de l'escadre de l'amiral sir Alexander Milne, impuissante à lui porter secours. Une plaque de marbre, où sont gravés en lettres d'or les noms de tous les Anglais embarqués sur le *Captain*, rappelle cet effroyable sinistre, dans l'église cathédrale de Saint-Paul, à Londres.

C'est au plus fort de la tempête, alors que les cœurs, serrés par l'angoisse, se préparaient stoïquement à une fin obscure, misérable et sans gloire, que l'aviso l'*Hirondelle* vint apporter la douloureuse nouvelle de la catastrophe de Sedan. L'état de la mer ne permettant pas à l'aviso d'aborder le vaisseau amiral, son capitaine fit connaître par des signaux la proclamation de la République, la nomination de l'amiral Fourichon au ministère de la Marine, et la mission qu'avait l'*Hirondelle* de le ramener à Dunkerque. C'en était fait des espérances de luttes maritimes de diversions sur les côtes, et de tentatives de débarquement. D'ailleurs, cet ouragan de cinq jours montrait assez que le mouillage sous Héligoland n'était plus tenable, et qu'il fallait renoncer à une station fixe de blocus. Le charbon de l'escadre était épuisé, et les bâtiments qui en apportaient, dispersés. L'amiral, en proie au plus amer chagrin, dut se soumettre à la nécessité qui l'étreignait. Il donna l'ordre à ses bâtiments de partir en route libre pour aller se ravitailler en France.. Ce fut à peine s'ils eurent assez de combustible pour gagner, les uns l'Angleterre, les autres Dunkerque. Quant à la *Magnanime*, elle rentra le 15 dans le port de Cherbourg.

Ainsi se termina cette campagne maritime sur laquelle on avait tant compté. Désormais, la Baltique nous était fermée, au moins jusqu'au printemps. Pour la mer du Nord, on ne pouvait y faire que des croisières volantes, et c'est ce dont fut chargé le vice-amiral de Gueydon. « Croisières et blocus ruinaient à la vérité
« le commerce ennemi. Mais ils ruinaient aussi les
« corps de nos bâtiments surmenés, et non moins les
« corps de nos braves marins, sans jamais rebuter
« néanmoins leur indomptable courage. »

Entre temps, on avait envoyé à l'arsenal de Brest, qui en eut dès lors et jusqu'à la paix le précieux dépôt, la majeure partie de l'encaisse métallique de la Banque de France, les tableaux les plus importants du musée du Louvre, les diamants de la Couronne et les drapeaux des Invalides. Mais, dans la crainte que Brest ne fût attaqué aussi et succombât, un cuirassé, commandé par un officier déterminé, se tenait prêt à transporter à Saïgon, par une route désignée d'avance et au premier signal, ces trésors de nature si diverse. Est-il rien de plus poignant que le souvenir de cette extrémité navrante, où fut, en un jour de malheur, réduit notre noble et malheureux pays !

Cependant le rôle de la marine, bien que singulièrement diminué par les événements, n'était pas terminé. L'amiral Fourichon, en prenant le ministère, jugea que nous ne pouvions pas renoncer aux avantages que nous donnait sur mer l'incontestable supériorité de notre flotte, et imprima aux opérations maritimes une action générale dont le double but, atteint d'ailleurs, était de paralyser le commerce allemand et d'assurer la sécurité des côtes et des possessions françaises. Les rigueurs d'un hiver exceptionnellement précoce et pénible obligeaient déjà à relâcher la sévérité du blocus dans la mer du Nord : on ne maintint donc dans ces parages qu'une seule escadre, forte de sept cuirassés et de cinq corvettes ou avisos, avec une réserve à Cherbourg. Cette petite armée navale, bien que condamnée par l'état de la mer à une dissémination désavantageuse, suffit à en imposer à l'ennemi, et à le réduire à l'immobilité dans les ports où il se trouvait. En même temps, on constituait à l'embouchure de la Seine, de la Loire et de la Gironde, ainsi qu'à Gibraltar et à Alger, des stations navales destinées à parer sur ces divers points à toute éventualité d'attaque. Enfin, comme certaines tendances séparatistes se manifestaient à Nice, et qu'une insurrection paraissait imminente en Algérie, on reconstitua l'escadre de la Méditerranée, à laquelle on affecta six cuirassés et deux avisos sous le commandement du vice-amiral Jurien de la Gravière.

Pendant ce temps, les quelques navires que nous avions encore dans les mers lointaines ne demeuraient pas inactifs. C'est ainsi que les deux corvettes allemandes *Herta* et *Medusa*, surprises dans les mers de Chine, furent étroitement bloquées par la division navale française dans un port du Japon, dont elles ne purent sortir de toute la guerre. La corvette *Arcona*, signalée vers les Açores, fut poursuivie par la frégate la *Bellone*, et réduite à s'enfermer dans le port de Fayal. Ayant peu après trompé la surveillance de la *Bellone*, elle s'enfuit à toute vapeur vers les côtes du Portugal, refusant, malgré la parité des forces, le combat que lui offrait notre bâtiment : mais bientôt atteinte et menacée d'une vigoureuse attaque, elle se réfugia dans le port de Lisbonne, où vinrent immédiatement la bloquer définitivement la *Magnanime* et le *Magellan*.

De même l'*Augusta*, le seul navire ennemi qui nous ait causé quelque dommage, fut, à dater du 7 janvier, enfermée dans le port de Vigo par la frégate l'*Héroïne*, et immobilisée complètement. L'*Augusta* était une corvette en bois et fer, puissamment armée et bonne marcheuse. Vers le milieu de décembre, elle réussit à forcer le blocus de Wilhelmshafen, piqua droit sur l'Irlande, où, par suite d'une inconcevable tolérance des autorités anglaises, elle put renouveler son charbon, puis de là revint dans les eaux de Brest capturer un de nos navires marchands. Cinglant ensuite sur Rochefort, elle enleva un des bateaux de service du port, et finit par nous prendre un troisième navire à l'embouchure de la Gironde. Ce fut là le seul dommage que subit notre commerce maritime. Comparé à celui que les cuirassés français infligèrent aux Allemands, il est minime, et ce qui prouve combien peu on s'en émut, c'est que, de toute la durée de la guerre, le taux de nos assurances ne s'éleva pas d'un centime.

Si l'*Arcona* avait été prudente, le *Météor* le fut moins. Rencontré par l'aviso français le *Bouvet*, commandant Franquet, dans le port de la Havane, il accepta le défi de celui-ci, et appareilla aussitôt à sa suite. Les deux bâtiments prirent le large, escortés à distance par des officiers espagnols, chargés de s'assurer, conformément aux règles maritimes internationales, que les deux champions ne combattraient pas dans les eaux cubaines.

Le *Bouvet* était inférieur en échantillon et en artillerie à son adversaire; il manœuvra pour l'aborder et y réussit. Le choc renversa la mâture du *Météor*, qui, son pont encombré de débris, et ayant son hélice prise dans ses agrès désemparés, fut obligé de s'arrêter. Le *Bouvet* reprenait du champ pour s'élancer de nouveau sur le prussien et le crever avec son éperon, quand un boulet vint frapper sa machine et la rendre impuissante. Les officiers espagnols intervinrent alors, prétendant qu'on était rentré dans les eaux neutres, et les combattants furent obligés de regagner le port. Le *Météor* demeura d'ailleurs condamné à l'inaction pendant le reste de la guerre.

Ce n'était là, malheureusement, que des escarmouches, et certes notre marine, avec ses engins puissants, ses officiers si vaillants et si expérimentés, ses admirables équipages, eût mérité d'avoir un champ d'opérations plus vaste et plus fécond. Mais, à l'heure où la France vaincue et envahie ne luttait déjà plus que pour l'existence, nul ne pouvait songer à tenter sur mer des diversions coûteuses, dont le succès, si complet qu'on fût en droit de l'espérer, devait fatalement rester stérile. Nos vaisseaux se virent donc réduits à un rôle tout à fait limité de protection et de défense. Quant aux marins disponibles, ils devaient, par suite de la prolongation de la guerre et de la durée du siège de Paris, trouver l'occasion d'exercer leur bravoure, et montrer que la patrie ne fait jamais en vain appel à leur dévouement[1].

---

1. Voici, d'après un relevé établi par le capitaine de frégate Chevalier (*La Marine française et la Marine allemande pendant la guerre de 1870-71*; Paris, Plon, 1873), un état du personnel et du matériel fourni par la marine à la défense nationale depuis le 15 juillet 1870 jusqu'au 15 février 1871.

1° *Personnel.* 28,157 canonniers ou fusiliers marins.
563 officiers de vaisseau de tout grade.
20 ingénieurs hydrographes.
23,420 hommes d'infanterie de marine.
5,087 hommes d'artillerie de marine.

2° *Matériel.* 1,032 pièces de marine armées et munitionnées.
39,300 fusils et carabines.
16 millions de cartouches.
4 équipages de pont.
100 batteries complètes de 4 et de 12.
16 — de mitrailleuses.

1,600 caisses d'approvisionnements.
150 affûts de place et de siège.
880 roues et essieux de rechange.
700 canons lisses de la guerre transformés en canons rayés.
Harnachement pour 24,000 chevaux et objets de campement et d'équipement en quantités diverses.

A la fin de février, les ateliers des ports se trouvaient en mesure de livrer au département de la guerre, en plus des quantités ci-dessus :

40 batteries de 4.
20 — de mitrailleuses.
400 caissons, 100 forges, 200 chariots.
100 affûts de montagne.
8,400 caisses d'approvisionnements.

CONCLUSION

I. — LE TRAITÉ DE FRANCFORT

La lutte gigantesque qui, depuis près de sept mois, ensanglantait le sol français avait pris fin. Victime de ses erreurs et de ses fautes, la nation que, soixante ans auparavant, le plus grand capitaine des temps modernes avait conduite à la conquête de l'Europe, était contrainte de s'en remettre à merci aux exigences d'un vainqueur implacable, dont les rêves d'hégémonie souveraine, mûris pendant de longues années de recueillement et de travail, se trouvaient enfin réalisés. Continuer la guerre n'était plus possible, et si quelques hommes énergiques ou exaltés s'entêtaient encore à croire à la prolongation d'une résistance parvenue à la limite extrême des ressources matérielles, la majorité du pays comprenait que de pareils espoirs étaient vains désormais.

L'*Assemblée nationale*, dont la convocation avait soulevé de nombreux conflits entre la Délégation et le gouvernement de Paris, s'était réunie, le 12 février, à Bordeaux. Cinq jours après, elle déléguait à Versailles le chef du pouvoir exécutif de la République française, M. Thiers, avec une Commission de quinze membres, chargés de négocier la paix. Le 26, les préliminaires de celle-ci étaient arrêtés de concert avec M. de Bismarck, et la Commission revenait à Bordeaux annoncer les douloureuses exigences du vainqueur.

La France perdait l'Alsace (moins Belfort), et les arrondissements de Metz, Thionville, Sarreguemines, Château-Salins, Sarrebourg, Schirmeck et Saales, soit deux places fortes de premier ordre, et une population de 1,597,238 âmes. Elle devait payer à l'empire allemand 5 milliards de francs à titre d'indemnité de guerre, et supporter tous les frais de l'occupation des armées victorieuses, jusqu'au payement intégral de cette indemnité. En attendant la conclusion définitive de la paix, les troupes françaises ne pouvaient dépasser la rive gauche de la Loire, sauf 40,000 hommes laissés à Paris, et quelques garnisons de places fortes.

Telles furent les dures conditions soumises à la ratification de l'Assemblée. Celle-ci n'avait, hélas! pas le pouvoir de les rejeter, et, le 1er mars, elle les vota dans un morne silence, par 546 voix contre 107. Mais ce n'était là qu'une première base, et il était nécessaire d'ouvrir des négociations nouvelles pour régler définitivement les dispositions concernant les territoires cédés, les relations commerciales futures, le rachat des lignes ferrées annexées, etc. Ces négociations furent entamées à Bruxelles et prirent fin à Francfort-sur-le-Mein, le 10 mai 1871, au moment même où les bandits exécrables de la Commune s'apprêtaient à incendier à Paris les monuments que les obus allemands avaient épargnés. Elles avaient abouti à l'échange du territoire de Belfort contre 10,000 hectares de terrain pris dans le département de la Moselle, et à certaines atténuations apportées aux rigueurs du projet primitif. Enfin, le 11 décembre 1871, notre négociateur, M. Pouyer-Quertier, qui avait montré pendant sa longue et pénible mission une habileté égale à son patriotisme, signait une dernière convention, relative spécialement au *modus vivendi* commercial entre la France et l'Allemagne, et par laquelle il nous faisait encore obtenir quelques nouvelles concessions.

Mais, en somme, et sans parler de la plaie que ce fatal traité de Francfort ouvrait à notre flanc, plaie toujours saignante et toujours douloureuse, la guerre si imprudemment déclarée le 15 juillet 1870 coûtait à la France 10 milliards. Sur ce chiffre énorme, une somme de 5 milliards 567 millions de francs[1] fut versée au trésor allemand par annuités successives, dont la dernière, payée le 5 septembre 1875, amena la libération définitive du territoire français. D'habiles combinaisons financières, menées par M. Thiers, et le succès complet d'un emprunt national, plus de quarante fois couvert, avaient permis de se libérer en aussi peu de temps de cette dette colossale, sur laquelle 512,294,933 francs furent versés en numéraire[2]. Il n'en a pas moins fallu cependant subir, pendant quatre années, le lourd fardeau de l'occupation étrangère, et consacrer en même temps l'épargne du pays à réparer des monceaux de ruines dont la trace encore visible est là pour rappeler aux générations actuelles tout ce que leurs aînées ont souffert. Il a fallu dépenser des sommes énormes pour construire à nos portes une frontière artificielle, qui remplaçât les barrières naturelles appartenant à la race française, barrières intégralement conquises par elle à l'époque de sa splendeur, et perdues maintenant pour un temps dont on ne peut calculer la durée. Enfin la France, mutilée et momentanément déchue du rang séculaire qu'elle occupait à la tête des nations, a dû renoncer pendant plus de vingt ans à son influence légitime en Europe, et s'imposer les plus durs sacrifices pour rester à l'abri de convoitises que des succès dépassant toute espérance n'avaient point suffi à assouvir.

Tel a été le triste épilogue d'une lutte inconsidérément engagée, poursuivie en dehors de tous les principes, de toutes les règles, de toutes les traditions, traversée par une crise politique déplorable, et terminée dans un élan magnifique, mais trop incohérent. Avant de chercher à en résumer la pénible philosophie et à en

---

1. Ces 567 millions représentent les intérêts, frais et contributions de guerre encore dues au moment de la signature de la paix.
2. Le reste de l'indemnité fut payé en papier des principales maisons de banque européennes, dont certaines même étaient allemandes. — Voir la note de la page 341.

tirer au moins un enseignement, qu'il nous soit permis de revenir une dernière fois sur l'ensemble de ses péripéties, de les retracer en un tableau rapide, et de nous efforcer de mettre en lumière, du moins telles qu'elles nous apparaissent à nous-même, les causes véritables de nos revers et de nos douleurs.

II. — RÉSUMÉ SOMMAIRE DES ÉVÉNEMENTS. ÉTUDE DES CAUSES DE LA DÉFAITE.

Déploiement des armées belligérantes. — Le 2 août 1870, les forces allemandes, complètement mobilisées et prêtes à entrer en campagne, se trouvaient rassemblées autour de Coblentz, de Mayence et de Landau, en trois masses dont la force totale se montait à près de 500,000 combattants. Placées respectivement sous les ordres du général de Steinmetz (Ire armée), du prince Frédéric-Charles de Prusse (IIe armée) et du prince royal Frédéric-Guillaume (IIIe armée), ces forces, où étaient venus se fondre les contingents badois, bavarois et wurtembergeois, allaient agir d'après un projet d'opérations net, précis et concret. Il s'agissait pour elles, si se produisait incontinent l'offensive française à laquelle on croyait, de lui faire face, ou tout au moins de menacer le flanc gauche de nos corps engagés dans la vallée du Mein. Si, au contraire, cette offensive tardait à se produire, les Allemands devaient attaquer vigoureusement la frontière, et décrire vers l'ouest un grand mouvement concentrique, pour rejeter les Français dans l'intérieur du territoire, et les acculer, suivant les éventualités, soit au camp retranché de Paris, soit à la frontière belge, soit même à la mer. C'est en exécution de ce plan que les trois armées allemandes, disposées de façon à se prêter un appui réciproque, entamèrent, le 3 août, leur mouvement en avant, et se préparèrent à aborder la frontière où six corps d'armée français, à peine organisés et manquant encore du strict nécessaire, étaient disséminés dans un désordre qui n'accu-

1. Grand duc de Mecklembourg.
2. Général de Gœben.
3. Général de Fabrice.
4. Général de Kirchbach.

sait que trop nettement l'irrésolution du haut commandement.

Au quartier général de l'Empereur Napoléon, on en était arrivé, en effet, après une série de plans de campagne que l'imperfection de notre mobilisation rendit tous successivement impraticables, à ne plus avoir aucun but, aucun objectif, si ce n'est celui d'attendre passivement les événements. On y allait de désillusion en désillusion, de déboire en déboire. Après avoir refusé toute créance aux avertissements venus de divers côtés et signalant l'extraordinaire puissance du mécanisme de la mobilisation allemande; après avoir espéré qu'on pourrait être prêt avant l'ennemi et le devancer sur la ligne du Rhin, il avait bien fallu se rendre à l'évidence et confesser la réalité. Aux 500,000 ennemis, abondamment munis et pourvus du nécessaire qu'on avait devant soi, aux imposantes réserves qui attendaient en arrière, l'arme au pied, le moment d'intervenir à leur tour, on n'avait à opposer, en tout et pour tout, que 223,000 hommes, à qui la pénurie lamentable de leurs moyens d'action interdisait toute mobilité et toute possibilité d'attaquer. Il était d'ailleurs inutile, en l'état absolument désordonné des transports, de songer à pourvoir en temps opportun ces hommes de ce qui leur manquait; il était non moins inutile de tabler sur un renforcement ultérieur, puisque l'armée française était là tout entière, qu'il ne restait à l'intérieur que quelques régiments avec des dépôts vides de soldats exercés, et que la garde mobile, qui aurait dû former la troupe de seconde ligne, n'était ni instruite, ni équipée, ni armée, ni même régulièrement constituée. La puissance militaire de la France, minée par la coupable indifférence du pouvoir, par l'éloignement progressif de la nation pour la carrière des armes, par l'imbécile acharnement d'une opposition que la passion aveuglait, la puissance militaire de la France se réduisait à cette poignée de soldats, braves assurément, pleins de dévouement et capables des actions les plus héroïques, mais ayant tout désappris de la guerre, si ce n'est la manière de tomber avec honneur.

Dans des conditions semblables et les alliances qu'on avait escomptées avec plus ou moins de fondement venant à manquer, il devenait matériellement impossible de persévérer dans les projets d'offensive si imprudemment caressés. Alors ce fut l'affolement pur et simple. On ne songea même plus à revenir à des dispositions strictement défensives telles que le général Frossard, dans une reconnaissance préalable, les avait indiquées. On ne voulut demander ni à l'histoire, ni à l'expérience, ni même à la raison une pensée directrice, un guide pour sortir d'une situation assurément difficile, mais non encore désespérée. On ne sembla point se douter qu'il existe certains principes stratégiques immuables, que des capitaines même médiocres ont connus et appliqués, et grâce auxquels il est possible, sinon de s'assurer le succès, du moins de s'éviter un désastre. On livra tout au hasard, et le hasard ne voulut pas nous favoriser. Au surplus, il ne le pouvait guère, ni écarter les dangers de la dispersion prodigieuse qui répondait, de notre côté, à la concentration méthodique de l'ennemi.

Nous avions en Alsace deux corps d'armée, l'un, fort incomplet encore, entre Colmar et Belfort, l'autre, plus avancé dans sa constitution, entre Strasbourg et Haguenau. En Lorraine, trois autres corps, n'ayant même pas leur effectif de guerre, campaient entre la Sarre et la Moselle, de Sarreguemines à Sierck; la Garde était à Metz, le 6ᵉ corps au camp de Châlons. Et, comme si ce n'était pas assez de cette dissémination injustifiable sur une ligne de plus de 350 kilomètres, le 1ᵉʳ corps, déjà isolé sur le revers oriental des Vosges, s'était lui-même scindé, jetant en flèche, sans motif valable, vers Wissembourg, une de ses divisions que des détachements successifs avaient réduite à 5,000 hommes, avec 18 canons. Pendant ce temps, le 4ᵉ corps faisait la navette le long de la frontière, sous prétexte de surveiller les mouvements ennemis signalés dans le Palatinat, et la cavalerie d'armée, massée en arrière, à Lunéville et à Pont-à-Mousson, demeurait immobile, et inutile, par conséquent. Au grand quartier général français, on était dans l'ignorance la plus complète des projets et de la situation de l'adversaire; la soi-disant reconnaissance offensive à peine esquissée le 2 août sur Sarrebruck n'avait rien appris, parce qu'elle ne pouvait rien apprendre, et l'on croyait les masses allemandes encore bien éloignées, que déjà elles étaient à nos portes, prêtes à nous assaillir.

Wissembourg et Frœschwiller. — Dès le 4 août, en effet, la III⁰ armée, placée à l'aile marchante du grand mouvement stratégique imaginé par M. de Moltke, se mettait en mouvement pour entamer l'Alsace; elle abordait la Lauter sur quatre colonnes, d'un corps d'armée chacune, avec un cinquième corps et une division de cavalerie en réserve; elle écrasait la malheureuse division Douay, obligée de tenir seule, sans aucun secours, un long espace de terrain, et, malgré son héroïque défense, la rejetait en désordre sur le 1ᵉʳ corps. Cette catastrophe aurait dû ouvrir les yeux à l'Empereur et à son major général; elle indiquait trop clairement, hélas! le danger que courait l'Alsace et la nécessité urgente d'y concentrer sans délai des forces en quantité suffisante pour recevoir le choc. Cependant, au grand quartier général de Metz, on se contenta d'une demi-mesure qui, loin d'améliorer la situation, la compliqua, au contraire, de la façon la plus fâcheuse, en détruisant définitivement l'unité si indispensable du commandement.

Le 5 août, les 1ᵉʳ, 5ᵉ et 7ᵉ corps furent groupés sous les ordres du maréchal de Mac-Mahon; les 2ᵉ, 3ᵉ, 4ᵉ et la Garde sous ceux du maréchal Bazaine. Mais les restrictions apportées à l'exercice de ces deux grands commandements devaient fatalement les rendre illusoires. L'autorité des maréchaux se bornait « aux seules opérations militaires »; on ne leur constituait point d'état-major spécial, enfin le grand quartier général, sans chercher davantage à imprimer aux opérations une direction d'ensemble, continuait à donner des instructions directes aux commandants de corps d'armée, et négligeait de passer par l'intermédiaire naturel et obligatoire des commandants d'armée, dont l'autorité se trouvait ainsi réduite à un vain titre. Le résultat fut celui qu'on devait attendre : un désordre encore plus marqué et une hésitation grandissante chez tous les généraux.

Cependant, le maréchal de Mac-Mahon, décidé à défendre l'Alsace, avait pris position avec le 1er corps d'armée sur la rive droite de la Saüer, en avant de Frœschwiller, et appelé à lui les deux corps placés sous son commandement. Il espérait ainsi couvrir les deux routes de Saverne et de Bitche, c'est-à-dire les Vosges centrales, et même pouvoir attaquer le flanc droit de l'armée du prince royal, si celle-ci continuait son mouvement sur Strasbourg. Malheureusement, les renforts sur lesquels il comptait ne lui parvinrent pas. Le 7e corps, qui n'avait que deux divisions et recevait de Metz l'ordre de couvrir Belfort[1], ne put en envoyer qu'une à Frœschwiller. Quant au général de Failly, tiraillé entre les instructions contradictoires qui lui arrivaient à la fois du maréchal Le Bœuf et du duc de Magenta, inquiet pour son flanc gauche où on lui signalait la présence de forces ennemies considérables, accablé de télégrammes obscurs qui augmentaient sa perplexité en lui indiquant comme dangereuses des localités placées sur ses derrières[2], il dut se borner à envoyer vers la Saüer une division seulement ; et celle-ci, exagérant les précautions ou plutôt en prenant beaucoup d'inutiles, mit une telle lenteur à exécuter sa marche, que, partie de Bitche avant six heures du matin, elle n'arriva sur le champ de bataille de Frœschwiller que quand tout était fini, pour recueillir nos débris vaincus[3].

De son côté, le prince royal avait continué à gagner du terrain vers le sud-ouest ; mais ses différents corps,

---

1. On sait que l'Empereur ignorait que le général Douay n'eût avec lui que deux divisions (Voir tome Ier, page 259).
2. (Voir tome Ier, page 194).
3. La division Guyot de Lespart mit neuf heures pour franchir 25 kilomètres, et voici pourquoi : au lieu de couvrir son flanc gauche par de véritables flanc-gardes, la colonne s'arrêtait à chaque carrefour de route, envoyait une reconnaissance du côté dangereux, et ne se remettait en marche qu'une fois cette reconnaissance rentrée. Ce n'était point là un procédé rapide, ni même sûr ; car entre deux reconnaissances, la sécurité de la colonne n'était plus garantie par rien.

encore en ordre de marche, ne présentaient pas un groupement suffisant pour la bataille. Aussi, quand il apprit, le 5 au soir, qu'une armée française était en position sur la Saüer, se résolut-il à opérer une concentration de ses forces, avant de l'attaquer, et ordonna-t-il, pour le 6, un changement de direction général sur l'aile droite, afin d'amener ses différents corps, très sensiblement resserrés, face aux positions du maréchal. Dans son esprit, la lutte ne devait donc s'engager que le 7. C'est le 7 également que le maréchal de Mac-Mahon, qui comptait avoir reçu ses renforts, s'attendait à livrer une bataille offensive ou défensive, suivant le cas. Il ne connaissait ni la situation exacte ni l'étendue des forces qu'il avait devant lui ; sa cavalerie, complètement inutilisée, ne lui avait fourni à cet égard aucun renseignement. Il est à penser que mieux informé, il eût jugé prudent de se dérober immédiatement à la pression de masses aussi supérieures en nombre et d'aller occuper en arrière les défilés des Vosges, où il pouvait arrêter longtemps les progrès d'un adversaire beaucoup plus fort que lui. Mais, réduit aux conjectures et aux nouvelles plus ou moins fondées que lui envoyait le grand quartier général, il ne put pas se rendre compte du danger, et par suite ne chercha point à le fuir. Première et funeste conséquence de l'inutilisation de la cavalerie, sans le concours de laquelle un commandant d'armée se démène dans l'obscurité et en est réduit aux hasards de ses inspirations.

D'ailleurs, les prévisions des deux commandants en chef devaient être déjouées par un événement fortuit. Le 6, à huit heures du matin, le chef d'état-major d'un des corps d'armée prussiens entamait la bataille de sa propre initiative, et dans des conditions d'énergie telles qu'il devint bientôt impossible de l'arrêter. Successivement, les éléments de l'armée allemande les plus rapprochés s'engagèrent ; les autres pressèrent le pas, et dès une heure de l'après-midi, le prince royal, sûr d'avoir bientôt une énorme supériorité numérique, et se sentant au surplus trop engagé pour reculer, prit ses dispositions pour envelopper les deux ailes de l'armée française, à laquelle l'absence de toute réserve interdisait la possibilité de manœuvrer. Ce que fut cette lutte terrible, on le sait. On connaît l'héroïsme des soldats français, combattant un contre trois, et s'acharnant à défendre jusqu'au dernier homme les positions confiées à leur bravoure ; le dévouement de la cavalerie, se sacrifiant au salut de ses frères d'armes, mais, toujours inhabile, allant briser ses escadrons contre les rangs compacts d'une infanterie intacte, au lieu de chercher à l'attaquer de flanc ; la fermeté tenace du maréchal, poussée si loin qu'elle est devenue fatale, et a amené la transformation en déroute d'une retraite ordonnée trop tardivement. On sait que, pendant toute cette journée, officiers et soldats français ont prodigué les témoignages de la plus admirable valeur, mais on sait aussi que cette valeur a presque constamment été maladroite, et qu'elle n'a point compensé trop d'autres éléments d'infériorité, tels que l'obligation de garder passivement la défensive en présence d'un adversaire numériquement très supérieur ; l'impuissance à la fois matérielle et technique de l'artillerie ; l'emploi défectueux de la cavalerie lancée à l'aveugle sur un terrain détestable et contre un objectif qu'il lui était manifestement impossible d'entamer par une charge directe ; enfin l'obstination même du commandant en chef, qui, manquant des moyens nécessaires pour attaquer et même pour se défendre avec avantage, avait cru néanmoins pouvoir accepter la lutte, si disproportionnée qu'elle fût.

Le désastre de Frœschwiller, et plus encore la retraite désordonnée qui le suivit, nous coûtaient l'Alsace. Les débris du 1er corps, repliés pêle-mêle à travers les Vosges, les 5e et 7e corps, entraînés dans la déroute, refluèrent brusquement jusqu'à Châlons, a une distance énorme de la frontière. On ne songea nullement à utiliser les lignes de défense successives qui s'offraient entre les Vosges et les plaines de Champagne ; on négligea la précaution élémentaire qui s'imposait en tout état de cause, d'interdire à l'ennemi les voies d'accès amenant au cœur du pays. On livra sans la disputer une immense étendue de territoire, en cherchant uniquement à se dérober à l'étreinte de l'adversaire et à s'éloigner de lui le plus possible. Cet adversaire n'était cependant guère entreprenant, car non seulement il ne poursuivait pas nos colonnes harassées, mais même sa cavalerie perdait tout contact avec elles, et ne les retrouvait que quand elles étaient en sûreté. Cela étant, il eût été possible, autant que logique, de se ressaisir aussitôt après le passage des Vosges, le 8, et de prendre alors, non pas la direction de Sarrebourg, mais plutôt celle de Sarralbe, qui rapprochait l'armée d'Alsace des forces de Lorraine, et conduisait à une concentration plus nécessaire que jamais. Dans le chaos des ordres confus qui émanaient du grand quartier général, personne ne vit clair ; la direction des mouvements devint de plus en plus flottante, et la scission des forces, déjà si préjudiciable au début des opérations, s'accentua au point de devenir définitive. Telles furent les conséquences les plus immédiates de l'irrésolution et du désordre : une campagne entamée sous les plus fâcheux auspices, et l'envahissement de la Champagne dès le premier coup de canon.

Spicheren et Borny. — Si encore les masses importantes qui occupaient la Lorraine avaient été disposées de façon à assurer l'inviolabilité de la frontière de ce côté, le dommage eût été réparable. Exposé sur son flanc droit, obligé de livrer sur son front une nouvelle bataille pour débusquer l'armée française alors en formation au camp de Châlons, le prince royal de Prusse aurait été contraint à beaucoup de prudence et de lenteur, et il ne se serait certainement pas porté d'une seule traite des Vosges jusqu'à la Marne. Mais, ici encore, les mêmes causes venaient de produire les mêmes effets, et la concentration, la méthode, la poursuite logique d'un but nettement défini avaient eu facilement raison de l'incohérence et de la dispersion.

Le soir du 5 août, les quatre corps d'armée dont le maréchal Bazaine venait de recevoir le commandement supérieur étaient établis au bivouac sur deux lignes, entre Sarreguemines et la route de Metz à Sarrelouis.

Trop éloignés les uns des autres pour se soutenir mutuellement, ils ne pouvaient ni agir offensivement, ni constituer une masse de défense ; le 2ᵉ corps, posté en flèche en avant de Forbach, se trouvait en outre fort exposé, d'autant plus qu'il ignorait absolument ce qui se passait devant lui. Comme il n'avait en avant de son front ni service d'exploration, ni avant-postes sérieux, comme d'autre part son chef avait, par une inconcevable négligence, laissé intacts les ponts de la Sarre, il risquait d'être surpris sur ses positions mêmes, très belles à la vérité, mais abordables par les bois, et d'y être enveloppé par des forces supérieures. Il pouvait toutefois compter, pendant le cours même de la bataille, sur le concours du 3ᵉ corps, dont les quatre divisions étaient respectivement à Sarreguemines, Puttelange, Marienthal et Saint-Avold, et, dans un délai un peu plus long, sur une partie du 4ᵉ, qui avait une de ses divisions à Teterchen, à une petite journée de marche de Spicheren. En tout état de cause, la prudence la plus élémentaire conseillait au général Frossard de faire explorer avec le plus grand soin, et très loin, la rive droite de la Sarre, puis de se replier sur Cadenbronn, à portée de ses soutiens, en coupant les ponts derrière lui ; une forte arrière-garde, laissée sur le plateau du Rotherberg, aurait protégé l'écoulement du corps d'armée, ainsi que celui des approvisionnements fort importants qu'on avait, assez imprudemment d'ailleurs, amoncelés à Forbach et à Sarreguemines, et retardé le débouché de l'ennemi, qu'une offensive reprise hardiment par nos trois corps de droite pouvait alors rejeter dans la rivière. Le commandant du 2ᵉ corps demanda des ordres au maréchal, qui ne lui en donna pas, et il demeura alors dans le *statu quo*. Il s'en suivit un nouveau désastre, non moins déplorable assurément que celui de Frœschwiller.

Les Iʳᵉ et IIᵉ armées allemandes s'avançaient, en effet, vers Sarrebrück, en une marche convergente de huit corps d'armée couverts par deux divisions de cavalerie. Ici, pas plus qu'à Frœschwiller, on ne comptait livrer bataille le 6, et le mouvement prescrit devait tout simplement aboutir à la prise du dispositif suivant lequel on désirait aborder la frontière; mais l'impatience du général de Steinmetz, sa hâte à amener le premier ses troupes au contact de l'adversaire, provoquèrent non seulement certains incidents tragi-comiques sur lesquels il n'y a pas lieu de revenir, mais encore un dénouement tout à fait inattendu. Et c'est à coup sûr en cette circonstance que la fortune a donné à nos ennemis une des marques les plus éclatantes de sa constante faveur.

On sait comment la bataille s'engagea. Un général d'avant-garde, prévenu que les ponts de la Sarre ont été laissés intacts, juge opportun de s'en emparer; d'ailleurs, on croit les Français en retraite, et il semble tout naturel de prendre pied sur les positions qu'ils évacuent, d'autant que c'est là le seul moyen de permettre aux troupes allemandes qui viennent en arrière de déboucher sur la rive gauche. Une brigade se lance donc à l'attaque, puis bientôt une seconde; obligées de combattre sur un front exagéré, ces troupes sont condamnées à une série d'efforts décousus, difficiles; il leur faut se cramponner aux bois, aux points d'appui, pour ne pas être bousculées par les forces supérieures auxquelles elles ont affaire. La moindre tentative offensive faite par celles-ci les rejetterait dans la Sarre; malheureusement les Français sont passifs. Ils résistent avec énergie et courage, mais sur place. Trop confiants dans la valeur de leurs positions, inconscients des dangers de l'inertie, ils ne font rien pour se débarrasser de cette poignée d'assaillants à bout d'haleine, et les culbuter sur les renforts qui leur arrivent par les ponts. Ceux-ci peuvent donc déboucher sans difficulté; à partir de quatre heures du soir, l'ennemi acquiert d'abord l'égalité de forces, puis bientôt une supériorité telle qu'il lui est loisible d'assaillir nos deux ailes à la fois et d'en enfoncer une. A partir de ce moment, la bataille est perdue, car ni l'héroïque bravoure des soldats du 2ᵉ corps, ni quelques retours offensifs partiels et insuffisants ne peuvent rétablir les affaires dont seule une contre-attaque résolument tentée dès le début pouvait changer la tournure. A la nuit, le 2ᵉ corps, désorganisé par sa longue et vigoureuse résistance, se mettait en retraite dans la direction assez excentrique de Sarreguemines ; le lendemain, il rejoignait à Puttelange le 3ᵉ corps et de là se repliait dans la direction de Metz, où le grand quartier général venait enfin d'appeler toutes ses troupes, pour les concentrer, trop tard.

Il y a, dans cette bataille de Spicheren, ample matière à réflexion, surtout si l'on compare les procédés mis en œuvre dans chacune des armées en présence. Examinons d'abord ceux des Allemands. Là, abstraction faite à la vérité des préliminaires de l'affaire, et d'une indépendance d'allures qui, chez le commandant en chef de la Iʳᵉ armée, frisa de très près la désobéissance, on voit tous les généraux et tous les chefs unis dans une même recherche du but poursuivi, dans une même entente de la situation tactique, dans une même conception des moyens propres à la dénouer. Tous, depuis le général de François, commandant l'avantgarde du VIIᵉ corps, jusqu'au général de Steinmetz, entendent la question de la même manière, non seulement au point de vue du résultat à poursuivre, mais aussi à celui de la méthode à employer pour l'obtenir ; tous voient de même, aussi bien stratégiquement que tactiquement ; tous sont imbus des mêmes idées, de la même doctrine militaire. Aussi le commandement peut-il changer de mains jusqu'à quatre fois, sans compromettre le développement normal de l'affaire ; chaque général, en prenant, par privilège d'ancienneté ou de grade, la direction supérieure au moment où il arrive sur le champ de bataille, n'a qu'à se mettre au courant de la situation, à approuver les mesures prises par son prédécesseur immédiat, et à en faire poursuivre l'exécution. C'est là le bénéfice le plus clair et le plus précieux de cette *unité de doctrine* que le général de Moltke avait, par l'Académie de guerre et le grand état-major, infusée à l'armée allemande, et dont l'armée française était encore si complètement privée. C'est là un des éléments les plus considérables, sinon le facteur principal des victoires allemandes en 1870. Quand l'unité de doctrine s'appuie sur un sentiment aussi étroit de la solidarité que celui dont étaient animés les généraux prussiens; quand une troupe aux prises avec l'ennemi est assurée du concours de toutes celles qui l'avoisinent et de leur appui concertant, il n'est rien que le commandement suprême ne doive attendre du faisceau formidable des forces qu'il peut alors actionner.

Il s'en fallait beaucoup, hélas! que chez nous les méthodes de guerre eussent atteint semblable perfection. Ici on n'opposait guère aux événements que l'inertie, et le courage individuel était obligé de suppléer à tout. Ainsi cette affaire de Spicheren aurait pu et dû fort mal tourner pour les Allemands si le commandant du 2ᵉ corps avait montré plus de prévoyance et pris dès le début la direction de la bataille, au lieu de l'abandonner au hasard. On peut dire que la 14ᵉ division prussienne, après elle le VIIᵉ corps, et même la Iʳᵉ armée tout entière l'ont échappé belle, car la tentative du général de Kameke, bien que procédant d'une idée juste, était prématurée, sinon téméraire, et un échec éprouvé par lui sur la rive gauche devait jeter dans le plus grand embarras les forces allemandes très resserrées sur l'autre rive. Que serait-il arrivé aussi, si le maréchal Bazaine, au lieu d'un bas égoïsme et d'une indifférence coupable, avait montré là un peu de cette vigueur et de cet esprit d'à-propos que les chefs de l'opposition se plaisaient à lui attribuer? Que serait-il advenu si les 65 ou 70,000 hommes dont il pouvait disposer dans le cours même de la bataille avaient été jetés sur les troupes ennemies qui arrivaient par petits groupes, par éléments successifs, et s'infiltraient dans la ligne de bataille « *goutte à goutte* », suivant la pittoresque expression du prince de Hohenlohe? Que serait-il advenu enfin si, au lieu de donner à trois de ses divisions les instructions les plus vagues et les moins catégoriques, il les avait dirigées lui-même, et par le chemin le plus direct, au secours du général Frossard, qu'il avait le devoir de soutenir? Autant de questions qu'il suffit de poser pour montrer tout ce qui manquait au commandement élevé de décision et de netteté, **aux chefs inter-**

médiaires d'esprit d'initiative et de solidarité. De fait, les Allemands ont dû leur succès de Spicheren moins à leurs qualités manœuvrières qu'à l'absence de ces mêmes qualités chez leur adversaire, et leurs historiens militaires, habituellement impartiaux, sont obligés de convenir que cette journée de victoire se serait vraisemblablement terminée par une défaite si l'armée française avait eu à sa tête des chefs suffisamment imbus des vrais principes de la guerre, décidés à mettre en œuvre tous leurs moyens d'action, et assez maîtres de leurs résolutions pour profiter à la fois des circonstances et des fautes que ne pouvait manquer de commettre un ennemi animé d'un esprit d'entreprise parfois véritablement excessif.

Ainsi donc, on venait de perdre une première et précieuse occasion de vaincre; on devait, hélas! en perdre bien d'autres. De fait, cette journée du 6 août ouvrait toute grande aux Allemands la partie du territoire français comprise entre la frontière et la Moselle, et cependant, de nos sept corps d'armée, deux seulement avaient été engagés, tandis que les cinq autres ne brûlaient pas même une amorce! Étrange conception stratégique que celle qui aboutit à un pareil résultat.

Le 7, de grand matin, toute l'armée se repliait vers Metz, sous une pluie battante, et dans un désordre complet. La marche des différents corps était aussi mal réglée que possible. Les contre-ordres succédaient aux ordres; les distributions, entravées par le désarroi général, ne se faisaient que très irrégulièrement. On arriva tant bien que mal derrière la Nied française, où on sembla un moment vouloir faire tête; puis on se remit en route vers l'Ouest. Le 12, les cinq premiers corps et la Garde étaient concentrés devant les murailles de Metz, où venait les rejoindre le 6°, fortement réduit à la suite d'incidents qu'il eût été très facile d'éviter. Toutes les forces, groupées encore sous leur ancienne dénomination d'*Armée du Rhin*, devenue cruellement ironique, passaient aux ordres directs du maréchal Bazaine, nommé commandant en chef parce que l'opinion publique, parmi tant d'autres infiniment plus dignes de cet honneur et de cette charge, l'avait impérativement désigné au choix du souverain. Celui-ci voulait que l'armée se repliât sans retard sur Châlons, pour y opérer sa jonction avec les trois corps du maréchal de Mac-Mahon, et son dernier acte de généralissime avait été l'ordre de franchir la Moselle au plus tôt. Pour cela, il suffisait de jeter des ponts en nombre suffisant, et de fractionner l'armée en assez de colonnes pour que l'écoulement de cette masse énorme fût réduite au minimum de temps. On jeta bien des ponts ; mais certains ne résistèrent pas à une crue survenue dans la nuit du 12 au 13, et leur réparation fut très longue. Quant à l'ordre du mouvement dicté par le maréchal, il ne répondait en aucune manière aux nécessités d'une marche rapide, et semblait fait au contraire pour proroger presque indéfiniment l'échéance de l'arrivée des troupes sur le plateau de Gravelotte, où il fallait leur faire prendre pied tout d'abord. Aux observations motivées qui lui furent faites à ce sujet par son entourage, le commandant en chef ne voulut rien répondre. Le mouvement, exécuté tel que, commença donc le 14 à onze heures et demie du matin ; c'était un premier retard de trente-six heures au moins.

Pendant ce temps, les trois armées allemandes avaient continué leur marche en avant, avec une méthode remarquable, et dans une observance absolue des grandes lignes indiquées par le plan d'opérations de chef d'état-major général. A l'aile gauche, le prince royal s'avançait vers la Haute-Seille, enlevant ou bloquant sur sa route nos petites places des Vosges ; au centre, marchait le prince Frédéric-Charles, avec la Moselle pour objectif, en amont de Metz ; à l'aile droite, le général de Steinmetz se dirigeait sur cette dernière place. Toutes les forces ennemies étaient disposées de façon à pouvoir, le cas échéant, se prêter un mutuel concours (le front général de la marche n'atteignait pas 50 kilomètres), et reliaient étroitement leurs différents corps, qui formaient une sorte de quinconce. En avant, des masses de cavalerie lancées, à distance suffisante, observaient nos mouvements, harcelaient nos retardataires, et renseignaient le grand état-major. C'est donc en toute connaissance de cause que, le 12 août, M. de Moltke, sachant que nous nous disposions à passer de la rive droite de la Moselle sur la rive gauche, put prescrire à toutes ses forces un mouvement de conversion à droite, sur la Ire armée comme pivot, de façon à ce que, le général de Steinmetz nous tenant de près et couvrant le flanc droit de la IIe armée, celle-ci pût s'emparer des ponts de la Moselle au-dessus de Metz, pour se jeter ensuite sur les plateaux lorrains, tandis que, plus au sud, la IIIe armée gagnerait le front Lunéville - Nancy. Dès le 12, cette manœuvre commençait, le 13, les têtes de colonnes de la Ire armée, arrivées à 15 kilomètres de Metz, étaient en état d'attaquer de flanc l'armée française, si celle-ci faisait mine de s'opposer aux progrès du prince Frédéric-Charles sur la Moselle ; de même que le prince pouvait se porter au secours de Steinmetz, si nous essayions avec toutes nos forces réunies de l'enfoncer.

Si judicieusement imaginée que soit une pareille combinaison, si minutieusement prévus qu'aient été les divers mouvements destinés à la faire aboutir, il n'en avait pas moins fallu traverser certains moments critiques, moments fugitifs assurément, mais pendant lesquels l'appui mutuel des éléments divers éparpillés sur un assez grand espace et marchant à des objectifs différents, n'avait point été assuré d'une façon complète. Un ennemi aux aguets, cherchant à surveiller son adversaire et à le prendre en défaut, n'aurait pas manqué de tirer parti de ces circonstances favorables, qui, dans les journées des 12, 13 et 14 août, se produisirent à différentes reprises. Le maréchal Bazaine non seulement ne fit rien, mais même ne voulut pas se préoccuper du danger grandissant dont les progrès du prince Frédéric-Charles menaçaient son flanc gauche, et il ne chercha en aucune façon à y parer.

Le 14 au matin, la IIe armée, laissant deux de ses corps sur la rive gauche de la Moselle pour servir de masque et se relier à la Ire, et deux autres un peu plus en arrière, comme soutien, commençait à franchir la Moselle à Pont-à-Mousson ; une division de cavalerie, lancée en avant, allait patrouiller jusqu'à Thiaucourt et Beney. Quant a la Ire armée, elle ne devait pas bouger si nous ne bougions pas nous-mêmes.

Mais voici que vers quatre heures du soir, comme déjà trois des corps d'armée français avaient pris pied sur la rive gauche de la Moselle, un général de brigade prussien qui voyait parfaitement tous nos mouvements, eut l'idée de les interrompre. Interprétant logiquement les instructions de M. de Moltke, bien qu'il n'eût pas absolument qualité pour cela, il fit attaquer celles des troupes françaises qui étaient encore en position, et prévint de son offensive les généraux allemands les plus voisins. Ce général faisait preuve d'une initiative assurément exagérée ; il réussit cependant au delà de ses propres espérances, parce que parfaitement orienté sur la situation générale, tenu au courant, suivant les habitudes allemandes, des conditions stratégiques et tactiques où se trouvait sa propre armée, il agissait conformément à l'esprit, sinon à la lettre des ordres du généralissime, et ne risquait point de compromettre ses projets. Au point de vue strictement hiérarchique, il commettait une faute, assurément, parce qu'il outrepassait ses pouvoirs ; mais cette faute était vénielle, en ce sens qu'elle procédait du seul désir de hâter l'accomplissement de la pensée du chef. Un général qui, comme les nôtres alors, ne connaît rien de ce qui se passe, parce qu'on ne lui en a rien dit, a mains et bras liés ; son initiative peut amener des résultats désastreux et est, par suite, si dangereuse qu'il n'ose point l'engager. Que si, mû par le sentiment irrésistible du devoir militaire et répondant à l'appel du canon, il passe outre et se jette au feu quand même, il risque de compromettre par son intervention intempestive une manœuvre qui, au contraire, commandait l'abstention. C'est ce qui, le 14 août, est arrivé au général de Ladmirault.

Le maréchal n'avait rien dit, rien écrit, rien ordonné, qui indiquât l'urgence de franchir la Moselle ; il n'avait communiqué à personne ce qu'il savait des mouvements de l'ennemi ; il n'avait rien laissé connaître de ses intentions, sinon qu'elles étaient de continuer la retraite, apparemment sans presse, puisque toutes les routes disponibles pour cela n'étaient pas utilisées par lui. Il n'avait pas constitué, à proprement parler, de corps d'arrière-garde, ni pris une seule des dispositions qui s'imposent alors qu'une armée cherche à se dérober. Peut-on s'étonner, en pareille circonstance, que le général de Ladmirault ait considéré comme un devoir étroit de répondre à l'attaque de l'ennemi ? « Il a succombé à la tentation, a écrit un général russe, et le seul résultat qu'il ait obtenu avec *sa marche au canon* a été de perdre un temps précieux.[1] » C'est parfaitement vrai ; mais la faute n'en est pas à lui. Elle incombe tout entière au maréchal qui, en laissant ses lieutenants dans l'ignorance complète de tout ce qui se passait, les condamnait ou à l'inertie, ou à l'erreur ![2]

De fait, l'attaque de la Ire armée, vigoureusement reçue par nos 3e et 4e corps, n'aboutit qu'à une lutte indécise, sans solution tactique ; mais elle eut pour conséquence un nouveau et fâcheux retard dans notre mouvement déjà si ralenti, et permit au prince Frédéric-Charles de hâter le sien. Avec les précautions usuelles, pareille chose ne se serait point produite ; il suffisait d'un corps d'arrière-garde et des canons de Metz pour contenir les troupes avancées du général de Steinmetz, comme il suffisait de *vouloir* franchir la Moselle en temps utile avec le gros des forces, pour gagner sans encombre la route de Verdun. Un chef moins apathique que le maréchal Bazaine eût certainement mené à bien cette opération qui, on peut le dire, n'offrait au moment où

---

1. *De l'initiative des chefs en sous-ordres à la guerre*, par le lieutenant général DE WOYDE, traduit de l'allemand par le capitaine Richert. Paris, Baudoin, 1895, page 30.

2. Voici ce qu'on lit dans les *Instructions* du général Dragomirow. « Si tu as un commandement, tiens tes hommes solidement dans la main, donne des ordres sensés et ne commande pas comme une brute : « En avant! marche! » Commence par dire ce qu'on doit faire, pour que chaque homme sache où et pourquoi il va ; alors, tu pourras commander, toi : « En avant! marche! » *Tout militaire doit comprendre sa manœuvre* ».

elle avait été décidée, que des difficultés d'ordre technique, dont la méthode et la pratique viennent très aisément à bout.

Rezonville, Saint-Privat, Chute de Metz, Sedan — La bataille de Borny n'avait interrompu que partiellement la marche rétrograde de l'armée du Rhin, et celle-ci, entassée sur une seule route, continuait à s'écouler péniblement vers l'ouest. Les corps avançaient à pas de tortue, sans s'éclairer devant eux, sans envoyer sur le flanc gauche de la ligne de marche, où l'on savait cependant que l'ennemi s'était déjà montré, un seul cavalier. Au fur et à mesure de leur arrivée sur le plateau de Gravelotte, ils s'établissaient au bivouac, se croyant suffisamment protégés par quelques escadrons campés, eux aussi, à 500 ou 600 mètres devant eux. D'après les ordres du maréchal, le mouvement devait reprendre le 16, à 4 heures 1/2 du matin. Or, ce jour-là même, l'Empereur, qui avait donné l'ordre impératif de gagner Châlons au plus vite, et insisté à plusieurs reprises pour son exécution, l'Empereur se décidait à quitter l'armée et partait en voiture dès cinq heures du matin. Aussitôt après son départ, la reprise de la marche était contremandée, et les tentes, déjà abattues, se redressaient partout! C'est que le maréchal commençait à subir cette attraction funeste qui devait le tenir cloué à la place de Metz, et lui arracher toute liberté et toute indépendance. Il se sentait invinciblement séduit, lui, le capitaine ignorant et médiocre, par la sécurité fallacieuse des murailles et la fugace protection des remparts. Et il préférait aux hasards de la campagne, qu'il se reconnaissait impuissant à maîtriser, la quiétude énervante des longs blocus, qui, du moins, lui assurait l'existence. Il entendait se terrer là, comme dans une tannière, et attendre, à l'abri de l'imprévu des batailles, que les événements eux-mêmes vinssent lui dicter ses décisions. Le malheureux ne se doutait pas qu'en abdiquant ainsi son libre arbitre, il allait s'en remettre à ces événements eux-mêmes du soin de disposer de son sort, et qu'il condamnait à l'impuissance le magnifique instrument de guerre que la France, trop confiante, lui avait donné pour la sauver !

Pendant ce temps, la II⁰ armée allemande, laissée par nous absolument libre de ses mouvements, avait gagné du terrain sur notre flanc gauche, mais Frédéric-Charles commençait à ne plus voir très clair dans la situation. Évidemment, les Français battaient en retraite sur Verdun, mais par quelles routes et à quelle allure ? S'ils avaient exécuté leur marche dans les conditions normales, ils ne devaient plus avoir, sur la Moselle, le 16, que des arrière-gardes. Par suite, le rôle de la II⁰ armée était, comme l'indiquait M. de Moltke, de les gagner de vitesse et de les attaquer en flanc, pendant que la I⁰ se lancerait à leurs trousses. Or, pour les gagner de vitesse, il était nécessaire de connaître leur position approximative, et l'état-major allemand ignorait absolument celle-ci. Il ne pouvait admettre que nous ayons marché avec assez de lenteur pour n'être encore qu'à hauteur de Gravelotte ; il ne pouvait supposer non plus que si nous n'avions pas dépassé ce point, aucune flanc-garde ne se montrât du côté de Gorze ou de Chambley. Nous croyant donc assez près de Verdun, le prince Frédéric-Charles pensa qu'il lui fallait aller nous couper la route au passage de la Meuse. Mais afin de reconnaître exactement la situation, il donna l'ordre à deux divisions de cavalerie, soutenues par les III⁰ et X⁰ corps, d'aller tâter la route de Verdun. Ces forces allaient donc se trouver seules en présence de l'armée du Rhin presque tout entière, sans espoir d'être secourues à temps. Elles devaient être écrasées et refoulées en désordre sur les autres corps de la II⁰ armée acculés à la Moselle. C'était une occasion unique qui surgissait, de prendre une revanche éclatante de nos premiers revers, et de rétablir nos affaires compromises. Le maréchal Bazaine, pour ne pas s'éloigner de Metz, n'en profita point, et refusa la victoire qui s'offrait à lui. Il dirigea cette bataille du 16 août en dépit du bon sens et de la raison. Au lieu de voir sa ligne de communication là où elle était réellement, c'est-à-dire du côté de Verdun, il n'eut de préoccupation que pour sa gauche, qui ne craignait rien, d'inquiétude que pour sa liaison avec Metz, qui n'était point menacée et dont il n'avait pas à se préoccuper s'il tenait vraiment à joindre Mac-Mahon. Il accumula ses réserves autour de Gravelotte, où elles n'avaient que faire, et ne donna pas un homme au maréchal Canrobert ni au général de Ladmirault, pour les aider à bousculer l'aile gauche allemande épuisée. Il pouvait, s'il l'avait voulu, enfoncer vers trois heures et demie le IIIᵉ corps prussien, arrivé à l'extrême limite de la résistance, désespérément cramponné au bois de Tronville, et obligé de demander à la brigade Bredow un sacrifice inutile. Il pouvait bousculer les têtes de colonnes du Xᵉ corps, accourues sur le champ de bataille par une marche de plus de 40 kilomètres, et visiblement à bout d'haleine. Il ne le voulut pas ; ordre fut donné partout de garder strictement la défensive, de ne point foncer de l'avant, et de se borner à conserver les positions que l'on occupait.

« Durant près de cinq heures, le IIIᵉ corps prussien, auquel le général d'Alvensleben avait communiqué son âpre énergie, était demeuré inébranlable ; seul d'abord, il avait soutenu le combat contre des forces bien supérieures aux siennes. Pendant ce temps, il eût pu être écrasé, anéanti avant d'avoir reçu des secours, les historiens allemands en conviennent. Ils admettent aussi qu'il eût été possible de se porter ensuite sur les têtes de colonnes du IXᵉ corps, puis sur celles du Xᵉ qui était tout à fait isolé. Il eût fallu pour cela prendre résolument l'offensive, notamment à l'aile droite. En agissant ainsi, le maréchal Bazaine eût certainement réduit ses adversaires à l'impuissance pour quelques jours, et sa retraite se fût opérée sans difficultés sérieuses... L'hésitation que montra pendant tout le jour, au point de vue de la direction d'ensemble, le commandant en chef, qui ne songeait qu'aux dangers imaginaires que pouvait courir sa gauche, se communiqua peu à peu à ses lieutenants même les plus énergiques ; ils s'exagérèrent les forces de leurs adversaires, et, désorientés par une offensive sans cesse renouvelée, ils en vinrent peu à peu à se résigner à une défensive qui ne pouvait donner une victoire véritable. Si l'armée française, qui avait pour elle la supériorité du nombre, il convient de ne pas l'oublier, repoussa toutes les attaques dirigées contre elle, elle ne dépassa point ses positions et son adversaire conserva les siennes. Qu'importe d'ailleurs une victoire sans lendemain ? Or, c'est pour l'ennemi que ce lendemain a existé[1] ! »

1. Général CANONGE, *Histoire militaire contemporaine*, tome II, page 124.

Qu'on ne s'y trompe pas ; ces dates des 16 et 17 août sont fatidiques, parce que c'est à elles que remonte bien véritablement l'origine du désastre définitif. La faute commise en ces jours-là a été irréparable, et par elle ont disparu nos derniers espoirs de succès. La séparation entre les deux masses de forces françaises s'est faite irrévocable, et l'armée a perdu l'homogénéité qui constituait sa seule force, tandis que l'ennemi échappait à une défaite grave, qui devait entraîner pour lui le recul général. Que le maréchal Bazaine se soit trompé à Rezonville, on le comprendrait encore. Qu'il n'ait pas senti la nécessité impérieuse de se conserver à tout prix la route de Verdun, on pourrait l'expliquer peut-être par les idées fausses que beaucoup se faisaient alors sur le rôle des places fortes et le mérite protecteur des camps retranchés. Mais que le 17, en présence d'un adversaire à bout de forces, très notablement inférieur en nombre, posté dans la situation la plus périlleuse qui soit, et abandonné à lui-même pour de longues heures encore, il n'ait pas compris que cet adversaire était une proie facile, sur laquelle il fallait se jeter sans hésitation ni répit, voilà qui échappe à toute analyse. Ce n'est plus faire la guerre que manœuvrer de cette sorte et une abstention aussi extraordinaire ne peut trouver d'excuse ni dans des considérations d'ordre militaire, ni même dans la médiocrité professionnelle du commandant en chef. C'est ailleurs qu'il faut en chercher les raisons, dans le parti-pris manifeste de se dérober aux dangers de la lutte en rase campagne, afin de réserver l'intégrité de son prestige et de ses forces pour l'accomplissement de projets mystérieux.

Si une nouvelle bataille s'était engagée le 17 à la pointe du jour, les forces allemandes accrochées à la crête des plateaux de Vionville et de Gorze eussent été certainement rejetées en désordre dans les ravins hérissés d'obstacles auxquels elles tournaient le dos; l'armée française, dont une partie d'ailleurs n'avait pas encore été engagée, avait montré la veille assez d'ardeur et de bravoure pour qu'il ne puisse y avoir à cet égard aucun doute. Les corps appelés en hâte de la

Moselle par le prince Frédéric-Charles, et qui s'écoulaient à travers les défilés débouchant sur le plateau, eussent été fatalement entraînés dans la déroute, et la II° armée était condamnée à repasser la rivière, dans les conditions les plus déplorables et les plus dangereuses pour le maintien de sa cohésion. Qui peut dire, après un échec aussi considérable éprouvé par une des trois masses ennemies, ce qui serait advenu des deux autres? En tous cas, la poursuite du plan d'opérations offensif de M. de Moltke se serait trouvée brutalement interrompue; c'était un répit assuré à nos armées, avec la faculté pour elles de se ressaisir, de se joindre, de faire tête à nouveau, avec plus de confiance cette fois, et l'espoir de voir mettre à profit une expérience due aux leçons si chèrement payées du début. C'était le salut peut-être, et à coup sûr un éclatant succès.

Le maréchal Bazaine a-t-il fourni quelques explications de sa conduite? Aucune, si ce n'est des prétextes dont beaucoup sont mensongers. Ni la pénurie des vivres, ni celle des munitions dont il arguait pour justifier sa reculade, n'existaient réellement. D'ailleurs, si réellement les vivres eussent été rares, il n'aurait eu à s'en plaindre qu'à lui. N'avait-il pas, dans le désarroi produit par son ordre de mouvement inexplicable, prescrit le licenciement du convoi auxiliaire de l'armée? Ne faisait-il pas, le 17 même, brûler près de Gravelotte une énorme quantité de denrées et de rations? Au fond, il ne voulait qu'une chose, rentrer à Metz; mais cette chose, il la voulait bien. Il la voulait même au prix d'une défaite, car le lendemain il devait se laisser battre, de son plein gré, plutôt que de briser, par un coup de vigueur, le fatal aimant qui le clouait à des murailles! Et c'est ainsi que la France allait perdre sa plus belle armée, une des plus redoutables qui aient jamais paru sur les champs de bataille, la seule qui fût capable de sauvegarder son intégrité.

Il n'était même plus question pour le maréchal de profiter des routes encore libres menant à Châlons (celle de Briey l'était complètement), ni de poursuivre le mouvement qu'il avait reçu l'ordre d'exécuter vers l'ouest. Il s'agissait uniquement de mettre au plus vite assez d'espace entre les deux adversaires pour qu'une rencontre immédiate devînt impossible. Ce résultat fut atteint dans la journée même, à la grande surprise de l'ennemi, qui ne comptait guère sur une pareille aubaine, au désappointement bien plus grand des soldats français qui ne s'expliquaient pas l'abandon volontaire d'un terrain vaillamment et victorieusement disputé par eux, terrain sur lequel gisaient tant des leurs, laissés là sans vergogne. Le 17 au soir, l'armée du Rhin, après avoir opéré un demi-tour complet, s'établissait à l'ouest de Metz, sur une ligne de hauteurs orientées en sens inverse de sa marche stratégique, et faisant face au territoire qu'elle aurait dû couvrir. C'était la réédition de la manœuvre de Dumouriez en 1792, mais sans les bonnes raisons qui avaient dicté celle-ci.

Cependant les Allemands, revenus de leur surprise et remis de leurs justes inquiétudes, se préoccupaient de grouper leurs différents corps encore assez éparpillés, afin de tenter un effort décisif avec tous leurs moyens réunis. Ils consacrèrent la journée du 17 à cette concentration préalable, puis le 18, de très grand matin, la II° armée se mit en mouvement pour venir nous attaquer, soit sur la route de Briey, si nous y étions engagés, soit sur nos positions, si nous y restions. La manœuvre était délicate, parce qu'il fallait défiler devant les corps français et à portée de leur canon. Elle fut parfaitement vue, mais le maréchal ne donnant aucun ordre et n'étant point d'ailleurs avec ses troupes, personne ne prit sur soi de l'entraver ; comme, d'autre part, nous n'avions à proprement parler ni avant-postes, ni postes avancés, elle put s'exécuter sans être gênée en quoi que ce soit. Puis, vers onze heures trois quarts du matin, la bataille s'engagea, prématurément au gré du prince Frédéric-Charles, et avant que l'ennemi, qui ignorait absolument la position exacte de notre droite, ait achevé le grand mouvement de conversion qui devait l'amener face à nos lignes, dont il n'avait pu encore déterminer que l'orientation générale.

Les Français venaient donc de manquer encore une occasion de prendre l'offensive, et d'attaquer un adversaire en flagrant délit de manœuvre. Ils allaient de même, hélas ! laisser passer toutes celles que la combinaison assez hasardeuse de M. de Moltke devait, dans cette journée même, leur offrir de sortir de leur passivité. A proprement parler, cette sanglante bataille de Saint-Privat n'a été, de notre part, qu'une défense sur place, une résistance vigoureuse, il est vrai, acharnée même, mais inerte, contre des assauts indéfiniment répétés ; sa caractéristique, du côté français, est l'absence complète de mouvement et de manœuvre, la monotonie des épisodes et le combat de pied ferme, si contraire à l'essence même de la guerre de campagne. On eût dit nos troupes frappées d'immobilité, ces troupes dont la furie dans l'attaque avaient si longtemps constitué le principal élément de victoire. On eût dit d'une immense arrière-garde cherchant à tout prix à couvrir sa ligne de retraite, plutôt que d'une armée obligée de rouvrir ses communications. Etait-ce donc impuissance, lassitude, dégénérescence morale ou bien insuffisance de moyens ? Non. Cette attitude si peu conforme au tempérament français, cette espèce d'atonie qui paralysait l'ardeur des uns, la hardiesse des autres, c'est le commandement suprême qui seul en était responsable, lui seul qui d'un mot, aurait pu tout changer. Malheureusement il n'y songeait guère, comme chacun sait.

Le maréchal Bazaine n'a pas assisté à cette bataille, et s'est tenu, pendant la journée tout entière, dans un château situé à distance respectueuse du champ de carnage où plus de 30,000 hommes devaient tomber. Point par lâcheté, assurément, mais par apathie et peut-être aussi par calcul ; décidé à ne pas quitter Metz, il redoutait un succès qui l'obligerait à porter en avant son armée, et lui ôterait tout prétexte de s'enfermer dans le camp retranché. La résistance passive à des forces supérieures étant le moyen le plus sûr d'obtenir ce qu'il cherchait, il préféra l'adopter. Au surplus il s'était gardé, à son habitude, de renseigner ses lieutenants, si peu que ce fût. Personne, dans l'armée française, ne savait pourquoi on se battait, quel résultat on voulait atteindre, quel but on poursuivait, quel ennemi on avait devant soi. Soldats et officiers n'avaient d'autre guide que le sentiment militaire, qui commande de ne point laisser violer les positions qu'on tient. Ces positions, ils les ont défendues avec un héroïque courage ; ils ne pouvaient faire plus.

Le plan de combat des Allemands, arrêté aussitôt que notre persistance à rester sur place ne fit plus de doute, consistait en ceci : nous fixer sur toute l'étendue du front, avec la Ire armée et une partie de la IIe, puis, avec le reste, déborder notre aile droite, et l'enfoncer. Or, on ignorait où était cette aile droite, et on ne le sut définitivement qu'après des tâtonnements prolongés. Entre temps, la lutte se poursuivait, au milieu de péripéties diverses, mais dans des conditions assez fâcheuses pour l'ennemi, qui livrait, à proprement parler, deux batailles distinctes, l'une vers Gravelotte, avec la Ire armée, l'autre vers Amanvillers et Saint-Privat, avec la Garde et le XIIe corps. Chacun de ces groupes de forces agissait de fait pour son propre compte, à une assez grande distance l'un de l'autre, sans autre liaison que le seul IXe corps. Il semble qu'on aurait pu profiter et de ces tâtonnements, et de cette situation désavantageuse de l'adversaire pour tenter quelque chose. Comme la direction générale manquait, on ne fit rien ; on n'écrasa pas le IXe corps, qu'on pouvait détruire, et on perdit ainsi l'occasion de pratiquer une large trouée dans la ligne de bataille allemande. Le prince Frédéric-Charles put donc poursuivre sa manœuvre et amener finalement contre notre 6e corps des forces trois fois supérieures, qui réussirent à l'enfoncer. Certes, si ce corps d'armée avait pris dans la matinée la précaution de s'éclairer au loin avec sa cavalerie, s'il avait été secouru par les renforts que le maréchal Canrobert réclamait désespérément, le désastre eût pu être évité. Mais nous avions désappris la guerre et nous ne savions plus ni nous renseigner ni nous garder. Quant aux réserves, le commandant en chef les tenait obstinément massées sur sa gauche, et il s'était formellement refusé à les envoyer au secours de Canrobert.

C'est ainsi que la bataille fut perdue pour nous, bien qu'aucune autre de nos positions n'ait pu être entamée, bien que devant notre gauche, la Ire armée allemande ait éprouvé le plus sanglant échec. Jusqu'à une heure avancée de la nuit, le roi et le grand état-major, qui se trouvaient au milieu de cette armée, crurent la bataille perdue, ce qui prouve bien à quel point la cohésion des attaques ennemies avait été précaire, et quels avantages nous aurions pu recueillir de ce fait. En somme, le succès final était dû à ceci, que l'armée française avait cherché uniquement à se défendre par son feu, non à réduire son adversaire à l'impuissance par une alternative de combats sur place et de mouvements offensifs. Encore une fois, c'était la manœuvre qui triomphait de la fixité, l'activité de l'inertie. Le fait brutal venait de nouveau démontrer cette vérité éternelle, que, quelle que soit la valeur d'une position, il n'est pas de victoire possible pour qui s'y tient dans l'immobilité.

A comparer cependant le chiffre des forces en présence dans cette journée mémorable, on pourrait croire que l'énorme supériorité numérique de l'ennemi devait suffire à frapper de stérilité nos efforts. Assurément le fait de disposer de 284,000 hommes contre 150,000 et de 726 pièces contre 446 de qualité très inférieure constitue à lui tout seul un puissant élément de succès. Mais, outre qu'il entre précisément dans la mission d'un général en chef de s'opposer par tous les moyens en son pouvoir à la concentration des forces adverses, et que Bazaine n'avait absolument rien tenté pour entraver celle-ci, il résulte de l'étude serrée des événements eux-mêmes que, dans la circonstance présente, le nombre n'a pas été le facteur principal du triomphe des armes allemandes. Ce n'est point parce que nous étions numériquement les plus faibles que nous avons laissé se poursuivre sans encombre la manœuvre des ennemis, que nous n'avons pas tiré parti de l'échec de la Ire armée, ni de celui, plus sanglant encore, de la

Garde prussienne, et que nous n'avons pas essayé de percer le centre allemand. Ce n'est pas le manque d'hommes qui a empêché Bazaine de soutenir le corps Canrobert posté au point le plus important du champ de bataille, ni de faire dessiner de ce côté une vigoureuse contre-attaque après le premier assaut repoussé ; il disposait pour cela de la Garde tout entière, 25,000 soldats, et des meilleurs, sans compter une masse énorme de cavalerie, dont un seul régiment a été engagé, et encore un instant. Quant à la puissance incontestable de l'artillerie ennemie, ce n'était assurément pas par une impassible soumission à ses coups répétés qu'on pouvait la déjouer, mais bien plutôt par une mobilité constante, par des attaques réitérées contre ses pièces et par l'essaimage de nuées de tirailleurs lancées sans cesse contre les canons en position. A cette époque, une batterie dont l'infanterie s'était approchée à moins de 1,000 mètres, ne pouvait plus tenir. Où et quand a-t-on envoyé en avant une seule compagnie, pour se débarrasser des batteries dont le tir devenait gênant ? On laissait au contraire l'ennemi régler tranquillement son tir, à l'abri de nos obus qui ne l'atteignaient guère, et nos lignes recevaient stoïquement des projectiles qu'elles auraient pu éviter en se déplaçant quelque peu ! Est-ce là faire la guerre, et la bravoure, même la plus admirable, peut-elle suppléer à tant de négligence et de manque d'instruction ?

Ainsi donc, il faut admettre que la défaite a été due à deux causes, et à deux causes uniquement. D'une part, le mépris des précautions élémentaires que la guerre commande, que les règlements prescrivent, mais que des succès trop faciles avaient fait oublier, et que l'éducation militaire, mal comprise dans notre armée, avait laissées tomber dans l'oubli. D'autre part, et d'une façon plus immédiate, l'effacement du commandement supérieur, dont la prodigieuse insuffisance s'est à la fin compliquée de duplicité. Tous les autres prétextes qu'on a donnés pour expliquer nos premiers revers peuvent avoir quelque portée sans doute, mais restent, au fond, des prétextes. La valeur intrinsèque de nos troupes composées de soldats admirables et d'officiers dévoués, suffisait, malgré l'état trop précaire des institutions militaires, à assurer la résistance, et même à obtenir des succès décisifs, car ni la méthode remarquable de l'état-major allemand, ni sa connaissance approfondie de la guerre, ni l'art consommé qu'il possédait de manier les masses les plus lourdes, ne l'ont prémuni contre certaines erreurs ou certaines fautes qu'un adversaire adroit n'eût pas manqué de lui faire payer cher. Trois fois nous avons dédaigné la victoire : à Spicheren, à Rezonville, à Saint-Privat. Trois fois nous avons laissé l'ennemi opérer devant nous, sans inquiétude, une concentration qui lui donnait la supériorité numérique, et manœuvrer comme il l'entendait. Nous nous sommes contentés de résister à ses attaques, sans jamais l'attaquer à notre tour quand, sa cohésion étant déjà presque rompue par une série d'assauts infructueux, le moment était venu pour nous de passer à l'offensive. Grâce à cette tactique vicieuse, ou plutôt à cette absence de tactique, grâce à une insouciance prodigieuse qui nous faisait négliger les précautions les plus simples, nous lui avons constamment abandonné l'initiative des opérations, et la faculté de les conduire à son gré. Agir ainsi, c'était abdiquer toute liberté, toute indépendance de manœuvres, et se soumettre passivement à l'adversaire qui, laissé libre d'amener du renfort, finissait toujours par enlever à coups d'hommes un coin de la position et par y pénétrer. La question ainsi envisagée, le nombre n'est plus qu'un facteur qui se combine à beaucoup d'autres, assurément plus importants.

On a reproché à nos généraux de manquer d'esprit d'initiative ; la vérité est qu'ils n'en ont donné que des preuves excessivement rares. Mais eussent-ils possédé cette qualité à un degré plus éminent encore que les chefs de l'armée allemande, qu'il leur eût été impossible de l'exercer, nous savons pourquoi. On a dit que notre artillerie était insuffisante ; c'est vrai. Mais, sauf à Frœschwiller, cette condition d'infériorité n'a pesé que fort peu sur le résultat final ; à Rezonville même, elle n'a pas existé. Au surplus, on semble oublier que notre fusil valait beaucoup plus que le fusil allemand. Par contre, la cavalerie française ne servait à autre chose qu'à se sacrifier inutilement; mais pourquoi, sinon parce que le haut commandement ne savait pas l'employer? En somme, pendant toute cette partie de la campagne, la guerre de notre côté n'a point été conduite; la bravoure admirable de nos vieux soldats a été gaspillée en pure perte, dans des batailles de rencontre livrées sans direction et sans but. Cette première phase se déroule dans des conditions de désordre et d'inconséquence telles que les principes les plus vulgaires de la stratégie et de la tactique y sont foulés aux pieds comme à plaisir. C'est le règne pur du hasard. La plus belle armée de la France, la seule qui, par sa composition et la valeur de ses éléments constitutifs eût pu tenir tête aux bataillons épais de l'ennemi, est si mal utilisée qu'elle est écrasée par morceaux. Après des revers sanglants, dont elle ne saurait porter la responsabilité, elle parvient à se grouper enfin, mais c'est pour voir mettre à sa tête un homme qui, préférant à la victoire la poursuite d'on ne sait quelles ténébreuses aventures, la frappe d'immobilité et conséquemment d'impuissance, par son apathie délibérée. Pense-t-on que si elle avait été plus nombreuse et mieux outillée, les choses se seraient passées autrement? Pense-t-on que le commandement, éperdu, désorienté, inhabile ou coupable, en eût pris une conception plus juste des méthodes de guerre nécessaires, une intuition plus rationnelle de la stratégie qui s'imposait? Il n'en eût été que plus embarrassé peut-être! Mais il est douteux qu'il ait mieux réussi à mouvoir ses forces par masses, à opposer aux manœuvres ennemies des manœuvres appropriées, à s'éclairer plus complètement, à inculquer à Bazaine l'esprit de devoir, à d'autres le sentiment incoercible de la solidarité des armes. Il eût montré probablement, à ces points de vue divers, la même infériorité, parce que depuis trop longtemps il avait laissé la valeur du soldat se substituer à la sienne propre, et abandonné à la troupe, qui ne doit être qu'un instrument, la charge de le suppléer partout et toujours. Tant que nous n'avons eu affaire qu'à des adversaires faciles, comme les Autrichiens en 1859, ou condamnés à la défensive pure, comme les Russes à Sébastopol, le soldat français, qui est le premier du monde, a triomphé par sa seule vigueur. Mais quand, en face de nos bataillons livrés à eux-mêmes, se sont présentées des masses manœuvrières, mobiles, bien instruites, auxquelles des états-majors rompus à la science de la guerre imprimaient une direction raisonnée et des mouvements presque machinés, alors notre pauvre soldat s'est trouvé désorienté. Constamment assailli, lui qui avait pour habitude d'assaillir, constamment surpris dans sa quiétude qu'il était en droit de croire assurée, aux prises avec un adversaire qui, bénéficiant maintenant de son instruction perfectionnée et de son remarquable dressage, savait se servir du terrain, utiliser les couverts, profiter des abris, pratiquer à la fois l'économie des forces et le jeu régulier des renforts, il a eu la sensation de son insuffisance et tourné vers ses chefs un regard chargé d'inquiétude, comme pour implorer le secours de leur expérience et l'appui d'une direction plus efficace. Les chefs n'ont répondu que par le silence, parce qu'ils *ne savaient plus*. Alors le soldat a offert à l'ennemi sa poitrine, et, désespéré de son impuissance, il est mort là même où on lui avait ordonné de rester.

Ainsi, la cause efficiente de la défaite est et sera toujours l'inertie, qui frappe d'incapacité les armées les meilleures, de même que le secret de la victoire réside avant tout dans l'action, qui anime et vivifie l'instrument de guerre, fût-il imparfait. Avec une poignée de soldats dépenaillés, sans souliers et en haillons, Bonaparte a bousculé en 1796 les vieilles bandes du Saint-Empire ; avec quelques milliers de soldats aguerris, il a failli briser en 1814 les forces immenses de l'Europe coalisée, malgré leurs moyens d'action formidables. Est-ce uniquement parce qu'il avait du génie ? Assurément, la plupart de ses conceptions sont admirables, et telles que, seul, son puissant cerveau pouvait les enfanter. Mais, pour les développer, quelle activité, quel mouvement, quelle décision ? Avec quelle rapidité il exécute sa pensée, avec quelle soudaineté il bondit sur ses adversaires, courant de l'un à l'autre, profitant de toutes les fautes, semblant être partout à la fois et frappant les coups les plus inattendus. « Ce diable d'homme fait la guerre avec nos jambes », disaient les grognards, qui ne voyaient dans la manœuvre que l'activité qu'elle leur imposait. En fatiguant les jambes, le grand capitaine épargnait bien souvent les vies, parce qu'il obtenait par le seul mouvement ce qu'avec moins de rapidité il lui eût fallu demander à la force. C'est que la guerre est la manifestation la plus grandiose et la plus complète à la fois de l'activité humaine. *Agere bellum*, disaient les Romains dans leur langue expressive et concrète, où les mots ont le relief de l'image. « La victoire est aux armées qui manœuvrent », a dit de son côté Napoléon. Ainsi, partout et toujours, c'est l'action, le mouvement, la manœuvre, qui, aux yeux des maîtres de l'art de la guerre, symbolisent et résument le secret même de leur puissance et de leurs succès.

En tête d'un livre admirable, d'où a jailli la rénovation des idées militaires en France, sont évoquées deux pages d'histoire, dont le rapprochement saisissant constitue, sans qu'il soit besoin de commentaires, la plus impérieuse des leçons :

« Si l'on s'élève par la pensée au-dessus d'un théâtre d'opérations, vallée de la Saale en 1806, ou vallées de l'Aisne et de la Meuse en 1870, a écrit M. le général Maillard[1], on voit deux armées, dont l'une, douée de mobilité, avance sûrement et en ordre, franchissant de grandes distances, et utilisant, pour reposer et pour vivre, toutes les ressources de la contrée qu'elle traverse. Rien ne manque à ses soldats, qui, pleins de confiance dans le chef qui les dirige, marchent d'un pas vif et alerte.

« L'autre armée présente de longues colonnes dont les mouvements sont gênés par les convois qui embarrassent les routes ; des changements de direction indiquent l'indécision du commandement ou la pression de l'ennemi ; la marche se poursuit la journée entière, quelquefois la nuit, et cependant, on fait peu de chemin ; les fatigues et les privations sont extrêmes ; tous les liens se relâchent ; la confiance disparaît avec la discipline.

---

1. *Éléments de la guerre*, 1re partie, page 1.

« *Le résultat, c'est Iéna et Sedan.*

« Rien ne démontre mieux la valeur des marches que l'étude de ces deux campagnes ; elle met en lumière, de la façon la plus éclatante, cette vérité que l'aptitude à la guerre n'est autre que l'aptitude au mouvement. Toute armée lente et lourde est frappée d'impuissance ; tôt ou tard, elle est à la merci de l'armée adverse plus mobile et plus active.

L'armée de Metz n'était point lente ; elle n'était lourde que parce qu'on ne savait pas la manœuvrer. Elle possédait à un degré au moins égal, sinon supérieur à son adversaire, tous les éléments de la mobilité et de l'activité. Elle était douée d'une force de résistance peu commune, d'une solidité à toute épreuve, d'une ardeur qui se reflétait sur les faces énergiques de ses vieux soldats. Des qualités si rares suppléaient, dans une mesure suffisamment large, à ce qui pouvait lui manquer en nombre, en perfection de dressage, en puissance de matériel. Elle était donc capable de vaincre. Il ne lui fallait pour cela qu'un chef ayant le sentiment de la guerre, et résolu à chercher, dans une lutte énergiquement conduite, la destruction de l'ennemi ; un chef qui fût le coordinateur éclairé de ses efforts, le dispensateur de sa bravoure, et ne l'immobilisât pas, de propos délibéré, dans une défensive passive et résignée. Ce chef se serait probablement trouvé, avec quelque réflexion et quelques recherches. Il a fallu, pour notre malheur, que les passions politiques intervinssent mal à propos dans une question si grave, et que l'opposition parlementaire, déjà si fatale à l'armée, imposât au choix du souverain, dans le seul désir de lui faire pièce, l'homme peut-être le moins qualifié pour une charge si lourde. À quoi tiennent cependant les destinées du monde ? Quel changement dans l'état actuel de l'Europe, si la victoire de Rezonville avait été ce qu'elle pouvait être ! La guerre était sinon terminée du coup, du moins engagée dans une voie toute différente, et l'invasion momentanément arrêtée. Une armée de profession, même très réduite, suffisant à endiguer ainsi le flot d'une nation armée, c'était le triomphe de la valeur sur le nombre, la glorification des régiments de vieux soldats et la condamnation de ces théories périlleuses de service universel, qui, lorsqu'elles sont poussées jusqu'à l'outrance, ne tendent à rien moins qu'à substituer à des masses résistantes et maniables, la foule incohérente de légions inexpérimentées. Au lieu de se ruiner dans des armements insensés, les peuples se seraient bornés à entretenir une armée solide, vigoureuse, mais restreinte, comme cela se passait autrefois, et n'auraient cherché la suprématie que dans la pénétration plus intime des secrets de la guerre. Une bonne partie des milliards dépensés depuis vingt ans dans la paix armée aurait servi à féconder le commerce, à développer l'industrie et à soutenir l'activité humaine. La France eût conservé ses frontières, et l'Europe, armée jusqu'aux dents, ne végéterait point dans cet état de marasme constant qui la mine sourdement, lentement, mais sûrement. Sont-ce là des utopies et des rêves creux ? Hélas ! Il suffisait peut-être que l'armée du Rhin eût à sa tête un autre homme que Bazaine pour qu'ils devinssent une réalité !

Est-il bien nécessaire maintenant de revenir sur les tristes choses que tout le monde connaît ; de rappeler les honteux souvenirs du blocus de Metz, les négociations louches et la fourberie de Bazaine, trompant sciemment l'Empereur et Mac-Mahon, et causant indirectement ainsi la catastrophe de Sedan ? Est-il encore besoin de preuves nouvelles pour se convaincre que ce qui a manqué surtout et avant tout à nos troupes héroïques, c'est le commandement, c'est une direction exempte de toute préoccupation étrangère à la guerre, c'est le but stratégique nettement et logiquement poursuivi ? Si ces preuves étaient nécessaires, la douloureuse odyssée de l'armée de Châlons serait encore là pour les fournir.

Avec le reste des forces françaises disponibles, on avait formé à la hâte une nouvelle armée, moins homogène à la vérité et moins solide que la première, mais contenant encore des principes de force et des éléments de solidité. Elle fut si imprudemment lancée dans une aventure pleine de dangers, si délibérément

ARMÉE ALLEMANDE. — Hussards de la garde.

condamnée à fournir, pour remplir sa mission de dévouement, des efforts au-dessus de ses moyens, si aveuglément poussée vers l'abîme, qu'elle erra pendant sept jours pour ainsi dire à l'aventure, ballottée dans tous les sens, opérant la marche la plus indécise, partant la plus lente et la moins protégée, et que, finalement, elle alla périr misérablement dans un traquenard, sans avoir pu se relier, même virtuellement, à ceux pour qui elle se sacrifiait. En vain, le soldat loyal qui la commandait avait-il fait entendre des objections absolument fondées ; en vain avait-il montré une invincible répugnance pour ce mouvement excentrique, dont la réussite pouvait paraître problématique même avec des troupes meilleures et des moyens beaucoup plus complets ; en vain avait-il pris sur lui de contremander par deux fois la marche déjà entamée. Rien n'avait pu triompher de la raison politique et des considérations dynastiques qui faisaient abandonner par le ministre de la guerre le seul plan rationnel, logique, inattaquable, celui de couvrir la capitale en manœuvrant contre les armées qui la menaçaient ! Assurément, la marche de l'armée de Châlons vers la Meuse, envisagée en elle-même, constitue une des plus lamentables opérations de guerre qui se puisse voir ; le désordre, le désarroi et le défaut de réglementation y ont atteint des proportions jusqu'alors inconnues ; on ne s'est gardé ni en avant, ni sur le flanc dangereux. On n'a point utilisé une nombreuse cavalerie, qui est restée constamment collée aux colonnes ; on a si peu cherché à se garantir contre l'imprévu, que le moindre incident a toujours suscité des conséquences inattendues et graves. Bref, on s'est avancé vers un objectif assez mal défini, dans des conditions auxquelles les règles ordinaires de la stratégie sont demeurées étrangères complètement. Mais il ne saurait guère en être autrement, quand le commandement, tiraillé entre des appels impératifs, auxquels il ne croit pas pouvoir se dérober sans faillir au devoir militaire, et le sentiment de sa propre impuissance, a perdu à la fois confiance et décision.

En butte à des difficultés sans cesse renaissantes, hésitant et perplexe, il abdique peu à peu son rôle indispensable d'inspirateur et de régulateur des forces ; il perd de vue l'ensemble pour ne plus songer qu'aux inquiétudes dont il est assailli ; il laisse la cohésion s'émietter et l'unité se dissoudre. A côté de lui, les états-majors désorientés s'épuisent en ordres confus, auxquels succèdent fatalement autant de contre-ordres ; au-dessous, les chefs d'unité finissent par ne plus savoir ce qu'on attend d'eux, et traînant à leur suite des troupes harassées, affamées, grondeuses, se résignent à l'impassibilité pour ne pas provoquer l'indiscipline. On ne se garde plus, parce qu'on ne sait pas où est le danger, ou plutôt parce qu'il est partout ; on n'avance guère, parce que toute réglementation de la marche est devenue impossible ; on ne vit plus que dans un perpétuel cauchemar, avec devant soi, le fantôme de la défaite, s'agitant à travers les hallucinations de la faim ! Telle a bien été la caractéristique de cette opération funeste, à laquelle ont manqué deux facteurs indispensables, un homme de fer pour la conduire et une armée de légionnaires pour l'accomplir. C'était assez cependant, d'avoir à enregistrer le fait dans sa triste réalité, sans assombrir encore, sous couleur d'imagination, un tableau déjà si noir, et imprimer à cette montée au calvaire une hideur de débâcle. Car, voir uniquement dans la défaite la défaillance irrémédiable des corps, l'anéantissement des âmes, l'effondrement des courages dans le pur instinct animal, c'est commettre une erreur doublée d'un déni de justice ; c'est remplacer la philosophie afférente à l'histoire par on ne sait quelle matérialité trompeuse, qui supprime les causes efficientes et déplace les responsabilités. Ceux qui subissent la déroute ne sont pas toujours ceux qui l'ont provoquée, et parce que des troupes, désagrégées par une longue suite de souffrances ou de revers, semblent avoir perdu la confiance et l'espoir, elles peuvent n'en conserver pas moins, dans leur ensemble, l'esprit de sacrifice. L'armée de Châlons en est le témoignage vivant. Ni sa marche en troupeau, ni la déplorable surprise de Beaumont, ni l'entassement inexcusable dans le gouffre de

Sedan, toutes choses qui procédaient d'un faisceau cohérent de fautes et d'erreurs, ne l'ont empêchée de se défendre avec bravoure, sinon avec foi. Les soldats de Bazeilles, ceux du plateau de l'Algérie, les cavaliers de Cazal et de Floing ont marché à la mort assez stoïquement pour que leur mémoire ait droit au respect; et si de pauvres diables, physiquement et moralement épuisés, ont oublié un instant ce qu'ils devaient au drapeau et à eux-mêmes, leur défaillance ne saurait rejaillir sur une armée qui a succombé en faisant son devoir. Le roman, qui s'empare d'un épisode historique, n'est évidemment pas tenu à en retracer l'image exacte et fidèle; du moins souhaiterait-on qu'il n'en dénaturât point le caractère, quand il y va de sentiments aussi intangibles que l'honneur militaire et le dévouement au pays.

Le siège de Paris. La guerre en province. — Après Sedan, la partie était à peu près complètement perdue, et il ne restait plus grand espoir de repousser l'invasion. La France, cependant, ne voulut pas périr sans montrer au monde de quoi elle était capable, et elle improvisa une résistance qui a racheté son honneur. Malheureusement, l'esprit de révolte qui fermentait depuis longtemps déjà, secoua tout à coup les fragiles barrières qui le maîtrisaient encore, et réveillant brusquement les plus tristes passions populaires, déchaîna le fléau de la licence, juste au moment où l'autorité devenait le plus nécessaire. Une révolution coupable, accomplie devant l'ennemi, brisa d'un coup le mécanisme gouvernemental. Il n'y eut plus ni institutions, ni personnel pour les représenter. Dans le gâchis qui s'en suivit, il fallut tout improviser, puisqu'il n'existait plus rien, et tandis que des hommes, inhabiles à tout autre chose qu'à la parole, prenaient le pouvoir sans mandat, ceux dont le devoir, en un pareil moment, eût été de le défendre et de le consolider, disparaissaient honteusement, sans presque protester contre un coup de force qui outrageait à la fois le droit, le patriotisme et le bon sens. Ce fut alors, en haut, le règne de la médiocrité et de l'utopie, en bas, celui du désordre. A Paris, où le gouvernement nouveau avait commis la faute immense de s'enfermer, on immobilisa près de 600,000 hommes, dont au moins 100,000 de troupes relativement bonnes; on n'utilisa qu'imparfaitement les éléments dont on disposait; on laissa la garde nationale faire de la politique et des émeutes, la garde mobile se désagréger peu à peu, la plupart des corps francs parader sans combattre, la presse et les clubs fomenter la défiance et la suspicion. On résista au jour le jour, en suivant passivement les fluctuations de l'opinion publique, guidée par quelques meneurs sans qualité. On n'adopta aucune tactique, aucun plan de défense raisonné; on mena la lutte à peu près au hasard, et quand on essaya de forcer les lignes ennemies, ce fut en se lançant, sans préparation suffisante, contre des défenses formidables devant lesquelles on vint naturellement se briser. Enfin, après avoir gaspillé les vivres, on en arriva à mourir de faim. C'est que l'autorité du gouvernement, nulle en matière politique, ne possédait, en matière militaire, ni unité, ni fermeté, ni décision. Ici encore, il a manqué une direction supérieure, un chef militaire ayant une volonté, et sachant se faire obéir. Même en tenant compte des difficultés résultant de la situation spéciale, unique même, de cette cité de deux millions d'âmes, où, par une aberration inhérente à son état révolutionnaire, il était plus souvent question de droits que de devoirs, on aurait pu, ce semble, faire payer plus cher à l'ennemi la conquête de la capitale française. La prise de Sébastopol nous a coûté, à nous, autrement de sang et d'efforts. C'est qu'il y avait à Sébastopol un général convaincu de ces vérités : que, dans une place assiégée, le commandement militaire est seul responsable et doit être seul agissant; que la lutte doit s'inspirer de certains principes absolus et immuables, et non modifier son caractère au fur et à mesure des événements; enfin, qu'il n'est point d'intérêts, ni généraux ni privés, qui soient supérieurs à celui de la défense, et susceptibles d'en faire fléchir la rigueur. Ces vérités, il ne paraît pas que le gouvernement du 4 Septembre en ait été suffisamment imprégné, ni même qu'il les ait soupçonnées ; ce qui est d'ailleurs explicable quand on connaît ses origines et ses antécédents. Il est infiniment regrettable toutefois, que le commandement lui-même n'en ait pas saisi toute l'importance, car il avait entre les mains les moyens, sinon de sauver Paris, du moins d'exiger de l'ennemi une somme infiniment plus considérable de sacrifices et d'efforts.

Ne sachant trop comment diriger la défense, ni par quels moyens gêner le plus son adversaire, il en était venu à l'idée obsédante d'une percée opérée sur un point jugé favorable, et grâce à laquelle une partie des forces accumulées sous les murailles de la place se serait écoulée pour aller rejoindre celles de province. Ceci étant, on peut se demander tout d'abord pourquoi il avait laissé bloquer tant de monde, et pourquoi il n'avait pas profité du temps où les avenues de la capitale étaient encore libres pour faire filer les 100,000 hommes dont la présence ne lui semblait pas utile à Paris. Il y avait là contradiction flagrante, ou bien manœuvre inutile et coûteuse. Assurément, l'idée de ne considérer Paris que comme une simple place forte, plus importante que les autres, mais ne portant pas à elle seule la fortune de la France, était infiniment plus juste que celle à laquelle avait cédé le gouvernement en s'y enfermant; elle donnait à la lutte en province, c'est-à-dire en rase campagne, beaucoup plus d'indépendance et d'ampleur. Mais puisqu'on n'avait pas raisonné ainsi en temps utile, pourquoi ne pas tirer parti maintenant des éléments puissants que le hasard, ou si l'on veut l'imprévoyance, avait soustraits à peu près irrémédiablement à leur destination rationnelle et emprisonnés derrière des remparts? Pourquoi ne pas les utiliser à contrebattre l'assaillant dans une lutte incessante, à le harceler tantôt sur un point, tantôt sur un autre, à lui enlever successivement ses points d'appui, à le forcer à élargir le cercle de l'investissement, partant à s'affaiblir partout? Pourquoi ne pas chercher à bousculer ses travaux, à éloigner ses batteries, à le tenir sans cesse dans un état d'alarme et d'inquiétude, qui aurait fini par l'user ? Une sortie unique ne servait à rien, car la jonction avec les forces de province restait problématique, et le danger d'être assailli brusquement pendant la route était grand, sans compter celui de mourir de faim. Elle ne servait à rien, sinon à affaiblir la défense de la place, sans profit probablement pour celle du pays; du moins son succès définitif était-il fort aléatoire. C'était dix, vingt, trente sorties qu'il fallait faire, sorties rapprochées, circonscrites à une zone donnée, et dirigées contre des points déterminés de la ligne d'investissement, non pour les forcer, mais pour y mettre le désordre et en lasser les défenseurs. Mais semblable tactique se rattachait encore à cette conception restreinte du rôle de Paris que nous avons indiquée, conception incompatible avec l'importance donnée à la capitale par la présence du gouvernement. On essaya donc de sortir; on ne réussit pas, parce que des considérations d'ordres divers vinrent primer celles d'ordre tactique, et alors on n'eut plus qu'à attendre la dernière bouchée de pain. C'était la triste conclusion à laquelle aboutissaient cinq mois de souffrances, où les journées de lutte honorable ne manquaient pas. Elle était peut-être fatale, car il est difficile d'affirmer qu'on ait pu obtenir la levée du blocus. Elle aurait dû, en tous les cas, succéder à une défense plus raisonnée, plus militairement conduite, et surtout plus rude à l'adversaire, contre lequel on n'a jamais jeté que des forces insignifiantes, en regard de celles qu'on n'employait pas, ou qu'on employait mal.

Pendant ce temps, les armées, qu'un homme doué d'une énergie puissante réussissait à tirer du sein déjà presque épuisé de la France, luttaient en vain, dans le but unique de débloquer la capitale. Tous les efforts, tous les dévouements, toutes les combinaisons tendaient à ce but unique. Les généraux, soumis à une direction ministérielle qu'ils supportaient impatiemment, n'étaient plus libres de leurs mouvements ni de leurs décisions. Certains, écrasés sous leur responsabilité, n'osaient plus rien concevoir, rien entreprendre, et opposaient à l'ardeur de Gambetta une sorte de force d'inertie persistante que le dictateur brisait violemment. Des dissentiments fâcheux surgissaient, les mouvements stratégiques étaient complètement dépourvus d'unité, et les incohérences de la défense locale venaient encore augmenter une confusion déjà funeste On vit alors, à côté de bandes beaucoup trop nombreuses de francs-tireurs qui agissaient pour leur compte, sans autre résultat appréciable que d'amener de terribles représailles, on vit trois armées se mouvant sur trois théâtres d'opérations parfaitement distincts, sans lien d'aucune sorte entre elles, sans but précis, et lancées à la poursuite d'insaisissables objectifs. Après Coulmiers, victoire à peu près stérile, on se précipita dans une offensive mal réglée, mal étudiée, qui exposait les corps si péniblement constitués à se faire battre en détail, et n'aboutit qu'à la perte définitive de la tête de pont d'Orléans. On laissa Chanzy tenir tête avec ses seules ressources aux masses puissantes de Frédéric-Charles, dont la jonction avec le grand-duc de Mecklembourg avait pu s'effectuer sans opposition de notre part, et on plaça les derniers espoirs de la patrie dans le succès d'une opération à la fois trop tardive, trop vaste et trop peu préparée, dont l'enjeu était l'existence même de l'armée à qui elle avait été confiée. Et, pendant ce temps, des troupes relativement considérables, levées dans le Nord et dans l'Ouest, luttaient péniblement, sans aucune entente, contre deux corps d'armée ennemis, représentant un effectif beaucoup moindre que le leur, mais jouissant, grâce à la centralisation du commandement, d'une puissance de manœuvre qui leur permettait de faire tête partout, même sur les points les plus faiblement gardés, et d'y amener rapidement des secours.

Tels apparaissent, réduits à leurs traits principaux, les caractères de la résistance en province, résistance admirable quant à ses résultats moraux, nulle au point de vue de ses résultats matériels. On y voit un effort gigantesque, prodigieux, une explosion magnifique de patriotisme et de dévouement, un réveil surprenant de cette fibre militaire qui bat au cœur même du peuple, et qui avait semblé s'être engourdie dans des années trop longues de nonchalance et d'apathie. On y voit la manifestation éclatante et superbe de tout ce que les âmes françaises renferment de courage, d'abnégation, d'esprit de sacrifice et de force de résistance dans la souffrance et le malheur. On y puise une confiance illimitée dans la valeur de l'outil que notre race forge pour la guerre, outil qui ne demande qu'à être manié avec adresse et qui accomplira demain, entre les mains d'un ouvrier habile, les mêmes prodiges qu'il a déjà accomplis tant de fois. Mais on ne trouve nulle part, à travers le développement de cette lutte acharnée, la manifestation précise d'une quelconque de ces idées judicieuses ou simplement méthodiques, qui sont comme la charpente indispensable sur laquelle doit être bâtie toute opération de guerre, qui fournissent des garanties assurées contre l'aléa des batailles, et qui, lorsque par hasard elles avortent, permettent de glorifier quand même des chefs que la mauvaise fortune a seule arrêtés au seuil du triomphe attendu. De cela, les événements eux-mêmes et l'état tout à fait anormal des choses sont en grande partie responsables; le procès des personnes ne doit donc être fait que sous réserve et avec les plus grands ménagements. Il est permis, toutefois, de rechercher les origines de la fausse orientation stratégique, par laquelle un si grand et si noble effort a été frappé de stérilité, et de voir comment, après être arrivés parfois si près du but, nos vaillants défenseurs l'ont définitivement manqué.

Trois causes prédominantes suffisent, ce semble, à expliquer le fait. C'est d'abord l'état politique du pays après le 4 septembre, puis l'excessive importance attribuée au rôle de la capitale, enfin l'absence d'une direction unique et qualifiée. Quand la révolution si imprudemment accomplie à Paris par quelques députés de l'opposition appuyés d'un millier de braillards eut désorganisé tous les services en France, il fallut, avec une hâte d'autant plus grande que l'ennemi était aux portes, renouveler d'un coup tout le personnel gouvernemental et administratif; et comme il est manifestement impossible de trouver, en bloc, un nombre suffisant de personnages compétents et préparés pour actionner le fonctionnement d'une machine aussi vaste, on dut mettre, au lieu et place des fonctionnaires de l'Empire, qui, s'ils ne possédaient point les sympathies des nouveaux gouvernants, étaient, du moins, rompus aux affaires par une longue pratique et un recrutement régulier, une nuée de personnages empruntés à toutes les professions, hormis celles qui forment des administrateurs. Il s'ensuivit un gâchis prodigieux, dont la France n'a point perdu le souvenir, et qui se compliqua de l'éclosion immédiate, spontanée, générale, de toutes les utopies latentes dans les discours de l'opposition, de toute l'idéologie révolutionnaire assoupie depuis dix-huit années de pouvoir absolu. Des préfets improvisés s'abattirent sur la province, avec des liasses de harangues en poche, mais aussi incapables de maîtriser l'effervescence du peuple, quand elle se manifestait, que de lever des troupes quand on le leur demandait. Des commissaires de la République, pâles succédanés de ceux de la Convention, se répandirent aux quatre coins de la France, et si quelques-uns, d'un esprit plus calme et d'une raison plus mûre, purent faire de bonne besogne, d'autres ne réussirent qu'à irriter au delà de toute mesure, par leur intervention brouillonne, des généraux qu'une trop longue habitude de la régularité rendait réfractaires à des procédés singulièrement hâtifs et désordonnés. Le règne de Crémieux et de Glais-Bizoin, deux vieillards réveillés en pleine rêverie de 1848, fut celui du dévergondage le plus extraordinaire de la parole et d'une fantaisie qui, lorsqu'elle s'exerçait en faveur des juifs algériens, par exemple, devait nous coûter cher. Par sa volonté et son autorité, Gambetta put en partie enrayer le mal; mais il lui fallut soutenir bien des luttes, dont sa correspondance fait foi, pour n'aboutir qu'à des résultats médiocres, et remettre un peu d'ordre dans cette anarchie des idées et des actes. Il n'y réussit pas partout, et ne put, en tous cas, donner à tous ses représentants les qualités d'expérience, de savoir, de tact et d'équilibre qui manquaient à tant d'eux.

C'est au milieu d'un pareil chaos gouvernemental

qu'il fallut constituer au plus vite et avec des éléments ramassés partout où on en trouvait, les forces destinées, non seulement à remplacer l'armée de première ligne anéantie, mais encore à former des réserves pour combler les vides à venir. On y parvint, et c'est en cela que l'œuvre de la Délégation imposera toujours l'étonnement et l'admiration; car le seul fait d'avoir pu jeter devant l'ennemi 600,000 hommes au moins, avec une artillerie relativement puissante, tient du prodige, surtout si l'on songe que le pays ne possédait plus une seule institution militaire sur laquelle on pût étayer l'échaffaudage de la reconstitution des armées. Assurément, ces 600,000 hommes ont dû faire la guerre dans des conditions fort insuffisantes d'équipement, d'habillement, d'armement même; ils ont cruellement souffert de la pénurie matérielle à laquelle ils étaient comdamnés. C'est déjà beaucoup qu'ils aient vécu !

Mais cette fureur d'improvisation, à laquelle on cédait d'abord par nécessité, finit par entraîner la Délégation hors des limites de la prudence. On crut pouvoir utiliser les chemins de fer pour des transports de corps d'armée, même d'armées tout entières, sans avoir, au préalable, préparé dans ses détails une opération aussi difficile et aussi délicate; cette expérience malencontreuse n'aboutit qu'au désordre. On en arriva à jeter devant un ennemi aguerri et compact des bandes à peine armées, à peine habillées, sans instruction militaire, sans cohésion, parfois sans discipline, en qui leurs chefs n'avaient pas foi, et qu'ils ne poussaient qu'à contre-cœur. Elles ne servirent qu'à provoquer des désastres. On confia des commandements importants à des officiers d'occasion, auxquels il fallut souvent les retirer ensuite, et des missions de confiance à des aventuriers qui, tout naturellement, trompèrent les espérances qu'on avait mises en eux. Enfin, on crut universaliser la résistance en laissant subsister trop complètement l'indépendance des comités locaux, de la défense régionale, des francs-tireurs épars, pratique dont le seul résultat fut un décousu irrémédiable et le gaspillage de forces précieuses. Au milieu de ce chaos, il était bien difficile assurément de former des projets d'opérations raisonnés ou d'organiser un système de défense s'appliquant à l'universalité du territoire envahi.

Cependant on était arrivé, après des efforts inouïs, à constituer un certain nombre de corps d'armée plus ou moins complètement organisés et pourvus. A peine apparaissaient-ils à l'existence, qu'on les lançait dans la direction de Paris. Au lieu de les utiliser dans des opérations rationnelles, et de poursuivre un but stratégique, quel qu'il fût, on leur imposait un objectif géographique, par lequel on restreignait en d'étroites limites leurs facultés de manœuvre et de mouvement. Comme d'autre part, les communications entre le gouvernement de province et la place assiégée étaient à la fois précaires et irrégulières, ce qui s'explique du reste, aucune combinaison précise ne pouvait s'établir, aucune entente ferme ne pouvait exister. Sur la nouvelle, impossible à vérifier, que l'armée de la Loire s'avançait vers Fontainebleau, Paris exécutait une sortie précipitée, et usait sans résultat ses forces imprudemment engagées. Il suffisait de même qu'on parlât en province d'une tentative faite à Paris, tentative dont on ne pouvait connaître ni l'exacte direction, ni les chances de succès, ni les progrès actuels, pour qu'immédiatement des armées fussent poussées de l'avant, contre un ennemi dont on ne se donnait même pas la peine de sonder les dispositions ni la puissance. Et quand on avait été repoussé, quand on avait reculé au loin pour aller se reformer et se refaire, c'était à qui songerait le premier à *reprendre la direction de Paris!* On passait dans l'inaction les jours où il aurait fallu agir, quand l'adversaire, obligé de se mouvoir sur des lignes d'opérations trop étendues, dégarnissait pour un temps le front de nos troupes, et on le laissait se concentrer à son aise, pour ne lui opposer ensuite que des forces éparses et sans liaison. La faute était grave, et il a fallu la payer. Elle provenait d'un fatal oubli de ce principe immuable, qu'à la guerre il ne s'agit point de conquérir telle ou telle position, telle ou telle place forte, mais bien de réduire l'ennemi à l'impuissance, c'est-à-dire de manœuvrer pour l'aborder au bon moment, quand il se trouve dans une situation défavorable, et de demander à la lutte en rase campagne la solution qu'elle seule peut donner. Quand, en 1793, Carnot et Jourdan ont voulu débloquer Maubeuge, ils ont attaqué Cobourg à Wattignies, et leur victoire a sauvé la place, tout comme, en 1800, Marengo nous a rendu Gênes, que l'héroïque défense de Masséna n'avait pu conserver. Il est vraiment pénible de penser que l'inanité de nos efforts de 1870 provient en grande partie de cette conception si fausse du rôle des places fortes, qui d'auxiliaires qu'elles sont en réalité, devenaient trop souvent un but nettement objectif. Metz, Sedan, Paris, la débâcle de l'armée de la Loire, tout se tient et procède de la même erreur. Et même quand, trop tard, le gouvernement a semblé comprendre que le déblocus de la capitale pouvait s'obtenir autrement que par un mouvement décrit vers elle, quand il a songé sérieusement à attaquer l'adversaire sur son point vulnérable, c'est-à-dire sur sa longue ligne de communication, ici encore il a subi la fascination d'une forteresse, et imposé à l'armée de l'Est une opération à peu près impraticable à force d'être vaste, dans la pensée unique de dégager Belfort ! On ne dira vraiment jamais assez de quel poids funeste a pesé sur nous la théorie spécieuse que certains pontifes de la stratégie avaient échaffaudée sur la valeur abstraite des positions et des camps retranchés, ni quel profit l'armée allemande a tiré du dédain qu'elle professait pour elle. On ne répètera jamais assez qu'à la guerre il ne doit et il ne peut exister qu'un objectif, les forces agissantes de l'ennemi.

Reste enfin à examiner la question de la direction supérieure des opérations en province et celle du commandement. Il est universellement admis aujourd'hui, et personne ne pourrait plus d'ailleurs le nier après l'expérience de la dernière guerre, que, quelque soit le nombre des armées mises sur pied pour soutenir une seule et même lutte, la concordance la plus complète doit exister dans leurs opérations, et l'unité la plus rigoureuse présider à leur action, de manière à obtenir la coordination des efforts dans un but défini. Certaines de ces armées pourront, à un moment donné, agir isolément, pour un motif quelconque, remplir certaines missions spéciales, se mouvoir dans des régions relativement éloignées; elles n'en devront pas moins pour cela obéir à l'impulsion d'ensemble qu'un seul et même commandement imprimera au faisceau des forces du pays, et rester intimement rattachées au moteur qui actionnera celles-ci. C'est pour cette raison qu'il existera un *généralissime*, dont l'autorité s'étendra à toutes les forces, sans exception. Un des principaux facteurs du succès des Allemands a été précisément de posséder ce généralissime, tandis que leurs adversaires n'en avaient pas. A une action raisonnée, méthodique, réglée d'après les circonstances et les événements, par une personnalité compétente et autorisée, s'est trouvée opposée une série diffuse de tentatives plus ou moins judicieuses, mais toujours indépendantes à peu près les unes des autres, et procédant de combinaisons dont le défaut d'unité constituait le vice capital. On a combattu sur autant de théâtres d'opérations qu'il existait de groupes de forces, et ces groupes n'ont jamais combiné leurs efforts.

Tandis que Chanzy entretenait avec un adversaire moralement et matériellement très supérieur, une lutte pied à pied, et, par sa seule énergie, par sa seule intelligence militaire, réussissait à le contenir, à l'user, à le retarder dans sa conquête, se dérobant à temps, échappant avec adresse à l'enveloppement, à la défaite, et mettant en œuvre toutes les ressources de son ingéniosité propre pour utiliser au mieux les moyens d'action médiocres dont il disposait, l'autre fraction de l'armée de la Loire, commandée par un chef auquel manquait la confiance, demeurait inactive dans des bivouacs boueux, puis bientôt était envoyée au loin, pour accomplir une opération isolée. Faidherbe faisait dans le Nord une guerre de positions, les forces de l'Ouest une guerre d'escarmouches, celles de l'Est une guerre de chicanes. Point de pensée stratégique commune, nulle relation entre les différents chefs. Il existait bien, à Tours ou à

Bordeaux, dans le cabinet du délégué à la guerre, une centralisation apparente, et une direction qui prétendait mener les affaires militaires au gré d'une pensée concrète. Mais, outre que cette pensée était, comme on l'a vu, limitée à la marche directe et convergente sur Paris et ne fournissait pas, par suite, un champ de combinaisons suffisamment vaste, l'autorité morale, indispensable à tout conducteur d'hommes, manquait à l'inspirateur de notre stratégie plus encore que la compétence et la présence réelle, effective, sur le théâtre de la lutte. Car on ne dirige pas une guerre du fond d'un bureau, suivant des données plus ou moins heureuses surgissant au gré de l'inspiration, fût-elle d'un homme de génie. Concevoir ne suffit pas, il faut encore savoir, pour passer utilement du domaine un peu nuageux de la conception à celui plus positif de l'exécution; et, pour savoir, il faut avoir appris. Surtout, il faut être soi-même agissant, voir le terrain sur lequel on veut marcher ou combattre, en apprécier la valeur ou les difficultés, et pouvoir, en pleine connaissance de cause, proportionner ses combinaisons à la qualité des troupes, toutes choses qu'il est impossible de faire quand on n'a point de métier ou qu'on n'est pas présent. La grande faute de la Délégation de province a été de ne pas abdiquer sincèrement toute prétention militaire et de ne pas borner son action, qui eût été assez haute, à la constitution d'armées dont un chef qualifié eût pris la direction.

Passons condamnation, si l'on veut, sur ce qui concerne la 1re armée de la Loire, où l'on peut à la rigueur s'expliquer que le gouvernement, irrité de la force d'inertie opposée par un général, parfait en sous-ordre, mais trop timoré dans le commandement supérieur, ait été amené à prendre délibérément la direction des opérations. Mais après? N'existait-il pas un homme, un général, qui venait, dans les circonstances les plus difficiles, de faire preuve de caractère, de coup d'œil, de valeur, et qui possédait assez d'activité physique et intellectuelle pour s'imposer à tous? N'était-ce point à lui, plutôt qu'à tout autre, qu'il eût fallu remettre la charge de manier l'ensemble de nos forces de province, avec pleins pouvoirs et entière indépendance! Si cette heureuse idée était venue à Gambetta, qui était digne de la concevoir et capable de la suivre, la 1re armée aurait certainement fait sur la rive gauche de la Loire cette diversion qui devait sauver Chanzy, que celui-ci suppliait qu'on tentât, et que la Délégation n'a pu obtenir; car, ou bien le commandant de la 1re armée eût obéi à un ordre ferme, ou il eût été changé immédiatement. La 2e armée dégagée, et les troupes de Frédéric-Charles ramenées autour d'Orléans, c'était alors l'exécution assurée de ce plan d'opérations à la fois si sage, si judicieux, si véritablement pratique que Chanzy avait exposé de la façon la plus claire, et auquel la Délégation a été si mal inspirée de substituer le sien. Etait-ce le succès définitif? Nul ne saurait le dire, et il est même permis d'en douter, car après les occasions de victoire perdues à Metz, il ne semble pas qu'on ait pu en espérer de nouvelles. Mais pour qui connaît la situation critique où se sont trouvées, à la fin de décembre, les forces prussiennes de la Loire, pour qui sait à quel point quatre mois d'une pénible guerre les avaient moralement anémiées et numériquement réduites, il est de toute certitude que la manœuvre générale et concentrique imaginée par le général Chanzy devait amener dans la situation une détente caractérisée, déranger l'équilibre de l'établissement que les Allemands avaient fait autour de la capitale, et, en diminuant leur assurance, atténuer la rigueur d'exigences auxquelles nos derniers revers ne nous ont pas permis de résister.

Voilà ce qu'il en a coûté d'oublier les leçons de l'expérience et de l'histoire; voilà où conduit l'engourdissement d'une nation dans la prospérité et la présomption due à des succès trop faciles. On en vient, au moment du danger, à ne plus savoir comment y parer, à ne plus se rendre un compte exact des choses, à compromettre toutes les ressources d'un pays dans une excitation désordonnée, enfin à faire la guerre contrairement à tous les enseignements du plus simple bon sens. Puis, après la défaite, on cherche volontiers des excuses, plutôt que des raisons valables. N'a-t-on pas dit bien souvent que la France avait été battue par le nombre? Hélas! il ne lui reste même pas cette consolation, car elle a levé pendant la guerre 1,900,000 hommes, soit 600,000 de plus que les Allemands[1]. A Rezonville, nous avons eu sur l'ennemi une supériorité de plus du double; à Spicheren, nous aurions pu nous battre à deux contre un. Sur la Loire, dans l'Est, nous avons eu constamment des effectifs supérieurs à ceux de nos adversaires. Ce n'est donc pas la quantité qui nous a manqué; c'est la qualité et la direction. Nous avons été battus parce que nous avions désappris la guerre, parce que nous ne savions plus ni marcher, ni nous garder, ni combattre autrement qu'avec courage; parce que nous employions mal notre cavalerie, et aussi mal une artillerie déjà inférieure par elle-même; parce qu'enfin, une fois la véritable armée disparue par la faute de certain de ses chefs, nous n'avons pu opposer à des masses aguerries que des éléments insuffisants, qui, s'ils possédaient résignation et bravoure, manquaient, en revanche, de force de résistance, d'éducation militaire et de cohésion. Nous avons ainsi payé la faute d'avoir laissé tomber les institutions militaires, et négligé l'étude, dont le génie lui-même ne peut pas se passer.

Comme les Allemands, quand ils étaient attaqués, manquaient rarement d'être soutenus à temps, tandis que nous ne l'étions jamais, on a cru pouvoir en conclure qu'ils avaient toujours la supériorité numérique. Ce n'est point là raisonner. Si nos ennemis se renforçaient au moment opportun, c'est qu'ils connaissaient à fond le jeu des réserves, et qu'ils n'employaient leurs forces que successivement, au fur et à mesure des besoins, de façon à les économiser, à obtenir une succes-

---

1. Le chiffre total des forces mobilisées par l'Allemagne, qui était, en août 1870, de 1,183,389 hommes (dont 780,783 hommes dans les forces actives) a atteint son maximum en février 1871, où il a été de 1,350,787 hommes (dont 936,915 dans les forces actives). Au contraire, la France, au moment de l'armistice, comptait environ 1,880,000 hommes sous les armes (dont 383,841 prisonniers en Allemagne et 90,000 internés en Suisse). Au 20 février, elle en comptait 1,910,000.

sion d'efforts, et à éviter les déploiements prématurés, qui peuvent amener une fausse orientation du combat. Ceci n'est autre chose que le sens tactique, qui s'acquiert par l'étude, et le dressage des troupes, qui s'obtient par un service suffisamment long. Quand on a la mauvaise habitude de jeter à la fois tout son monde sur le champ de bataille, dès que l'action se dessine, ou que, suivant nos errements d'alors, on considère les réserves comme des non-combattants, il devient impossible de maîtriser les événements, ou de modifier, à son profit, le caractère de la lutte ; car une troupe engagée combattant généralement droit devant elle, et ne pouvant changer d'objectif qu'avec des difficultés presque insurmontables, il faut absolument en avoir sous la main, qui soient prêtes à agir partout où la nécessité de leur intervention s'impose. Il n'existe pas d'autre moyen de parer à l'imprévu, de se préserver des dangers inopinés, ni de frapper soi-même le point vulnérable de l'adversaire. On doit donc savoir non seulement se conserver des réserves, mais encore les utiliser, les manier, et les engager quand il le faut, où il le faut, comme il le faut. Tout cela peut s'apprendre, du moins l'étude permet de le concevoir ; l'application seule dérive d'une spontanéité de jugement plus ou moins complète, d'une flamme intellectuelle jaillissant plus tôt ou plus tard. En tous cas, c'est une erreur grave de supposer et d'affirmer, comme certains, que l'on ne peut apprendre la guerre qu'en la faisant ; car, comment expliquer alors les succès foudroyants qui ont illustré Condé et Bonaparte dès le début de leur carrière? Comment comprendre que les Prussiens, qui n'avaient pas fait de campagne sérieuse depuis 1815, aient pu si facilement venir à bout, en 1866, des Autrichiens, dont l'armée n'avait presque jamais cessé de se battre, et réduire, en 1870, les vétérans d'Afrique, de Crimée et d'Italie? En présence de faits semblables, il faut bien admettre que la guerre, j'entends la part afférente au métier, peut s'apprendre pendant la paix, et que, plus les procédés en deviennent scientifiques, mieux il faut **les connaître, moins il faut s'en remettre à l'inspiration.**

D'ailleurs, n'existerait-il que la question de conservation des effectifs, ce serait encore un devoir pour qui a l'honneur de commander à des hommes de se pénétrer intimement des méthodes expérimentales et raisonnées par lesquelles on peut économiser les existences, et réduire au minimum les souffrances inévitables du soldat. Or, à ce point de vue spécial, l'étude de la dernière guerre nous offre encore un enseignement douloureux. On sait, en effet, par les travaux très consciencieux, quoique forcément approximatifs, du docteur Chenu, médecin principal des armées, que les pertes totales de la France se sont montées au chiffre énorme de 138,871 individus tués, morts de leurs blessures ou de maladie, et de 137,626 blessés ; en outre, on a compté 320,000 malades. Les Allemands, eux, n'accusent que 34,288 tués, 12,301 morts de maladie et 127,867 blessés. Le chiffre de leurs décès est donc sensiblement inférieur au nôtre, et la maladie surtout a fait dans leurs rangs des ravages beaucoup moins significatifs. N'est-ce point là le fruit évident de l'organisation, de la discipline, d'une hygiène persévérante? N'est-ce pas la preuve matérielle de ce que produit le fonctionnement normal et régulier des services qui assurent à la troupe, dans son intégralité, la quantité de bien-être compatible avec les nécessités de la guerre ? N'est-ce point le triomphe manifeste des méthodes judicieuses de stationnement sur la routine meurtrière des bivouacs?

De si dures leçons ne pouvaient pas rester stériles. Elles ont heureusement porté des fruits que nous recueillerons peut-être un jour, avec l'aide de Dieu, et qui nous consoleront de tant de douleurs et de larmes. C'est le vœu que nous voulons formuler en terminant ce travail. Que nous en voyions la réalisation, à laquelle nous donnent le droit d'espérer les progrès accomplis, les dévouements latents, l'ardeur et le patriotisme qui vibrent dans tous les rangs de l'armée, et nous pourrons encore bénir cette école du malheur, où la France, un instant déchue de sa gloire, aura puisé pour l'avenir les éléments de sa régénération.

Arrivé au terme de la tâche que je m'étais tracée, tâche si lourde que mes seuls efforts n'auraient probablement pas pu suffire à la remplir toute s'ils n'avaient été facilités par ceux de mes devanciers, je considère comme un devoir particulièrement agréable de signaler ici les travaux dont je me suis le plus aidé. Je citerai, en première ligne, la remarquable *Histoire diplomatique de la guerre franco-allemande,* de M. Albert Sorel; les si intéressantes études des généraux Thoumas et Derrecagaix sur la situation militaire de la France aux derniers jours de l'Empire et sur la constitution des forces allemandes à la même époque; les consciencieux et savants ouvrages où M. Alfred Duquet expose avec tant de soin et de rigueur historique les événements de la première partie de la guerre et du siège de Paris; les récits de MM. P. Lehautcourt, Rolin, Daussy, du colonel fédéral Secrétan, guides sûrs et impartiaux à travers l'imbroglio de la lutte en province; enfin le résumé si net et si précis où, sous une forme extrêmement condensée, M. le général Canonge a su faire tenir la guerre tout entière, en une série d'études à la fois vigoureuses et philosophiques. J'ai pu, en consultant ces œuvres de mérite et de bonne foi, m'éviter nombre de recherches longues et fastidieuses, dont tout travail historique exige une si prodigieuse quantité, et chercher alors plus particulièrement à pénétrer le secret de notre passagère infériorité. Si donc j'entends conserver entière la responsabilité de mes appréciations, je tiens, par contre, à partager le mérite de mon œuvre, si tant est qu'on veuille bien lui en accorder quelqu'un, avec ceux dont le labeur m'a été si utile, et en qui je salue de véritables collaborateurs.

FIN

APERÇU

DE LA SITUATION FINANCIÈRE DE LA FRANCE

EN 1870-71

Il nous a paru intéressant de rechercher les moyens financiers grâce auxquels la France a pu faire face, en 1870, 1871 et plus tard, aux obligations énormes résultant pour elle tant des dépenses de la guerre que de l'indemnité exigée par l'Allemagne. Ce travail ayant été déjà fait dans le très intéressant ouvrage de M. Mathieu-Bodet, ancien ministre des finances[1], nous n'avons eu qu'à en extraire les documents concernant spécialement l'époque qui nous occupe, et à les grouper chronologiquement. Ce sont ces documents que nous résumons brièvement ci-après.

1° *Dépenses de la guerre.*

Les sommes nécessaires aux dépenses courantes des armées d'opération ont été obtenues tout d'abord par l'émission de bons du Trésor, ensuite par trois emprunts successifs, enfin par des prêts de la Banque de France.

Les premiers crédits extraordinaires votés par les Chambres dans la loi du 24 juillet 1870 devaient être

---

1. *Les Finances françaises de 1870 à 1878*, 2 vol., Hachette et Cie, Paris, 1881.

couverts par les ressources de la dette flottante, au moyen d'émission de bons du Trésor à échéance ne dépassant pas dix ans et jusqu'à concurrence de 500 millions. Mais, dès le 12 août, une loi nouvelle élevait ces crédits à un milliard, c'est-à-dire qu'un emprunt devenait nécessaire. Le 19, les Chambres autorisèrent donc l'émission de rentes 3 0/0 pour un capital de 750 millions, plus une somme destinée à solder le montant des frais matériels de l'opération, les frais d'escompte, ainsi que les quatre premiers trimestres de rentes à créer, sans que cet excédent puisse excéder 55 millions de francs. L'émission fut faite par souscription publique au taux de 60 fr. 60 centimes, avec jouissance du 1ᵉʳ juillet. La souscription monta à 812,271,512 fr. 20 centimes ; elle fut réduite à 804,572,181 fr. 20 centimes. Les arrérages de cet emprunt s'élevèrent à 39,830,306 francs.

Cependant, il ne suffisait pas aux dépenses toujours croissantes. Le 25 octobre, le gouvernement de la Défense nationale était obligé de prescrire l'aliénation, à 425 francs, de 500,000 obligations au porteur, d'une valeur nominale de 500 francs, rapportant 6 0/0 d'intérêts, et représentant un capital de 250 millions, remboursable en 34 ans, par voie de tirage au sort, avec réserve au profit de l'État, de la faculté de remboursement au pair, à sa volonté. Dès la veille, 24 octobre, la maison Morgan et Cⁱᵉ, de Londres, avait souscrit ferme pour 125.000 obligations au cours de 400 francs. Les 375.000 obligations restant devaient être émises par voie de souscription publique, en France et en Angleterre, au cours de 425 francs, par les soins et aux frais de MM. Morgan et Cⁱᵉ, lesquels, en rémunération, touchaient une commission ainsi fixée :

1° Pour les 125,000 obligations souscrites ferme, une somme représentant 1 et 1/4 0/0 de leur valeur nominale, soit 6 fr. 25 centimes par obligation ;

2° Pour les 375,000 obligations mises en souscription publique, une somme représentant 3 et 1/4 0/0 de leur valeur nominale, soit 16 fr. 25 centimes par obligation.

Puis, comme le 5 décembre, il restait un stock de 47,523 obligations non souscrites, MM. Morgan les prirent à leur compte, au cours de 425 francs. De ce fait, et défalcation faite de tous frais, commission, etc., cet emprunt rapporta à l'Etat la somme nette de 202,024,770 francs, soit 404 francs par obligation. Le Trésor se grévait annuellement d'une somme de 15 millions de francs en arrérages, et de 2,400,000 francs en amortissement; c'est-à-dire que cet emprunt revenait à un taux approximatif de 8 0/0, et même de 8,15 0/0 en comptant les frais de change et d'envoi de fonds à Londres. Il était cher, mais les nécessités du moment ne souffraient pas d'atermoiements. Il a d'ailleurs été converti depuis.

De son côté, la Banque de France prêta, en huit fois, de juillet 1870 à fin janvier 1871, une somme totale de 895 millions[1], gagée en grande partie sur les forêts de la liste civile. Du commencement de mars au 17 mai 1871, le gouvernement contracta avec la Banque quatre nouveaux emprunts, s'élevant à la somme de 365 millions. Pour la liquidation qui suivit et la répression de la Commune, de nouveaux traités furent passés, qui devaient porter la créance de la Banque de France à la somme totale de 1.530 millions de francs. Mais sur ce chiffre tout ne fut pas versé; les avances effectivement réalisées ont atteint seulement la somme de 1,485 millions de francs, y compris les 40 millions remis à la Caisse des dépôts et consignations le 19 août 1870, remboursés le 3 janvier 1872 par cette Caisse, et mis, à cette date, à la disposition du Trésor; y compris également les 60 millions montant de l'avance permanente remboursable à l'expiration du privilège de la Banque. Par suite, une somme de 45 millions est restée disponible sur le montant total des prêts que la Banque s'était engagée à faire à l'Etat[2].

1. Il faut compter dans ce chiffre : 1° une avance de 40 millions faite le 19 août à la Caisse des dépôts et consignations ; 2° une avance de 30 millions faite aux trésoriers-payeurs généraux de Strasbourg et de Metz.
2. Notre cadre ne comprenant pas l'étude des différentes conventions souscrites par l'Etat pour se libérer de ses engagements,

Mais, outre les dépenses courantes de la guerre, celui-ci a dû contracter certaines dettes mises à sa charge par les circonstances, et pour lesquelles il a pris des arrangements dont les budgets actuels subissent encore les conséquences, plus ou moins exactement conformes aux conventions primitivement consenties. C'est ainsi qu'il a remis à la Compagnie des chemins de fer de l'Est une rente de 20,500,000 francs, représentant la somme de 325 millions payée par l'Allemagne à ladite Compagnie pour rachat de la partie de son réseau comprise dans le territoire annexé. Cette somme de 325 millions étant venue en déduction des 5 milliards imposés à la France, le Trésor public a dû s'en constituer débiteur vis-à-vis de la Compagnie de l'Est. De même, une somme de 260 millions a été accordée aux communes en indemnité des dommages à elles causés par la guerre ; elle devait être payée en vingt-six annuités, à partir de 1873. Enfin, une autre somme de 26 millions allouée en réparation des destructions imputables au génie militaire, était amortissable en vingt-cinq annuités, à partir de 1875.

Nous avons vu plus haut qu'une partie des fonds dont l'Etat a disposés jusqu'à la chute de la Commune avait été prêtée par la Banque de France. Il n'est donc pas sans intérêt de voir comment cet établissement a lui-même pu fournir des sommes aussi importantes et ici encore, nous allons recourir aux documents établis avec tant de précision par M. Mathieu-Bodet.

Au milieu du mois de juillet 1870, c'est-à-dire aux premiers jours de la guerre, l'encaisse de la Banque de France s'élevait à un milliard 200 millions, et la circulation de ses billets à 1 milliard 300 millions. Nos premiers revers ayant, par suite de l'inquiétude jetée dans les esprits, provoqué un certain nombre de demandes de remboursements en espèces, le gouvernement dut, en vue des besoins ultérieurs, suspendre dès le 12 août, le

---

nous renvoyons le lecteur à l'ouvrage de M. Mathieu-Bodet, qui en expose les détails complets.

droit que la loi accorde à cet égard aux porteurs de billets, et ordonner la circulation obligatoire du papier. En même temps, il fixait à 1 milliard 800 millions le chiffre des émissions de la Banque et de ses succursales, et abaissait la coupure des billets à 25 francs. Mais on ne tarda point à s'apercevoir de l'insuffisance de ce chiffre de 1,800 millions, et tant en raison des besoins du commerce que de ceux du gouvernement lui-même, il fallut, dès le 14, l'élever à 2 milliards 400 millions.

C'est que, outre les 1.530 millions qu'elle s'était engagée à fournir au gouvernement, et dont il a été question ci-dessus, la Banque ne devait pas tarder à souscrire de nouveaux prêts. Le 11 février 1871, elle avança à la ville de Paris une somme de 210 millions destinée à l'acquittement de la contribution de guerre imposée à la capitale[1]. Le 3 juillet, elle s'engagea à fournir au gouvernement une somme de 300 millions, afin de lui donner les moyens de remplir exactement ses engagements vis-à-vis de l'Allemagne ; cette avance était remboursable successivement sur les produits de l'emprunt, au fur et à mesure de leur réalisation. On voit que les sommes consenties par notre grand établissement de crédit n'étaient pas loin d'atteindre 2 milliards.

Pendant quelques mois, la Banque put remplir ses engagements avec une circulation qui ne dépassait pas 1,700 millions de francs ; mais, à l'époque de la réalisation des payements à l'Allemagne, les achats considérables de change, joints aux besoins du commerce et de l'industrie, exigèrent une émission plus forte. Une loi du 29 décembre 1871 en fixa la limite supérieure à 2 milliards 800 millions, et accorda à la Banque la faculté d'abaisser à 10 francs et même à 5 francs les coupures des billets. Enfin, le 15 juillet 1872, l'Assemblée nationale éleva spontanément, et sans que le besoin s'en fît sentir, le maximum des émissions à 3 milliards 200 millions. Il y avait là un gros danger. « *Si*, dit à

---

[1]. Ce prêt était remboursable dans un délai de six mois, avec l'intérêt au taux de l'escompte.

cet égard M. Mathieu-Bodet, *la circulation des billets de banque avec cours forcé a pu s'élever jusqu'à 3 milliards, sans qu'il se soit produit une baisse dans la valeur de la monnaie fiduciaire, baisse qu'ont vivement ressentie les autres pays qui ont usé du cours forcé, il ne faut pas en conclure qu'une telle émission ne présentait aucun péril. La confiance méritée dont jouissent les billets de la Banque de France ne suffit pas pour expliquer le phénomène qui s'est réalisé exceptionnellement dans notre pays. Si nous n'avions pas trouvé des ressources, dont on n'appréciait peut-être pas, à l'origine, toute l'importance, et qui nous ont permis, malgré les sommes énormes que nous avons payées à l'étranger, de conserver presque intactes nos réserves métalliques*[1], *qui oserait affirmer que notre billet de banque n'aurait subi aucune dépréciation!* »

D'ailleurs, la Banque n'en avait pas fini avec ses prêts au Trésor, et, à la fin de 1870, celui-ci était débiteur de la somme exacte de 1,610 millions de francs. Heureusement, l'exceptionnelle prospérité financière qui marqua les années consécutives à la guerre, lui permirent de se libérer complètement en peu de temps. Le 1ᵉʳ janvier 1878, le cours forcé du papier, déjà aboli en fait, fut aboli en droit; le 31 décembre 1879, l'État se trouva libéré de tout engagement vis-à-vis de la Banque. Voici maintenant l'usage qu'il a fait des avances ci-dessus mentionnées.

Somme affectée au payement de l'indemnité de guerre	125.000.000	»
— à la liquidation des dépenses de l'exercice 1870	247.959.335	74
— aux dépenses de la première partie du compte de liquidation	498.719.342	23
— aux dépenses du budget de 1871	613.221.322	03
	1.435.000.000	»

[1] « L'encaisse de la Banque de France en 1871 et 1872 est restée supérieure à celle des années 1864, 1865 et 1866; au

Sur les 1,610 millions prêtés, il est donc resté disponible une somme de 125 millions, qui n'a point reçu d'affectation[1].

2° *Indemnité de guerre.*

En vertu des stipulations du traité de paix du 10 mai 1871, les cinq milliards constituant l'indemnité de guerre devaient être payés à l'Allemagne comme suit :

500 millions dans les trente jours qui suivraient le rétablissement du gouvernement régulier dans Paris.

1 milliard dans le courant de 1871.

500 millions le 1ᵉʳ mai 1872.

3 milliards le 2 mars 1874 ; ces 3 milliards portant intérêt à 5 0/0, payables le 3 mars de chaque année.

L'évacuation des troupes allemandes devait commencer immédiatement après la ratification des préliminaires de paix, dans les quinze départements occupés sur la rive gauche de la Seine. La libération des départements situés entre la rive droite du fleuve et la frontière de l'Est devait s'effectuer graduellement après le payement du premier demi-milliard, en commençant par les départements les plus rapprochés de Paris, et au fur et à mesure des payements. Après versement de deux milliards, l'occupation devait être réduite à sept départements, et à 50,000 hommes. Bien entendu, les frais d'alimentation des troupes étrangères étaient à la charge de la France[2]. Il était stipulé en outre que tous

---

31 décembre 1864, elle s'élevait à 350 millions de francs ; en 1865, à 437 millions ; en 1866, à 696 millions ; elle était de 634 millions à la fin de 1871 et de 791 millions à la fin de 1872 ; en 1874, de 1,325 millions, et, au 31 décembre 1875, de 1,679 millions. » (*Les Finances françaises de 1870 à 1878*, tome I, page 197).

1. Loi du 20 août 1876.

2. Outre cette indemnité globale, la ville de Paris avait été frappée d'une contribution de guerre de 200 millions, et un certain nombre de villes avaient à payer des sommes montant ensemble à 51 millions. La contribution de Paris fut payée : 50 millions en or, 50 millions en billets de banque, 100 millions en lettres de change sur Berlin et Londres. Ces lettres de change furent procurées par un syndicat de maisons de banque de Paris, qui se couvrit avec les ressources **provenant du prêt de 210 millions fait par la Banque de France.**

les payements devaient être effectués dans les principales villes de commerce allemandes et exclusivement en métal, or ou argent, en billets de banque d'Angleterre, de Prusse, des Pays-Bas, de Belgique, en billets à ordre ou lettres de change négociables de premier ordre, valeur comptant. La conversion des monnaies des deux pays était convenue au taux de la valeur du thaler prussien, soit 3 fr. 75 centimes, et à celui de la valeur du florin allemand, soit 2 fr. 15 centimes.

Les deux premiers milliards ont été payés avant l'échéance des termes fixés, car à la fin de mars 1872, le gouvernement français avait versé à l'Allemagne, pour capital et intérêts échus, la somme de 2,161,958,767 fr. 43 centimes. Le premier versement, 125 millions, datait du mois de juin 1871. Le gouvernement s'était procuré les ressources nécessaires par un emprunt de 2 milliards, émis le 22 juin 1871, (lequel, au mois de mars 1872, avait réalisé une somme versée de 1.968.691.000 francs) ; comme la créance de la Compagnie des chemins de fer de l'Est (325 millions) avait été déduite des sommes à payer, ainsi que 98,400 provenant du solde de règlement de comptes des Allemands avec la ville de Paris, le Trésor disposait largement, on le voit, des fonds nécessaires, et il n'eut pas besoin de faire appel à l'avance de 300 millions que la Banque s'était engagée à lui faire, contre remboursement sur les premières ressources disponibles.

En ce qui concerne les trois derniers milliards, une convention du 29 juin 1872 modifia les échéances primitives ainsi qu'il suit :

500 millions devaient être payés dans les deux mois.
500 millions, le 1er février 1873.
Un milliard, le 1er mars 1874.
Un milliard, le 1er mars 1875.

Le gouvernement français se réservait la faculté, en prévenant le gouvernement allemand trois mois à l'avance, de devancer les trois dernières échéances par des versements partiels d'au moins 100 millions chacun.

Il avait également la faculté, une fois payés quatre milliards, de fournir à l'Allemagne des garanties financières, agréées et reconnues suffisantes, au lieu et place de garantie territoriale. Cette convention hâtait très sensiblement la libération des départements encore occupés. Le 23 juillet 1872, le gouvernement émit un emprunt de 3 milliards, qui procura immédiatement une somme de 600 millions, et quelques mois plus tard, en mars 1873, une quantité de versements équivalente à 2,554,399,000 de francs. Par suite, dès la fin d'août 1872, on put commencer le versement des trois derniers milliards, qui se continua de mois en mois. Au 10 mars 1873, la France avait payé 1,507,016,269 francs 50 centimes, soit 500 millions de plus que la somme exigible en ce moment.

Une nouvelle convention fut alors signée le 15 mars 1873, qui activait encore l'évacuation du territoire, et que les deux gouvernements exécutèrent ponctuellement. Le 5 septembre 1873, le dernier versement était fait à l'Allemagne, dont les soldats quittaient enfin et définitivement notre malheureux pays; le Trésor avait pu faire face à ses engagements grâce aux ressources de l'emprunt de 3 milliards (qui à la fin d'août, avait fourni environ 2 milliards 950 millions), aux avances de la Banque et à l'émission de bons du Trésor. Au total, il venait, en deux ans, de payer à l'Allemagne la somme de 5,315,758,853 fr. 29 centimes, se décomposant ainsi :

Capital.	5,000,000,000 »
Intérêts.	302,123,784 51
Frais d'escompte et de conversion.	13,635,068 78
	5,315,758,853 29

Mais cette somme énorme ne constituait pas même la totalité du gain réalisé par nos vainqueurs. Il convient d'y ajouter environ 200 millions, valeur de 147,145 hectares de forêts annexées; 62,580,000 francs d'impôts perçus directement par les armées allemandes; 251 millions de contribution de guerre, payés par

Paris et autres villes ; enfin 248,625,000 francs, montant de l'entretien des troupes ennemies pendant l'occupation. C'est donc un total de 6,078,338,853 fr. 29 centimes qu'a touché l'Allemagne, sans compter la valeur intrinsèque de deux provinces dont les impôts donnaient à la France un revenu net de plus de 50 millions, représentant un capital de 1,659,750,000 de francs. C'est-à-dire que la guerre a rapporté à nos adversaires une somme totale de 7 milliards et demi !

Un mouvement de fonds aussi considérable ne pouvait s'effectuer sans des difficultés colossales. Il a donné lieu à des opérations extrêmement délicates et dont le résultat a été surprenant. Le détail en est fourni complètement par M. Mathieu-Bodet, et nous croyons devoir à la mémoire de ceux qui ont si habilement pris en main, en cette triste époque, les intérêts de la patrie, de reproduire intégralement ici les pages consacrées par lui à ce poignant sujet.

« Le Gouvernement, dit-il, a dû d'abord se procurer le change nécessaire pour exécuter ses engagements conformément au traité de paix ; puis payer à l'étranger le montant des traites souscrites au profit des créateurs des valeurs de change dont il avait fait l'acquisition, et effectuer les versements dans les caisses du trésor allemand ; enfin combiner ces opérations de manière à ne pas provoquer en France une crise monétaire.

« Le chiffre de ce que nous devions verser en espèces métalliques ou en valeurs étrangères était considérable. Nous avons pu payer par compensation les deux sommes dues par l'Allemagne à la Compagnie de l'Est et à la ville de Paris, montant à 325,098,400 francs, et 125 millions de francs en billets de banque[1]. Il nous restait donc à trouver en numéraire ou en change une somme de 4,865,660,453 fr. 29 centimes. Le gouvernement s'est procuré :

En or français . .   273,003,058 fr. 10 centimes.
En argent français.   239,291,875 fr. 75   —

---

[1]. Une convention en date du 21 mai 1871 avait admis ce dernier mode partiel de payement.

« Il a pu, à l'aide de commissions, déterminer les capitalistes étrangers, souscripteurs dans les deux emprunts de cinq milliards, et même un certain nombre de souscripteurs français, à faire leurs versements en espèces métalliques ou en effets imposés par le traité de paix. Les souscripteurs du premier de ces emprunts ont payé en valeurs de cette nature une somme de 397 millions de francs ; ceux du second emprunt, une somme de 1 milliard 374 millions, en totalité 1,773 millions. Pour le premier payement de 2 milliards, le Trésor a acheté, en outre, pour 605,365,519 fr. 44 centimes de numéraire, de billets de banque allemands et autres valeurs étrangères.

« Ces premiers achats ont été très onéreux pour le Trésor. Les administrations de l'Etat ne sont pas habituées aux détails des négociations de cette nature. On comprend que les personnes chargées de ces grandes opérations de banque n'aient pas eu immédiatement une expérience suffisante. La nécessité de se procurer les valeurs libératoires aux époques déterminées par la convention, amena une grande précipitation dans les achats de change. Il s'établit entre les banquiers investis du mandat d'acquérir des effets étrangers pour le compte du Trésor et entre les banquiers et l'administration des finances elle-même, qui achetait pour son propre compte, une concurrence très préjudiciable. Toutes les demandes faites en même temps firent hausser considérablement le cours des valeurs étrangères pendant la durée des premières opérations.

« Le change sur Londres s'éleva, vers le 15 octobre 1871, jusqu'à 26 fr. 20 centimes. Il retomba, au commencement de novembre, jusqu'à la fin de décembre, à 25 fr. 80 centimes. La prime de l'or en barre à la Bourse de Paris monta, dans le courant du mois d'octobre, à 20, 22, 24, jusqu'à 25 francs pour 1,000 francs. D'un autre côté, les 325 millions environ d'or et d'argent pris dans les caisses publiques raréfièrent les espèces métalliques, amenèrent une certaine gêne momentanée dans le commerce et dans les affaires usuelles, et contribuèrent à l'élévation de la prime.

« Le ministre des finances profita de cette première expérience, et sut éviter ultérieurement les causes qui avaient produit les grandes hausses de change et de la prime de l'or. Il fit, à la date du 2 juillet 1872, un traité avec un syndicat de banquiers, par lequel ces derniers s'engageaient à lui procurer, moyennant une commission déterminée, 700 millions de change. Ce syndicat, qui comprenait presque toutes les maisons de banque de l'Europe, avait intérêt à ce que le cours ne s'élevât pas à un chiffre supérieur au taux auquel il s'était engagé à fournir au gouvernement français les effets étrangers faisant l'objet du contrat; aussi fit-il tous ses efforts pour le maintenir au-dessous de ce chiffre. Le gouvernement profita des prix modérés du change pour acheter lui-même directement 1 milliard 75 millions de valeurs libératoires, qui lui étaient encore nécessaires pour compléter ses payements. La convention du 2 juillet 1872 eut le double avantage de procurer au Trésor, à des conditions relativement favorables, les 700 millions de change, et de lui donner le moyen d'en acheter directement, à peu près aux mêmes conditions, pour plus d'un milliard.

« *On peut dire que toutes les grandes maisons de l'Europe ont concouru à cette opération*, dit le rapport du 5 août 1874, *et il suffit pour montrer l'étendue et la grandeur de cette affaire, de faire remarquer que le nombre des maisons qui ont signé le traité ou qui y ont adhéré était de 55, et que plusieurs d'entre elles représentaient des syndicats de banquiers, ce qui portait le nombre des intéressés à un chiffre bien plus considérable encore. La concentration des efforts de toutes les maisons de banque de l'Europe a produit des résultats d'une grandeur inespérée. Toutes les affaires ont été suspendues pendant ce temps, et les capitaux de toutes les banques privées et de tous leurs clients ont concouru au succès du placement des emprunts français et du passage des capitaux à l'étranger. C'est là un fait nouveau dans l'histoire économique de l'Europe, et il convient d'y attacher une importance particulière. Ce traité paraît avoir eu une grande influence sur l'opération totale, et sur le maintien du cours de change dans les prix modérés.* »

« Par ces combinaisons habiles, l'administration française a pu se procurer la somme de 4,353,365,519 fr. 44 centimes en billets de banque allemands et en change qui, avec les 512,294,933 fr. 85 centimes d'or et d'argent français, ont complété les 4,865,660,453 fr. 29 centimes de valeurs, qui ont servi à payer notre dette envers l'Allemagne.

« Le prix du change pendant la période des payements des trois derniers milliards s'est maintenu au taux moyen de 25 fr. 60 centimes ; la prime de l'or à la Bourse de Paris a été, en moyenne, d'environ 12 francs pour 1,000 francs.

« Ces payements entraînèrent néanmoins des dépenses considérables. Indépendamment des frais occasionnés par les achats des valeurs étrangères, il a fallu convertir en thalers ou en florins celles qui étaient réalisables ailleurs qu'en Allemagne. Il avait été convenu, en effet, le 12 octobre 1871, que les lettres de change payables ailleurs qu'en Allemagne ne passeraient en compte que pour les sommes formant le produit net de leur réalisation, déduction faite des frais de recouvrement. Le cours du change de ces valeurs était celui du jour de la réalisation. Cette conversion a été faite soit par le gouvernement français directement, soit par le gouvernement allemand pour le compte et à la charge de la France. Le Trésor français a remboursé à l'Allemagne pour les dépenses de cette nature une somme de 11,320,248 fr. 89 centimes.

« Les frais de change et autres, occasionnés par le payement de l'indemnité de guerre, se sont élevés à la somme de 86,801,551 fr. 33 centimes, indépendamment du montant des escomptes payés par le gouvernement pour déterminer le payement en valeurs étrangères d'une partie des rentes souscrites dans les deux derniers emprunts. — Nous avons vu précédemment que les payements en valeurs de cette nature par des souscripteurs étrangers et même par des souscripteurs français se sont élevés à 1.773 millions. — Les commissions payées à ces souscripteurs sont comprises dans les frais des deux emprunts, pour une somme que nous ne pouvons préciser et qui doit être ajoutée à celle de 86,801,551 francs ci-dessus indiquée, car elle fait partie, en réalité, des dépenses effectuées pour l'acquittement de l'indemnité de guerre.

« La seconde opération, qui avait pour objet de solder le prix des achats de change, n'offrait pas moins de difficultés et pouvait être, pour notre pays, beaucoup plus périlleuse. Les hommes les plus expérimentés en matière financière étaient effrayés de la nécessité de prendre sur notre stock métallique, évalué à environ 5 ou 6 milliards, la plus grande partie de la somme que nous avions à payer à l'Allemagne. On ignorait encore, au moment où le traité de paix a été conclu, si la balance du commerce pendant les années 1872 et 1873 nous serait favorable. Pendant les cinq années précédentes, de 1867 à 1871, il y avait eu un excès d'importations de 1,552 millions de francs. La situation commerciale restant la même, nous pouvions être aux prises avec les plus graves embarras. Si nous avions dû faire des exportations d'or et d'argent pour les besoins du commerce extérieur et acquitter notre dette en espèces métalliques, sans le secours des ressources du dehors, par la force des choses, le change se serait établi contre nous, l'or et l'argent se seraient raréfiés; les billets de banque, dont la circulation était autorisée jusqu'à 3 milliards 200 millions et s'est élevée à 3 milliards et même un peu plus, auraient subi une dépréciation inévitable, malgré leur valeur intrinsèque; nous aurions eu vraisemblablement une épouvantable crise financière et monétaire. C'était la conséquence probable de l'exécution du traité de paix, *conséquence prévue par les négociateurs allemands, qui espéraient que la puissance économique de la France serait affaiblie pour longtemps par l'effet des stipulations financières qu'ils nous avaient imposées*, comme notre puissance militaire l'avait été par le succès de leurs armées. Heureusement nous avons pu nous libérer sans entamer gravement notre stock métallique. Tous les périls qu'on devait redouter ont été évités.

« Nous allons exposer sommairement les causes qui ont donné à notre gouvernement le moyen d'échapper à ce danger et indiquer l'origine et la nature des valeurs qui ont été effectivement transportées en Allemagne pour la libération de nos engagements.

« Tout d'abord, le commerce extérieur a été très prospère pendant les années 1872 et 1873. *Nous avons eu, dans cette période, un excédent d'exportation de 424 millions.* Cet excédent a, en grande partie, servi à la liquidation des importations de l'année 1871, qui nous avaient constitués débiteurs de l'étranger d'une somme de 694 millions.

« Les 273 millions d'or qui ont été payés directement au gouvernement allemand ont été fournis jusqu'à concurrence de 150 millions par l'avance qu'a faite la Banque de France, en exécution du traité du 2 juin 1873, et pour le surplus, ils proviennent des versements opérés par les contribuables dans les caisses publiques, à l'exception de quelques millions achetés sur place.

« Le gouvernement s'est procuré les 239,921,875 fr. 75 c. versés en argent, au moyen d'achats en Allemagne jusqu'à concurrence de 93 millions environ, et en France, pour 44 millions ; 102 millions ont été pris dans les caisses de l'Etat.

« Comme nous l'avons dit précédemment, les capitalistes étrangers, souscripteurs de nos deux emprunts de 5 milliards, et quelques souscripteurs français ont procuré au Trésor en payement des titres qui leur furent délivrés, pour 1,773 millions de change. On n'a eu à faire aucun envoi de numéraire, pour le payement de ce change. Il n'y a eu, en réalité, dans cette opération, qu'une exportation de titres de rente française.

« D'un autre côté, depuis longtemps une notable partie de l'épargne française est placée chaque année en acquisitions de valeurs extérieures, rentes d'Etats, actions, obligations industrielles et obligations de villes ; les capitalistes français porteurs des coupons de ces divers titres sont créanciers de l'étranger d'une somme annuelle considérable. Le payement en France des intérêts et dividendes des titres dont il s'agit possédés ainsi par nos nationaux, nous a procuré un change fort important.

« Un autre phénomène économique nous a valu des quantités encore plus considérables. Comme toutes les valeurs ont subi sur nos marchés, dans les deux années qui ont suivi la guerre, une baisse notable, les titres étrangers s'y vendaient moins cher que sur les autres places de l'Europe. Cette différence dans les prix a eu pour conséquence de faire acheter chez nous, par les capitalistes des autres pays, un grand nombre de leurs titres. Il y a eu là une cause d'exportation importante de rentes, actions et obligations des Etats voisins

« Enfin, les étrangers qui voyagent et séjournent en France y laissent également une quantité assez considérable de valeurs de leurs pays.

« Les trois faits que nous venons d'exposer ont produit les plus heureux résultats, et ont fourni à bon compte à l'administration française une partie du change dont elle avait besoin. « *On peut sans exagération*, dit M. Léon Say[1], *évaluer l'importance du change provenant du produit des titres étrangers à 6 ou 700 millions de francs par année. On peut y ajouter aussi les revenus réalisés à l'extérieur, mais dépensés en France par les étrangers qui voyagent chez nous ou qui s'y établissent pendant un certain temps. C'est encore une source spéciale de change qui n'est pas inférieure, à ce que l'on croit, à 2 ou 300 millions. Quant à l'exportation des titres étrangers, il est certain qu'elle a lieu, mais on ne peut pas dire sur quelle échelle.* »

« L'origine et la nature des divers éléments composant les 5,315,758,853 fr. 29 centimes, transportés en Allemagne pendant les années 1871, 1872 et 1873, en exécution des stipulations financières du traité du

---

1. Rapport du 5 août 1874.

10 mai 1871[1], montrent que nous n'avons pris sur notre stock métallique qu'une très petite partie de l'indemnité de guerre et expliquent ainsi pourquoi nous avons pu échapper à la crise monétaire qui, au commencement de 1871, semblait inévitable.

« Cette vaste opération n'a pas consisté seulement à acheter du change et à couvrir les banquiers qui avaient procuré les effets payables sur les diverses places de l'Europe ; il a fallu encore toucher aux échéances le montant des lettres de change non compris dans les bordereaux remis à l'Allemagne, les convertir, quand il y avait lieu, en monnaie allemande, et effectuer les versements dans les caisses du gouvernement de Berlin, aux époques déterminées par les conventions.

« Le rapport de la commission du budget du 5 août 1874 donne sur cette dernière partie de l'opération des détails très intéressants. « *Les versements à l'Allemagne*, dit le rapporteur, *ne pouvaient pas, aux termes des traités, avoir lieu en compte courant ; ils devaient être annoncés à l'avance et ne pas descendre au-dessous d'un minimum qui, pendant quelque temps, a été fixé à 100 millions de francs ; en dernier lieu, les versements devaient être faits mensuellement, à raison de 250 millions de francs par mois. Le portefeuille du Trésor contenait des effets venant tous les jours à l'échéance ; on pouvait les remettre à l'Allemagne lorsqu'un terme de payement arrivait avant leur échéance ; mais ce n'était pas toujours le cas. Il a donc fallu organiser à l'étranger un système d'encaissement et, après l'encaissement, un système de dépôt des fonds encaissés. Les effets remis avant leur*

---

1. En voici le détail :

Valeurs de compensation.	325.098.400 fr.	»
Billets de la Banque de France	125.000.000	»
Or français	273.003.058	10
Argent français	239.291.875	75
Change payé en titres de rentes françaises	1.773.000.000	»
Coupons de titres étrangers et aliénation de ces titres à des capitalistes étrangers ; valeurs apportées en France par les étrangers.	2.580.365.519	44
	5.315.758.853 fr.	29

échéance à l'Allemagne donnaient lieu à un décompte d'intérêt ; les effets échéant avant qu'on eût pu les comprendre dans un paiement étaient envoyés pour être encaissés aux correspondants du Trésor, à Londres, à Bruxelles, à Amsterdam, à Berlin, à Francfort, à Hambourg. Les fonds provenant de ces encaissements étaient chez les correspondants à la disposition du gouvernement français et portaient intérêt à son profit jusqu'au jour où ils étaient retirés pour être compris dans un versement à l'Allemagne. Il est résulté de ce procédé commandé par la force des choses que les capitaux destinés aux payements de l'Allemagne sont restés, on peut le dire, dans le mouvement des affaires jusqu'à la dernière heure. Les sommes importantes qui étaient déposées chez les correspondants du Trésor devaient, en effet, être employées par ceux qui en étaient dépositaires, puisqu'elles étaient productives d'intérêt au profit du Trésor français. Elles ont servi à prendre du papier à l'escompte, surtout pour les dépôts formés en Angleterre et à faire des reports dans les Bourses étrangères et probablement même à Paris. Beaucoup de ces correspondants du Trésor à l'étranger étaient, en effet, des maisons de banque associées ou servant de succursales à des maisons de Paris, et il n'est pas impossible que les fonds déposés dans ces sortes de succursales ne soient rentrés momentanément en France, pour servir à des reports sur le marché de Paris, sauf à retourner à l'étranger pour y être livrés aux agents français au moment des payements à effectuer. Une agence française avait été établie à Londres, où elle fit l'office de correspondant du Trésor pendant toute la durée de ces vastes opérations. Les sommes qu'elle a eues en dépôt ont été considérables ; elles provenaient des effets sur Londres qui lui étaient envoyés pour être encaissés et de la vente d'une certaine quantité de rente 3 0/0 que le Trésor a dû réaliser pour le compte de la caisse de la dotation de l'Armée, et qu'il a été plus avantageux de vendre à la Bourse de Londres, qu'à la Bourse de Paris, parce qu'on a eu *les fonds en livres sterling. Cette vente a porté sur 4,008,000 francs de rentes. L'agence de Londres, outre qu'elle plaçait les fonds dont le Trésor n'avait pas emploi immédiat dans les payements à l'Allemagne, transformait en valeurs allemandes ce qu'elle possédait en livres sterling. Elle a fait également, mais sur une très petite échelle, des acquisitions d'or et d'argent. Les conversions en valeurs allemandes ont employé 31.687.315 livres sterling, et les acquisitions d'or et d'argent 1.132.094 livres sterling. Des dépôts considérables étaient formés également à Berlin, Francfort, Amsterdam, Hambourg et Bruxelles. Les sommes étaient dirigées sur Berlin au fur et à mesure de l'échéance des termes des payements.* »

« L'exposé de toutes ces opérations de banque et de trésorerie donne une idée exacte des difficultés que présentait la réalisation de cette immense affaire, des soins minutieux et intelligents qu'on y a apportés et de l'habileté avec laquelle elle a été conduite.

« D'après les renseignements donnés à la commission du budget en 1874, les payements faits à l'empire d'Allemagne en 1871, 1872 et 1873 ont diminué le stock métallique de la France d'environ 700 millions seulement. Le gouvernement français a expédié directement, comme nous l'avons déjà dit, 273 millions d'or et 239 millions d'argent. Il a été exporté, en outre, pour couvrir les banquiers qui avaient créé les lettres de change étrangères, une quantité d'or évaluée à 730 millions ; ce qui porte le chiffre des exportations d'or et d'argent à 1 milliard 242 millions. Mais, d'un autre côté, il y a eu, pendant les trois années de la durée des payements à l'Allemagne, un excédent d'importation d'argent qui a réduit le chiffre de la diminution des espèces métalliques en France à 700 millions environ. Cette perte a été bientôt réparée et suivie même d'un accroissement notable de numéraire.

« En résumé, voici les faits principaux que rappelle notre libération financière envers l'Allemagne :

« Deux emprunts ensemble de 5 milliards 725 millions; des achats de plus de 4 milliards 350 millions de change, en sus du payement direct de 500 millions en or et en argent français; la remise a l'étranger des valeurs équivalentes en échange du montant des effets acquis par le gouvernement français; le recouvrement sur les débiteurs étrangers d'une partie de ces effets; le versement effectif dans les caisses du Trésor de l'empire d'Allemagne de 5 milliards 315 millions, sans que le chiffre des espèces métalliques françaises ait été diminué de plus de 700 millions. Le cours du change, malgré les achats considérables d'effets étrangers, a été maintenu au taux moyen de 25 fr. 60 centimes à 25 fr. 70 centimes, et la prime moyenne de l'or à la Bourse de Paris, à 14 francs pour 1,000. Enfin la circulation fiduciaire, avec cours forcé, dépassant 3 milliards, et néanmoins n'ayant produit aucune dépréciation de notre billet de banque!

« Ajoutons qu'aussitôt les acquisitions des effets étrangers terminées, le billet de banque a fait prime; le cours du change a repris son taux normal; la prime de l'or a disparu, enfin notre stock métallique antérieur s'est reconstitué et a même rapidement augmenté[1]. »

Nous arrêterons ici cette esquisse d'une crise financière à laquelle nul autre pays que la France n'aurait peut-être survécu. Pour dresser le bilan complet de ce que la guerre de 1870-1871 nous a coûté, il faudrait maintenant parler du compte de liquidation, des sommes immenses dépensées pour la reconstitution de notre matériel, la réfection de l'armement et la construction de notre frontière artificielle; enfin des lourdes charges dont les emprunts faits à cette époque grèvent notre budget annuel. Mais ce serait trop sortir de notre cadre. Notre intention a été seulement de donner un aperçu des moyens employés pour subvenir aux dépenses de la guerre et au prix de notre rachat. Pour le surplus, nous ne pouvons que renvoyer le lecteur à l'ouvrage de M. Mathieu-Bodet, auquel nous avons emprunté tous les renseignements qui précèdent.

---

1. *Les Finances françaises de 1870 à 1878*, tome I, pages 217 et suivantes.

APPENDICE

Pièce n° 1.

ORDRE DE BATAILLE DE L'ARMÉE DE L'EST

Commandant en chef : Général de division BOURBAKI.
Chef d'Etat-major général : Général de division BOREL.
Commandant de l'artillerie : Général de brigade DE BLOIS DE LA CALANDE.
Commandant du génie : Général de brigade SÉRÉ DE RIVIÈRES.
Intendant en chef : Intendant général FRIANT.

15° CORPS D'ARMÉE

Commandant : Général de division MARTINEAU DES CHENEZ.
Chef d'Etat-major : Lieutenant-colonel DES PLAS.

1re Division d'Infanterie : Général D'ASTUGUE.

1re *Brigade* : Gal MINOT.	2e *Brigade* : Gal QUESTEL.
1er zouaves de marche : L^t-C^{ol} PARRAN.	4e bat^{on} de marche de chasseurs à pied.
12e mobiles (Nièvre) : L^t-C^{ol} VÉNY.	Rég^t de tirailleurs algériens : L^t-C^{ol} CAPDEPONT.
Bat^{on} de la Savoie : Comm^t COSTA DE BEAUREGARD.	18e mobiles (Charente) : L^t-C^{ol} D'ANGÉLYS.

ARTILLERIE : Trois batteries de 4, une de mitrailleuses et une de 4 de montagne.

2e Division d'Infanterie : Général REBILLIARD.

1re *Brigade* : Gal LECAMUS [1].	2e *Brigade* : Gal CHOPPIN-MEREY [2].
5e bat^{on} de chasseurs de marche : Comm^t BOUDET.	2e zouaves de marche : L^t-C^{ol} CHEVALIER.
39e de ligne : C^{ol} MESNY.	30e de marche : L^t-C^{ol} GODIN.
Légion étrangère : L^t-C^{ol} CANAT.	29e mobiles (Maine-et-Loire) : L^t-C^{ol} ARNOUS-RIVIÈRE.
25e mobiles (Gironde) : L^t-C^{ol} D'ARTIGOLLES.	

ARTILLERIE : Deux batteries de 4, une de mitrailleuses.

1. Auxiliaire : était colonel d'infanterie de marine.
2. Auxiliaire : était lieutenant-colonel d'infanterie.

3ᵉ Division d'Infanterie : Général Peytavin.

1ʳᵉ *Brigade* : Gᵃˡ Jacob de la Cottière.
6ᵉ batᵒⁿ de chasseurs de marche : Commᵗ Regain.
16ᵉ de ligne : Lᵗ-Cᵉˡ Behague.
1 batᵒⁿ du 33ᵉ de marche.
32ᵉ mobiles (Puy-de-Dôme) : Lᵗ-Cᵉˡ Sersiron.

2ᵉ *Brigade* : Gᵃˡ Martinez.
2ᵉ de marche : Lᵗ-Cᵉˡ Péragallo.
34ᵉ de marche : Lᵗ-Cᵉˡ Audouard.
69ᵉ mobiles (Ariège) : Lᵗ-Cᵉˡ Aclocque.

Artillerie : Deux batteries de 4, une de mitrailleuses.

Division de Cavalerie : Général de Longuerue.

1ʳᵉ *Brigade* : Gᵃˡ N...
11ᵉ chasseurs : Cᵉˡ Baillencourt.
6ᵉ dragons : Cᵉˡ de Villers.
6ᵉ hussards : Cᵉˡ Polinière.

2ᵉ *Brigade* : Gᵃˡ de Boério.
1ᵉʳ chasseurs de marche : Cᵉˡ Rouher.
9ᵉ cuirassiers : Cᵉˡ de Vouges de Chanteclair.

3ᵉ *Brigade* : Gᵃˡ Tillon.
5ᵉ lanciers : Cᵉˡ Gayraud.
1ᵉʳ cuirassiers de marche : Cᵉˡ de Renusson d'Hauteville.

Réserve d'artillerie : Quatre batteries de 8 (Reffye). — Quatre batteries de 4 (à cheval). — Deux batteries de mitrailleuses. — Deux batteries de 4 de montagne.

18ᵉ CORPS D'ARMÉE

Commandant : Général de division BILLOT[1].
Chef d'Etat-major : Colonel Gallot.

1ʳᵉ Division d'Infanterie : Général Feillet-Pilatrie.

1ʳᵉ *Brigade* : Cᵉˡ Leclaire.
9ᵉ batᵒⁿ de chasseurs de marche : Commᵗ N...
42ᵉ de marche : Lᵗ-Cᵉˡ Couston.
19ᵉ mobiles (Cher) : Lᵗ-Cᵉˡ de Choulot.

2ᵉ *Brigade* : Gᵃˡ Robert (auxiliaire).
44ᵉ de marche : Lᵗ-Cᵉˡ Achilli.
78ᵉ mobiles[2] : Lᵗ-Cᵉˡ de Raucourt.

Artillerie : Deux batteries de 4.

2ᵉ Division d'Infanterie : Contre-amiral Penhoat.

1ʳᵉ *Brigade* : Cᵉˡ Perrin (auxiliaire).
12ᵉ batᵒⁿ de chasseurs de marche : Commᵗ Villeneuve.
52ᵉ de marche : Lᵗ-Cᵉˡ Quénot.
77ᵉ mobiles[3] : Lᵗ-Cᵉˡ de Labro.

2ᵉ *Brigade* : Gᵃˡ Perreaux.
92ᵉ de ligne : Lᵗ-Cᵉˡ Trinité.
Régᵗ d'infanterie légère d'Afrique (à 2 bataillons) : Lᵗ-Cᵉˡ Gratreaud[4].

Artillerie : Trois batteries de 4.

---

1. Auxiliaire ; était lieutenant-colonel d'état-major.
2. Loiret et Isère.
3. Tarn, Allier, Maine-et-Loire.
4. Ce régiment fut remplacé plus tard par le 49ᵉ de marche et attaché à la cavalerie.

8° Division d'Infanterie : Général BONNET.

1ʳᵉ *Brigade :* Cᵒˡ GOURY (du génie).
4ᵉ zouaves de marche : Cᵉˡ DE BOISFLEURY.
81ᵉ mobilés[1] : Lᵗ-Cᵒˡ RENAUD.

2ᵉ *Brigade :* Lᵗ-Cᵒˡ BRÉMENS.
14ᵉ batᵒⁿ de chasseurs de marche : Commᵗ BONNET.
53ᵉ de marche : Lᵗ-Cᵒˡ BRENIÈRES.
82ᵉ mobiles[2] : Lᵗ-Cᵒˡ HOMEY.

ARTILLERIE : Trois batteries de 4.

Division de Cavalerie : Général DE BRÉMOND D'ARS.

1ʳᵉ *Brigade :* Gᵃˡ CHARLEMAGNE.
2ᵉ hussards de marche : Lᵗ-Cᵒˡ DE POINTIS.
3ᵉ lanciers de marche : Lᵗ-Cᵒˡ RENAUDOT.

2ᵉ *Brigade :* Gᵃˡ HAINGLAISE.
5ᵉ dragons de marche : Lᵗ-Cᵒˡ D'USSEL.
5ᵉ cuirassiers de marche : Lᵗ-Cᵒˡ DE BRÉCOURT.

Réserve d'artillerie : Commᵗ ROSSIGNEUX (provisoire). — Deux batteries de 12. — Deux batteries de 4. — Deux batteries de mitrailleuses. — Une batterie de 4 de montagne.

20° CORPS D'ARMÉE

Commandant : Général de division CLINCHANT.
Chef d'Etat-major : Colonel du génie VARAIGNE.

1ʳᵉ Division d'Infanterie : Général DE POLIGNAC (auxiliaire).

1ʳᵉ *Brigade :* Lᵗ-Cᵒˡ GODEFROY[3].
85ᵉ de ligne : Lᵗ-Cᵒˡ GODEFROY.
55ᵉ mobiles (Jura) : Lᵗ-Cᵒˡ DE MONTRAVEL.
11ᵉ mobiles (Loire) : Lᵗ-Cᵒˡ POYETON.

2ᵉ *Brigade :* Cᵒˡ BRISAC (auxiliaire).
67ᵉ mobiles (Haute-Loire) : Lᵗ-Cᵒˡ N.
4ᵉ batᵒⁿ de mobiles de Saône-et-Loire.
24ᵉ mobiles (Hᵗᵉ-Garonne, 2 batᵒⁿˢ) : Lᵗ-Cᵒˡ DE SARMEJANE.
Francs-tireurs du Haut-Rhin : Commᵗ DE LUPPÉ.

Deux batteries de 4. — Un escadron du 2ᵉ lanciers de marche. — Une compagnie du génie.

2° Division d'Infanterie : Général de brigade THORNTON.

1ʳᵉ *Brigade :* Gᵃˡ DE SEIGNEURENS (auxiliaire).
25ᵉ batᵒⁿ de chasseurs de marche : Commᵗ BAILLY.
34ᵉ mobiles (Deux-Sèvres) : Lᵗ-Cᵒˡ ROUGET.
2ᵉ batᵒⁿ de la Savoie : Commᵗ DUBOIS.

2ᵉ *Brigade :* Cᵒˡ VIVENOT (auxiliaire).
3ᵉ zouaves de marche : Lᵗ-Cᵒˡ BERNARD.
68ᵉ mobiles (Haut-Rhin, 2 batᵒⁿˢ) : Lᵗ-Cᵒˡ DOLLFUS.

7ᵉ régiment de chasseurs : Colonel DE RIGAUMONT. — Deux batteries de 4. — Une compagnie du génie.

---

1. Charente-Inférieure, Cher, Indre.
2. Charente, Var, Vaucluse.
3. Les trois régiments de cette brigade étaient à deux **bataillons**.

3ᵉ Division d'Infanterie : Général SÉGARD (auxiliaire).

1ʳᵉ *Brigade :* Cᵒˡ DUROCHAT.
47ᵉ de marche : Cᵒˡ N...
Mobiles de la Corse : Lᵗ-Cᵒˡ PARRAN.

2ᵉ *Brigade :* Cᵒˡ SIMONIN (auxiliaire).
1 batⁿ du 78ᵉ de ligne : Lᵗ-Cᵒˡ BARRIER.
58ᵉ mobiles (Vosges, 2 batⁿˢ) . Lᵗ-Cᵒˡ MULLER.
2 batⁿˢ des Pyrénées-Orientales.
1 batⁿ de la Meurthe.

Francs-tireurs Comtois, de l'Allier, du Puy-de-Dôme, de Cannes, de Nice. — 6ᵉ cuirassiers de marche. — Deux batteries de 4. — Une compagnie du génie (ouvriers volontaires de Tours).
Réserve d'artillerie . Trois batteries de 12.

24ᵉ CORPS D'ARMÉE

Commandant : Général de division BRESSOLLES.
Chef d'Etat-major · Lieutenant-colonel TISSIER.

1ʳᵉ Division d'Infanterie : Général D'ARIÈS.

1ʳᵉ *Brigade :* Lᵗ-Cᵒˡ DESVEAUX DU LYF.
15ᵉ batⁿ de marche de chasseurs.
63ᵉ de marche : Cᵒˡ N...

2ᵉ *Brigade :* Lᵗ-Cᵒˡ D'OLLONNE.
3 batⁿˢ de mobiles (Haut-Rhin, Haute-Garonne, Tarn-et-Garonne).
3ᵉ légion de mobilisés du Rhône (n'a pas rejoint).

ARTILLERIE Deux batteries de 4.

2ᵉ Division d'Infanterie : Général COMAGNY-THIBAUDIN (auxiliaire).

1ʳᵉ *Brigade :* Lᵗ-Cᵒˡ IRLANDE.
21ᵉ batⁿ de chasseurs de marche : Commᵗ HERMIER.
60ᵉ de marche : Lᵗ-Cᵒˡ JOUNEAU.
61ᵉ de marche : Lᵗ-Cᵒˡ DAURIAC

2ᵉ *Brigade :* Lᵗ-Cᵒˡ BRAMAS.
14ᵉ mobiles (Yonne) : Lᵗ-Cᵒˡ BRAMAS.
87ᵉ mobiles[1] : Lᵗ-Cᵒˡ BORDIER.

ARTILLERIE : Deux batteries de 4 et une de montagne.

3ᵉ Division d'Infanterie : Général CARRÉ DE BUSSEROLLES.

1ʳᵉ légion de mobilisés du Rhône : Lᵗ-Cᵒˡ VALENTIN.
2ᵉ légion des mobilisés du Rhône : Lᵗ-Cᵒˡ CHABERT.
89ᵉ mobiles (Var et Gironde) : Lᵗ-Cᵒˡ MARÉCHAL.
4ᵉ batⁿ des mobiles de la Loire : Commᵗ CHALUS.

Deux batteries de 4 et une de montagne. — 7ᵉ régiment de cavalerie mixte : Lieutenant-colonel DROZ.
Réserve d'artillerie : Quatre batteries de 12. — Une batterie à cheval. — Une batterie de montagne.

---

1. Lozère et Tarn-et-Garonne.

Réserve générale.

Commandant : Général PALLU DE LA BARRIÈRE (capitaine de frégate).

Brigade d'infanterie.	Brigade de cavalerie : G^{al} DE BOÉRIO.
38ᵉ de ligne : L^t-C^{el} COURTOT. 29ᵉ de marche : L^t-C^{el} CARRÉ. Rég^t de marche d'infanterie de marine : L^t-C^{el} COQUET.	2ᵉ chasseurs d'Afrique de marche : L^t-C^{el} GAUME. 3ᵉ dragons de marche : L^t-C^{el} DURDILLY.

ARTILLERIE : Trois batteries de 8. — Une section du génie.

Pièce nº 2.

ORDRE DU JOUR DE L'ARMÉE DES VOSGES (2 FÉVRIER 1871).

Miliciens de l'armée des Vosges,

Sans perdre une minute, et après une marche de 55 kilomètres, *vous étiez tous prêts à voler au secours de vos frères d'armes bloqués à Pontarlier;* il n'est déjà plus temps. 80,000 d'entre eux viennent de passer en Suisse et sont perdus pour la défense de notre chère patrie. Ranimez vos courages, nous resterons debout, et quel que soit le sort que nous réserve la décision *qui sortira d'une assemblée nommée dans de pareilles conditions,* jurons de ne mettre bas les armes que lorsque le sol de la France sera purgé de *cette mêlée de renards et de loups* qu'on appelle l'armée de l'empereur Guillaume, et sur laquelle nous marcherons désormais comme sur des bêtes fauves *qu'on larde encore de coups de pieux et de fourches quand elles gisent expirantes et la bave sanguinolente aux lèvres.* Pas de quartier ! Vive la République !

Le Chef d'état-major de l'armée des Vosges, signé : BORDONE.

Pièce nº 3.

ORDRE DE BATAILLE DU CORPS DE SIÈGE DEVANT BELFORT

Commandant : Général-major, puis Général-Lieutenant DE TRESCKOW Iᵉʳ.

Chef d'État-major : Capitaine DE SCHULTZENDORFF.

Commandant de l'artillerie : Lieutenant-colonel DE SCHELIHA, de l'Etat-major.

Commandant du génie : Général-major, puis Général-lieutenant DE MERTENS.

I. — 1ʳᵉ Division de réserve : Général DE TRESCKOW Iᵉʳ.

1ʳᵉ *Brigade de landwehr :* Cᵒˡ DE BUDDENBROCK.	2ᵉ *Brigade de landwehr :* Gᵃˡ-majʳ D'AVEMANN.
1ᵉʳ régᵗ combiné de landwehr de Poméranie.	3ᵉ régᵗ combiné de landwehr de Poméranie.
2ᵉ régᵗ combiné de landwehr de Poméranie.	4ᵉ régᵗ combiné de landwehr de Poméranie.
	4ᵉ régᵗ d'infanterie de Magdebourg n° 67 [1].

2ᵉ régiment de uhlans de réserve. — Trois batteries de réserve. — Une compagnie de pionniers de place du IIᵉ corps d'armée.

II. — Détachement du général de Debschitz [2].

Bataillon de landwehr de Jauer   (Prusse occidentale).
Bataillon de landwehr de Liegnitz   (Id.).
Bataillon de landwehr de Lauban   (Basse-Silésie).
Bataillon de landwehr de Hirschberg   (Id.).
Bataillon de landwehr de Striegau   (Silésie).
Bataillon de landwehr de Breslau   (Basse-Silésie).
Bataillon de landwehr de Oels   (Id.).
Bataillon de landwehr de Apenrade   (Schleswig).

Deux escadrons du 6ᵉ régiment de uhlans de réserve. — Deux batteries de réserve.

III. — Troupes détachées de la 4ᵉ division de réserve [3].

Commandant : Général-major DE TRESCKOW II, commandant la 4ᵉ brigade de cavalerie, puis Colonel DE ZIMMERMANN, commandant la brigade de landwehr de la Prusse orientale.

1ᵉʳ bataillon du 1ᵉʳ régiment d'infanterie rhénan.
2ᵉ régiment combiné de landwehr de la Prusse orientale (batᵒⁿˢ d'Osterode et d'Ortelsburg).
1ᵉʳ régiment combiné de landwehr de la Prusse orientale (batᵒⁿˢ de Tilsitt, Wehlau, Intersburg et Gumbinnen).
3ᵉ régiment combiné de landwehr de la Prusse orientale (batᵒⁿˢ de Loetzen, Goldap, Dantzig et Marienburg).

3ᵉ régiment de uhlans de réserve. — Trois batteries, plus deux pièces d'une quatrième (toutes de réserve).

---

1. Ce régiment, du VIIIᵉ corps, avait été, le 1ᵉʳ octobre, rattaché à la 1ʳᵉdivision de réserve ; jusque-là, il avait formé la garnison de Coblentz.
2. Arrivé les derniers jours de décembre.
3. Ces troupes furent surtout employées à la protection du siège et prirent une part importante aux combats de la Lisaine. On ne peut donc les compter comme troupes de blocus proprement dites.

IV. — Douze compagnies d'artillerie de place prussiennes. — Huit batteries de place bavaroises. — Trois compagnies d'artillerie de place wurtembergeoises. — Quatre compagnies d'artillerie de place badoises.

V. — Un bataillon de pionniers à sept compagnies (dont une bavaroise, une wurtembergeoise et une badoise).

VI. — Un détachement du train, avec trois ambulances.

VII. — Un parc de siège.

Pièce n° 4

NOTE SUR LE COMBAT DE WISSEMBOURG

A propos du rôle joué, le 4 août 1870, par le général Ducrot, et de l'abandon où a été laissée, toute la journée, la malheureuse division Douay, nous avons reçu, postérieurement à l'apparition du tome I, communication d'une série de documents qui éclairent d'un jour plus complet les causes de cette malheureuse affaire. Nous croyons devoir les résumer ici, dans l'intérêt même de la vérité. Non pas qu'en signalant l'abstention de la division Ducrot, nous ayons prétendu en aucune façon l'attribuer à un parti pris de son chef. Le vaillant officier général, qui s'est prodigué à Frœschwiller, à Sedan et à Paris, a donné trop de preuves d'ardeur et d'énergie pour qu'il soit permis de jamais suspecter son empressement à voler au secours d'un camarade dans l'embarras. Comme cependant les termes mêmes de notre récit pourraient prêter à interprétation erronée[1], nous tenons à entrer de nouveau dans quelques détails, qui suffiront à préciser les responsabilités.

Le 2 août, au soir, après que le maréchal de Mac-Mahon avait dicté l'ordre n° 4 que nous avons cité page 166, le sous-préfet de Wissembourg, M. Hepp, aujourd'hui vice-président du conseil de préfecture de Seine-et-Oise, expédia au général Douay, à Haguenau, une dépêche annonçant que l'ennemi apparaissait dans le voisinage immédiat de Wissembourg. Cette dépêche ayant été transmise à Strasbourg, le maréchal adressa, le 3, à minuit 10, l'ordre suivant au général Douay :

« D'après les nouvelles que vous me donnez, mettez-vous en

[1]. Voir tome I, page 188.

route demain matin le plus tôt possible avec toute votre division, à l'exception des deux bataillons détachés à Seltz, pour vous porter sur Wissembourg. Vous prendrez à Soultz le 3ᵉ hussards. Emmenez également les escadrons du 11ᵉ chasseurs de Haguenau. Le détachement de Seltz vous rejoindra le 4, après qu'il aura été relevé.

« Le général Ducrot, qui porte également une partie de sa division à Lembach, vous rejoindra en route et vous indiquera la manière de vous relier avec la 1ʳᵉ division. Accusez réception. »

Le général Ducrot fut immédiatement informé de cette modification aux ordres primitivement donnés; on lui enjoignit en outre d'avoir, dans cette même journée du 3, toute sa 1ʳᵉ brigade à Lembach, moins le 96ᵉ, qui devait provisoirement rester à Climbach et environs. On pensait que ce régiment se trouverait moins en l'air, grâce à la proximité des forces de Lembach, et que l'arrivée de la 1ʳᵉ brigade en ce point, dès le 3, pourrait assurer la retraite du général Douay par le col du Pigeonnier, s'il lui fallait, le 4, abandonner Wissembourg.

Le 3 août, dès le matin, le général Ducrot mit en route pour Lembach le 13ᵉ bataillon de chasseurs et le 18ᵉ de ligne, avec une section d'artillerie; ces troupes allèrent camper sur les hauteurs à proximité du village. A partir de ce moment, lui ne reçut plus aucun ordre du maréchal, ni aucune communication du général Douay. Il envoya toutefois à ce dernier, pendant la journée, une note indiquant les moyens d'assurer la retraite, le cas échéant.

Quant au général Douay, il s'était empressé de transmettre au général Ducrot un avis reçu du maréchal dans la matinée du 4[1], ajoutant en post-scriptum cette phrase trop significative : « *Je suis absolument dépourvu de cartes qui puissent me guider.* » Mais sa dépêche ne parvint point à destination, et le général Ducrot, ignorant l'imminence du danger, se conforma tout naturellement à ses instructions précédentes. Le 4 donc, conformément à l'ordre n° 4, il se mit en route pour Lembach, avec son artillerie et la brigade du Houlbec, après avoir envoyé le bataillon du 45ᵉ à Ober et à Nieder-Steinbach, dans l'intention de relier sa gauche au 5ᵉ corps, à Sturzelbronn. Lui-même suivit la route qui remonte la Sauer en longeant le pied occidental du Hochwald. Or, Wissembourg se trouve de l'autre côté de ce contrefort des Vosges, qui surplombe la route de 200 à 300 mètres et est couvert d'épaisses forêts. Le son était à ce point intercepté que le général Ducrot n'entendit point le canon; d'ailleurs, la brigade Wolf, qui, on l'a vu, était à Lembach depuis la veille, n'avait rien entendu non plus.

Le général Ducrot, encore à cheval, s'occupait de l'établissement de ses troupes, quand, un peu après midi, on lui remit une dépêche du colonel de Franchessin, venue de Climbach où était le 96ᵉ, et ainsi conçue :

« J'ai l'honneur de vous rendre compte que l'ennemi tire le

---

1. Voir tome I, page 176, la dépêche du 4 août, 5 h. 27 du matin.

canon sur Wissembourg ; on me dit que le feu s'est déclaré dans plusieurs maisons. Cet avis nous est donné par le poste du Pigeonnier.

« Le 78ᵉ vient d'arriver ; je fais ployer mes bagages et lever le camp ; je ne me mettrai en route qu'à midi. »

Il ordonna alors les dispositions nécessaires pour que sa division puisse se reporter en avant au premier signal, puis, escorté de quelques cavaliers. Il courut au Pigeonnier. En passant à Climbach, il s'informa auprès du colonel de Franchessin de ce qui se passait, il prescrivit au 78ᵉ d'aller occuper le col du Pigeonnier et expédia à sa division l'ordre de se mettre en marche vers le même point ; les batteries devaient prendre les devants et le 96ᵉ les attendre à Climbach pour les escorter. Puis il repartit en hâte ; il n'arriva cependant au col que pour voir nos troupes, chassées du Geisberg, en pleine retraite vers Kleebourg et Bremmelbach. Derrière lui arrivèrent bientôt le 96ᵉ et l'artillerie, puis après le gros de la division. On connaît la suite, et comment les régiments du général Ducrot recueillirent ceux du général Douay, que le nombre venait d'écraser.

Il résulte de tout ceci que la défaite de la division Douay est due autant à un concours de circonstances fatales qu'à sa situation aventurée. De celle-ci, d'ailleurs, le général Ducrot ne saurait pas plus être rendu responsable que du reste, car, en somme, il n'était pas éclairé sur les dangers réels qui menaçaient Wissembourg, et il avait indiqué au général Douay les seules positions à prendre, étant donné que l'occupation de Wissembourg paraissait indispensable pour assurer les subsistances de la 1ʳᵉ et de la 2ᵉ division. On n'ignore point, au surplus, que le général Ducrot réclamait avec insistance, bien avant la déclaration de guerre, l'organisation du service de renseignements régulier, et qu'il n'a pas tenu à lui que le 1ᵉʳ corps, au lieu d'être disséminé dans toute la basse Alsace, ait au contraire occupé, pour la défense de la frontière, une position beaucoup plus concentrée.

Note I. (*Ci-dessus, page* **77.**)

La désignation de *division Dastugue*, dont je me suis servi dans le récit de la bataille de la Lisaine, est, au point de vue strict, impropre à cette date. Le général Dastugue n'a pris en réalité son commandement que le 20 janvier, à l'Isle-sur-le-Doubs. Le 15, la division avait à sa tête le général Durrieu, lequel, étant tombé malade, dut être évacué le lendemain 16, et eut pour successeur intérimaire le général Minot.

Not II. *(Ci-dessus, page 142.)*

Je dois à l'impartialité de déclarer que le général Minot a protesté, devant la Commission d'enquête parlementaire, contre la déposition du lieutenant-colonel Reynaud dont il est question ci-dessus à propos de l'affaire de Quingey, et donné des faits une version différente.

« Nous avions été, a-t-il dit, envoyés à Quingey par les voies rapides et l'artillerie y avait été dirigée par la voie de terre. Il en est résulté que du 21 au matin, moment de l'arrivée des premières troupes, jusqu'au 23, à 11 heures, moment de l'attaque des Prussiens, nous nous sommes trouvés sans une seule pièce de canon. Nos avants-postes, placés sur les hauteurs qui dominent l'entonnoir au fond duquel est Quingey, n'ont pu résister à l'attaque des Prussiens soutenus par leur artillerie, et nous nous sommes repliés en combattant. Le général commandant la division, voyant l'impossibilité absolue de défendre le village, a dû ordonner la retraite, retraite qui s'est faite dans le plus grand ordre et en échelons sur la route de Besançon, par laquelle devait venir notre artillerie, et c'est à environ 4 kilomètres de Besançon que nous avons trouvé notre artillerie en route pour Quingey.

« M. Reynaud, que je ne me rappelle avoir vu qu'une seule fois, le 22 au soir, rapporte la conversation que nous avons eue ensemble d'une façon tout à fait inexacte. »

Cette protestation a été insérée parmi les pièces justificatives de l'enquête, au tome V, page 196.

Erratum

Une faute d'impression importante, et qui rend une phrase incompréhensible, s'est glissée dans le tome, IV, page 408. A la troisième ligne, il faut lire *227,261* hommes au lieu de *127,261*.

TABLE DES MATIÈRES

TROISIÈME PARTIE. — LES ARMÉES DE PROVINCE
(*Suite*)

LIVRE V

Seconde campagne de l'Est.

CHAPITRE PREMIER. — L'armée de l'Est.	
I. — Le plan de campagne.	1
II. — Premières opérations.	26
CHAPITRE II. — Villersexel.	35
De Villersexel à la Lisaine	53
CHAPITRE III. — La Lisaine.	67
I. — Journée du 15 janvier.	71
II. — Journée du 16 janvier.	93
III. — Journée du 17 janvier.	106
CHAPITRE IV. — La retraite.	
I. — De la Lisaine à Besançon	121
II. — Marche de l'armée du sud de la Seine sur le Doubs.	132
III. — Garibaldi à Dijon	148
CHAPITRE V. — La catastrophe.	
I. — La marche sur Pontarlier	169
II. — L'armistice.	190
III. — Le passage en Suisse.	194
IV. — Destruction du pont de Fontenoy-sur-Moselle	214

LIVRE VI
Les places fortes.

CHAPITRE PREMIER. — **Les grandes places.**
    I. — Les fortifications en 1870 222
    II. — Siège de Strasbourg. 229
    III. — Siège de Belfort. 238
CHAPITRE II. — Phalsbourg et Bitche. 259

LIVRE VII

LA GUERRE SUR MER. 271

CONCLUSION

    I. — Le traité de Francfort. 285
    II. — Résumé sommaire des événements. Étude des causes
        de la défaite. 288

Note sur la situation financière de la France en 1870-1871. 341

APPENDICE

Pièce n° 1. — Ordre de bataille de l'armée de l'Est 361
    —   2. — Ordre du jour de l'armée des Vosges. 365
    —   3. — Ordre de bataille du corps de siège devant
               Belfort 365
    —   4. — Note sur le combat de Wissembourg. 367

Paris. — Imprimerie LAHURE, 9, rue de Fleurus.

LA SECONDE CAMPAGNE DE FRANCE

HISTOIRE GÉNÉRALE
DE
LA GUERRE
FRANCO-ALLEMANDE
(1870-1871)

PAR

Le Commandant ROUSSET
DE L'ÉCOLE SUPÉRIEURE DE GUERRE

INDEX ALPHABÉTIQUE

PARIS
MONTGREDIEN ET Cⁱᵉ
LIBRAIRIE ILLUSTRÉE
8, RUE SAINT-JOSEPH, 8

Tous droits réservés.

AVANT-PROPOS

L'*Histoire générale de la guerre franco-allemande*, par M. le commandant Rousset, a obtenu un succès trop vif, elle a réuni trop de suffrages (1), elle jouit d'une notoriété trop étendue pour qu'il y ait lieu d'appeler de nouveau l'attention sur l'exceptionnelle valeur de cette œuvre si considérable et si précieuse.

Tel n'est pas d'ailleurs le but de ces quelques lignes qui n'ont d'autre ambition que de dégager l'esprit du travail auquel je me suis livré en rassemblant les éléments de cet INDEX. Si un index alphabétique constitue le complément indiqué de tout livre comportant des recherches, on peut dire qu'il crée l'instrument indispensable pour rendre véritablement accessible, pratique, et pleinement utile la lecture d'un ouvrage en six volumes contenant autant de noms propres d'hommes et de lieux, de noms de faits et d'institutions, qu'une grande Histoire militaire en comprend nécessairement.

Désormais on saura où trouver exactement le récit d'une bataille, d'un combat ou d'un engagement déterminés; on ne tâtonnera plus pour s'édifier sur le

---

1. Au premier rang desquels se placent ceux de l'Académie française, qui lui a décerné une de ses récompenses les plus enviées (le prix Née).

rôle précis joué par tel ou tel chef militaire : les numéros placés dans l'Index ci-contre à la suite de chaque nom permettront d'aller droit aux états de service, et aux services rendus, aux nobles faits d'armes collectifs comme aux prouesses, aux exploits individuels, et aussi, il faut bien le dire, aux défaillances et aux fautes qui restent inscrites à la charge d'un certain nombre de représentants du commandement.

Le bloc de la guerre franco-allemande, s'il m'est permis d'employer cette expression, se trouve ainsi mécaniquement désagrégé et fragmenté de manière à permettre d'atteindre instantanément tous les éléments dont il se compose, et sur la valeur comme sur les rapports exacts desquels on ne possède encore, en général, que des idées assez confuses.

On peut ainsi se rendre compte bien plus vite du caractère, des proportions, du lien des événements, trouver en quelque sorte du premier coup d'œil, toute établie la part de justice distributive fixée à chacun.

Au double point de vue bibliographique et patriotique, j'ai conscience d'avoir, au cours de mon labeur si modeste, accompli une œuvre utile. J'ajoute qu'en feuilletant, la plume à la main, les six volumes dont se compose le beau livre du commandant Rousset, j'ai éprouvé, avec de bien grandes tristesses, de bien douces et de bien profondes satisfactions.

La générosité française a fait aux combattants de 1870 une juste apothéose.

Depuis vingt-cinq ans toute la race, émue, secouée, jusqu'au fond des entrailles, par l'admiration et par la pitié, répète le « Gloria victis » ! Nous n'avons pas ratifié l'arrêt de la fortune, et malgré l'adverse destinée, nous avons décerné à nos légions malheureuses les honneurs d'un triomphe qui dure encore.

Nous avons dit mentalement pour les héros de 1870 ce que Michelet écrivait pour les grands ancêtres :

« Tous au Panthéon ! »... Et nous avons juré de ne jamais laisser entamer par le Temps l'armure sacrée de nos regrets et de nos espoirs imprescriptibles.

Nous avons tenu ce serment. Sans éclat, sans jactance, sans intempérance dans ses manifestations, notre Protestation demeure et veille. Aucun caprice, aucun engouement passager n'a émoussé dans nos âmes la volupté du souvenir immuable. Prodigieusement relevés, nous la mêlons aux joies bien motivées d'un renouveau radieux ; elle s'associe indubitablement aux enthousiasmes suscités par l'Alliance si populaire qui noue l'épée des Tsars à l'épée de la Gaule.

Nous savons tous notre grand Memento national. Nous connaissons tous familièrement les illustrations de premier plan qui sont devenues d'emblée légendaires, parce qu'elles sont liées à des exploits qui, à bon droit, frappèrent le plus vivement les imaginations, et appelèrent du premier coup à l'envi les grandes consécrations littéraires et artistiques. Tous, nous avons retenu les héroïsmes mis en vedette par le pathétique suprême de certaines situations, par le pittoresque ou l'envolée du geste, et aussi par le lustre des notoriétés antérieures.

Tout jeune Français porte dans sa tête et dans son cœur une sorte d'imagerie innée de la Guerre, imagerie comprenant trois ou quatre motifs surhumains vers qui se tournent toutes les ferveurs, toutes les adorations du patriotisme. C'est en première ligne la charge immortelle des cuirassiers de la brigade Michel, à Frœschwiller, bissée par la chevauchée non moins sanglante des escadrons de la division Bonnemain ; c'est ensuite l'odinique carrousel des neuf mille glaives croisés à Mars-la-Tour ; et puis ce sont les funérailles sublimes des régiments de la division Margueritte préludant aux funérailles de toute notre grandeur militaire en allée dans l'abîme ouvert à Sedan. Avec l'immense holocauste de la garde prussienne si tôt foudroyée par les chassepots des défenseurs de Saint-Privat, avec les acharnements épiques de Bazeilles, voilà l'éternelle fascination !

La cavalerie française surtout, avec toute sa beauté plastique et sa vigueur musculaire, avec toutes ses énergies et toutes ses élégances, tout son luxe guerrier, et tout son panache, vouée à l'immolation, le sachant, et, stoïque, partant aux grandes allures pour l'extermination certaine, c'est la vision éblouissante, incomparable, dont les enfants de notre sol auront toujours faim et soif. On en peut énoncer la prophétie en toute confiance : tant qu'il y aura une France sous le soleil, la gloire de ces preux tombés de si haut pour le salut de leurs frères d'armes et l'honneur de la Patrie, sonnera la plus exultante et grisante des fanfares.

Mais il fut dans le cours de cette guerre fatale d'autres exterminations, d'autres immolations. Avec les héroïsmes en vedette, il y eut les héroïsmes dans le tas, confondus, noyés dans le pêle-mêle des tueries prolongées à faire frémir. Il y eut les résistances stupéfiantes, les immobilités fabuleuses dans l'orgie délirante de la fusillade, dans la débauche furieuse du canon. Il y eut tous les chocs, tous les sauts, toutes les ondulations et tous les reculs des longues lignes noires qui, cheminant à travers les accidents de terrain parfois jalonnés de fumée, vont se perdre dans les prolongements infinis de l'horizon, rayant de traits imperceptibles le panorama des batailles.

Il y eut les grands carnages dans les coins, derrière les murs de parc ou de ferme, à la lisière des bois, dans une vigne, dans une grange, dans une étable ; il y eut toutes les tragédies, toutes les hécatombes contenues dans les traits imperceptibles dessinés de loin sur le sol par les myriades d'hommes qui font la besogne courante, ordinaire du combat.

Ceux-là ont une « presse » nulle, car ils sont compris dans l'homicide général de la guerre, et l'homicide général de la guerre n'a pas de presse, pas de peintres, pas de sculpteurs, pas de poètes qui subjuguent la foule. On le revêt généralement d'un voile à l'épais tissu brodé de quelques fleurs banales. Ses victimes n'ont d'autre publicité, d'autre justice à espérer que celle de l'histoire serrée et sérieuse, qui longtemps après découvre et rappelle tout.

En dépouillant page par page, ligne par ligne, les six volumes de cette *Histoire générale de la Guerre franco-allemande*, j'ai revécu tous les instants et toutes les émotions de cette lutte formidable... J'en ai vu aussi l'Ossuaire.

J'ai vu sortir de l'ombre tragique l'immense défilé des corps d'armée, des divisions, des brigades, des régiments, des bataillons, des batteries, des détachements qui, obscurément, accomplirent et supportèrent davantage encore, hélas, le gros œuvre de la Destruction, vrai métal dont se fait l'Histoire triomphante ou lamentable, composant le grand stock de l'aliment humain jeté quotidiennement, pour ainsi dire, à la fournaise, dès qu'on a pu lire quelque part ces mots : « La guerre est déclarée ! » J'ai vu des milliers et des milliers de fois reproduit le geste sobre des masses profondes de la troupe, bravant et recevant la mort sans faste et sans phrase, dans le rang. Et j'ai salué avec une indicible émotion la multitude intarissable de ces héroïsmes anonymes, ou, ce qui revient au même, désignés seulement par un nom de chef, digne souvent de les résumer tous, et souvent, lui aussi, couché dans l'oubli.

Il me semble avoir dissipé un peu de la nuit qui recouvre les restes et la mémoire de ces innombrables héros et martyrs du Drapeau et de la Nationalité, en évoquant directement d'un mot dans cet Index le souvenir des collectivités combattantes.

Cette indication si laconique « Général X et division, Général X et brigade... » quand le chef s'appelle — je cite au hasard dans l'ordre alphabétique — Barry, Bourdillon, Cissey, Courty. Cremer, Daudel, Deflandre, Deligny, Deplanque, Derroja, Dufaure du Bessol, Dumont, Faron, Fauvard-Bastoul, Gougeard, Grenier, d'Hugues, Isnard, L'Abadie d'Aydren, Lapasset, Legrand, Levassor-Sorval, L'Hériller, Liébert, Lipowski, de la Mariouse, Mattat, de Maudhuy, de Maussion, Micheler, Moulac, Paturel, Paulze d'Ivoy, Péchot, Pellé, Susbielle, Thornton, Tixier, Valabrègue, Valazé, de Vassoigne, Vergé... est comme la formule totalisatrice des lourds arriérés de gloire dus aux plus simples et aux plus absolus des dévouements. Rapprochée des noms plus connus, qui sont sur nos lèvres à tous, elle évoque toutes les générosités, toutes les bonnes volontés, toutes les forces disparues en attestant l'amour inextinguible et en sauvant l'honneur séculaire de la France.

PAUL LECONTE.

INDEX ALPHABÉTIQUE

DE LA

GUERRE FRANCO-ALLEMANDE

(1870-71)

ABRÉVIATIONS DE L'INDEX

A.........	Amiral.	Int........	Intendant.
Adj.......	Adjudant.	Int. g^{al}...	Intendant général.
Ag. de p^{ce}.	Agent de police.	L^t........	Lieutenant.
A. M. P...	Adjoint au Maire de Paris.	L^t-C^{ol}....	Lieutenant-colonel.
		L^t de v...	Lieutenant de vaisseau.
Aux^{re}.....	Auxiliaire.		
B^{de}........	Brigade.	M. A. E...	Ministre des Affaires étrangères.
B^{ie}........	Batterie.		
C.-A......	Contre-amiral.	M. A. et C.	Ministre de l'Agriculture et du Commerce.
C^{ol}........	Colonel.		
C^{ne}.......	Capitaine.		
C^{ne} de f^{te}..	Capitaine de frégate.	M. F......	Ministre des Finances.
C^{ne} de v...	Capitaine de vaisseau.	M. G......	Ministre de la Guerre.
		M. I......	Ministre de l'Intérieur.
Cons. m^{pal}.	Conseiller municipal.		
C^t........	Commandant.	M. J......	Ministre de la Justice.
D.........	Député.	ML.......	Maréchal de France.
Dipl......	Diplomate.	M^{al} des L^{is}.	Maréchal des logis.
D^{on}.......	Division.	M. M......	Ministre de la Marine.
F.-T......	Francs-Tireurs.	M^{sés}.......	Mobilisés (gardes nationaux).
G^{al}........	Général.		
G^{al} L^t.....	Général Lieutenant (Allemagne).	M. T. P...	Ministre des Travaux publics.
		Off........	Officier.
G^{al} M^{or}....	Général Major (Allemagne).	Off. m^{pal}...	Officier municipal.
		P.........	Préfet.
G. C......	Général de la cavalerie (Allemagne.)	P. F......	Place forte.
		P. P^{ce}.....	Préfet de police.
G. D. N...	Membre du Gouvernement de la Défense nationale.	Publ......	Publiciste.
		Rév.......	Révolutionnaire.
		Riv.......	Rivière.
G. I.......	Général de l'infanterie (Allemagne).	S.-int.....	Sous-intendant.
		S.-L^t......	Sous-lieutenant.
G. M......	Garde mobile.	S.-P......	Sous-préfet.
G. N......	Garde nationale.	S^t.........	Sergent.
H. E......	Homme d'État.	S^t-M^{or}.....	Sergent-major.
Hist.......	Historien.	Sup^r......	Supérieur.
H. L......	Homme de lettre.	V.-A......	Vice-amiral.
H. P......	Homme politique.	V. O......	Volontaires de l'Ouest.
Ing........	Ingénieur.		

NOTA

Les noms de personnes sont en *égyptiennes*. **Abbatucci.**

Les noms de localités sont en italiques..... *Abbeville.*

Toutes autres désignations sont en petites capitales................... A<small>FFAIRE DE LA</small> V<small>ILLETTE</small>

INDEX ALPHABÉTIQUE

DE

L'HISTOIRE GÉNÉRALE

DE LA

GUERRE FRANCO-ALLEMANDE [1]
(1870-71)

Les chiffres romains désignent le volume.
Les chiffres arabes renvoient à la page de ce volume.

A

Abbatucci, G^{al} et B^{dc}, I, 239, 245, 249; II, 220, 239, 253, 340.
Abbeville, V, 80.
Abbevillers, VI, 127.
Abdelal, G^{al} et B^{do}, IV, 74, 76, 134.
Abeken (de), H. P., I, 394.
Ablis, IV, 25, 26, 54.
Abzac (d'), C^{el}, II, 163.
Achilli, C^t, IV, 149; VI, 205.
Adalbert de Prusse (prince), A, II, 107; VI, 273.
Adam (Edmond), P. P^{co}, III, 149, 219, 220.
AFFAIRE DE LA VILLETTE, II, 151.
Albert, V, 90.
Albert d'Autriche (archiduc), I, 144, 145.
Albert de Prusse (prince), G^{al} M^{or} V, 9, 10, 12, 20, 96, 112, 117, 118, 120, 134, 147, 151, 153, 154, 156, 157, 160, 162, 230.

Albrecht de Prusse (prince), G.C., I, 245, 246, 269; II, 209; IV, 16, 18, 20, 22, 24, 116, 187, 190.
Alençon (combat d'), IV, 402.
Algan, C^t, III, 129, 131, 132.
Alincourt (d'), C^t, II, 339.
Alix (Jules), Rév., II, 400.
Allard, L^t-C^{el}, III, 376.
Alluets (les), III, 108; IV, 21.
Alluyes, IV, 129.
Alphand, Ing^r en chef, C^t du corps aux^{re} du Génie, III, 67, 74.
ALSACE (campagne d'), I, 165-271, 241.
Alvensleben Ier, G. I., - II, 71-73, 236, 238, 241, 247, 249; III, 22.
Alvensleben II, G^{al} L^t, I, 289, 296, 300, 301, 303; II, 12, 19, 23; IV, 210, 348, 366, 377, 379, 389, 390; VI, 307.
Amadieu, G^{al}, II, 43.
Amanvillers. Voyez *Saint-Privat* (bataille de).

---

(1) Les tomes I et II portent pour titre : *L'Armée impériale*. Le tome III *Le Siège de Paris*. Les tomes IV, V et VI : *Les Armées de province*.

Ambert, G^{al}, III, 5, 9, 348.
Ambulances, III, 437-439.
Ameil, G^{al} et D^{on}, I, 258; II, 190, 326.
Amet, C^{ne} de v., III, 411.
Amiens (bataille d'), V, 39-53; pertes, 54; reddition de la citadelle, 53-57; évacuation de la ville par Gœben, 86; réoccupation, 88.
Amos, C^{el}, V, 211.
Andelle, Riv. V. Affaire de l'Andelle, 20; corps dit DE L'ANDELLE, 15, 62, 72, 75.
André, III, 104.
Anfrye, C^{ne}, I, 253.
Anthoine, S.-Off., IV, 185.
Anyac, S.-L^t, II, 339.
Apchié, C^{ne}, II, 104.
Appert, G^{al}, III, 96.
Arago (Emmanuel), D., G. D. N., M. J. — I, 337; III, 212, 216, 321, 343.
Arago (Étienne), Maire de Paris, III, 38, 45, 115, 212, 213, 215.
Aragon, imprimeur, II, 449.
Arbelot, G^{al}, VI, 215.
Arcey (combats d'), VI, 59-62.
Archer, S.-L^t, I, 263.
Archer, S^t, II, 403.
Arches (combat des), IV, 376-378.
Ardant du Picq, C^{el}, I, 386.
Ardenay (combat d'), IV, 356, 357.
Ardennes (campagne des), H, 150-349.
Ariès (d'), G^{al} et B^{do}, IV, 78, 87, 90, 92, 199, 213, 215, 229, 230, 235; VI, 10, 61, 80, 178, 186, 188, 206.
Armée-Abtheilung, IV, 109, 129, 162, 163, 169, 170, 180, 277, 281, 287, 288, 291, 292, 309, 336, 337, 344; V, 18.
Armée Allemande (Ire), I, 129, 158, 274, 275, 278, 279, 296, 345, 347, 348-351, 354, 355, 390; II, 65, 68, 70, 83, 85, 99, 108-110, 114, 145, 370, 373, 432; III, 239; V, 27, 28, 30, 31, 37, 68-70, 73, 85, 89, 112, 114, 119, 170, 183. — Ordre de bataille, I, 405.
Armée Allemande (IIe), I, 129, 130, 134, 158, 271, 272, 275-278, 344, 346, 347, 349, 350, 351, 354, 355, 375, 378, 384-389; II, 2, 19, 68, 70, 81, 82, 84, 85, 99, 110, 370, 373, 432; III, 229, 239, 396; IV, 113-115, 130-133, 161, 169, 202, 223, 247, 288, 291, 300, 302, 303, 308, 310, 339, 349, 367, 392, 404. — Ordre de bataille, I, 407.
Armée Allemande (IIIe), I, 130, 134, 135, 158, 173, 174, 211, 235, 239, 260, 266, 267, 269, 270, 333, 347, 349, 350; II, 168, 169, 170, 171, 178, 179, 182, 184, 186, 195, 197, 205, 206, 221, 222, 263-268, 264-276, 281, 282, 319-349; III, 23-26, 80, 82, 85, 86, 101, 230-232. — Ordre de bataille, I, 411.
Armée de Bretagne, IV, 407, 422.
Armée de Chalons, II, 150-167, 188-191, 199, 223-233, 263, 268-271, 283-297, 360, 361; VI, résumé, 320-323. — Ordre de bataille, II, 319.
Armée de la Cote-d'Or, V, 293.
Armée de la Loire (1re), IV, 50-54, 61, 63, 64, 67, 70, 73, 74, 76, 77, 97, 105, 107, 112, 130, 133, 134, 136, 137, 144, 157, 164, 165, 169, 180, 181, 198, 199, 201, 226, 232, 237, 242-245, 298, 325. — Ordre de bataille, 413-417.
Armée de la Loire (2e), IV, 244, 248, 249, 264, 272, 273, 283, 286, 302, 315, 316, 323, 369, 393, 408, 409; VI, 332.
Armée de la Meuse (allemande), II, 167-169, 173, 174, 184, 197, 205, 221, 222, 265, 268, 272-274, 298-319; III, 23-26, 82, 85, 101, 193; V, 7, 9, 192, 217.
Armée de l'Est, V, 258, 267, 268, 280, 305, 309; VI, 8, 17, 26, 34, 56, 58, 63, 65, 66, 74, 91, 119,

120, 121, 123, 130, 138, 156, 166-169, 171, 172, 177, 181, 182, 185, 188, 190, 193, 196, 198, 199, 202, 203, 206, 207, 211, 212, 332. — Ordre de bataille, 361.
Armée de Paris (1re), (G. N.), III, 235, 432.
Armée de Paris (2e), III, 235, 242-248, 270, 296, 297, 318, 321, 323, 326, 333, 340.
Armée de Paris (3e), III, 235, 255, 256, 268, 327, 333.
Armée des Vosges, V, 314, 318, 356, 359 ; VI, 148, 149, 152, 154, 156-158, 160, 166, 167, 177, 207. — Composition, V, 356.
Armée du Nord, V, 89-92, 97, 123, 128, 140, 142, 147, 158, 181, 192, 198-200, 202, 205, 231, 235-237. — Ordre de bataille, 350.
Armée du Rhin (ou de Metz), I, 115, 146, 153, 156, 334, 340, 342, 379, 424, 425 ; II, 1, 46, 71, 74, 143, 363, 364, 368, 369, 376, 378, 379-381, 390, 403-410, 429, 436, 444, 448, 470, 497, 499, 500, 507, 508, 512 ; IV, 300, 316, 319. — Ordre de bataille, I, 395.
Armée du Sud (allemande), V, 335 ; VI, 33, 34, 57, 67, 125, 126, 130, 132, 134, 137, 154, 171, 177, 207.
Armée fédérale en 1870 (Allemagne du Nord), I, les armées allemandes en 1870, 77 ; commandement et état-major, 81 ; infanterie, 87 ; cavalerie, 91 ; artillerie, 94 ; génie, 97 ; subsistances, service de santé, 98 ; la landwehr, 99 ; conclusion, 105.
Armée Française (l') en 1870, I, 36 ; organisation et commandement, 42 ; infanterie, 53 ; cavarie, 57 ; artillerie, 62 ; subsistances et service de santé, 68 ; conclusion, 74.
Armistice, III, 403-410, 417, 418 ; VI, 190-194.

Arnaudeau, B^{de}, I, 360.
Arnaudy, S.-L^t, I, 313.
Arnous-Rivière, II, 449-451.
Arnoux, L^t-C^{ol}, I, 300.
Aronshon, III, 45.
Artenay (combats d'), IV, 26-32, 142, 212-215.
Assant, L^t-C^{ol}, II, 251.
Assemblée nationale, III, 417 ; VI, 285.
Astugue (d'), G^{al} et B^{de}, puis D^{on}, I, 176 ; IV, 20, 51, 93, 97 ; VI, 59, 77, 94, 95, 131, 188.
Aube, C^{ne} de v., IV, 155.
Aubert, C^{ne}, II, 313, 314.
Aubry, C^t, III, 127.
Aumale (duc d'), G^{al}, I, 36, 76, 381 ; II, 412.
Aurelle de Paladines (d'), G^{al} C^t en chef de la 1re Armée de la Loire, III, 237 ; IV, 46, 50-52, 54, 61, 65-68, 70, 71, 73-75, 77, 78, 80, 85-87, 90, 98, 100-107, 112, 115, 116, 118, 120, 126, 132, 135-139, 141-144, 146, 157, 158, 163, 164, 166-168, 170, 172, 178, 179, 181-183, 197, 199, 203-205, 207, 209, 219-223, 225-227, 233-235, 237, 238, 243-246 ; V, 14.
Autun (attaque et défense d'), V, 314, 324-326 ; région, 311-333.
Auvergne (d'), G^{al}, I, 395.
Auvours (combat d'), IV, 374-376, 387.
Auxon (combat d'), V, 316.
Auxonne, P. F., VI, 7, 123, 140, 143, 210.
Avallon, VI, 157.
Avril de Lenclos, G^{al} et B^{de}, III, 285, 385.
Avron (occupation du plateau d'), III, 250 ; bombardement et évacuation, 348-352.
Aymard, G^{al} et D^{on}, I, 361 ; II, 23, 30, 387, 398, 407, 408, 410, 454, 455, 467.
Aynès, C^{ol} et B^{de}, V, 99, 107, 150, 152, 155, 193, 194, 198, 207, 208, 213, 216-218.

Azay, IV, 341.
Azibert, L^t, III, 377.

B

Baboin, G^{al}, V, 122.
Baccarat, V, 252.
Bade (grand-duc de), I, 104; VI, 237.
Bade (prince Guillaume de), V, 339, 342.
Bagneux-Châtillon (combat de), III, 151-162; pertes, 162, 163.
Baille, L^t-C^{ol}, IV, 91.
Balan (faubourg de). Voyez *Sedan* (bataille de).
Ballon, IV, 392.
BANQUE DE FRANCE, VI, 342.
Bapaume (bataille de), V, 148-157; pertes, 157.
Baraguay-d'Hilliers, ML, I, 263, 270; II, 61; VI, 261.
Barail (du), G^{al} et D^{on}, I, 119, 382, 403; II, 24, 37, 75, 115, 124, 128.
Barby (de), G^{al} M^{or} et B^{de}, I, 381, 388; II, 23, 37.
Barnekow (de), G^{al} L^t, V, 99, 105, 138, 148, 166-170, 188-191, 198, 208-210, 215, 216, 219, 222, 230-232.
Baroche (Ernest), C^t (G. M.), III, 196, 204, 205.
Barrué, L^t-C^{ol}, I, 223.
Barry, G^{al} et D^{on}, IV, 53, 70, 74, 79, 87-92, 95, 107, 172, 178, 183, 184, 185, 187-190, 199, 217, 218, 224, 225, 228, 239, 254, 258, 262, 268, 273, 274, 276, 278-281, 285, 293-295, 297, 316, 327, 328, 332, 335, 351, 352, 354, 358, 359, 368, 382, 387, 396, 398, 400.
Barthélemy-Saint-Hilaire, D. P., III, 52.
Bartholdi, Sculpteur, VI, 153.
Bastard (de), C^t, II, 262, 306.
Bataille, G^{al} et D^{on}, I, 160, 282, 286, 295, 297, 302, 303, 306, 307, 310, 314, 316, 318, 324, 334; II, 5, 12, 45.
Baudelot (Abbé), II, 302.
Baudoin, L^t-C^{ol}, I, 187.
Bauer, C^{ol}, V, 250.
Bazaine, ML, C^t en chef de l'Armée du Rhin, I, 112, 117, 153, 159, 162, 198, 282, 301, 308, 317-324, 327, 330, 332, 333, 339, 340, 341, 344, 345, 352, 360-365, 368, 371, 372, 374, 376, 378-381, 384-387, 390; II, 2-4, 6, 9, 14, 16, 17, 21, 22, 24, 27, 28, 31, 34, 39, 40, 41, 46, 47, 50-54, 59, 64, 105, 114, 122, 128-132, 146, 153-155, 157-159, 162, 201, 203, 223, 351, 362-365, 367, 369, 374-383, 387-393, 398, 405, 406, 408, 411, 412, 415, 417, 420-423, 426-429, 435, 440-444, 447-453, 455, 457, 459, 460-464, 467, 468, 471-475, 477, 479, 482-486, 494-510, 513, 524, 525; IV, 63, 70, 73, 310; VI, 118, 264, 291, 295, 296, 299, 300-309, 311, 313, 314, 320.
Bazeilles (combat, incendie et massacre de), II, 276, 277, 298-304, 312-314, 344.
Bazincourt, P. V, 294.
Bazincourt, V, 11.
Bayle, C^{ol}, IV, 258, 332, 358.
Beau (Joseph), L^t, III, 379.
BEAUCE (la guerre dans la), IV, 1, 41.
Beaufort (de) d'Hautpoul, G^{al} et D^{on}, III, 70, 257, 368, 372, 406-408; VI, 191, 192.
Beauffremont (de), C^{ol} et B^{de}, II, 335, 336.
Beaugency, IV, 261, 262.
Beaumont (de), L^t-C^{ol}, V, 63, 126, 127.
Beaumont (bataille de), II, le champ de bataille, 230, 231; l'action, 231-256; retraite subséquente, 256-263; pertes, 263, 264; VI, 322.
Beaumont-sur-Sarthe (combat de), IV, 397.

Beaune-la-Rolande (bataille de), IV, 145-155; pertes, 155.
Beaurepaire (de), C^{ol}, V, 14.
Becquet de Sonnay, G^{al}, II, 123.
Behagle (de), C^{ol}, II, 237, 238.
Belfort, P. F. (siège de), III, 406; VI, 223, 224, 238-258.
Bell, C^{ol}, IV, 366, 373.
Bellavoine (Mme), II, 232.
Bellecourt, G^{al} et B^{de}, I, 365; II, 87, 97, 467.
Bellegarde (de), C^{ne}, II, 129.
Bellingen (combat de), V, 245, 246, 249.
Bellomet, Maire, II, 302.
Benedetti (comte), Dipl., I, 20-25, 32-34, 393, 394.
Benedetti, C^{t}, III, 127.
Benningsen (de), H. P., I, 12.
Benoist, C^{ne}, I, 278.
Bentheim (de), G^{al} L^{t}, I, 371; V, 39, 47, 48, 71, 76, 97, 120, 123-126, 128, 129, 131, 173, 174, 180, 188, 189, 192, 238, 240, 241.
Béranger, G^{al}, IV, 406, 407.
Bérard, C^{ol}, IV, 378.
Béraud, C^{ol}, IV, 401.
Berckheim (de), G^{al}, II, 508.
Berger (de), G^{al} M^{or}, I, 268; II, 123, 125.
Bergmann (de), G^{al}, V, 174.
Bernard, C^{t}, IV, 214, 126, 220.
Bernard, C^{ne}, III, 401.
Bernard, C^{ne}, IV, 329.
Bernis (de), G^{al} et B^{de}, I, 135; II, 202, 221, 326, 327.
Bernstoff (comte), Dipl., I, 32, 34.
Berthault, G^{al} et D^{on}, II, 151, 152; III, 70, 145, 171, 173, 178-180, 271, 275, 281, 283, 284, 294, 298, 300, 305, 308, 315, 323, 328, 330, 331, 361, 369, 377-380.
Berthe, G^{al}, II, 238; V, 238.
Bertrand, G^{al}, III, 17.
Bertrand, C^{t}, II, 104.
Bertrand, C^{ne}, I, 183.
Besançon, P. F. (retraite de l'armée de l'Est sur), VI, 121-132; — (Bourbaki à), 180; — (opérations autour de la place de), 277-289.
Besson, G^{al}, II, 227.
Béville (de), B^{de}, II, 246, 251, 253.
Beyer (de), G^{al} L^{t}, V, 294, 295, 297, 298; VI, 229.
Bézard, C^{t}, I, 178.
Bibesco (prince), II, 207, 225, 259.
Biensheim, V, 250.
Bigot (de), C^{ol}, V, 277.
Bijoncelle, IV, 120.
Billet, C^{ol}, I, 230.
Billot, G^{al}, C^{t} en chef du 18e corps, I, 287, 294; IV, 134, 143, 144, 147, 149, 153, 155, 160, 202, 244; VI, 8, 27, 84-86, 88, 91, 97, 101, 105, 109, 112, 115, 119, 143, 173, 178, 179, 180, 206.
Binas (combat de), IV, 70-73.
Bismarck-Schœnhausen (prince de), G^{al} M^{or}, Chancelier de l'Empire d'Allemagne, I, 11-14, 22, 23, 25-32, 81, 138, 393, 394; II, 267, 335, 354, 355, 448-450, 458, 459, 477, 487-489, 492-494; III, 78, 104, 111-114, 149-151, 188, 223, 224, 226, 349, 357, 362-365, 391, 403-408, 412, 420; V, 245; VI, 190-193, 199, 210, 285.
Bismarck (de), C^{ol}, II, 11.
Bisson, G^{al} et D^{on}, I, 119; II, 10, 75, 115, 137.
Bitche, P. F. (siège de), VI, 223, 224, 259, 262-270.
Bittard des Portes, G^{al} et B^{de}, II, 227, 325.
Bizy (forêt de), V, 262.
Blaise, G^{al} et B^{de}, III, 116, 118, 125, 132, 252, 258, 334, 338.
Blanc (Louis), Hist., III, 148.
Blanc, C^{ne}, II, 339.
Blanchard, G^{al} et D^{on}, II, 290; III, 6-15, 113, 116, 118, 124, 125, 151, 160, 242, 271, 278, 281, 322, 401.
Blanqui (Aug.), Rév., III, 42, 73, 190, 217, 219, 222.
Bligny-le-Sec (combat de), VI, 135, 136, 156.

Blois (de), G^{al}, IV, 212.
Blois, IV, 411.
Blondeau, Int. g^{al}, I, 72, 80.
Blot, C^{el}, VI, 231.
Bluem, C^{el}, I, 226.
Blum (Ernest), H. L., III, 115.
Blumenthal (de), G^{al} L^t, II, 95, 279, 281, 335, 486.
Bocher, G^{al} et B^{de}, I, 208, 223; III, 305, 378-381.
Bock, G^{al} M^{or}, V, 223, 226.
Bock (de), C^{el}, V, 100, 102, 149-151, 214, 225.
Bodet (Mathieu), M. F., VI, 341, 344, 350, 360.
Bolbec, V, 127.
Bollweiller, V, 246.
Boltenstern (de), L^t C^{el}, IV, 329-331.
Bombonnel, (F.-T.), VI, 26, 140.
Bœcking (de), C^{el}, V, 192, 199, 206, 214, 215, 217-222, 224, 225, 230, 232.
Bœltz, S^t-M^{or}, I, 263-266.
Boerio (de), G^{al} et B^{de}, IV, 78, 90, 93, 97, 102.
Boisdeffre (Mouton de), C^{ne} d'état-major, IV, 323, 324.
Boisdenemetz (de), L^t-C^{el}, III, 198, 205.
Boisson, C^{el}, IV, 154.
Boissonnet, G^{al}, III, 289.
Bonade, Offi., I, 226.
Bonaparte (prince Pierre), I, 16.
Bonaparte, C^{el}, III, 144.
Bondeval, VI, 127.
Bonin (de), G^{al}, I, 131; VI, 67, 221.
Bonnemain (de), G^{al} et D^{on}, II, 188, 190, 192, 195, 204, 210, 214, 216, 259, 260, 294, 334, 339.
Bonnet, G^{al} aux^{res} et D^{on}, IV, 147-149; V, 303, 308; VI, 86-88, 112, 143.
Bonnet, L^t-C^{el}, III, 94.
Bonnet, C^{ne}, I, 325.
Borbstœdt, C^{el}, Hist. milit., I, 288.
Bordas, G^{al} et B^{de}, II, 192-194, 196, 198, 269, 325, 329.
Bordone, G^{al} aux^{re}, V, 290, 320,
331, 338; VI, 150-153, 155-159, 161, 166, 167, 208, 209, 365.
Borel, G^{al}, IV, 10, 65, 103, 104, 166, 168, 206, 220, 243; VI, 14, 15, 22.
Borgne, brigadier, II, 21.
Borny (bataille de), I, 355-373, 384; pertes, 373-374; VI, résumé, 302-305.
Bosc-le-Hard (combat de), V, 72.
Bose (de), G^{al} L^t, I, 180, 211, 217, 219, 235.
Bossak-Haucke, G^{al} et B^{de}, V, 289, 305, 315, 320, 321, 323, 357, VI, 150, 159, 161.
Bossan, C^{ne}, I, 167; II, 156.
Bothmer (de), G^{al} L^t, I, 133, 174, 177, 179, 180, 182; III, 385, 432.
Bouché, Int., IV, 297.
Bouchemann, L^t-C^{el}, I, 300.
Boudet, L^t-C^{el}, III, 414.
Boudinet, (Mgr), V, 157.
Bouët-Willaumez, V.-A., — VI, 272, 275, 279.
Bouillé (de), G^{al}, IV, 198.
Bouillé (Fernand de), V. O., IV, 194.
Bouillé (de), V. O., IV, 194.
Bouillé (de), C^t (G. M.), III, 284.
Boulanger, C^{el}, III, 399.
Boulanger, ouvrier, II, 375.
Boulay (combat de), IV, 224, 225.
Bourbaki, G^{al}, C^t en chef de la Garde impériale, de l'Armée du Nord, de la 1re Armée de la Loire, de l'Armée de l'Est, I, 281, 395; II, 43, 129, 130, 138, 142, 382, 452, 453, 459-461, 482; III, 360, 396, 405, 407; IV, 46, 134, 202, 204, 219, 241, 243, 244, 264, 269, 273, 277, 282, 286, 287, 297, 298, 300-303, 312, 317, 318, 323-326, 336, 337, 346, 396; V, 13, 15, 21, 23-26, 31, 188, 335, 348; VI, 1, 4, 5, 7-10, 12-16, 19, 21-26, 30, 32, 35, 36, 51, 52, 56-59, 63, 64, 75, 76, 81, 83, 85, 88, 91, 105, 106, 114-116, 120, 122, 124, 125, 130-133, 138, 143, 145, 146, 148, 149,

153, 155, 165-167, 171-182, 191, 194, 212, 215, 252.
Bourdillon, G^{al} et B^{de}, IV, 76, 77, 79, 80, 93, 94, 96, 174-177, 185, 186, 188, 190, 191, 266, 292-294.
Bourget (1er combat du), III, 188-207; pertes, 206, 207; (2^e combat du), 327-332; pertes, 332-333.
BOURGOGNE (la guerre en), V, 311-348.
Bourgonce (combat de la), V, 260-266; pertes, 266.
Bourras, C^t (corps franc des Vosges), V, 248, 270, 305, 312, 319, 330; VI, 58, 62, 98, 127, 145, 146, 200.
Bousson, L^t-C^{el}, (G. M.), VI, 147.
Boutal, L^t, II, 20, 21.
Bouteiller (de), D., II, 132, 481.
Boutroy, C^t, I, 184.
BOUVET (le), aviso, VI, 281, 282.
Boyenval, C^{ne}, II, 483.
Boyer, G^{al}, II, 447, 452, 453, 459, 477, 482-491, 493.
Bozonnat, S.-L^t, III, 132.
Brahaut, G^{al} et D^{on}, I, 251, 255, 256; II, 173, 202, 203, 250, 326.
Braidy, garde, II, 146, 395.
Brancion (de), C^{el} (G. N.), III, 399.
Brasseur, C^t, III, 196, 201, 202, 203, 205.
Brayer (de), G^{al}, II, 34, 45.
Bredow (de), G^{al} M^{or} et B^{de}, I, 276, 346, 341, 388; II, 19, 20; III, 106-108; IV, 21, 22, 121; V, 63, 243; VI, 307.
Bredow (de), C^{el}, VI, 53, 55, 57-59.
Brémond d'Ars, G^{al} et B^{de}, IV, 19, 93; VI, 201.
Bressolles, G^{al}, C^t en chef du 24e corps, V, 313, 314, 321, 328, 329, 331, 334, 337, 388; VI, 8-10, 56, 145, 146, 175, 178, 179, 206.
Bretteville (de), G^{al}, II, 242.
Brialmont, G^{al}, I, 143.
Briand, G^{al}, IV, 181; V, 14, 32, 61-67, 69, 72, 73, 75, 78.

Briey (combat de), IV, 224.
Brincourt, B^{de}, I, 372, 395; II, 466.
Brincourt, C^t, II, 251.
Briqueville (de), C^t (G. M.), IV, 119.
Brisac, C^t et B^{de}, V, 248, 251; VI, 83.
Brisson (Henri), A. M. P., III, 45, 215, 221.
Broglie, V, 242.
Bronsart de Schellendorf, C^{el}, II, 351.
Brou (combat de), IV, 127, 128.
Broye (de), C^{el}, II, 163, 220, 286.
Bruchard (de), G^{al}, II, 75.
Brugère, C^t, IV, 149, 150; VI, 115.
Brunel, Rév., III, 410.
Brunet, S.-P., IV, 353.
Brusley, B^{de}, V, 211.
Bruyères (combat de), V, 270.
Buchy (corps de), V, 70; (affaire de), 70-72.
Buddenbrock (de), G^{al} L^t, II, 10-12; IV, 365.
Budritzki (de), G^{al}, III, 197, 201.
Buffet, I, 17; III, 37.
Bugeaud, ML, II, 196.
Bully (de), III, 285.
Bureau, C^t, I, 207.
Busse (de), C^{el}, V, 175-178.
Buzancy, II, 200-202.
Buzenval (bataille de), III, dispositions, 366-371; l'action, 371-386; pertes, 389.
Byans, VI, 142.

C

Cadot, C^t (G. N.), V, 166.
Cahen, C^t, III, 280.
Caillard, Enseigne de v., III, 333.
Calvaire (le) *d'Illy*. Voyez *Sedan* (bataille de).
Cambriel, G^{al} et B^{de}, I, 258; II, 191, 246.
Cambriels, G^{al}, C^t en chef de l'Armée de l'Est, puis du

19ᵉ corps, II, 250, 289, 293; IV, 44; V, 257, 258, 260, 267, 268, 271-273, 275-278, 280-283, 286, 287, 290, 299, 300.

Camô, Gᵃˡ et Colonne, IV, 164, 239, 249, 254, 256-258, 261, 262, 264, 265, 268, 272, 275, 293.

Canonge, Gᵃˡ, Hist. Milit., II, 46, 47, 309; III, 29; VI, 339.

Canrobert, ML, Cᵗ en chef du 6ᵉ corps de l'Armée du Rhin, I, 47, 112, 118, 331; II, 5, 16-19, 22, 59-61, 75, 115, 119-122, 128-130, 136-139, 141, 142, 151, 382, 383, 406, 407, 412, 417, 419, 425, 452, 459, 464, 495; III, 68; VI, 307, 312-314.

Canrobert (Mᵐᵉ la Mᵃˡᵉ), III, 47.

Canzio, Cᵗ et Bᵈᵉ, VI, 153, 207.

Caprivi, Cᵒˡ, I, 394; II, 16, 25.

Capron, (F-T.), III, 106, 107.

Carayon-Latour (de), Cᵗ (G. M.), V, 343; VI, 102.

Carignan. Voyez Sedan (bataille de).

Carré, Cᵗ, I, 365.

Carré de Busserolles, Gᵃˡ et Dᵒⁿ, VI, 9, 60, 80, 146, 178, 179, 206.

Carrey de Bellemare, Gᵃˡ, Cᵗ des Ouvrages de Saint-Denis et d'Aubervilliers, et Dᵒⁿ, III, 79, 118, 186, 190-192, 197, 200, 206, 207, 242, 290, 292, 294, 295, 300, 316, 317, 330, 359, 368, 369, 373, 374, 382, 385, 386, 387.

Carteret-Trécourt, Gᵃˡ, II, 300.

Castagny, Gᵃˡ et Dᵒⁿ, I, 283, 317-320, 323, 324, 357, 364, 368, 387, 410, 417, 423, 428, 454.

Castelnau, Gᵃˡ, II, 354.

Cathelineau (de), Gᵃˡ, IV, 70, 74, 79, 107, 116, 131, 143, 147, 156, 158, 201, 208, 210, 241, 268, 328, 335, 347, 402, 405, 407, 423.

Caussade (de), Gᵃˡ et Dᵒⁿ, III, 38, 83, 88, 91, 95, 98, 99, 115, 153.

CAVALERIE FRANÇAISE (la) en 1870, I, 57, 62, 189, 280, 281, 332, 352, 376, 362.

Cazal, II, 335, 336.

Cazenove de Pradines, V. O., IV, 194.

Cécile, Cᵗ, I, 186.

Celler, Cᵒˡ (G.N., Mˢᵉˢ du Rhône), V, 319, 331, 342, 344.

Cercottes (combat de), IV, 229-231.

Cérésole, H. E., VI, 211.

Cernay, IV, 261.

Cernuschi, Économiste, III, 115.

Chabal, S.-Lᵗ, II, 33.

Chabaud-Latour (de), Gᵃˡ, III, 61, 79.

Chabord, Lᵗ, I, 305.

Chabot (de), Lᵗ, I, 135.

Chadois (de), Lᵗ-Cᵒˡ (G. M.), IV, 88, 90.

Chaffois (combat de), VI, 189.

Chagny (la retraite sur), V, 277-310.

Chahaignes (combat de), IV, 358.

Chalain (de), Cⁿᵉ d'A. et Bⁱᵉ, III, 174, 289.

Challemel-Lacour, P. IV, 43; V, 313, 314, 329.

Châlons (camp de), I, 255, 256, 327, 342, 343; II, 151, 152, 156.

Châlons (la retraite sur), I, 244-271.

Chalus (de), Cᵗ, Hist. milit., I, 232; II, 129, 130, 131.

Chambœuf, V, 317.

Chambon, IV, 161.

Champagné (combat de), IV, 365, 366, 373.

Champéron (Dᵒⁿ), III, 67, 235.

Champigny (bataille de), III, 302-317: pertes, voyez Marne (batailles de la).

Champion, Cᵒˡ, I, 209-217.

Champion, Cᵒˡ (G. M.), III, 256.

Chanaleilles (de), Gᵃˡ, II, 468, 469.

Chandezon, Cᵗ, II, 330.

Changarnier, Gᵃˡ, II, 400, 402, 486, 490, 495, 496, 509.

Changé (combat de), IV, 364, 365, 376, 378.

Chanteloup, IV, 367.

Chanzy, Gᵃˡ, Cᵗ en chef de la

2e Armée de la Loire, III, 360, 396, 397, 405 ; IV, 70, 74, 76, 78-80, 87, 88, 93-96, 100, 101, 103, 104, 107, 116, 128, 133, 163, 164, 166, 168, 171-176, 178, 181, 183, 185, 189, 190, 192, 197, 202, 204, 216-218, 220, 223, 226, 227, 233, 238-240, 243, 244, 248-251, 253, 254, 256-258, 261-264, 268-278, 280, 282-292, 295-297, 299, 301, 303-307, 309, 313-318, 322-328, 337, 344-346, 349, 350, 353, 360, 361, 368, 370-373, 376, 385-387, 393-396, 398-401, 404-408, 422 ; VI, 2, 6, 7, 11, 21, 30, 57, 327, 333, 335.

Chaper, D, III, 363.
Chappe, C^{el}, IV, 199.
Charette (de), G^{al} (V. O.), IV, 192-194, 405, 407.
Charmes, C^t, I, 222.
Charpentier, C^t, III, 158.
Chartres (prise de), IV, 59, 60.
Chartres (duc de). Voyez **Robert Lefort**.
Châtillon (combat de), III, 86-100 ; pertes, 98.
Chênebier (combats de), VI, 99-105, 107.
Chenet, L^t-C^{el} aux^{re}, V, 324-325.
Chérizy, IV, 21.
Chernaud, père, tisseur, I, 227.
Chernaud, fils, I, 227.
Chevalier, C^{ne} de f^{te}, VI, 282.
Chevalier, tambour, VI, 382.
Chevals, L^t-C^{el}, VI, 200, 201.
Chevilly (combat de), III, 125-137 ; pertes, 137.
Chevilly (Orléans), IV, 212.
Chevreau (Henri), M. I. — I, 338 ; III, 36, 46, 47, 68, 74.
Chilleurs (combat de), IV, 208, 209.
Chipotte (combat de la), V, 255.
Choisy-le-Roi (combat de), III, 268-270.
Cholleton, C^t, III, 118, 145, 172, 174, 180.
Choppin, L^t-C^{el}, IV, 158, 161.

Clément Thomas, G^{al} (GN), III, 72, 235, 263, 432.
Coëtlogon, C^t. (F-T), V, 291.
Colin, G^{al} et B^{de}, II, 118, 119, 123.
Collet, C^{ne} de v, et B^{de}, IV, 276, 289.
Collin, G^{al} aux^{re} et D^{on}, IV, 254, 267, 271, 379, 380, 388.
Colmar, V, 352, 353.
Colomb (de), G^{al}, C^t en chef du 15e corps, IV, 232, 233, 361, 371, 375, 407.
Colomb (de), G^{al} M^{or}, IV, 195, 196, 198.
Colombey-Nouilly, voyez *Borny*.
Colonieu, G^{al}, III, 178, 369, 374-376, 378, 386, 399.
Colonna d'Istria, C^{ne}, III, 175, 176.
COLONNES MOBILES, IV, 322-336.
Colson, G^{al}, — I, 226, 227.
Côma, G^{al}, IV, 253.
Comagny-Thibaudin, G^{al} et D^{on}, VI, 9, 80, 145-147, 178, 186, 188.
Commerçon, C^t, I, 370.
COMPAGNIE DE L'EST, I, 122, 123, 249, 254, 260, 328.
COMPAGNIE DE LYON, I, 122, 260 ; VI, 18, 20, 22, 23.
COMPAGNIE D'ORLÉANS, VI, 18.
COMPAGNIE DU NORD, I, 122, 123, 260 ; III, 15.
Comte, G^{al} et B^{de}, III, 279, 323.
Conchard-Vermeil, S.-L^t, II, 456.
CONCLUSION DE *l'Histoire générale de la guerre franco-allemande, 1870-71*, VI, 285-339.
Coulie (camp de), IV, 47, 125, 368, 369, 390, 397, 399, 403.
Conseil-Dumesnil, G^{al} et D^{on}, I, 167, 197, 203, 216, 217, 224, 251, 258 ; II, 224-226, 242, 258, 259, 263, 294, 323, 325, 329, 347.
Conta (de), G^{al} M^{or}, VI, 160.
Contenson (de), C^{ol}, II, 251.
Corcelet, C^t, IV, 357.
Coriolis (Mis de), G. N., III, 389.

Corps d'armée de Saint-Denis, III, 235, 257, 328.
Corps d'artillerie des mitrailleuses, III, 74.
Corps franc des Vosges, voyez Bourras.
Corps législatif, I, 28, 29, 337; III, 33-35, 36-46, 52, 53.
Corréard, G^{al}, III, 70, 215.
Cosel (de), G^{al}, VI, 189.
Cosmao-Dumanoir, C^{ne} de f^{te}, IV, 207.
Cosseron de Villenoisy, C^{el}, V, 26, 92.
Cossigny (de), C^t, III, 135.
Costa de Serda, Publ., I, 288.
Cotteret, C^{el}, I, 357.
Coulanges (de), C^t, I, 181, 232.
Coulmiers (bataille de), IV, dispositions de l'ennemi, 80-84; l'action, 84-96; pertes, 99, 100.
Coumès, C^{ne}, VI, 214, 215, 217, 219.
Courcebœuf, IV, 392.
Courcy (de), C^{el}, I, 358-363.
Courson (de), G^{al}, II, 342.
Courtalin (combat de), IV, 334.
Courtot, C^{el}, IV, 209.
Courty, G^{al} et B^{de}, puis D^{on}, II, 255; III, 285, 380, 306 308, 315, 316, 323, 368, 385, 401.
Courty, C^{el}, IV, 332.
Cousin, C^{el}, I, 395; II, 45.
Cousin, G^{al} et B^{de}, III, 131.
Couturier, C^{ne} (G. M.), IV, 261.
Cramer, C^{ne}, V, 74.
Craushaar (de), G^{al} M^{or}, II, 121, 135, 138-140.
Cravant, IV, 259, 261.
Creil, V, 8, 9.
Cremer, G^{al} aux^{re} et B^{de}, puis D^{on}, II, 483; V, 318, 319, 321, 326, 328, 329-334, 337, 338, 340-343, 345-347; VI, 8, 9, 24-26, 29, 57, 64, 65, 70, 74, 75, 83-85, 88-91, 99, 101, 102, 104, 105, 109-113, 119, 127-130, 143, 149, 175, 182, 185-187, 206.
Crémieux, D., M. J. G. D. N. (province), III 39, 44, 57; IV, 43; VI, 329.
Cresson, P. P^{ce}, III, 400-402.
Crevisier, G^{al} aux^{re}, V, 318, 317, 328, 329.
Crouy, V, 8.
Crouzat, G^{al} et D^{on}, puis C^t en chef du 18e corps, IV, 126, 133, 134, 138, 140, 142-144, 146-148, 150, 153-156, 158, 168, 201, 202, 210, 232-234; V, 153, 280, 288, 301-303, 305, 308, 309, 312, 313, 317; VI, 8, 184, 242.
Curtal, (F-T.), VI, 164.
Curten (de), G^{al} et D^{on}, IV, 327, 329, 334, 335, 341, 343, 345, 346, 348, 351, 352, 354, 359, 361, 368, 382, 385.

D

Dagomet, III, 106.
Daguerre, C^{el}, II, 138.
Dampierre (de), C^t (G. M.), III, 155.
Dannenberg (de), C^{el}, VI, 135.
Darbourg, C^t, VI, 262.
Dargent, G^{al}, V, 241.
Darolle, L^t, III, 183.
Dartois, Aérostier, III, 77.
Daru, D., I, 17; III, 34; 36, 39, 41, 42.
Daubresse, soldat, II, 21.
Daudel, G^{al} et B^{de}, III, 80-82, 125, 300, 306, 307, 316, 414.
Dauphin, C^{el}, II, 400, 403, 404.
Dauphin, Maire d'Amiens, V, 55.
Daussy, Hist. milit., VI, 339.
Dauvergne, C^t, (G. M.), III, 210, 211, 220.
Davall, Major fédéral, VI, 202.
Davenet, L^t-C^{el}, II, 209, 225, 242.
David (baron Jérôme), D., M.,— I, 23; II, 47.
Davignon, L^t, II, 15, 16.
Davout d'Auerstædt, C^{el}, II, 400, 401-403.

Debains, Dipl., II, 442, 443.
Debergue, jardinier, III, 105.
Debschitz (de), G^{al} M^{or}, VI, 29, 30, 53, 55, 58, 62, 72, 75, 91, 98, 103, 145, 146, 179, 197.
Decaen, G^{al}, C^t en chef du 3e corps, I, 117, 283, 317, 321, 331, 334, 357, 361-363, 435.
DÉCLARATION (la) DE GUERRE, I, 29, 30.
Declue, garde, II, 375.
Dedoux, trompette, I, 230.
DÉFENSE LOCALE, IV, 16; V, 7, 13.
Deflandre, G^{al} et D^{on}, IV, 127, 192; V, 291.
Degenfeld (de), G^{al} M^{or}, V, 255, 256, 259-261, 263, 265, 266, 321, 340, 344, 345; VI, 71, 90, 99, 100-103, 107, 109, 110, 207.
Dehau, employé, II, 449.
Dehaussy, C^{ne}, (G. M.), — V, 170.
Dejean, C^{ne}, VI, 262.
Delarue, G^{al}, IV, 21; V, 5, 6, 14.
Del Cambre, C^{ne}, III, 159.
DÉLÉGATION DE BORDEAUX, III, 396, 425; IV, 299, 302, 325-327, 395; V, 179, 181, 202; VI, 3, 7, 19, 23-25, 52, 116, 121, 131, 149, 151, 155, 166, 167, 175, 178, 190, 117, 198, 285, 334.
DÉLÉGATION DE TOURS, III, 57, 168-170, 237; IV, 10-13, 42, 48, 64, 67, 68, 126, 134, 136, 137, 139, 144, 165-167, 171, 181, 182, 200, 204, 220-222, 239, 241, 243, 262, 268, 317; V, 3, 14, 69, 302, 311, 314, 318, 334; VI, 330, 333.
Delerot, bibliothécaire, III, 110.
Delescluze, Publ., III, 42, 73, 214, 219, 220, 222, 402.
Deligny, G^{al} et D^{on}, I, 340, 395; II, 388, 410, 452, 465, 466.
Delpech, C^{el} et B^{de}, V, 315, 321-323; VI, 150.
Demange, L^t-C^{el}, II, 245, 255, 256.
Denfert-Rochereau, C^{el}, VI, 242-245, 247, 248, 252, 253, 256, 258.

Deplanque, G^{al} et B^{de}, IV, 53, 74, 79, 89, 94, 174-177, 186, 187, 191, 198, 256, 259-261, 265, 285, 361, 362, 371, 383-385, 387, 394, 400.
DERNIÈRE CARTOUCHE (la), II, 313, 314.
Derrécagaix, G^{al}, VI, 339.
Derroja, G^{al} et B^{de}, puis D^{on}, V, 6, 32, 34, 36-38, 48-50, 54, 81, 92, 105, 107, 109, 138, 142, 144, 146, 150, 152, 153, 155, 156, 182, 183, 187, 192-194, 198, 207, 210, 218.
Deshorties, L^t-C^{el}, I, 208.
Desjardins (G.), archiviste, III, 110.
Desmaisons, B^{de}, IV, 369, 377, 378.
Desmares, C^{ne}, VI, 262.
Desmortier, (F-T.), III, 108.
Desprez, C^{ne} de f^{te}, III, 268.
Desvaux, G^{al} et D^{on}, II, 15, 16, 421, 489, 494, 502.
Déthorey, C^{ne}, III, 174.
Détrie, C^{el}, I, 209.
Détroyat, G^{al} aux^{re}, IV, 318.
Devoulx, G-A., VI, 276.
Didier, C^{ne} et B^{te}, I, 179, 184.
Diehl, S.-L^t, II, 339.
Diehl (de), C^{el}, III, 90, 93.
Dieppe (prise de), V, 76, 78.
Dietl (de), G^{al} M^{or}, IV, 173-175.
Dietz, Ing., II, 455.
Digard, G^{al}, IV, 163.
Dijon (prise de), V, 289; retour offensif des Français, 294-298; tentative de Garibaldi, 318, 322; VI, évacuation par les Prussiens, 29; rentrée des Prussiens, 208-209.
Doens, G^{al} et B^{de}, I, 285, 293, 302.
Dœring (de), G^{al} M^{or}, I, 289; II, 8, 45.
Dohna (de), G^{al} M^{or}, V, 99, 105, 109, 110, 139, 148, 155, 157, 191, 196, 197, 199, 204, 212, 213, 216, 226, 231, 233.
Doineau, L^t-C^{el}, I, 217,

Dôle (combat de), VI, 140.
Domart (combat de), V, 35, 37.
Dorian, D., M. T. P., III, 44, 76, 115, 215, 218, 221, 416.
Douaniers (les), I, 250; V, 258.
Douay (Abel), G^{al} et D^{on}, I, 165-169, 171, 172, 175, 176, 178, 180, 181.
Douay (Félix), G^{al}, C^t en chef du 7e corps de l'Armée du Rhin, I, 120, 146, 147, 258, 259, 330; II, 154, 160, 166, 191, 192-194, 212, 217, 224, 225, 227, 229, 259, 261-263, 287, 288, 292, 295, 305, 324, 325, 329, 330, 337, 338, 351, 353; VI, 292.
Doutrelaine, G^{al}, II, 263, 295, 330.
Dragomirof, G^{al}, VI, 304.
Drée (de), Vice-consul, VI, 268.
Drouyn de Lhuys, M. A. E. — I, 11, 138.
Ducamp, C^{ne}, IV, 403.
Ducos, C^{ne}, III, 175-177.
Ducros, Ing., C^t des ouvriers aux^{ros} du génie, III, 74, 242.
Ducrot, G^{al} et D^{on}, puis C^t en chef du 1er corps (Armée de Châlons), du 13e et du 14e corps, de la 2e Armée de Paris, I, 80, 165-169, 182, 188, 192, 204, 205, 224, 225, 232, 233, 236, 247, 250; II, 160, 166, 224, 256, 257, 281, 285, 286, 294, 300, 305, 306-308, 310, 315, 325, 329, 332, 334, 341, 342, 350, 353, 357, 358, 389; III, 63, 72, 74, 83, 87, 88, 93-97, 99, 100, 120, 131, 140, 141, 143-145, 163, 165-168, 170, 171, 174, 182, 184, 185, 192, 215, 219, 220, 225, 234, 235-238, 241-248, 250, 260, 262, 268-270, 274, 281-288, 292, 294-296, 298, 300, 301, 307, 309, 312, 314, 316-322, 324, 330, 331, 335, 338, 340, 350, 353, 359, 366, 369, 370, 372, 374, 375, 377-379, 381, 387, 397, 410, 438; IV, 61, 63, 165, 166, 171, 179, 181, 182, 205, 221, 241; V, 25; VI, 6.

Duez, C^{ol}, I, 360.
Dufaure du Bessol, G^{al} et B^{de}, puis D^{on}, I, 395; V, 26, 32, 34, 36, 37, 39, 43-46, 54, 81, 92, 95, 99, 100, 102, 104, 138, 143, 144, 146, 149, 150, 152-154, 156, 160, 182, 187, 192, 194, 195, 198, 209, 210, 219.
Duhesme, G^{al}, I, 220-241.
Duhousset, C^t, I, 236.
Dulac, L^t-C^{ol}, I, 311-313.
Dumont, G^{al} et D^{on}, I, 258, 259; II, 192, 194, 225, 293, 323, 325, 330, 347.
Dumont, C^{ol}, I, 395.
Dumont (G. M.), VI, 265.
Dumoulin, G^{al} et D^{on}, III, 116, 118, 125-127, 154, 156, 162.
Dunand, soldat, I, 307.
Dung, VI, 65.
Dupanloup (Mgr), évêque d'Orléans, IV, 246.
Duperré, C^{ne} de f^{te}, II, 153.
Dupetit-Thouars, C^{ne} de v., VI, 230.
Duplessis, B^{de}, I, 357, 363.
Dupré, G^{al} et B^{de}, V, 260-266.
Dupré, C^{ne}, II, 101.
Dupressoir, C^{ol}, II, 14, 15.
Dupuy de Lôme, Ing., III, 37.
Dupuy de Podio, C^{ol}, III, 284.
Duquet (Alfred), Hist., VI, 339.
Durochet, G^{al}, IV, 161.
Duval, C^{ne} de v., IV, 59.
Duvernois (Clément), D., M. A. et C., I, 23, 337, 338; III, 34, 74, 75.
Dyonnet, L^t-C^{ol} (G. M.), V, 261, 262.

E

Echenaz, VI, 31.
Eckartsberg (d'), G^{al} M^{or}, I, 268.
Éclaireurs a cheval de la Seine, III, 74.
Ecouis, V, 12.
Elern (d'), G^{al} M^{or}, V, 251, 255.
Elsasshausen. Voyez *Frœschviller* (bataille de).

Ems (la dépêche d'), I, 25, 26, 383-395.
Enard, S.-Lᵗ, (G. N.) — V, 274.
EMPIRE ALLEMAND (proclamation de l'), III, 390-393.
Encornes (combat de l'), IV, 218.
Epernon, III, 110.
Epinal (défense d'), V, 273, 274.
Epinay-sur-Seine (combat d'), III, 258, 259.
Eppeville (combat d') V, 84.
Erhardt, négociant, VI, 268.
Escarfail, Cᵗ, II, 255, 256.
Esch (von der), Cᵃˡ, I, 206, 243.
Espeuilles (d'), Gᵃˡ, IV, 392; V, 15-17, 63.
Espivent de la Villeboisnet, Gᵃˡ, V, 6, 7, 312.
EST (1ʳᵉ campagne de l'), V, 244-348.
EST (2ᵉ campagne de l'), VI, 1-221.
Estancelin, D, Cᵗ supʳ (G. N.), V, 5, 70.
ETATS DU SUD DE L'ALLEMAGNE (organisation militaire des), I, Bavière, 101; Wurtemberg, 103; Gᵈ duché de Bade, 104; conclusion, 105.
Etrépagny (surprise d'), V, 65, 68.
Etuz, VI, 140.
Eudes, Rév., II, 151; III, 46.
Eulenbourg (d'), comte, H. P., I, 394.
EURE (corps de l'), V, 14, 15, 62, 179.
Evans (le Dʳ), III, 49.
Evreux, IV, 21.
Exéa (d'), Gᵃˡ et Dᵒⁿ, Cᵗ du 3ᵉ corps d'armée de Paris, II, 290; III, 6, 8, 14, 80, 81, 100, 115, 124, 125, 135, 146, 187, 235, 244, 271, 282, 283, 290, 293, 295, 300, 323.
Exelmans, G.-A., VI, 230.

F

Faber, cons. mᵖᵃˡ de Bitche, VI, 266.
Fabrice (de), Gᵃˡ, I, 131.

Faidherbe, Gᵃˡ, Cᵗ en chef de l'Armée du Nord, III, 360, 405; IV, 181, 324, 404, 423; V, 26, 32, 70, 80-82, 84, 89, 91-94, 99, 100, 107-111, 113-116, 118, 119, 132, 137, 138, 141, 146, 147, 150, 153, 154-160, 162-164, 168, 169, 172, 181-187, 189, 192, 193, 198, 200, 202, 203, 205-207, 212, 223, 228, 229, 233-235.
Failly (de), Gᵃˡ, Cᵗ en chef du 5ᵉ corps de l'Armée du Rhin, I, 118, 159, 194, 195, 197, 198, 201, 242, 249, 250, 252, 253-256, 264, 279; II, 158, 160, 166, 204, 211-213, 218, 220, 226, 229, 231, 232, 238, 245, 251, 253, 287; VI, 262, 292.
Faron, Gᵃˡ et Dᵒⁿ, III, 274-281, 299, 303, 307, 312, 323, 369, 379, 381, 385, 414.
Farre, Gᵃˡ, V, 14, 21, 23, 26, 32, 33, 37, 47, 54, 76, 92, 212.
Fauchier (de), Cᵗ, IV, 192.
Fauconnet, Cᵒˡ, V, 293-298.
Faure, Gᵃˡ, II, 163, 201, 209, 342.
Faure-Biguet, Cⁿᵉ, III, 180.
Faurez, Cⁿᵉ, III, 175.
Fauvart-Bastoul, Gᵃˡ et Bᵈᵉ, puis Dᵒⁿ, I, 161, 297, 298, 302, 306; II, 5, 74, 100, 398, 403, 410, 414, 416, 417, 420, 428.
Favé, Gᵃˡ, III, 243, 309, 310, 333, 334.
Faverot, Cⁿᵉ, III, 83.
Favre (Jules), D., G. D. N., M. A. E. — II, 444, 446, 464; III, 33, 34, 37, 41, 42, 44, 51, 52, 55, 56, 111, 112-114, 148-150, 169, 191, 211, 214, 216, 217, 219, 225, 321, 325, 343, 346, 359, 362-364, 366, 367, 398, 402-410, 412, 416, 420; IV, 62, 164, 165; VI, 190-193, 198, 199.
Fay, Lᵗ-Cᵒˡ, II, 497.
Faye, Gᵃˡ, IV, 74, 99.
Fayet (de), Cⁿᵉ, II, 288.
Feillet-Pilâtrie, Gᵃˡ et Dᵒⁿ, IV, 105, 115, 132, 147; VI, 40, 42, 55, 86, 112.

Félizet, D^r, II, 375.
Ferrand, P., III, 20.
Ferrer, C^{el} (G. N. M^{sés}), V, 329.
Ferri-Pisani, C^{el} (G. N.), III, 216.
Ferrières (entrevue de), III, 110-115.
Férussac (de), C^{el}, I, 360.
Ferry (Charles), C^{ne} (G.N.), III, 38, 216.
Ferry (Jules), D., G. D. N., II, 416; III, 38, 41, 43, 55, 115, 210, 216, 218-220.
Ferry-Pisani, G^{al}, IV, 318, 327.
Feujeas, C^{el}, IV, 355, 356.
Février, C^{el}, II, 111.
Fiereck, G^{al}, IV, 74, 105, 111, 112, 115, 116-118, 120.
Fiévet, C^{el}, VI, 231.
Fissabre, garde, II, 375.
Fix, C^{ne}, II, 56.
Flahaut, Ag. de p^{ce}, II, 163, 375, 389.
Fleigneux. Voyez Sedan (bataille de).
Fleury, G^{al}, III, 422.
Fleury (de), C^{ne}, I, 369.
Floing. Voyez Sedan (bataille de).
Floquet (Charles), A. M. P., III, 43, 45, 53, 212, 215, 221.
Flourens (Gustave), Rév., C^{el} (G. N.), III, 72, 73, 115, 148, 189, 190, 213, 214, 216, 217-219, 222, 263, 398, 400.
Fœrster, C^{el} et B^{de}, V, 99, 103, 108, 144, 149, 150, 152, 193, 194, 207, 208, 216, 220, 221.
Foinard (combat de), IV, 253.
Foissac, C^{ne}, I, 178.
Foncin, C^{ne}, III, 125.
Fond (le) de Givonne. Voyez Sedan (bataille de).
Fontaine-les-Ribouts, IV, 120.
Fontaines-lès-Dijon (combat de), VI, 157-160.
Fontanges (de), G^{al} et B^{de}, I, 239, 244; II, 236, 238, 239, 294, 329, 347.
Fontanges (de), Ing., V, 272.
Fontenoy (pont de), VI, 214-221.

Forbach. Voyez Spickeren (bataille de).
Forbes, C^{el}, III, 149.
FORCES DE PARIS, III, 66-68, 71, 73, 74.
FORCES DES ARMÉES ALLEMANDES d'opération au début de la campagne, I, 127 (effectif total).
FORCES DU NORD, V, 349.
FORCES FRANÇAISES au début de la campagne, I, 121 (effectif total).
FORCES MOBILISÉES par la France et l'Allemagne durant toute la guerre, VI, 336.
Forge (Anatole de la), S.-P., — V, 19-21.
Forgettes, V, 71.
Formerie (combat de), V, 15, 17.
FORTIFICATIONS (les) en 1870, VI, 222-229.
Forton (de), G^{al} et D^{on}, I, 332, 381, 382; II, 2, 4, 5, 20, 25, 30, 75.
Foudras (de), C^t (F. T.), IV, 79, 95.
Foulongues (de), L^t-C^{el}, IV, 90.
Fourichon, V.-A., G. D. N. (province), M. M., III, 44, 57; IV, 2, 11, 19, 42, 43; VI, 273, 276, 277, 279, 280.
Fournès, G^{al} et B^{de}, III, 294, 369, 374, 376, 384, 385.
Fournier, C^{el}, I, 361, 363.
Foutrein, C^t (G. N. M^{sés}), V, 153.
Fraboulet de Kerléadec, G^{al} et B^{de}, II, 310, 311, 316.
Frahier (combat de), VI, 99.
France (de), G^{al} et B^{de}, I, 396; II, 31, 36-38, 48.
Franceschetti, L^t-C^{el}, III, 178.
Franchessin (de), C^{el}, I, 183, 226.
Franchetti, C^{el} des Éclaireurs du même nom, III, 74.
François (de), G^{al} M^{or}, I, 286, 289, 293, 296, 297, 315; VI, 298.
FRANCS-TIREURS (les), III, 110; IV, 25, 26, 116, 119; V, 7, 13, 14, 64, 67, 71, 127, 245, 247, 249, 253-255, 263, 274, 275, 316-318; VI, 65.

Francs-Tireurs de la Presse (les), III, 74.
Franquet, C^{ne} de v., VI, 281.
Fransecky (de), G. I. — II, 110; III, 301, 310, 316; VI, 135, 183, 184, 187, 205.
Frappoli, C^{el}, VI, 150, 151, 153.
Frasnes, VI, 195.
Frébault, G^{al}, III, 289.
Frédéric-Charles de Prusse (prince), G. C., C^t en chef de la IIe armée allemande, I, 130, 158, 261, 272-275, 279, 286, 287, 347, 348, 356, 378, 388, 390; II, 10, 29, 42, 50, 62, 65, 81, 82, 84, 85, 92, 96, 114, 123, 133, 165, 168, 169, 179, 199, 370, 372, 385, 386, 395, 396, 399, 407, 409, 417, 425, 431-433, 435, 440, 445, 447-452, 458, 459, 461, 469, 473, 477, 485, 488, 492, 495, 498, 503-505, 510, 511, 513; III, 237-239, 344, 396; IV, 63, 74, 99, 102, 104, 106, 110, 113-115, 117, 125, 128, 130-133, 137, 139, 141, 144; 154, 159, 161, 163, 164, 170, 202, 203, 214, 216, 222, 223, 231, 244, 246, 257, 263, 269, 270, 277, 281, 282, 287, 288, 290-293, 297-303, 308, 309, 315-317, 335, 337-339, 345, 346, 350, 352, 353, 359, 360, 372-374, 380-382, 386, 393, 396, 397, 403, 404, 410; V, 335; VI, 6, 33, 57, 76, 135, 165, 288, 301, 302, 304, 306, 309, 310, 312, 327.
Frédéric-Guillaume de Prusse. Voyez **Prince Royal**.
Frémiot, C^{ne}, IV, 346.
Frère-Orban, H. E. — I, 34.
Freycinet (de), Ing., Délégué au Ministère de la Guerre, III, 169; IV, 44, 45, 48, 52, 61, 65-69, 73, 74, 78, 102, 103, 106, 107, 117, 121, 124, 127, 133, 135, 136-138, 142-144, 159, 164, 166-169, 178, 179, 206, 219, 220, 221, 226, 232, 241, 242, 262, 300, 325, 326, 372; V, 21, 69, 70, 184, 289, 30², 313, 328, 337, 338, 348; VI, 2-6, 8, 12-15, 18-23, 25, 26, 28, 52, 57,
58, 63, 92, 107, 124, 150-153, 155-157, 160, 161, 166, 167, 172, 173, 175-177, 179, 180, 184, 190, 195, 207-209.
Friant, Int.-g^{al}, VI, 7, 16, 18, 27, 117, 131, 172, 173.
Friant (l'abbé), V, 166.
Fririon, G^{al}, V, 6.
Frœschwiller (bataille de), I, mouvements, 192-203; l'action, 203-239; pertes, 239-240; VI, résumé, 292, 293.
Froidevaux, C^t, II, 118.
Frossard, G^{al}, C^t en chef du 2e corps de l'Armée du Rhin, I, 117, 140-145, 155, 159, 160, 163, 282, 284, 285, 287, 292, 294, 295, 299, 308-311, 317-323, 327; II, 5, 14, 74, 109, 381, 382, 420, 421, 502, 503; VI, 227, 290, 296, 299.

G

Gabrielli, L^t-C^{el}, I, 394.
Galland, C^{el}, III, 187, 266.
Galliffet (de), G^{al}, II, 326, 334.
Gambar, L^t de v., IV, 215.
Gambetta, D., G. D. N., M. G. — II, 462, 487; III, 3, 39-42, 44, 45, 55-57, 115, 148-150, 168, 169, 237, 259, 360, 363, 395-397, 425; IV, 3, 11, 43, 44, 50, 61, 65, 69, 73, 104, 105, 124, 133, 135, 136, 158, 165, 179, 180, 204, 205, 226, 229, 239, 245, 249, 268, 272, 273, 301, 306, 313, 318, 324, 327, 372, 387, 395, 405, 410; V, 4, 7, 24, 25, 81, 188, 233, 278, 280, 289, 302, 303, 306, 314, 328, 329, 348; VI, 1-5, 11-13, 18, 19, 21, 151, 152, 167, 182, 194, 198, 199, 214, 215, 268, 326, 335.
Gandil, C^{el}, I, 207, 211.
Garcin, C^{ne}, II, 450.
Garde impériale française en 1870 (composition de la), I, infanterie, 53; cavalerie, 57; artillerie, 62; effectif au 1er août, 116.

b

GARDE NATIONALE, I, 336; III, 70, 71, 73, 235, 404-406; IV, 368, 369, 382-384, 392, 397; V, 89-91, 245, 247, 314.
GARDE NATIONALE MOBILE, I, 39, 41, 336; III, 68-70, 424; IV, 7; V, 91, 245, 247.
Gare-aux-Bœufs (combat de la), III, 255.
Garenne (hauteurs et bois de la). Voyez *Sedan* (bataille de).
Garibaldi, G^{al}, C^t en chef de l'Armée des Vosges, IV, — 423; V, 280-282, 288-290, 298-301, 303-305, 309, 312, 314, 315, 318-320, 322-325, 328, 331, 334, 337, 338, 346, 348; VI, 2, 22-26, 123, 124, 148-155, 157, 158, 160, 161, 164, 166-168, 173, 177, 207, 209.
Garnier, G^{al}, I, 395; II, 469.
Garnier, C^t, V, 132, 134, 136, 137, 167-170, 172.
Garnier, C^t aux^{re}, VI, 208.
Garnier-Pagès, D., G. D. N., III, 52, 216, 219.
Gauckler, C^{el}, VI, 152-154, 157.
Gaudin, D., III, 37.
Gayl (de), G^{al}-M^{or}, V, 213, 215, 225, 226, 233.
Gaza (de), G^{al}-M^{or}, V, 242.
Geissberg (le plateau de). Voyez *Spickeren* (bataille de).
Genton, D., III, 37.
Geoffroy (de), C^{ne}, VI, 262.
George, P., V, 248.
Germa, C^{el} (G. N.), III, 399.
Germigney (combat de), V, 305.
Gersdorff (de), G^{al} L^t, I, 266; II, 278, 320, 323, 328.
Gervais, L^t de v., III, 356.
Geslin (de), C^{el}, II, 116, 118, 119.
Gévigny (de), G^{al}, IV, 411.
Gibon, G^{al}, II, 123, 466, 469.
Gidy (combat de), IV, 228, 229.
Ginoux, C^t (G. M.), V, 66.
Giovaninelli, C^t, V, 45.
Girard, G^{al}, II, 350.
Giraud, C^{el}, I, 395; II, 502.
Girault, D., III, 39.
Girels (de), C^{el}, II, 503-505.

Girgois, L^t-C^{el}, I, 233.
Gislain (de), C^{el} et B^{de}, V, 81, 83, 99, 102, 152, 194, 207, 209, 211, 217, 219.
Gisors, V, 10, 11, 19.
Glais-Bizoin, D., G. D. N. (province), III, 38, 39, 44, 53, 57; IV, 43; VI, 329.
Glaser, V, 8.
Glay (combat de), VI, 146.
Gletty, soldat, III, 155.
Glises, C^{ne}, III, 313, 314.
Gluck, C^{ne}, III, 184.
Glümer (de), G^{al} L^t, I, 312; V, 338, 342; VI, 42, 72, 77, 79, 80, 94, 103, 113.
Gneisenau (de), G^{al} M^{or}, I, 3, 160-162, 391.
Godard (Eugène), Aéronaute, III, 77.
Godefroy, B^{de}, VI, 83.
Gœben (de), G. I. — I, 289, 298; II, 105; V, 36, 44, 49, 55, 72-74, 80, 82, 89, 94, 97, 102, 105, 110, 113, 120, 122, 124, 131, 139, 140, 146, 148, 149, 151, 155, 158, 160-165, 170, 180, 182, 183-185, 188-192, 197, 202, 206, 214, 215, 224, 225, 230-234, 238, 239.
Gœrne (de), M^{or}, V, 10.
Gœtze, C^{ne}, Hist. milit., I, 385; II, 433; IV, 246, 247.
Golberg (de), B^{de}, II, 406.
Goltz (von der), G^{al} M^{or}, I, 312, 359-362, 375; II, 35, 113; V, 336, 337, 339; VI, 36, 39-42, 55, 59, 61, 71, 82, 109, 110, 113, 127, 129, 130, 144, 186, 187, 196, 197.
Goltz (von der), C^{ne}, Publ. milit., IV, 286, 300, 312, 320.
Gonnet, Off. m^{pal}, V, 166.
Gordon (de), G^{al} L^t, II, 176.
Gortschakoff (prince), H. E., III, 361.
Goudmant, S.-L^t, III, 184.
Gougeard, G^{al} aux^{re} et D^{ce}, IV, 285, 308, 314, 357, 365, 366, 368, 369, 371, 373-376, 389, 394.
Gougis, C^t, I, 307.

Gournay, V, 10.
Goursaud, C^{el}, IV, 332, 333.
Goury, C^{el} et D^{on}, IV, 148, 149; VI, 86, 87, 206.
GOUVERNEMENT DE LA DÉFENSE NATIONALE, III, 14, 75, 76, 110, 113, 114, 150, 189, 190, 208, 210-213, 217, 218, 222, 223, 227, 249, 296, 321, 325, 343, 358-360, 364, 395, 396, 400, 403, 408, 425; IV, 135, 165, 171, 320, 344; V, 3, 91, 234, 248, 258, 260, 282, 300; VI, 34, 191, 192, 198.
Gouvion-Saint-Cyr, ML, IV, 57.
Gouzien (Armand), H. L., III, 48.
Goze, D^{on}, I, 194, 196, 250, 251, 257; II, 13, 156, 170, 172, 212, 218, 237, 239, 346.
Gramont (duc de), M. A. E. — I, 19, 21-24, 393.
Gramont (de), C^{el}, I, 225.
Grancey (de), L^t-C^{el} (G. M.), III, 304.
Grandchamp, D^{on}, I, 246, 289, 293, 307, 346.
Grandville (lord), H. E., I, 34; III, 363, 364, 414.
Gravelotte. Voyez *Rezonville* (bataille de).
Graziani, L^t-C^{el}, V, 341, 342.
Grenier, G^{al} et D^{on}, I, 283, 358, 365, 369, 370; II, 22-24, 26, 27, 30, 39, 97, 388, 406, 410, 467.
Grès, S^t, II, 104.
Gresley (de), G^{al}, II, 344.
Grévy (Jules), D.; III, 52; V, 278.
Grœben (von der), G^{al} L^t, V, 34, 57, 68, 79, 80, 84-88, 93, 95, 114, 142, 150, 155, 195, 206, 227, 228, 229, 232.
Grouchy (de), C^{ne}, II, 218, 220, 222.
Grüter (de), G^{al} M^{or}, II, 44, 45.
Gudin, G^{al}, V, 4-6, 11, 14.
Guépratte, G^{al}, IV, 202.
Guépratte (abbé), VI, 266.
Guérin, G^{al}, II, 177.
Guévin (abbé), VI, 266.
Gueydon, V.-A., VI, 279.

Guilhem, G^{al} et B^{de}, III, 7, 9, 14, 125, 127-129, 131.
Guilhermy (de), C^{ne} de v., V, 77, 124, 125.
Guillaume (Empereur allemand, Roi de Prusse, Généralissime des Armées allemandes), I, 22, 24, 25, 31, 78, 81, 136, 149, 349, 350, 393, 394, 423; II, 64, 66, 67, 68, 83, 99, 108-110, 168, 179, 182, 185, 215, 267, 279, 319, 335, 349, 351-353, 356, 432, 447, 448, 460, 477, 478, 486, 488, 489, 493, 498, 513; III, 16, 25, 104, 114, 185, 355, 390-393, 420; V, 245; VI, 138, 274.
Guillemaut, C^{el}, III, 351.
Guillemin, garde, II, 375.
Guillon, G^{al} et D^{on}, IV, 271, 287, 290.
Guiod, G^{al}, III, 78.
Guiomar, G^{al} et B^{de}, II, 293, 328, 331, 332.
Guyard, comm^{re} de p^{ce}, II, 163.
Guyon-Vernier, G^{al}, IV, 163.
Guyot de Lespart, G^{al} et D^{on}, I, 195, 197, 238, 242, 250, 251; II, 212, 213, 218, 220, 239, 244, 350; VI, 292.

H

Haas, C^{ne}, II, 339.
Habert, C^{ne}, V, 92, 95.
Hacca, C^{el}, I, 306.
Halftermeyer, soldat, III, 184.
HALLUE (l'), riv., V, 93, 94; bataille de l'**HALLUE** (ou de *Pont-Noyelles*), 99-113; pertes, 113; effectifs, 114, 115.
Halna du Fretay, G^{al}, I, 396; II, 30.
Halphen, C^{ne}, V, 227.
Ham (surprise de), V, 80, 83.
Hamen, C^{ne}, II, 183, 184.
Hamoniaux, soldat, II, 90.
Hann de Weyhern, G^{al} M^{or}, VI, 207, 208.

Hanrion, G.ᵃˡ et B.ᵈᵉ, III, 190, 205, 258, 328, 329, 369, 386.
Hanrion, S.-L.ᵗ, III, 205.
Hartmann (de), G. I.—I, 174, 205, 206, 211, 212, 224, 372; III, 93; IV, 295, 296, 410, 411.
Hattenburger, S.ᵗ, VI, 264.
Hauterive (d'), C.ⁿᵉ, V, 104.
Hautes-Bruyères, redoute, III, 116, 117, 123, 125.
Havre (le), V, 78; (le corps du), 125, 126, 131, 180, 238.
Heiligenberg, V, 252.
Heinlett (de), C.ᵒˡ, IV, 175.
Helmuth, C.ᵃᵉ, II, 251.
Helvig, C.ᵃᵉ, IV, 100, 110.
Henriet, S.-L.ᵗ, I, 226.
Henriot, garde d'artillerie, III, 22.
Henry, cuirassier, II, 445.
Hepp, S.-P., I, 167.
Herbinger, C.ᵃᵉ, II, 403.
Héricourt. Voyez LISAINE (bataille de la).
Hérisson, A. M. P., III, 215.
Herwart de Bittenfeld, G. I., — I, 131.
Herzog, G.ᵃˡ fédéral, VI, 200, 201, 206.
Hesse (prince Louis de), G.ᵃˡ L.ᵗ, II, 95; IV, 410; V, 162; VI, 278.
Hiver, C.ⁿᵉ, I, 307.
Hocédé, L.ᵗ-C.ᵒˡ, V, 261, 263, 266.
Hochstetter, L.ᵗ-C.ᵒˡ, II, 118.
Hoff, S.ᵗ, III, 188.
Hoffman (de), G.ᵃˡ, III, 12, 14.
Hohenlohe (prince de), G.ᵃˡ M.ᵒʳ, III, 118.
Hohenzollern-Sigmaringen (prince Charles-Antoine de), I, 18, 393, 394.
Hohenzollern-Sigmaringen (prince Léopold), I, 18, 21, 23, 393.
Horcat, C.ᵗ, II, 108.
Houeix, C.ⁿᵉ et B.ⁱᵉ, III, 128, 131, 138.
Houlbec (du), B.ᵈᵉ, I, 236.
Huêtre (combat de), IV, 218.
Hügel, G.ᵃˡ M.ᵒʳ, I, 262.
Hugues (d'), G.ᵃˡ et D.ᵒⁿ, III, 88-92, 95, 115, 250, 333, 350, 351.
Hüllessem (de), L.ᵗ-C.ᵒˡ, V, 175, 178, 228.
Hymmen (de), L.ᵗ-C.ᵒˡ, V, 208, 211, 218, 221.

I

Ibos, C.ᵗ (G. N.), III, 216.
Illy (plateau d'). Voyez *Sedan* (bataille de).
Imbert (M.ᵐᵉ), II, 163, 375.
Impératrice (l') **Eugénie**, I, 330, 331, 333, 336-339, 345; II, 151, 153, 154, 447, 450, 452, 453, 459, 460, 488, 490, 491, 493, 514; III, 34-37, 40, 44, 46-49; VI, 64, 273.
INDEMNITÉ (l') DE GUERRE, VI, 347-360.
INFANTERIE (l') FRANÇAISE EN 1870, I, 53-57.
INSURRECTION DU 31 OCTOBRE, III, 208-227.
INTENDANCE (l') EN 1870, I, 68-74.
INVASION (l'). — Organisation des régions envahies, III, 26-31.
Isle-Adam, III, 106, 107.
Isnard, C.ᵒˡ et B.ᵈᵉ, V, 161, 187, 189-193, 198, 205, 206, 211-214, 225, 227, 228.

J

Jackman, A., VI, 274.
Jacqmin, Ing., I, 72, 123, 249, 250, 254, 255, 260; III, 75.
Jacquot, C.ᵗ, III, 174-181.
Jacquot, C.ⁿᵉ, III, 95.
Jamin, C.ᵒˡ, II, 104.
Jamin du Fresnay, C.ᵒˡ, II, 263.
Jancigny (de), G.ᵃˡ et B.ᵈᵉ, IV, 183-192.
Juncigny, V, 292.
Jarras, G.ᵃˡ, Chef d'État-Major de l'Armée du Rhin, I, 341, 378, 395; II, 54, 80, 398, 412, 443, 497-499, 503, 504, 522.

Jaumet, S^t, II, 104.
Jauréguiberry, C.-A. et D^{on}, IV, 79, 87-90, 92, 95, 97, 107, 127, 172-175, 177, 178, 183, 185, 187, 191, 192, 199, 200, 217, 224, 227, 228, 241, 256-258, 262, 266, 274, 279, 285, 304, 306, 354, 358, 361, 369, 371, 377, 384-386, 390, 394, 398, 400; VI, 276.
Jaurès, C.-A., G^t en chef du 21e corps., IV, 115, 121, 124, 167, 266, 289, 290, 361, 372, 380, 389.
Javain, G^{al}, III, 119.
Jeanmot, lancier, IV, 212.
Jeannel, pharmacien, II, 406.
Jeanningros, G^{al}, I, 395; II, 467, 502.
Jobey, C^{el} et B^{de}, IV, 359, 390.
Jodosius, C^t, I, 205.
Joigny, IV, 131.
Joinville (prince de). Voyez Lutteroth.
Jolif-Ducoulombier, G^{al} et B^{de}, I, 258; II, 191; IV, 17.
Jolivet, G^{al} et B^{de}, I, 285, 305; II, 5, 13.
Joly, C^{ne}, IV, 306, 392.
Josnes (les lignes de), IV, 238, 248-283; pertes, 272.
Josseau, D., III, 37.
Jouffroy d'Abbans, G^{al} et D^{on}, IV, 328-330, 332, 334, 341, 343-345, 347-351, 354, 358, 359, 361, 363, 364, 368, 369, 371, 376, 377, 384, 387, 390.
Jourdain, C^{el}, III, 315.
Jullian, S.-L^t, II, 403.
Juniac (de), B^{de}, I, 317, 321; II, 30.
Jurien de la Gravière, V.-A., V, 1 280.

K

Kaisenberg (de), G^{al} M^{or}, I, 186.
Kameke (de), G^{al} L^t, I, 288-290, 295, 296, 298, 324; II, 68; III, 416, 420; VI, 299.

Kelberger, L^t, II, 255, 256.
Keller, D., C^t (F. T.) — V, 258.
Keller, G^{al} M^{or}, V, 249, 250, 268, 285, 323, 326, 330-332; VI, 103, 104, 107, 109-111.
Kératry (de), D., P. P^{ce}, G^{al} (G. N. M^{dcs}), I, 339; II, 487; III, 38, 44, 149; IV, 124.
Kersalaun (de), G^{al}, IV, 121; V, 14, 62.
Kessel (de), G^{al} M^{or}, II, 123, 125.
Kettler (de), G^{al} M^{or}, VI, 135, 139, 140, 157-163, 165, 166, 170, 207, 208.
Kirchbach (de), G^{al} L^t, I, 182, 186, 205, 208, 210-212; II, 320, 327, 332; III, 93, 379, 388.
Klüpfel, Hist., I, 14.
Knappstœdt (de), C^{el}, II, 133, 134; VI, 72, 81.
Knesebeck (de), C^{el} et B^{de}, VI, 143, 148, 169, 207, 208.
Kollermann, C^t, VI, 264, 265.
Kontzky (de), C^{el}, IV, 197.
Kraatz-Koschlaw (de), G^{al} M^{or}, II, 25, 26, 29; IV, 333.
Krane (de), C^{el}, VI, 48, 49.
Krantz, Ing., III, 242, 247.
Krien, C^{el}, I, 209.
Krugg de Nidda, G^{al} M^{or}, V, 9.
Kümmer (de), G^{al} L^t, II, 468, 510; V, 50, 99, 100, 103, 104, 142, 150, 151, 153-155, 166, 195, 213, 214, 224, 225, 227, 230, 231.
Küss, Maire de Strasbourg, VI, 236.

L

L'Abadie d'Aydren, G^{al} et D^{on}, I, 194, 197, 251, 256; II, 173, 213, 218, 228, 253, 330.
Labeaume (de), C^t, I, 217.
Labrune, C^t, IV, 76.
Lacale (de), Offi. II, 130.
Lacretelle (de), G^{al} et B^{de}, I, 207; II, 246, 247, 289, 293, 303, 304, 311-313, 317.

Ladmirault (de), G^{al}, C^t en chef du 4e corps de l'Armée du Rhin, I, 114, 118, 358, 362, 371, 383; II, 22, 23, 27, 34-37, 48, 60, 96-98, 122, 381, 382; VI, 303, 304.
Ladon (combat de), IV, 139.
Ladonchamps (combat de), II, 464, 469; pertes, 469.
Ladreit de la Charrière, G^{al}, I, 253, 254; III, 267.
Ladvocat, L^t-C^{ol}, III, 369, 381.
Lafaille, G^{al}, II, 422.
La Fère, P. F. (prise de), V, 57, 60.
La Ferté-Alais, III, 109.
La Ferté-Bernard, IV, 125.
Lafont de Villiers, G^{al} et D^{on}, II, 5, 10, 30, 75, 115, 406, 423.
La Fourche, IV, 123, 340, 341.
La Fuente, L^t, II, 339.
Lafutsun de Lacarre, C^{ol}, I, 230.
Lagosse, Maire, II, 389.
Lagrange (de), G^{al} et B^d, V, 81, 99, 114, 143, 149, 152, 154, 195, 196, 211, 224, 225, 227, 228.
Laguerret, soldat, II, 21.
Laigneau, L^t-C^{ol}, V, 15, 67.
Laigneville, V, 8.
Lajaille (de), G^{al}, II, 36.
La Jonchère (combat de), III, 173-179.
Lalande, D^{on}, IV, 368, 329, 371, 383.
Lalanne, C^{ol}, I, 357.
Lalène-Laprade (de), C^t (G. M.), V, 17.
Lalier, C^{ne}, III, 183, 184.
La Madeleine-Bouvet, IV, 123.
La Malmaison (combat de), III, 171-184; pertes, 184, 185, 187.
Laman, C^t, I, 209, 233.
Lamarche, I, 255.
Lamarcodie (de), C^t, II, 253.
Lamarle, C^{ne}, II, 103.
Lambert, C^t, II, 313, 314.
Lambert (Gustave), S^t, III, 378.
Lamberton, Maire, VI, 266.
Lambilly (de), C^t, IV, 97, 401.
Lambinet, Juge, III, 104.
Lammerz (de), C^t, I, 181, 232.

Lamothe-Tenet, C^{ne} de f^{ts}, III, 258, 328-330, 332.
La Motte-Rouge (de), G^{al}, C^t en chef du 15e corps, IV, 2, 12, 19, 24, 28, 31-34, 36-38, 40; V, 257.
Lamy, C^{ol}, II, 49, 60.
Lamy, C^t, II, 253.
Lancé (combat de), IV, 334.
Lande (de la), C^{re}, II, 339.
Landelles, IV, 119.
LANDWEHR, I, 3, 7, 77, 78, 89-101.
Langourian, L^t-C^{ol}, II, 104.
Langres, P. F., V, 283; VI, 25, 156, 158.
Laon, P. F., III, 19-22; VI, 224.
Lapasset, G^{al} et B^{de}, I, 196, 283, 328, 334, 401; II, 5, 7, 12, 30, 40, 74, 89, 112, 202, 387, 404, 410, 455-457, 503.
Laporte (de), L^t-C^{ol}, II, 202.
Lareinty (de), C^t (G. M.), III, 373, 387, 388.
Largentier, M^{al} des L^{is}, II, 253.
Larminat (de), C^t, I, 365.
La Rochelle (camp de), IV, 47, 318.
La Rochethulon, C^{ne} (G. M.), III, 145.
La Roncière Le Noury, V.-A., C^t sup^r des troupes de marine à Paris, III, 64, 79, 199, 236, 258, 326, 328, 359, 394, 395; IV, 180; VI, 274.
Larret-Lamalignie, C^{ne} de f^{ts}, III, 411.
Lartigue, G^{al} et D^{on}, I, 167, 193, 216-220, 222, 223, 236; II, 216, 224, 257, 258, 273, 293, 310, 311, 317, 340, 345, 346.
La Rue (de), Insp^r des Forêts, III, 110.
La Taille (de), C^{ne}, III, 158.
La Tour (combat de), IV, 210, 211.
La Tour d'Auvergne (prince de), M. A. E. — I, 338.
La Tour d'Auvergne (de), C^{ol}, I, 185.
Laurencie (de la), C^{ne}, VI, 247, 256.

Laurent, Off. m^pal, VI, 266.
Lauriston, G^al, V, 124, 129, 130.
Laval (l'Armée de la Loire à), IV, 106.
Laval, village, V, 270.
Lavalette (Mis de), Dipl., I, 34.
Lavalette (de), Int. VI, 231.
Lavalle (D^r), V, 291-293.
Laveaucoupet (de), G^al et D^on, I, 160, 285, 287, 290, 293, 294, 297, 298, 302, 303, 306, 314, 315; II, 1, 74, 387, 503.
Lavigerie (de), C^el, II, 192.
La Ville-Evrard (combat de), II, 333-338.
Lavison, L^t de v., III, 351.
Lavisse (Ernest), Hist., I, 7.
Lavoignet, G^al, III, 190, 192, 257, 259, 328-330.
Le Bœuf, ML, M^er G^al de l'Armée du Rhin, C^t en chef du 3e corps, I, 27, 40, 117, 145-148, 154, 155, 158, 165, 194, 196, 249, 250, 253, 255, 274, 282, 319, 329, 331, 333, 339, 341, 395; II, 1, 3, 9, 27, 94, 109, 142, 369, 382, 383, 398, 400, 402, 407, 408, 416, 417, 420, 421, 428, 464, 473, 489, 494, 502; VI, 274, 292.
Le Bouedec, G^al et D^on, IV, 369, 384, 391, 398.
Lebreton, G^al, III, 42.
Lebreton (Mme), III, 48.
Lebrun, G^al, C^t en chef du 12^e corps, I, 395; II, 167, 201, 211, 246, 250, 277, 286, 289, 300, 305, 307, 310, 315, 340, 341, 344, 345, 350, 351.
Lebrun, Int., II, 474.
Lechevalier, P., IV, 327.
Leclaire, G^al et B^de, VI, 42, 405.
Lecointe, G^al et D^on, C^t en chef du 22e corps, I, 395; V, 23-26, 32, 34, 37, 44, 45, 47, 48, 50, 51, 53, 54, 81-84, 89, 92, 108, 146, 206, 207, 219, 221, 222, 228.
Lecomte, G^al et B^de, III, 264, 265, 279, 397, 424.

Lecomte, C^t (G. M.), III, 110.
Lecomte, G^al fédéral, III, 50.
Lecouturier, Volontaire, V, 66, 75.
Le Flô, G^al, M. G., II, 462; III, 39, 44, 216, 245, 368, 397, 398; IV, 2, 43, 408, 409; V, 256, 257.
Le Forestier de Vandœuvre, C^el, I, 230.
Lefort, G^al, IV, 2, 11, 12, 43, 44.
Lefrançais, Rév., III, 210.
Lefrançois, C^ne, III, 135.
Legalle, C^ne, IV, 54.
Legat (de), C^el, V, 175-177.
Legge (de), C^t (G. M.), III, 220, 241.
Legouil, soldat, III, 155.
Legrand, G^al et D^on, I, 117; II, 14, 22, 30, 36-38, 45, 48.
Legros, C^ne, IV, 391.
Lehautcourt, Hist., IV, 68; VI, 339.
Lehmann, C^el, II, 24; IV, 399, 403.
Le Hon, D., III, 37.
Le Joindre, C^ne, II, 440, 441.
Le Mains, L^t-C^el, III, 196, 198.
Le Mée, IV, 259, 261.
Lemonnier, S.-L^t, I, 226, 227.
Léon, C^ne, II, 242.
Léonhardi (de), G^al M^or, II, 136.
Leperche, C^el, VI, 15, 23, 97, 117.
Le Poitevin de la Croix-Vaubois, G^al, I, 395.
Lequien, Adj^t, II, 104.
Leroy, C^ne, I, 269, 270.
Leroy de Dais, G^al, II, 115, 121.
Lesergeant d'Hendecourt, G^ne, II, 341, 342.
Le Sourd, Dipl., I, 29.
Lespieau, C^el, III, 136, 254, 323.
Lesseps (Ferdinand de), Dipl., III, 48.
Lessignold, C^ne, II, 314.
Le Tourneur, C^el, I, 358; II, 15.
Leusse (comte de), I, 167.
Levassor-Sorval, G^al et D^on, II, 5, 9, 19, 30, 43, 75, 115, 407, 423, 457, 463, 465, 469.

Levrécey (combat de), VI, 31.
Lévy, C^t, III, 95.
Lewall, C^{el}, I, 45, 139, 379, 380; II, 81, 143.
L'Hay (combat de), III, 251-255.
L'Hériller, G^{al} et B^{de}, I, 225; II, 224, 257, 261, 287, 293, 315, 318, 340, 347.
Lian, G^{al}; I, 395.
Liancourt, V, 8.
Liaud, C^t, I, 171, 177, 180, 182, 183.
Lichtemberg, P. F., I, 224, 261, 262, 263.
Liébert, G^{al} et D^{on}, I, 258; II, 192, 217, 224, 263, 293, 323, 329-332, 336-338, 344.
Liédot, G^{al}, II, 360.
Liégeard, G^{al}, II, 330.
Liénard, C^{ne} (F. T.), IV, 71, 79.
Liniers (de), G^{al}, II, 336; III, 70, 215, 257.
Lion, C^{el}, I, 370.
Lipowski, C^{el} (F. T.), IV, 54, 55, 74, 75, 77, 79, 95, 107, 116, 163, 171, 217, 318, 328, 341, 347, 402, 403, 406, 407, 423.
Lippe (comte de), G^{al} M^{or}, V, 9, 11, 20, 23, 68, 98, 122, 136, 138, 161, 190, 206, 210, 217, 218, 222, 232.
L<small>ISAINE</small>, riv., VI; bataille de la L<small>ISAINE</small>, VI, 66-117; pertes, 117.
Littré, Philosophe, III, 115.
Lix (Antoinette), V, 263.
L'Lopis, C^{ne}, III, 175, 179.
Lobbia, C^{el}, V., 23; VI, 150, 153, 156, 158, 208.
Locmaria (de), C^{ne}, I, 318, 320.
Loftus (lord), Dipl., I, 30.
Loigny (bataille de), IV, 182-195; pertes, 198.
Loizillon, C^t, II, 201.
Longboyau (combat de la porte de), III, 181-184. Voyez *Buzenval* (bataille de).
Longeau (combat de), V, 336.
Longpré (combat de), V, 121.
Longuerue (de), G^{al} et B^{de}, IV, 19, 20, 28, 29.

Loos (de), C^{el}, VI, 59-61, 83.
Lordon, C^{ne}, II, 255, 256.
Lorencez (comte de), G^{al} et D^{on}, I, 283, 358, 371, 383; II, 2, 39, 87, 88, 97, 388, 405, 410, 463.
L<small>ORRAINE</small> (campagne de), I, 272-392; II, 1-135.
Lostie de Kerhor, L^t-C^l, V, 246.
Louvroie (les bois de), V, 274.
Lowenfeld (de), G^{al}, I, 131; II, 432.
Loysel, G^{al}, V, 238, 240.
Luccioni, C^t, II, 104, 111.
Luciani, Off. d'adm^{on}, II, 258.
Lunéville, I, 250, 251, 270.
Lure, VI, 65.
Lutteroth, C^{el}, IV, 231, 327.
Lyncker (de), C^{el}, II, 9, 10, 23, 31.
Lyon, V, 312-314.

M

Mac-Mahon (de), ML, C^t en chef du 1er Corps de l'Armée du Rhin, puis de l'Armée de Châlons, I, 112, 114, 116, 153, 165, 167, 172, 176, 179, 187, 188, 192-195, 197-199, 215, 219, 228, 237, 241, 242, 244, 246, 247, 250, 253-258, 282, 421, 422; II, 132, 152-160, 162, 163, 166, 181, 185, 189-192, 194-197, 199, 201, 203, 206, 207, 209, 210, 212, 213, 216, 218, 223-226, 229, 231, 242, 246, 256-259, 266, 269, 284-289, 292, 294-296, 305, 306, 357, 423, 514, 515; III, 32; V, 244-257; VI, 230, 231, 291-293, 307, 320.
Madelor, C^{el}, III, 372.
Magnan, C^t, II, 80.
Magne, M. F., I, 338.
Magnin, D, M. C., III, 44, 115, 413.
Maillard, G^{al}, II, 195; VI, 318.
Maillinger, G^{al} M^{or}, I, 183.
Maire, G^{al}, I, 193, 225.
Maison-Blanche, III, 337.
M<small>AISON</small> B<small>OURGERIE</small> (la), II, 313, 314,

Maitre (F. T.), III, 108.
Maizières (combats de), IV, 139, 158-161.
Malakoff (D⁺⁺ de), III, 47.
Malherbe (de), II, 449.
Malmaison (combat de la), III, 171-188; pertes, 185.
Malicki, C⁺ (F.-T.), VI, 30.
Malroy, G⁺ᵃˡ et D⁺ᵒⁿ, III, 274, 275, 277, 293, 299, 304, 308, 318, 333, 334.
Manèque, G⁺ᵃˡ, II, 419.
Mangis (M.), Off. m⁺ᵖᵃˡ, VI, 226.
Mans (le), IV, 307, 315, 316; les colonnes mobiles, 323-336; marche de la IIᵉ armée allemande sur le Mans, 336-370; bataille du Mans, 370-392; combat dans les rues, 390-392; pertes, 393.
Mansart, M⁺ᵃˡ des L⁺ⁱˢ, I, 221.
Manstein (de), G. I., II, 41, 86, 89, 92, 95, 133; IV, 213, 231, 373, 377, 381.
Mantes, III, 106, 108; VI, 21.
Manteuffel (b⁺ᵒⁿ de), G. C., C⁺ en chef de la Iʳᵉ Armée allemande, puis de l'Armée du Sud, I, 348, 359, 362; II, 385, 394, 395, 399, 404, 408, 409, 411, 412, 415, 418, 419, 428, 467, 468; III, 239, 396, 405; IV, 113, 114, 423; V, 25-31, 34-37, 44, 49, 53-55, 57, 60, 61, 64, 68-70, 73-76, 84-87, 89, 92, 94-98, 103, 105, 108, 110-112, 114, 115, 117-120, 123, 124, 126, 129, 131-133, 136, 139, 161, 162, 164, 165, 173, 174, 179, 180, 182; IV, 337; VI, 34, 57, 67, 71, 93, 115, 121, 122, 124, 126-128, 130, 132-135, 137-139, 141, 147, 148, 157, 165-168, 170-172, 177, 193-197, 204, 206-209, 212, 254.
Marc, cuirassier, II, 445.
Marchal, ouvrier, II, 375.
Marchenoir (forêt de), IV, 77.
Marcherez, tailleur, II, 375.
Marckolsheim (combat de), V, 249.

Maréchal, C⁺, II, 104.
Maréchal, Maire de Metz, II, 462, 480.
Marguénat (de), G⁺ᵃˡ, II, 45, 162.
Margueritte (de), G⁺ᵃˡ et B⁺ᵈᵉ, I, 343, 353; II, 332, 333, 336.
Marion, C⁺, I, 205.
Mariouse (de la), G⁺ᵃˡ et B⁺ᵈᵉ, III, 151, 153, 154, 276, 304, 318, 323, 414.
Marnay, VI, 410.
MARNE (batailles de la), III, 271-320; pertes générales, 319.
Mars-la-Tour. Voyez *Rezonville* (bataille de).
Martel, D., III, 37, 52.
Martenot, G⁺ᵃˡ et B⁺ᵈᵉ, III, 172, 173, 184, 304, 305, 311.
Martin (Henri), Hist., III, 39, 43, 147, 190.
Martin, C⁺ᵃˡ, III, 191, 200, 205.
Martin, C⁺ᵃˡ (G. N. M⁺ˢᵉˢ), V, 133, 161.
Martin des Pallières, G⁺ᵃˡ et B⁺ᵈᵉ, puis D⁺ᵒⁿ, C⁺ en chef du 15ᵉ corps, II, 277, 289, 293, 299; IV, 51, 65, 70, 73-75, 80, 93, 95, 97-99, 104, 105, 107, 108, 110, 138, 141-144, 146, 147, 156, 158, 159, 164, 168, 201, 204, 208-211, 219, 222, 226, 230, 234, 235, 240, 242-244.
Martineau des Chenez, G⁺ᵃˡ et D⁺ᵒⁿ, C⁺ en chef du 15ᵉ Corps, IV, 51, 61, 70, 73, 78, 107, 142, 195, 197, 198, 202, 212-216, 218, 219, 229, 230, 233, 244; VI, 8, 22, 23.
MARTINEZ, B⁺ᵈᵉ, VI, 60, 61.
Marty, L⁺-C⁺ᵃˡ, IV, 120, 121, 369, 384.
Massaroli, C⁺ᵃˡ, II, 163.
Massow (de), C⁺ᵃˡ, V, 175, 178, 197, 204, 212, 213, 215, 222, 226.
Mathieu, C⁺, I, 233.
Mathieu, C⁺, III, 173.
Mattat, G⁺ᵃˡ et D⁺ᵒⁿ, III, 81, 124, 134, 146, 290, 291, 294, 307.
Maubranche, G⁺ᵃˡ, II, 38.

Maud'huy (de), G.ᵃˡ et D.ᵒⁿ, III, 6, 7, 14, 15, 100, 115-118, 125, 252.
Mauff (Eus.), Off. m.ᵖᵃˡ, VI, 266.
Maussion (de), G.ᵃˡ et B.ᵈᵉ, puis D.ᵒⁿ, I, 196, 256, 257 ; II, 156, 220, 221, 228, 237, 239, 240, 294, 324, 325, 347.
Mauves, Off. m.ᵖᵃˡ, VI, 266.
Mayenne (retraite de l'Armée de la Loire sur la), IV, 395, 411.
Mayer, Off. m.ᵖᵃˡ, VI, 266.
Mayère, G.ᵃˡ, VI, 25.
Mazade (Ch. de), Hist., I, 340.
Mazangé, IV, 342.
Mazure, G.ᵃˡ, IV, 43 ; V, 313.
Mecklembourg-Schwerin (grand-duc de), G.ᵃˡ I, C.ᵗ en chef de l'*Armée-Abtheilung*, I, 132 ; III, 239 ; IV, 104, 106, 109-112, 115-119, 121-126, 128-130, 133, 137, 145, 146, 159, 162, 163, 170, 173, 181, 182, 195, 203, 214, 233, 236, 238, 243, 244, 251, 257-259, 263, 264, 267, 269, 281, 282, 287, 288, 290, 292, 299, 301, 309, 317, 337, 355, 379, 380, 393, 402 ; V, 18, 30, 192, 241-243 ; VI, 327.
Mecklembourg-Schwerin (le duc Guillaume de), G.ᵃˡ L.ᵗ, II, 386, 411 ; III, 19-22 ; IV, 25, 343-345.
Medem (de), G.ᵃˡ M.ᵒʳ, II, 123-127.
Melliet (Léo), Rév., III, 400.
Mellinet, G.ᵃˡ, III, 47, 48.
Memerty (de), G.ᵃˡ M.ᵒʳ, V, 184, 191, 195, 196, 197, 202, 203.
Ména, C.ᵉˡ, I, 222.
Menotti Garibaldi, G.ᵃˡ aux.ʳᵉ et B.ᵈᵉ, V, 289, 305, 315, 321 ; VI, 150, 156, 159, 207.
Merchier, C.ᵗ, I, 209.
Mercier, peintre en bât., II, 375.
Messigny (combat de), VI, 157.
Météor (le), VI, 281, 282.
Metman, G.ᵃˡ et D.ᵒⁿ, I, 283, 317-319, 320, 321, 323, 324, 357, 368 ; II, 51, 66, 75, 88, 102, 389, 398, 404, 405, 410, 419, 454, 467.
Metternich (prince de), Dipl., III, 47-49, 111.
Metz, P. F. (le blocus de), 362-470 ; l'investissement, 362-375 ; tentative avortée du 26 août, 375-386 ; *Noisseville* (voyez) ; les petites opérations, 430-435 ; situation de la place, intrigues et négociations, 436, 437-439, 442, 475, 478-482, 486, 488, 495, 498, 499, 508, 509 ; la reddition, 509-513 ; pertes des Français, 507-508 ; des Allemands, 513 ; protocole de la capitulation, 521-524 ; III, 208, 209 ; IV, 68.
Meung, IV, 252.
Meuse (passage de la), II, 261, 262, 270, 320.
Meusnier, L.ᵗ de v., V, 52.
Mézières, P. F., V, 139 ; VI, 224.
Michaux, G.ᵃˡ, IV, 72.
Michel, B.ᵈᵉ et D.ᵒⁿ, C.ᵗ de l'Armée de l'Est, I, 172, 193, 220-222 ; II, 311, 317 ; IV, 17, 19, 28, 33, 70, 74, 100, 171-176, 178, 187, 191, 217, 227, 228 ; V, 301, 302.
Michel, caporal (G. N.), V, 274.
Micheler, G.ᵃˡ et B.ᵈᵉ, I, 160, 285, 286, 291, 293, 297.
Michelet, C.ᵉˡ et B.ᵈᵉ, V, 142, 143, 149, 195, 196, 211, 223, 226, 229.
Miès, ag. de p.ᶜᵉ, II, 163, 203, 364.
Millière, Rév., III, 42, 210, 214, 217, 219, 222, 400.
Millot, G.ᵃˡ et B.ᵈᵉ, I, 308 ; VI, 89, 90, 129, 186-188.
Milne, A., VI, 278.
Minot, G.ᵃˡ et B.ᵈᵉ, IV, 210, 212, 231 ; VI, 78, 79, 94, 95, 142, 189.
Miquel de Riu, L.ᵗ-C.ᵉˡ, III, 117.
Mirande (combat de), VI, 208.
Miribel (de), C.ᵉˡ, III, 89, 96, 173, 181, 240, 284, 289, 380, 381.
Mirus (de), G.ᵃˡ M.ᵒʳ, V, 68, 87, 88, 95, 98, 112, 117, 119, 120, 133, 134, 139, 155.

Mobilisation (la) de l'Armée française, I, 108-124 ; des armées allemandes, 124-138.
Mocquard, C⁰¹ (F. T.), IV, 60 ; V, 14, 64, 67, 71, 127.
Modéré, tailleur, II, 453.
Mohammed-ben-Dakich, S¹, I, 233.
Moimay (combat de), VI, 39-42.
Molière, C¹, II, 103.
Moll, C¹, I, 196.
Moll, fermier, III, 237.
Moltke (Cᵗᵉ de), Feld-Maréchal, Chef d'État-major gᵃˡ des Armées allemandes, I, 81, 83, 84, 133, 142, 149-153, 158, 173, 261, 265, 266, 268, 274, 277, 315, 346, 347, 349, 350, 353, 354, 388, 390, 393-395 ; II, 64, 65, 67-71, 81, 83, 84, 99, 106, 108, 110, 113, 114, 146, 147, 160, 167, 168, 172, 174, 175, 179-183, 186, 197-200, 205, 206, 214, 215, 222, 223, 267, 279, 281, 335, 352, 354-356, 385, 426, 431, 487, 488, 513 ; III, 16, 17, 25, 85, 101, 102, 104, 110, 185, 263, 323-325, 357, 392, 407, 408 ; IV, 13, 109, 110, 113, 114, 125, 126, 132, 203, 251, 282, 291, 292, 298, 299, 304, 320, 325, 336 ; V, 26, 29, 69, 74, 76, 85, 96, 97, 118, 122, 123, 139, 188, 189, 206, 230, 260, 276, 304, 335, 336, 338 ; VI, 28, 30, 32-34, 67, 71, 132, 138, 139, 192, 193, 291, 298, 302, 303, 306, 309, 311.
Mondelli, Cⁿᵉ, VI, 268, 269.
Monnaie, IV, 319.
Monneraye (de la), C⁰¹, III, 311.
Montaigu (de), Gᵃˡ, II, 37, 45.
Montarby (de), C⁰¹, I, 396.
Montaudon, Gᵃˡ et Dᵒⁿ, I, 196, 282, 318, 319, 323, 324, 328, 369, 372 ; II, 19, 387, 393, 398, 399, 404, 410, 420-422, 454, 457.
Montbé (de), Gᵃˡ Mᵒʳ, II, 156, 248.

Montbéliard (combat de), VI, 76-78.
Montbrison (de), C⁰¹ (G. M.), III, 380.
Montdidier, V., V, 11, 12.
Montel, Rév., III, 400.
Montenon (de), S.-Lᵗ, II, 339.
Montgolfier (de), Cᵗ (G. M.), V, 62, 174, 179.
Montlhéry, III, 110.
Montmarie (de), Gᵃˡ et Bᵈᵉ, I, 178, 184, 185, 187.
Montmédy, V., III, 18, 19.
Montmesly (combats de), III, 80, 81, 260, 261-267.
Moore (Georges), III, 413.
Morand, Gᵃˡ, I, 216, 217 ; II, 242.
Morandy (de), Gᵃˡ et Dᵒⁿ, IV, 20, 28, 33, 40, 41, 70, 105, 107, 172, 178, 182, 183, 188, 189, 196, 199, 217, 224, 225, 228, 239, 254, 268, 273, 279, 316.
Morel, Lᵗ-C⁰¹, III, 243.
Moréno, Gᵃˡ, VI, 231.
Morgan et Cie, banquiers, VI, 342, 343.
Moriau, Cⁿᵉ et Bᵈᵉ, III, 287.
Mornay-Soult (de), Cⁿᵉ, II, 130.
Morsbronn. Voyez *Wœrth* (bataille de).
Mosneron-Dupin, C⁰¹, III, 387, 388.
Mouchez, Cⁿᵉ de v., Cᵗ supʳ du Havre, V, 14, 70, 71, 79, 126, 127, 131, 180, 238.
Moulac, C.-A. et Dᵒⁿ, V, 81, 89, 91, 99, 102, 103, 138.
Moulin-Saquet (redoute du), III, 116, 118, 123, 125.
Moussu, C⁰¹, V, 79.
Mouttet, matelot, III, 78.
Mouzon. Voy. *Beaumont* (bataille de).
Müller (Jacques), Off. mᵃˡ, VI, 266.
Munier, Cᵗ, I, 363.
Murat, Bᵈᵉ, I, 381.

N

Nachtigal, C.ˡ, VI, 61.
Nacra, S.-Lᵗ, III, 357.
Nancy, I, 254, 270.
Nansouty (de), Gᵃˡ et Bᵈᵉ, I, 167, 172, 193; IV, 19, 20.
Napoléon (le prince), I, 157; II, 2, 152.
Napoléon Iᵉʳ, I, 1-3, 77; II, 172.
Napoléon III, Cᵗ en chef de l'Armée du Rhin. — I, 7, 11, 15, 20, 27, 34, 137, 138, 145, 146, 153, 156, 159, 161, 194, 198, 246, 250, 252, 254, 255, 258, 274, 281, 282, 317, 329-331, 333-336, 339, 340, 342, 344, 345, 352, 357, 374, 381, 385-387; II, 2, 3, 51, 80, 132, 152, 154, 157, 159, 179, 181, 201, 207, 210, 224, 256, 257, 291, 296, 297, 336, 341-343, 351, 353-357, 364, 435, 447, 448, 493; III, 6, 32, 33, 362; V, 245; VI, 274, 289, 291, 292, 301, 305, 320.
Nayral, Gᵃˡ et Bᵈᵉ, II, 23, 27, 31.
Négrier (de), Cᵗ, V, 154.
Négroni (de), Cᵗ, I, 230.
Nehroff de Holderberg, II, 118, 120; III, 295.
Nélaton (Dʳ), III, 347.
Neltner, Lᵗ-Cˡ, III, 315.
Néthelme (le Frère), III, 333, 348.
Neuf-Brisach, V., I, 258.
Neuville-aux-Bois, Vᵉ, IV, 210, 211.
Néverlée (de), Cᵃᵉ, III, 283, 284.
Nicolaï (de), Gᵃˡ et Bᵈᵉ, I, 193, 238, 256; II, 212, 239.
Niel, ML. — I, 35, 40, 45, 48, 49, 62; V, 247; VI, 227.
Nigra (chevalier), Dipl., III, 47-49, 111.
Nismes, Cᵃᵉ et Bⁱᵉ, III, 181-184.
Noël, Gᵃˡ et Bᵈᵉ, III, 172, 173, 175, 180, 372-374, 387.
Noisseville (bataille de), II, le champ de bataille, 396-398; l'action, 398-402; pertes, 422.
Nolard, Cⁿᵉ, III, 132.
Nord (campagne du), V, 1-243.
Nouart (combat de), II, 218-220.
Noyers (combat des), IV, 376.
Nugues, Lᵗ-Cˡ, II, 443, 502, 504.
Nuits, V, 317, 326-333; bataille de Nuits, 339-346; pertes, 346; région, 333-348.

O

Obernitz (d'), Gᵃˡ Lᵗ, I, 262; III, 262.
Obry, Cᵃᵉ de Fᵗˢ, V, 70.
Obry, Adj.-Mᵒʳ, I, 126.
Ogilvy, Cⁿᵉ, IV, 142.
Ognon (combats sur l'), V, 283-287.
Oise (marche de la Iʳᵉ armée allemande sur l'), V, 26-29.
Ollivier (Émile), D., prem. min. — I, 15-17, 27, 28, 162, 335, 337.
Ollivier, Lᵗ-Cˡ, V, 325.
Olozaga (de), Dipl., I, 22.
Oppeln (d') **Bronikowski**, Gᵃˡ-Mʳ, V, 215, 216, 224, 225, 227.
Ordinaire, P. — V, 278.
ORDRE DE BATAILLE DE LA 3ᵉ DIVISION DE RÉSERVE, II, 520.
ORDRE DE BATAILLE DU CORPS DE SIÈGE devant Belfort, VI, 365.
ORDRE DE BATAILLE DU 13ᵉ CORPS, II, 520-521; III, 431.
ORDRE DE BATAILLE DU XIVᵉ CORPS D'ARMÉE (allemand), V, 362.
ORDRE DE BATAILLE DES 17ᵉ, 18ᵉ et 20ᵉ CORPS, IV, 417-420.
ORDRE DE BATAILLE DU 21ᵉ CORPS, IV, 421-422.
Orff (de), Gᵃˡ Mʳ, IV, 89, 94, 176.
Orléans, V., prise d'Orléans, IV, 32-41; reprise de la ville par les Français, 82; situation le 2 décembre, 201-205; le camp retranché d'Orléans, 205-207; journée du 3 décembre, 207-222;

journée du 4 décembre, 222-237 ; pertes, 237 ; la retraite, 238-247.
Ortus, C^{ne}, II, 313, 314.
Osmont, G^{al}, II, 422.
Ossuna (D**** d'), II, 336.
Osten-Sacken, G^{al} M^{or}, I, 366, 367.
Otto, caporal, III, 184.
Oukounief, Dipl., III, 363.
OUVRIERS AUXILIAIRES DU GÉNIE, III, 74.
Ouzilleau, L^t, II, 402.

P

Pachon, C^t, III, 243.
Pacull, C^{ne}, I, 307.
Paillot (de), C^t, I, 361.
Palat, S^t-M^{or}, II, 104.
Palikao (comte de), Cousin de Montauban, G^{al}, M. G. — I, 259, 337 ; II, 153, 154, 156, 158, 160, 161, 209, 210, 268, 295, 296, 307, 357 ; III, 33, 34, 36, 39, 59, 61, 62, 74, 76.
Palikao (Ministère), II, 150, 153, 207 ; III, 33, 34, 36, 106.
Palle, L^t, II, 90.
Pallier, L^t-C^{el}, II, 238.
Pallu de la Barrière, G^{al}, C^t de la réserve générale de l'Armée de l'Est, VI, 27, 114, 116, 205, 206.
Pape (de), G^{al} M^{or}, II, 117, 118, 122, 126, 127, 141, 316, 348.
Pardieu, C^t, VI, 109.
Parent, L^t-C^{el} (G. M.), VI, 39.
Parigné (combat de), IV, 363.
Paris, capitale de la France, I, 25, 241, 329-331, 334-339 ; (LE SIÈGE tout le tome III. Voy.) ; IV, 1, 73, 134, 135, 164, 165, 395, 405, 406, 423, 424 ; V, 203, 204, 236 ; VI, 2, 313, 347.
Pâris, G^{al} et B^{de}, puis D^{on}, IV, 219, 224, 295, 296, 354, 356, 357, 366, 371, 373, 374, 375, 387, 389.
Parisot, C^t, I, 208.

Parmain, III, 106-108 ; V, 8.
Parquin, Off. m^{pal} VI, 266.
Parseval (de), C^t, III, 378.
Pasques (combat de), V, 321, 323.
PASSAGE EN SUISSE DE L'ARMÉE DE L'EST, VI, 194.
Passavant (massacre de), II, 183, 184.
Patay (combat de), IV, 324.
Paturel, G^{al} et B^{de}, III, 95, 96, 172, 174, 300, 305, 307, 310, 311, 323.
Pauly, G^{al} aux^{re} et B^{de}, V, 187, 192, 193, 198, 206, 212, 216, 225, 229.
Paulze d'Ivoy, G^{al} et D^{on}, C^t en chef du 23e Corps, V, 26, 32, 34, 51, 54, 56, 81, 89, 92, 146, 206, 228.
Payen, B^{de}, puis D^{on}, V, 81, 92, 99, 100, 103, 104, 108, 109, 138, 142, 143, 146, 151, 152, 154, 156, 157, 192, 195, 196-198, 200, 211, 214, 225, 227.
Péan, C^{ol}, II, 502.
Péan (D^r), III, 147.
Peaucelier, C^t, I, 287, 294.
Péchot, G^{al} et B^{de}, II, 18, 115, 121, 137, 141, 457.
Peletinjeas, G^{al}, V, 131, 237, 238.
Pélissier, ML., IV, 245, 246.
Pélissier, G^{al}, III, 243.
Pélissier, G^{al} (G. N. M^{sés}), V, 302, 319, 328, 331, 333, 334, 347 ; VI, 24, 26, 123, 124, 149, 150, 154, 155, 158, 166, 208.
Pellé, G^{al} et B^{de}, puis D^{on}, I, 177, 180-182, 184, 188, 238 ; II, 224, 257, 258, 273, 293, 315, 340, 349.
Pelletan (Eugène), D., G. D. N., — III, 39, 211.
Peloux, Avocat, III, 389.
Peltereau, L^t de v., III, 327, 330, 332.
Pemberton, C^{ol}, II, 349.
Pendezec, C^{ne}, IV, 234, 235.
Penhoat, C.-A. et D^{on}, VI, 40, 45, 87, 91, 99, 101, 102, 104, 107, 109, 110-112, 205.
Pennetier, C^{ne}, II, 443.

Pereira, G^{al}, IV, 362, 363.
Pereira, P., IV, 246.
Péronne, P. F. (siège et bombardement de), V, 131-137, 163, 165-172 ; VI, 224.
Perraux, G^{al} et B^{de}, VI, 43, 48, 50.
Perrier, S.-int. III, 75.
Perrin, C^{ol}, C^t sup^r de la défense des Vosges, V, 255, 260, 266, 267, 271, 280, 283, 284-286, 300.
Perrot, L^t, III, 116.
Pesmes, VI, 140.
Pestel (de), L^t-C^{ol}, I, 160 ; V, 121, 122, 138, 162.
Petit, C^t, II, 111.
Petit de Grandville, C^{ne}, III, 177.
Petite-Pierre (prise de la), I, 263-265.
Peyre, C^t, V, 170.
Peytavin, G^{al} et D^{on}, IV, 16, 19, 34, 37, 51, 63, 67, 70, 73, 78, 85-87, 90, 93, 107, 195, 196-198, 202, 212, 213, 218, 228, 230, 233, 234, 239, 240, 268 ; VI, 58-61, 76, 77, 93, 131, 134.
Phalsbourg (siège de), VI, 223, 224, 259.
Philippe (le Père), III, 348.
Picard (Ernest), D., G. D. N., M..F. — II, 446 ; III, 43, 44, 55, 69, 115, 214, 215, 219, 325, 416.
Picard, G^{al} et D^{on}, I, 395 ; II, 388, 410, 502.
Picard (Arthur), Publ., III, 38.
Pie IX (S. S.), III, 363.
Pierre, C^{ne} de f^{te}, IV, 207.
Pierre-Percée (combat de), V, 252.
Pietri, P. P^{ce}, II, 47.
Pilet, S.-L^t, I, 234.
Pin, VI, 140.
Pinard, D., III, 34.
Pinel de Grandchamp, C^{ne}, III, 181-184.
Pistouley, G^{al} et B^{de}, III, 386, 387.
Pittié, C^{ol} et B^{de}, V, 38, 48, 81, 99, 106, 150, 152, 155, 156, 193, 207, 209, 216, 217, 219, 220.
Ploetz (de), L^t-C^{ol}, V, 127.
Pœuilly (combat de), V, 193-197.

Poissonniers, C^{ol}, I, 236.
Poitevin, L^t de v., V, 170.
Poldbieski (de), G^{al} L^t, II, 179, 279, 354, 450 ; III, 407.
Polhès (de) G^{al}, IV, 16-19, 46.
Polignac (de), G^{al} aux^{re} et D^{on}, IV, 150, 152-154 ; V, 308 ; VI, 9, 52, 96, 185.
Ponsard, C^{ol}, I, 395.
Pont-à-Mousson, I, 343, 353.
Pontarlier (retraite sur), VI, 174-177, 178, 179-189.
Pontlieue (combat de), IV, 381.
Pont-Noyelles, voyez HALLUE (bataille de l').
Posern (de), L^t, V, 66.
Pothier, C^t, III, 74.
Pothuau, V.-A., C^t sup^r des Forts du Sud de Paris, et D^{on}, III, 79, 255, 256, 258.
Potier (de), B^{de}, I, 357 ; II, 405.
Pott, soldat, VI, 219.
Pottier, L^t-C^{ol}, III, 153, 154.
Pouget, G^{al} et B^{de}, I, 305, 306 ; II, 5, 11.
Pouilly (combat de), VI, 161.
Poulizac (Eclaireurs de), III, 74, 192, 356.
Poullet, C^{ol} et D^{on}, V, 340, 341 ; VI, 101, 110, 182, 183, 186, 187, 195, 197, 206.
Pourcet, G^{al}, C^t du 25e corps, et D^{on}, II, 423, 506 ; IV, 52, 53, 65, 67, 74, 410, 411.
Pourpry (combat de), IV, 195-198.
Pouyer-Quertier, D., M. F., VI, 286.
Poyet, C^t, I, 233.
Pradier, G^{al} et B^{de}, I, 365 ; II, 87, 467.
PRÉLIMINAIRES DE LA PAIX, III, 420.
Prémonville (de), G^{al}, V, 277.
Préval (de), Int., II, 56, 369.
Preuil (du), G^{al} et B^{de}, I, 396 ; II, 15, 30.
Prévault, L^t-C^{ol}, III, 279.
Price, matelot, III, 77.
Prim (le maréchal), I, 19, 21.
Prince Impérial (le), I, 137, 161, 386, 387 ; II, 2, 181, 447, 453, 491.

Prince royal de Prusse (Frédéric-Guillaume), G. I., C¹ en chef de la III⁰ Armée allemande, I, 130, 134, 135, 173, 179, 189, 199, 200, 203, 203, 211, 213, 214, 236, 239, 245, 256, 260, 265; II, 157, 158, 160, 169-173, 175, 179, 182, 184, 186, 203, 221, 234, 265, 267, 274, 279, 280, 281, 298, 314, 319, 320-323, 335, 352, 353, 486, 513; III, 6, 12, 26, 104, 185, 263, 274, 375, 384, 420; IV, 23-25, 27, 48, 58, 60, 109, 126, 292; V, 245; VI, 288, 292, 295, 301.

Pritzelwitz (de), Gʳˡ Mʳ, V, 39, 48,

Proclamations de Gambetta, III, 45; IV, 69; de Guillaume, roi de Prusse, I 136, 137, 418, 423; de l'Impératrice-Régente, II, 514; de Napoléon III, I, 137, 138, 418; II, 296, 297.

Pron (Bᵒⁿ), P., VI, 236.
Prouvost, Cᵗ, I, 205.
Prudhomme, Cᵗ, IV, 295.
Puech-Testanières, Cᵗ (G. M.), IV, 102.
Puiboulot, cuirassier, II, 15, 16.
Putbus (de), Cᵉˡ, III, 421.
Pyat (Félix), Publ., III, 42, 73, 214, 222, 402.

Q

Quatre-Septembre (le), III, 32-53.
Questel, Bᵈᵉ, VI, 59, 94.
Quiclet, Cᵉˡ (G. N.), III, 73.
Quinet (Edgard), Hist., III, 58, 148.

R

Rabasse, Ag. de pᶜᵉ, II, 163, 203, 364.
Radzivill (prince), I, 25, 393, 394.
Rameau, Cᵃᵉ, III, 132.

Rambervillers (combat et massacre de), V, 269.
Ranc, H. P., III, 167; IV, 61.
Ranc, clairon, III, 280.
Randon, ML, I, 39.
Ranson, Gʳˡ, II, 330.
Rantigny, V, 9.
Rantzau (de), Gʳˡ, IV, 336-411.
Ranvier, Rév., III, 219.
Raon-l'Étape, V, 255.
Raoult, Gʳˡ et Dᵒⁿ, I, 167, 172, 179, 204, 206, 224, 232, 235, 236, 247.
Rauch (de), Gʳˡ Mʳ, II, 18; IV, 379.
Raynal de Tissonnière, Cᵃᵉ, II, 111.
Razeran, V, 71.
Rebillard, Gʳˡ et Bᵈᵉ, puis Dᵒⁿ, IV, 78, 84, 87, 200, 213, 215, 229, 230, 240; VI, 77, 94, 132, 185.
Reboul, Gʳˡ et Bᵈᵉ, II, 293, 299.
Reclus (Élisée), Géographe, I, 106, 107.
Recologne, VI, 127.
Redern (de), Gʳˡ Mʳ, I, 276, 286, 381, 388; II, 16; V, 14.
Regad, Cᵗ, V, 297.
Reginensi, Matelot, III, 78.
Regnault (Henri), Peintre, III, 389.
Regnier, espion, II, 449-452, 459, 472, 488; III, 149.
Reichsoffen. Voyez *Fræschviller* (bataille de).
Reichstag (le), I, 31, 394.
Reille, Gʳˡ, II, 352.
Reille, Cᵉˡ (G. M.), III, 146, 263, 290, 295, 300, 353, 358.
Reims, III, 17, 18.
Remi (Nᵃʳ), Off. mᵖᵃˡ, VI, 266;
Remplacement (le), I, 37, 38.
Renaudot, Cᵗ, IV, 149, 150.
Renault, Gʳˡ, Cᵗ en chef du 14ᵉ corps d'armée, III, 235, 271, 289.
Renault d'Ubexi, Gʳˡ, III, 369.
Renou, H. L., II, 375.
Renz (de), Cᵉˡ, V, 343.

Ressayre, G^{al} et D^{on}, IV, 28, 70, 77, 93, 100.
Reuss (prince de), C^{ne}, II, 34.
Reveillot, M^{al} des L^{is}, IV, 153.
Reverony, L^t, II, 333.
Rex (de), C^{ol}, II, 41.
Reyau, G^{al} et D^{on}, IV, 4, 16, 17, 19, 20, 28, 29, 31-33, 51, 70, 73, 77, 79, 93-97.
Reynaud, L^t-C^{ol}, VI, 142-143.
Rezonville (bataille de), II, le champ de bataille, 6; l'action, 6-44; pertes, 44, 45; VI, résumé, 305-308.
Rheinbaben (de), G^{al} L^t, I, 286; IV, 16; V, 75, 243.
Ribell, C^{ol} et B^{de}, IV, 362, 364, 365, 371.
Ribourt, C.-A., C^t de Vincennes, III, 79, 236.
Ribourt, C^{ne} de v., IV, 207, 230, 235, 236.
Ricciotti Garibaldi, G^{al} aux^{re}, V, 315, 318, 321, 326, 346, 347; VI, 135, 150, 154, 155, 160, 162-165.
Richard, Int., II, 462.
Richard, C^t, V, 229.
Ricord (D^r), III, 347-349.
Rieunier, C^{ne} de f^{te}, III, 246, 291, 318.
Riff, C^t, II, 306.
Rigault (Raoul), Rév., III, 149.
Rigault de Genouilly, A., M. M. — I, 338; II, 64, 76, 78; VI, 272.
Rilliet, C^{ol} fédéral, VI, 202.
Risse (G. M.), II, 462.
Ritter, P. — V, 274.
Rivières (Séré de), G^{al}, I, 384, 387; II, 54, 55; VI, 174.
Robert, G^{al}, I, 178; II, 286.
Robert, L^t-C^{ol} et B^{de}, IV, 147, 149; VI, 87, 205.
Robert Lefort, C^t, V, 15.
Robin, G^{al} aux^{re} et D^{on} (G. N., M^{sés}), V, 90, 92, 94, 99, 107, 114, 145, 146, 151, 153, 154, 156, 157, 181, 192, 193, 197, 198, 206, 226.
Rochebrune (de), C^{ol}, III, 380.
Rochefort (Henri), D., G. D. N.,
I, 16; III, 43, 53, 55, 69, 114, 215, 346.
Roches (les), VI, 127.
Rocroy (prise de), V, 139, 140.
Rode, L^t-C^{ol}, I, 300.
Rœder (de), G^{al}, Dipl., VI, 28.
Roger (du Nord), L^t-C^{ol}, III, 220, 256.
Rogier, C^{ol}, I, 209.
Roland, G^{al}, VI, 5, 30, 58.
Rolin, C^t (G. M.). — V, 67.
Rolin, Hist., VI, 339.
Rolland, G^{al}, C^t la place de Besançon, V, 338; VI, 147, 169, 173, 185.
Rolland, C^t (F.-T.), III, 191.
Rollet, L^t-C^{ol}, VI, 230.
Roon (de), G. I., M. G. — I, 84, 393-395.
Roquebrune (de), G^{al} et D^{on}, VI, 256, 259, 260, 265, 266, 270, 362, 364, 365, 371, 376-378, 383, 384, 387, 390, 407.
Rossel, C^{ne}, II, 483, 509.
Rossin, L^t, I, 307.
Rothau, V, 231.
Rouen (marche des Prussiens sur), V, 60-72; leur entrée dans la ville, 72-75; opérations sur la basse Seine, 173-181, 237-243.
Rouget, L^t-C^{ol} (G. M.). — V, 261-263, 265, 267.
Rouher, Président du Sénat, II, 157-159.
Rousseau, G^{al}, IV, 121, 124, 128, 289, 305, 328, 334, 340, 347, 350, 356, 357, 366, 369, 380, 388.
Rousset, C^t, V, 66, 126.
Rouvière, C^{ne}, III, 135.
Roy, G^{al} (G. N. M^{sés}), V, 125, 128-130, 174, 177-180, 237, 240.
Rustow, C^{ol}, Hist. Milit., II, 165.

S

Sabatier, C^{ol}, VI, 231.
Sadowa (bataille de), I, 6.
Sageret, C^{ne} (F. T.), V, 263.
Saillard, Dipl., C^t (G. M.), III, 259.

Saint-Amand (combat de), III, 343-344.
Saint-Cloud (château de) I, 27; III, 415.
Saint-Denis (bombardement de), III, 393-395.
Saint-Dizier, I, 257.
Sainte-Marie-aux-Chênes. Voyez *Saint-Privat* (bataille de).
Saint-Georges (de), C^{ne} de f^{te}, I, 178.
Saint-Hilaire (de), C^{ol}, I, 225.
Saint-Hillier (de), C^{el}, I, 300.
Saint-Jean-de-Losnes, 307.
Saint-Jean-sur-Erve (combat de), IV, 400, 401.
Saint-Loup, IV, 161, 232.
Saint-Maixme, IV, 120.
Saint-Mars, IV, 120.
Saint-Preux, C^{ne}, II, 34.
Saint-Privat (préliminaires de), II, 51-73.
Saint-Privat (bataille de), II, le champ de bataille, 75-81; l'action générale, 74-149; attaque et prise du village de ce nom, 114, 115, 120-128, 136-141; pertes, 143-145; VI, résumé, 310-313.
Saint-Quentin (bataille de), V, 202-231; pertes, 229.
Saint-Quentin (défense de), V, 17, 19-21, 79.
Saint-Quentin (combat de), près du *Mans*, IV, 329, 330.
Saint-Valbert (combat de), VI, 126.
Saisset, C.-A., C^t des Forts de l'Est (Paris), III, 79, 186, 190-192, 198, 242, 243, 250, 358.
Salazar y Mazareddo, Dipl., I, 18, 19.
Salignac-Fénelon (de), G^{al}, II, 246, 336.
Salin, C^{ne}, III, 136.
Salle, C^{ne} et B^{ie}, III, 135, 136, 313.
Salmon, C^{ne} de f^{te}, III, 192, 198, 206, 256, 268, 334, 335, 337.
Samuel, C^t, II, 440, 441, 497.
Sancy (de), Off., II, 130.
Sandrart (de), G^{al} M^{or}, I, 182; III, 92, 384.

Sanguinetti, C^{ol}, III, 284.
Sapia, C^t (G. N.), III, 190, 401.
Sardou (Victorien), H. L., III, 48.
Sarrebruck (combat de), I, 159-164.
Saurin, B^{do}, I, 256; II, 236, 238.
Saussaye (de la), L^t-C^{ol}, V, 61, 83, 133, 161.
Saussier, G^{al}, C^t du corps de l'Eure, I, 358; II, 142; V, 179, 240, 241, 243.
Sautereau-Dupart, C^{ol}, I, 396.
Savaresse, B^{do}, II, 334.
Saverne, I, 244.
Saxe (prince royal de), G. I., C^t du XIIe Corps allemand, puis de l'Armée de la Meuse, II, 170, 121, 136, 139, 141, 157, 161, 162, 165, 168, 175, 178, 182, 185, 186, 204, 215, 222, 233, 234, 235, 237, 240, 243, 244, 247-249, 272-274, 279, 281, 282, 299, 304, 317, 353; III, 18, 197, 301; V, 8, 10, 31.
Saxe (prince Georges de), G^{al} L^t, II, 121, 220, 247, 248, 304, 317, 345, 349.
Scalabrino, garde, II, 375.
Schang, III, 338.
Scharnhost (de), G^{al}, I, 3, 4.
Schell (von), V, 157.
Scherf (von), M^{or}, Hist. milit., IV, 320.
Schmadel (von), C^t, VI, 221.
Schmeling (de), G^{al} et D^{on}, V, 253, 254; VI, 37, 39-43, 48-51, 53-55, 129, 144, 178, 179, 196.
Schmidt (de), G^{al} L^t, I, 186, 206; IV, 16, 396, 398, 400, 401, 404.
Schmidt (von), G^{al} M^{or}, IV, 25, 26.
Schmit, S.-L^t, III, 184.
Schmitz, G^{al}, M^{or} G^{al} de l'Armée de Paris, II, 152; III, 78, 97, 138, 168, 361, 396; IV, 180.
Schneider, D., Président du Corps législatif, III, 33, 34, 39.
Schœlcher, C^{ol} (G. N.), III, 73, 215, 221.
Schœler (de), G^{al} L^t, II, 235, 236.
Schultz (de), C^{ol}, II, 121, 122, 135.
Schumacker (de), G^{al} M^{or}, II, 241.
Schwarzhoff (de), G^{al} L^t, II, 237.

c

Schwerin (de), G.ᵃˡ M.ᵒʳ, II, 8.
Séance du 15 juillet 1870, I, 28, 29.
Secrétan, C.ᵉˡ fédéral, VI, 201.
Sedan (bataille de), II, le champ de bataille, 283 et suiv.; l'action, 298-349; préliminaires de la capitulation, 349-356; la capitulation, 356-361; pertes, 360, 361.
Ségard, G.ᵃˡ auxʳᵉ, IV, 150; V, 308; VI, 41, 45, 46, 48, 83, 182, 183, 195.
Seigland, C.ᵗ, II, 195, 286, 288.
Seigneurens (de), B.ᵈᵉ, VI, 82.
Seine (opérations sur la), V, 173-181, 237-243.
Séligmann-Lévy, S.-int., II, 339.
Sénart, Avocat, III, 57.
Sénat, I, 337; III, 46, 53.
Sencier, G.ᵃˡ, V, 291, 293.
Senden (de), G.ᵃˡ, V, 29, 31, 112, 134-136, 138, 139, 162.
Senfft de Pilsach, G.ᵃˡ M.ᵒʳ, V, 16, 17, 34.
Septeuil (de), G.ᵃˡ et B.ᵈᵉ, I, 166, 171, 188, 192, 256.
Serekow (de), G.ᵃˡ, I, 131.
Serizier, Rév., III, 401.
Serlay (de), C.ᵗ, VI, 230.
Sermanson, C.ᵗ, I, 181, 232.
Serres (de), Ing., Sous-délégué à la Guerre, IV, 138, 166, 168; V, 348; VI, 2-5, 9, 13-15, 19, 20, 22, 52, 53, 55, 57, 124, 148, 149, 153, 173.
Sers, C.ᵗ, I, 387.
Sesmaisons (de), C.ⁿᵉ, II, 290-292; III, 6.
Siamon, L.ᵗ, I, 186.
Sibeux (M.ᵐᵉ), II, 375.
Siège de Paris, III, l'investissement, 1-227; les sorties, 328-338; situation à la fin de décembre, 342-348; le bombardement, 349-356; fin des hostilités, 402-409; le ravitaillement, 412-414; pertes, 414; conclusion, 425-429; VI, résumé, 323-326.

Sillé-le-Guillaume (combat de), IV, 399, 400.
Simon (Jules), D., G. D. N. — II, 446; III, 37, 43, 44, 52, 55, 115, 216, 219, 222, 321, 398, 420.
Simson, Publ., III, 391, 393.
Soissons, III, 23; VI, 223.
Soleille, G.ᵃˡ. — I, 395; II, 54, 55, 368, 379, 380, 496, 497, 501-505.
Soleille, C.ᵒˡ, II, 129, 131.
Sombacourt (combat de), VI, 188, 189.
Somme (marche de la Iʳᵉ armée allemande sur la), V, 29-39; opérations du 9 au 19 janvier 1871, 181-202.
Sonis (de), G.ᵃˡ, C.ᵗ du 17ᵉ corps, IV, 126-129, 192-194, 198, 200, 202.
Sorel (Albert), Hist., I, 8; III, 112; VI, 339.
Sougé (combat de), IV, 329, 330.
Soultz, V, 246.
Sperling (de), G.ᵃˡ-M.ᵒʳ, I, 353; V, 197.
Spickeren (bataille de), I, le champ de bataille, 284, 285; les positions, 285-289; l'action, 289-314 pertes, 314, 315; effectifs engagés, 315-316; VI, résumé, 295-300.
Spuller, P., VI, 221.
Standfest (de), C.ᵒˡ, V, 10.
Staub (Jacques), Off. m.ᵖᵃˡ, VI, 266.
Staub (J.-B.), Off. m.ᵖᵃˡ, VI, 266.
Steenackers, D., D.ʳ des Postes et Télégraphes, III, 38, 44; IV, 103.
Steigel, L.ᵗ-C.ᵒˡ, I, 262.
Steiner (C.), Off. m.ᵖᵃˡ, VI, 266.
Steinmetz (de), G. I, C.ᵗ en chef de la Iʳᵉ Armée allemande — I, 129, 275, 276, 278, 279, 299, 308, 346, 348, 356, 373, 375; II, 62, 66, 70, 81, 83, 99, 106-110, 112-114, 362, 395, 432; VI, 288, 297, 298, 301, 302, 304.
Stephan (de), G.ᵃˡ L.ᵗ, IV, 176.
Stielhe (de), G.ᵃˡ M.ᵒʳ, II, 459, 495, 497-499, 503, 504, 510; IV, 381.

Stoffel, C^{el}, I, 80, 127-129; II, 155, 163, 164, 210, 295; III, 243, 351.
Stolberg (de), G^{al}, IV, 16, 75, 76, 80, 110, 293.
Stralenheim (de), L^t, V, 66.
Stranz (de), G^{al} M^{or}, V, 134, 220.
Strasbourg, P. F. (siège de), VI, 223, 225, 229-238; pertes, 238.
Strohl, C^{ne}, II, 339.
Strubberg (de), G^{al} M^{or}, II, 102; V, 49, 104, 143-146, 152, 156, 195.
Stuart Wortley, C^{el}, III, 413.
Stülpnagel (de), G^{al} L^t, I, 298; II, 7, 9, 10; IV, 153, 154.
Subileau, S^t, III, 312.
Sulzer, Int., V, 69.
Susbielle, G^{al} et B^{do}, III, 124, 134, 137, 151, 153, 154, 156, 157, 159, 260, 261, 264-269, 314, 317, 318, 323, 369, 379, 381.
Suzzoni, C^{el}, I, 209, 333.
Sydow (de), M^{or}, I, 210.

T

Tailhade, C^{ne}, V, 213.
Taillant, C^t, I, 266-269; VI, 224, 260-262.
Talant (combat de), VI, 157-160.
Tamisier, G^{al} (G. N.), III, 210, 216, 219.
Tann (von der), G. I. — I, 224; II, 241, 249, 276, 277, 298-300, 302, 303, 343-345; III, 16; IV, 23, 24, 26-28, 33, 34, 38, 39, 48-50, 59, 61, 67, 68, 72, 73, 80, 82, 83, 85, 87, 89, 90, 92, 95, 96, 98, 104-106, 108, 110, 127, 162, 173-175, 186, 188, 191, 227, 260, 298, 300, 303, 304; VI, 118.
Tardif de Moisdrey, G^{al}, III, 369.
Tausch (de), G^{al} M^{or}, IV, 94.
Thérémin d'Hame, G^{al}, III, 19-21.
Théribout, L^t, II, 339.
Tessières (de), C^{ne}, II, 253, 254.
Testanières (de), C^t, IV, 54.
Testelin, P. — V, 6, 7, 14, 22, 24, 25, 109, 158, 233.

Teyssier, C^t, VI, 224, 263-269.
Thiele (de), Dipl., I, 20.
Thierry, C^{el} et Colonne, IV, 313, 348, 349, 358.
Thiers, D., H. E., Chef du Pouvoir exécutif, I, 28; III, 34-37, 40, 50, 52, 53, 60, 111, 190, 208, 223-226, 252, 417, 421; IV, 68, 78, 80; VI, 262, 285, 287.
Thiers, C^{ne}, VI, 244, 247, 256.
Thionville, P. F. — I, 391, 392.
Thomas, L^t-C^{el} (G. M.), IV, 60, 116, 119, 121, 174, 176, 177.
Thomas, C^{ne}, III, 132.
Thomas, C^{ne}, VI, 362.
Thomasset, C^{ne} de v., III, 164.
Thomson, Off. m^{al}, VI, 266.
Thonnelle, C^t, III, 18.
Thornton, G^{al} et D^{on}, IV, 151-153, 155; V, 259, 271, 280, 308; VI, 82, 96, 189.
Thoumas, G^{al}, Hist. milit., I, 44, 47, 50, 52, 63, 111, 147; IV, 2, 9, 306, 313; V, 329.
Tibaldi, C^t (G. N.), III, 222.
Tilliard, G^{al}, II, 326.
Tillion, G^{al} et B^{do}, IV, 17, 93, 95.
Tirard, Maire, III, 399.
Tixier, G^{al} et D^{on}, II, 5, 11, 23, 30, 115, 406, 407, 410, 418, 457, 465.
Totleben, G^{al}, III, 63.
Touanne (de la), C^t (G. M.), III, 284.
Toul, P. F. — I, 356, bombardement; II, 175, 176; III, 18; reddition, 102; VI, 224.
Tours, IV, 320.
TRAITÉ DE FRANCFORT, VI, 285-288.
Tramond, C^t, V, 218.
Traversay (de), S^t, V. O. — IV, 194.
Trécesson (de), C^{ne}, II, 342.
Trégomain (de), C^t, IV, 373.
Tresckow Ier (de), G^{al} L^t, VI, 38, 52, 54, 68, 69, 103, 111, 127, 245-247, 249, 253-255, 257.
Tresckow II (de), G^{al} M^{or}, VI, 28, 31, 38, 43.
Tresckow (de), G^{al} M^{or}, IV, 190, 194, 234-236, 266, 291, 296.

Trianon (jugement de), II, 524-525.
Tripart, G^{al} et D^{on}, IV, 53, 68, 74, 262.
Tripier, G^{al}, III, 140-143, 166, 239, 252, 340, 359, 379.
Trochu, G^{al}, Gouverneur de Paris, Président du Gouvernement de la Défense nationale, I, 80; II, 152-154, 446; III, 34, 36, 41-44, 47, 54, 55, 57, 58, 63, 67, 68, 76, 87, 98, 99, 101, 114-116, 121-125, 138-141, 143, 147-151, 160, 163, 167-169, 188, 191, 200, 207, 211, 214, 216, 219, 225, 235-238, 241, 244, 247, 249, 251, 253, 255, 260, 267, 308, 309, 318, 321, 323, 325-327, 329, 331, 332, 335, 338, 339, 342, 343, 346, 350, 351, 358-360, 366-369, 371, 372, 382, 383, 386, 387, 389, 395-397, 400, 405, 406, 416, 427; IV, 61, 63, 105, 134, 135, 165, 324, 326; V, 236, 249.
Troo (combat de), IV, 329-331.
Trouée de Cazal (la), II, 339, 340.
Troussures (de), C^t, V. O., IV, 194.
Tucé, G^{al} et B^{de}, IV, 176, 217, 222, 224, 227.
Tuilerie (combat de la), IV, 382-384.
Tümpling (de), G. C. — I, 268, 269.
Turnier, C^{ol}, II, 163, 389, 462.

U

Uhrich, G^{al}, I, 244; VI, 231, 233-238.
Ulbach (Louis), H. L., III, 115.

V

Vacheresse (camp de la), VI, 214, 215, 221.
Vaillant, ML, III, 78.
Valabrègue, G^{al} et D^{on}, I, 292, 305, 382; II, 5, 20, 30, 74, 410, 428.
Valazé (Letellier), G^{al} et D^{on}, I, 160, 285, 291, 295, 306, 307, 309, 312, 315, 324; II, 5, 3, 15, 45.
Valdan (de), G^{al}, III, 408; VI, 192.
Valdejo, L^t, II, 448.
Valentin, P., VI, 236.
Valentin, G^{al}, III, 252, 254, 255, 369, 374, 377, 378, 414.
Valentin, C^{ol} (M^{sés}), VI, 63, 178.
Valentini, C^{ol}, IV, 140, 148, 160.
Valette, C^{ol}, III, 169.
Vallière (combat de la), IV, 73 et suiv.
Vance (combat de), IV, 350, 351.
Vanche, L^t-C^{ol}, III, 158.
Vandeuil (de), C^{ol}, III, 311.
Vanson, C^t, I, 250.
Varaigne, C^{ol}, V, 248, 251, 257, 260, 271, 280, 300; VI, 198.
Varize (combat de), IV, 162, 163.
Varlet, C^t, IV, 192.
Vassart, C^{ol}, I, 231.
Vassoigne (de), G^{al} et D^{on}, I, 331; II, 289, 293, 305, 313, 314; VI, 271.
Vaumainbert (combat de), IV, 232.
Vavre, C^{ol}, (G. N.) III, 401.
Velle-le-Châtel, VI, 332.
Vendôme (combats de), IV, 292, 296, 332, 333.
Verdière (de), C^t, IV, 152.
Verdun, P. F., bombardement, II, 176-178; VI, 224.
Verdun (retraite sur), I, 371, 372, 375, 378, 379, 381, 382, 383, 387; II, 2, 25, 46, 47, 55, 62, 80, 81.
Vergé, G^{al} et D^{on}, I, 160, 282, 285, 291, 292, 303, 305, 306, 307, 310, 314, 334; II, 5, 7, 89, 100, 101, 111, 389, 410, 417, 423, 428.
Vergès (de), C^t, II, 15.
Vermand (combat de), V, 193-197.
Vernon, V, 12, 13.
Véronique, G^{al}, IV, 2.
Verthamon (de), S^t, V. O., IV, 194.
Vicensini, III, 415, 416.
Victor-Emmanuel, III, 57.
Victor Hugo, III, 58, 148.
Vigneral (de), L^t-C^{ol} (G. M.), III, 304.

Viguier, C^{ne}, III, 174.
Vilatte, C^t (G. M.), VI, 262.
Villain, C^{el}, IV, 328.
Villart, S^t, IV, 212.
Villé, V, 245.
Villegats (combat de), V, 14.
Villejuif (combats de), III, 100, 115-120.
Villeneuve (de), G^{al} et B^{de}, puis D^{on}, II, 246, 250, 252, 253; IV, 379, 380, 388, 389, 399.
Villepion (combats de), IV, 171-178, 192-195.
Villersexel, attaque et prise du village, VI, 37, 39; combat de nuit, 42-50; pertes, 50-51.
Villiers, C^{el}, III, 171.
Villiers-Cœuilly (bataille de), III, dispositions de l'armée française, 271-272; la position de l'ennemi, 272-274; l'action, 274-296; pertes, 296.
Villiers, IV, 342.
Vincendon, C^{el}, II, 19.
Vinchon, Maire, III, 20, 21.
Vinoy, G^{al}, C^t en chef du 13e corps, puis de la 3e Armée et Gouverneur de Paris, II, 290, 291; III, 6-11, 13-15, 19, 26, 66, 70, 80, 81, 87, 119, 121, 122, 124, 126, 134, 136, 138, 143, 147, 151, 153, 159, 160, 235, 236, 251-256, 260, 268, 326, 333, 335, 337, 339, 344, 350, 359, 366, 372, 375, 382, 383, 386, 397-402, 421, 422.
Vitalis, C^t, III, 195, 198.
Vitet, H. L. III, 51, 58.
Vitry le-Français, II, 183, 184; VI, 224.
Vittot, C^{el}, I, 300.
Vivenot, C^{el} et B^{de}, VI, 43, 82.
Viville (de), C^{el}, I, 365.
Viville (de), II, 375.
Vogel, C^{ne}, V, 56, 57.
Vogel de Falkenstein, G. I. — I, 130-131; VI, 274.
Vogel de Falkenstein, C^{ne}, II, 124.
Voigts-Rhetz (de), G., I. — I, 388; II, 10, 25, 28, 33, 36, 43, 48, 417, 418, 458, 468; IV, 140, 152, 160, 293, 294, 317, 319, 320, 346, 352, 353, 382, 384, 386, 393, 399.
VOLONTAIRES DE L'OUEST, IV, 192, 194.
VOSGES (les), I, 188, 241, 244-246, 248, 249, 325; V, 244-276.
Vougeot, V, 317.
Vrécourt, VI, 216, 217.

W

Wachenhusen (Hans), Publ., III, 2.
Wallace (Richard), Philanthrope, III, 414.
Waldersee (de), G^{al} M^{or}, I, 182.
Waldersee (de), C^{el}, II, 124; III, 202.
Walner de Freudenstein, C^{el}, I, 306.
Walther de Montbarry, G^{al} M^{or}, I, 204.
Warnesson, C^t, III, 173, 180.
Warnet, C^{el}, III, 399.
Wartelle, C^{ne}, IV, 209.
Wartensleben (de), C^{el}, V, 53, 82, 97, 114, 156, 157, 159; VI, 198.
Waru (de), L^t, II, 155.
Washburne, Dipl., III, 149.
Waternau, C^{el}, I, 220, 221.
Wedell (de), G^{al} M^{or}, II, 100; VI, 187, 188, 196, 206.
Wendel (MM. de), I, 284.
Werder (de), G^{al} L^t. — I, 174, 201, 234; III, 405; IV, 125, 132, 134, 337; V, 246, 248, 251-254, 260, 273, 275, 276, 284-286, 288, 292, 293, 294, 299, 304-307, 310, 312, 313, 316-318, 322, 323, 326, 329-331, 335-340, 342, 346, 347; VI, 24, 25, 28-36, 39-44, 49, 51, 53-55, 57, 63, 64, 67-73, 80, 81, 92, 95, 96, 102-104, 106, 115, 117-119, 121, 126-130, 133, 137, 139, 167, 197, 212, 229, 233-238, 251, 253.

Wienkowski, L.t-C.el, II, 402.
Willemshafen (blocus de), VI, 277.
Willissen (de), C.el, VI, 55, 58, 65, 71, 85, 99, 102, 114, 127-130, 141, 148, 170, 207.
Wilson, D., III, 44.
Wimpffen (de), G.al, C.t en chef de l'Armée de Châlons, I, 76; II, 158, 164, 258, 286, 307-309, 315, 321, 324, 325, 332, 337, 338, 340-343, 351, 353-357, 359.
Winckler (de), C.el, IV, 210, 211, 231.
Winsloë (de), L.t, I, 135.
Winterfeld (de), C.ne, II, 351.
Wissembourg (combat de), I, le champ de bataille, 170-171; positions et mouvements, 171-175; l'action, 175-188; pertes, 190; VI, résumé, 291; note, 367-369; (les lignes de), I, 170, 177.
Wittich (de), G.al L.t, II, 42; IV, 35, 54, 55, 58, 59, 73, 82, 96, 108, 189, 196, 216, 265, 308, 403.
Wœrth. Voyez *Frœschviller* (bataille de).
Woirhaye, C.ne, V, 57.
Wolf, Int.-g.al, I, 387, 395; II, 369; III, 438.
Wolff, G.al et D.on, I, 228, 237; II, 224, 257, 286, 293, 317, 318, 340, 345.

Woyna (de), G.al M.or (37e B.de), IV, 139, 151, 153, 154, 318, 320, 358.
Woyna (de), G.al M.or (28e B.de), I, 310, 315; II, 66, 67, 416, 417.
Wurtemberg (prince Auguste de), G. C., II, 117, 118, 122, 126, 127, 141, 316-318, 347; III, 197, 199.
Wussow (de), G.al M.or, VI, 47, 48.

Y

Yon, Aérostier, III, 77.
Yriarte (Charles), H.L., III, 421.

Z

Zastrow (de), G. I. — I, 288, 298, 299, 312, 366; II, 68, 418; IV, 298, 299, 304, 317; V, 31, 316, 335; VI, 21, 33, 135, 189.
Zenner (de), C.el, II, 134.
Zentz (de), C.el, I, 301.
Zeppelin (comte), C.ne, I, 135, 155.
Zimmermann (de), C.el, VI, 76-79, 129, 144.
Zychlinski (de), G.al M.or, II, 150.

www.ingramcontent.com/pod-product-compliance
Lightning Source LLC
Chambersburg PA
CBHW050920230426

43666CB00010B/2251